三個紅色殉道者

潘漢年、揚帆、關露的悲劇人生

周宗奇 著

Content

第一章 都不是尋常門第

陸平潘家

在中國，潘家不是大姓。十九個大姓依次是：李、王、張、劉、陳、楊、趙、黃、周、吳、徐、孫、胡、朱、高、林、何、郭、馬。你瞧，沒有潘。但潘姓中卻出過不少著名人物：晉有潘岳，別號潘安，官至給事黃門侍郎，工詩賦，尤長於哀誄之體，為賈謐二十四友之首，並且美風姿，是古來有名的美男子，成為後世漂亮男人的最高參照系，所謂「有潘安之貌」也。還有個潘美，能征慣戰，克南漢，平嶺表，定江南，打太原，軍功顯赫，官至檢校太師，加同平章事，卒謚武惠，乃成北宋一代名臣。明朝有個潘季馴，歷史上最著名的治水專家之一。再要說到我國當代著名心理學家、九三學社中央副主席潘菽，以及學界名人潘梓年，那可就跟他的堂弟、本書主人公之一的潘漢年掛上勾了。

潘菽、潘梓年和潘漢年，都是江蘇宜興陸平村潘家子弟。

按說，潘姓望出河南、廣宗。那麼陸平這支潘姓來自何處呢？當初潘漢年活著時，就曾作過考證。潘姓起源有三支：一支出自姬姓，是周文王後裔，始祖是畢公高。西周初年，周武王姬發分封同姓王，把自己的弟弟、周文王姬昌的第十五子高封於畢，建立畢國，公爵位，史稱畢公高。不久，畢公高按照當時宗法制度，封自己的小兒子季孫於潘地，成為附屬畢國的小國，其地在今天的陝西省北部一帶。後來潘國滅亡，其族人以國為姓乃成潘姓。此事可以參看《廣韻》。在《姓氏尋源》和《通志·氏族略》中，記載著第二支潘姓的來歷。說是出自嚳姓，是楚國公族後裔，始祖為潘崇。查潘崇，春秋時楚國同姓公族，成王時任世子商臣的老師，勸謀商臣殺死了成王，立為國君，潘崇官至太師。據說潘安便是這一支的後裔。還有一支潘姓則出自少數民族的鮮卑族，後魏時，代北鮮卑部族有三字姓破多羅氏，後改為潘姓。此事見《魏書·官氏志》。然而，自己這個陸平潘氏究竟出自哪一支呢？潘漢年到底也沒有考證出來。不過，叫他略感自慰的是，儘管這三支起源雖非一途，但從根本上講卻都是黃帝後裔：文王是黃帝嫡系姬姓子孫；嚳姓則是黃帝之孫顓頊高陽氏後代；而鮮卑族又是黃帝之子昌意之後。故而三支潘姓都屬一宗。

當然，在少年潘漢年心目中，他更願意自己是潘崇和潘安的後代，尤其是在讀到文辭華美的《潘黃門集》之後，他簡直就認定自己絕對是這一支潘家的後代了。那時他不無幼稚地想，自己的老爺爺和爺爺既然都是前朝的大舉人，怎麼會不是大文豪潘安的後代呢？

潘漢年生於一九〇六年一月十二日，農曆是上年臘月十八日。

潘漢年在後來填寫履歷表中「家庭出身」一欄時，總是這樣寫道：「沒落的封建官僚地主家庭」。他少時引為驕傲的兩位大舉人，一位是曾祖父潘亭山，清朝道光二十年的舉人；一位是祖父潘元燮，清朝咸豐九年的舉人。但這兩位祖先當過多大的官？在何處做的官？政績官聲又如何？他可就不知道了，而且在現在的潘氏家譜中也很難查清。不過可以肯定，他們到底是做過官的，讀書不做官不發家的事很少很少，要不潘家怎麼會成為陸平村的名門大戶呢？怎麼會是「官僚地主」呢？

到了潘漢年的父輩，已是清朝末年。他的父親潘莘華也像封建王朝的沒落一樣，僅僅掙到一頂秀才的頂戴而已。秀才做官很難。他剛要去搏更高一級的「功名」時，真倒運，八股取士的科舉制度廢除了，讀書做官的老路徹底叫給挖斷了。前途無著，只好在鄉間坐館教書，兼行醫術。這套杏林技藝卻也不知出處。不過這位老先生的心志始終不忘官場，即便是「鼎革」以後的民國新政，他也願意一試身手，先是弄了個鄉董當當，接著是區董，再後來跑到縣裡競選議員，居然在宜興縣議會裡占了一席之地，用現在的話講，是一名縣人大代表了，成了個官紳合一的著名人物。對於這位父親，潘漢年後來有過幾句描述，說是他有著一張學究式的臉龐，嘴唇上留著長長的八字鬍鬚，臉帶和靄的微笑，一派舊知識份子的模樣。但是就是這個模樣的父親，使潘家的家業急劇敗落下來，因為他進入官場後，忙於官場應酬，整天跟那些有頭有臉的人吃吃喝喝，請客送禮，花銷很大，分家後三十畝農田的收入根本不夠他一個人在外頭的開銷，加上又染上了吸食鴉片的毒癮，教書行醫那點錢怎麼夠折騰？只好向人伸手借貸，借了又還不起，便借下新帳還舊帳，拆了東牆補西牆，以至於拆補不來，只好用田產抵押，全家人的生活越來越緊巴起來。這也就是後來潘漢年在「封建官僚地主家庭」前頭要加上「沒落的」三個字的原因。

潘莘華娶有兩房妻室，生有八個子女。潘漢年是二房所生，生母的名字叫巫大寶，丹陽人氏，也是大戶人家的女兒。潘莘華雖說弄敗了家業，但在對子女的教育問題上還是不含糊的，尤其對排行老三的潘漢年十分看重，帶在身邊從嚴課讀，特別起了個滿含期待之情的乳名厂兒。厂者，庵也，多指舊時文人的書齋。看來他還是希望這個生性聰穎機靈的小三子，能走好讀書做官的正途老路，以光大門楣，輝宗耀祖。在這一點上，生母巫大寶更是深明道理，不遺餘力，不惜動用娘家的錢財來供兒子上學，在厂兒身上寄託著她更深一層的期望：比他父親有更大的前程，而永遠也不要跌入他父親現在這種不爭氣的窘境。

虞山石家

在清初畫壇上，有一位高手名家惲壽平，江蘇武進人。原名格，字壽平，後以字行，號南田。他才氣橫溢，詩文書畫的成就都很高。早年跟著伯父惲向學山水，取法於元四大家，上溯董、巨，得名甚早，中年以後改以畫花卉為主，原因是自覺畫山水敵不過王翬而又恥為第二。他的花卉，吸取沈周、陸治、孫隆等人的技法，尤其重視對客觀對象的觀察體驗，對花臨寫，創造出一種名為「仿北宋徐崇嗣沒骨法」的新風格。所謂「沒骨」，是指畫面純用色彩直接點染而成，不像傳統畫法那樣先用墨筆勾勒輪廓然後填色做畫。他的畫水墨淡彩，清潤明麗，自成一格。傳世之作有：《出水芙蓉圖》、《落花游魚圖》、《五清圖》、《林居高士圖》等。他對整個清代以及近代花卉畫的發展影響很大，被稱為「常州派」，也叫「毗陵派」，與王時敏、王鑒、王翬、王原祁、吳歷合稱「清六家」。

在這一著名大畫派中，有位重要畫家石雲山，常熟虞山鎮人。他就是本書第二位主人公揚帆的曾祖父。

揚帆生於一九一二年，原名石蘊華，取名揚帆是參加新四軍後自己改的，此前在上海做文化工作時還叫過殷楊。

一個人能生在虞山腳下已是天大造化。虞山位於常熟縣城西北，高約兩百多米，長約九公里，周圍約二十三公里。要說也是個極小的山頭。但山不在高，有仙則靈。虞山雖小，靈氣十足，由西至東，形如臥牛，南臨尚湖，東端伸入縣城，遂有「十里青山半入城」之稱。南山以巖石為勝，有劍門奇石、寶巖、石梅等景觀。北山以山澗著名，有秦坡、桃源等好去處。自然景觀之外，更有不少的文物古蹟，小雲棲寺、言子墓、仲雍墓、王石谷墓、黃公望墓、讀書台、辛峰亭等，而且滿山蒼松翠竹，秀水奇石，風景甚為美麗，真正天下名山一座。揚帆不僅生於斯，而且生於一個著名的書香門第，更是運氣不小呢。

揚帆的祖父名叫石金聲，不知為什麼竟沒有接過父親的畫筆，而是改行醫道，成為當地一名很有德性的好大夫，同時對算學頗有天賦，人稱數學家。

到了揚帆父親石冠卿這一輩，形象思維的特長似乎又突出了，不過沒去鑽研祖上的畫技，而是喜歡上了吟詩作詩，從江南高等學堂畢業後，當上中學教員，也從未停止寫詩的筆。

有一點與潘家的情形十分相似，石家也是在揚帆父親手裡開始敗落下來的，不過不是因為混官場和吸毒，而是因為詩人氣質吃了虧。別看學校不是官場，裡邊也是內鬥激烈。石冠卿一副詩人派頭，如何能應付得了？後來不得不離開學界，到一家工廠去做職員。詩人做職員就能混得好嗎？照樣是不得志，幹不下去了，只好回家待著。一個只知道吟詠捉筆的書生，回到鄉里更是百無一能，無聊愁悶之時還會怎樣？「對酒當歌，唯有杜康」了。酒能消愁解悶，可也能銷金化銀，再大的家業也經不住坐吃山空呀。所以，在揚帆來到這個世界時，石家也像潘家一樣成了一個「沒落的」！

不過雖說石家沒有了經濟實力，但經過畫家、醫生、教師和詩人的好幾代辛勤的文化積累，這個家庭留給後代的精神財富卻是異常豐厚，血脈遺傳、家學薰陶、言傳身教，都叫揚帆這個石家的獨苗兒受用非淺。尤其值得一提的是，也像潘漢年一樣，揚帆同樣有一位含辛茹苦、教子有方的好母親。在家道敗落日月艱難的處境中，全憑她一個人打裡照外，苦苦支撐，為了培養自己這個唯一的男孩長大成人，她不惜典賣光自己所有的陪嫁衣物細軟。她付出的太多了，卻連自己的名字也沒有留下來。

漂流的胡家

像揚帆不姓楊一樣，關露也不姓關，本姓胡，原籍在河北省延慶府宣化縣。這個宣化胡家的祖上是什麼根底？至今已難考證，只知關露父親胡元陔，字運南，自從中舉做官以後就再也沒離開過山西，先後在右玉、保德、大寧、太原等地安家落戶，反正是在那裡做縣太爺，就把家安在那裡。所以可以說這是一個飄流的胡家。

關露出生在右玉縣的胡家，那是西元一九〇七年七月二十五日，農曆六月十六日。右玉縣在山西省的北部地方，貧窮而寒冷。這地方的縣太爺想來也不大好做。但新娶的小妻頭一胎生下個千金小姐，這對年紀已過四十歲的胡縣令來說，比什麼都高興。他的前妻已死，留下一個兒子今年已經十七歲，可惜不大成器，他對他也斷了指望。如今年輕的二房妻子雖說生的是個女兒，卻也點燃了他心中的新希望，他不是那種重男輕女的人，相信「生女亦可壯門楣」。想到這句古語，他不禁靈機一動，何不就給女兒起個名字叫楣呢？細推下來，胡家正好排到「壽」字輩，於是就給頭生女兒定名為胡壽楣，並決心要親自教養好這個看上去非常機靈的小精靈。為了使家庭生活比較穩定，他最後把家安在了省城太原小倉巷，而且在這個新家裡又生下第二個女兒胡壽華。

不久，辛亥革命爆發，滿清政府被推翻，天翻地覆，世道大變。慶幸的是胡元陔這個清朝的官並沒有被趕走，而是調到保德縣繼續留任，不過不再叫縣令，而叫成了知事。接著又由保德調到大寧，仍是做縣知事。一九一六年，胡元陔在大寧任上即將屆滿。一個已經過了知天命之年的人，看出自己這個七品芝麻官也就當到頭了，在官場也再混不出什麼新名堂了，遂心灰意冷，心想與其再混兩任知事當，還不如就此打住，回太原與家人團聚，一心栽培自己的女兒為好。主意拿定，便向上峰稟明不再連任，如期卸職。臨離開呂梁山區大山深處的大寧縣時，他的心情特別好，想著很快就能見到愛妻嬌女，不由得歸心似箭。他租坐當地一輛騾馬快車，日夜兼程，直奔太原。不一日來到榆次城，這裡距太原僅留下六十華里。心裡高興，晚飯便多喝了幾杯酒，又與腳夫神聊了半宿，倒頭便睡。誰知天有不測風雲，人有旦夕禍福，胡元陔這一覺睡過去，醒來便成半身不遂一個癱瘓人！沒等店家張羅來醫生，他就一命歸天了。可惜臨死沒能留下一句話！

噩耗傳來，妻子徐繡鳳如雷轟頂，痛不欲生，撫屍大放悲聲。這時關露九歲，妹妹壽華才七歲，她們哪裡知道母親身上的壓力有多大！先不說別的，光眼前為丈夫料理後事這一項，就能愁死徐繡鳳。胡元陔雖然為官多年，還算是個有良心的清官，不願盤剝鄉民；再說他去的幾個地方，一個比一個窮，都是些免子不拉屎的大山深溝，真想撈也沒有多大油水。所以二十多年下來，身後竟頗為稀薄，連發送他魂歸故里的一筆費用也急忙湊不齊。徐繡鳳無奈，便把希望都寄託在前房兒子身上，指望他從北京快快趕來救急。豈料這位已在北京做事的兒子令人大失所望，他進門還沒有哭一聲爹，先急著向繼母娘要遺產，沒要下，便自己動手四處翻騰，證明沒有任何油水之後竟拂袖而去，再也沒有回頭。徐繡鳳的心涼透了。但她可不是個一般女人，既有見識又有志氣，面對孤立無援的絕境，她毅然變賣家產，只要能換些錢的東西，再心愛也毫不吝惜地拿出來，最後不惜把孩子們的壓歲錢都貼進去。這樣，總算比較體面地為丈夫辦了喪事。她對著靈牌哀哀哭訴道：「元陔呀元陔！你我夫妻一場，我總算對得起你了吧。你就放心，我再吃苦也要把兩個女兒教養成人……你若是在天有靈，就好好保佑咱們的女兒們吧……」

說起來，徐繡鳳真不是個尋常女子，關露姐妹之所以後來都能脫穎而出大放異彩，母親徐繡鳳功勞第一。她生於福州一個書香門第，父親過世後，靠在北京做事的表舅俞恪士教養長大，送入中國第一所女子學校——旅寧中學（後來改名為南京師範學校）就讀，曾與林則徐的女兒林貫虹是同窗好友。她不但書讀得好，而且多才多藝，作古文、畫畫、書法、刺繡……什麼也能來兩下。就這麼一個才貌雙全的好女子，因為自視很高，以致年近三十歲尚未找到如意郎君，婚事蹉跎，一直到遇見胡元陔。

胡元陔的出現，全憑表舅俞恪士。那是那一年在北京，年過不惑的胡元陔壯心猶在，進京求學，想在仕途上百尺竿頭更進一步。後來此事不成，卻意外地結識了小他十八歲的俞恪士，相見恨晚，遂訂忘年交。當得知胡元陔新近喪偶時，俞恪士立即想到已經二十八歲的外甥女徐繡鳳，極力引薦。胡元陔聞聽亦喜不自勝。於是大家即刻動身直赴南京。胡元陔一見徐繡鳳就再也移不開目光了；而徐繡鳳除覺得對方有點年紀偏大外，其他倒也無話可說。雙方交談過幾次之後，事情也就很快定了下來。第四天，徐繡鳳就在母親的陪同下，前來山西完婚。

關於胡徐的婚姻，一向有兩種說法：一種說，胡元陔是個腐敗官僚，從賭場上用三千兩銀子買得徐繡鳳，所以對她及女兒們想打就打，想罵就罵，從肉體到人格都是百般折磨，云云。此說的根據可能是關露後來寫的自傳體小說《新舊時代》；另一種說法即如上述，它的來源主要是關露妹妹胡繡華（後來改壽為繡）晚年的回憶。兩種說法到底哪一種更符合歷史事實，這還有待進一步的考證。

且說胡繡鳳艱難葬夫以後，勇敢挑起家庭重擔。她先通過衙門裡的熟人，找到一份抄「白楷子」的差事，所謂抄「白楷子」，就是替衙門裡抄寫非機密性的公文，在宣紙上抄寫，要求蠅頭小楷得寫得極為工整，一點錯處也不得有。這活特不好幹，沒有深厚的書法功底決拿不下來。胡繡鳳為了掙這份錢，不得不拿出自己的看家本領。但是這樣的活也不是經常能攬下，所以還得靠刺繡收入來作補貼。每月除給遠在南京的母親寄出十塊大洋，餘數也剛夠一家的生活費。

對這樣的溫飽日子，胡繡鳳當然不會滿足，因為她心中的大目標是培養兩個女兒讀書成人，所以她還想掙更多的錢。不久，她通過丈夫昔日一個姓趙的朋友，在山西省立師範學校和師範附小找到一份兼課的差事，這對她一個南京師範學校畢業的高材生來說，駕輕就熟，不成問題。她帶的是語文課，課程不算很重，而收入也還豐厚、固定，這就使她能安下心來輔導兩個女兒的學習。

對關露來說，母親是她的啟蒙老師。才六歲，胡繡鳳已經教女兒背會上百首唐詩，她念一句，女兒跟著念一句，一句一句地念著，背著，直到把全首詩都背得滾瓜爛熟，倒背如流。再略大一點，母親便開始給她講這些唐詩，把一個優秀語文老師的本領和愛心都傾注在了女兒身上。關露後來能夠成為名重一時的女詩人，跟母親為她打的這些古詩根底有極大關係。

第二章　童年奇遇

苦哇鳥的故事

童年的某些奇特經歷，往往會給一個人留下終生難以磨滅的記憶，甚至會影響他一生的作為，有時還帶著某種預示的宿命的神秘色彩。

潘漢年七歲時，在一個沒有月亮的夏夜，跟著幾個小夥伴跑到村外荒野上撲捉流螢，四下裡一片蛙聲。忽然，不知從暗夜的什麼地方傳來一聲「苦哇——」的怪叫，那樣尖利響亮，那樣淒慘悲涼，嚇得潘漢年不由得直打哆嗦，蹲在地上再也不敢動了。比他大的孩子立即笑話他說：「膽小鬼！」潘漢年聲音顫顫地問道：「這是什麼呀？」一個孩子嚇唬他說：「這是鬼叫。」「啊，鬼叫？」潘漢年更怕了，再也不要捉螢火蟲了，求大家趕快把他送回了家。人雖進了自家的院子，但那「苦哇、苦哇」的聲音也跟著進來，怎麼也趕不走。正在乘涼的父母和姐姐看他神色不對，連忙問是怎麼回事。聽他講完，大家都笑了。父親說：「這是苦哇鳥在叫，哪是什麼鬼喲。」母親也送過來西瓜叫他吃：「厂兒，別怕，那是一種鳥兒，不妨事的，啊。」可小小潘漢年就是放不下這件事兒，問道：「苦哇鳥是什麼呀？」姐姐嘴快，說：「連這個也不曉得呀，苦哇鳥是童養媳婦變的。」「什麼是童養媳婦呀？」潘漢年問開了頭。問得大家都笑起來。於是，姐姐給他講了一個動人的故事。

說是很早很早以前，村頭住著一對老夫妻，守著一個獨生兒子過光景。還在兒子很小時，他們就給他討回一個媳婦來，這就叫童養媳。誰知媳婦剛過門不久，這個還未成年的兒子就死了。一對老夫妻非常傷心，哭得死去活來，尤其老太婆哭昏了頭，認定這個童養媳婦是白虎煞星，剋死了他們的兒子，滿肚子的氣和恨都出在這個女孩身上，不是氣哼哼地罵，就是惡狠狠地打，要不就是逼她不停地幹活，卻不叫人家吃飯。可憐這個連自己老家在哪兒都不知道的小女孩，被折磨得不成樣子了，哭天不應，喊地不靈，有苦沒處訴。這天，她實在餓得不行，便偷偷跑進廚房吃一碗冷飯，不料卻讓婆婆撞上了。一頓惡打自然難免，但這還不解婆婆的氣，打過之後還被丟進一個大缸裡，上面壓著重重的石頭蓋子，看來人家要決心整死她。這個童養媳婦開始還有力氣喊救命，喊著喊著就沒有動靜了……幾天以後，這個惡婆婆以為童養媳婦肯定死絕了，便揭開缸蓋看個究竟，猛地，從缸裡飛出一隻小鳥兒，淒慘地叫了一聲「苦哇」，就飛出屋子，飛出院子，飛上了天。從此就有了苦哇鳥，卻再也不見了那個童養媳婦，它就是她變的呢。

這個悲慘的苦哇鳥的故事，連同它那哀怨淒絕的叫聲，從此永遠留在了潘漢年心上，一輩子都沒能忘掉。一九二五年夏天，十九歲的潘漢年住在北京表妹家裡。他心裡忘不掉故鄉夏夜那「苦哇」聲，忘不掉那個有苦沒法訴說的童養媳，深夜難以安睡，便提筆成文，寫出一篇文章就叫〈苦哇鳥的故事〉，發表在周作人先生創辦的《語絲》週刊上，整整七十年後又作為他的第一篇小說，收集在《潘漢年詩文選》裡。

更要一提的是，他在向《語絲》投稿時，還給當時筆名叫啟明的周作人先生寫有一信，內容當然離不開苦哇鳥，全信如下：

> 啟明先生：
>
> 我想鳥的故事各省各鄉都有，因為聽其鳴聲而擬以世間故事，正是許多無名的民間文學家的成績。雖同一鳥而其故事或者全不相同，這正像〈徐文長故事〉、〈孟姜女〉、〈狸貓換太子〉等等的傳衍變遷，不足為奇；但我們如能彙集許多民間的鳥的故事，卻是很可觀而且也很有興味的吧。
>
> 我寫「苦哇鳥」的故事，正想藉此引起許多讀者留心其他各種鳥的故事來。未知你贊成否？——我想你一定很樂意的吧？
>
> 五月二十七日 潘漢年

三天以後，百忙中的周作人居然很快回信，全文如下：

漢年先生：

承你寄給我苦哇鳥的故事，很是感謝，因為我也是喜歡這些故事的。我希望大家有興趣的人都來搜集記錄這類鳥——以及獸蟲魚草木的故事，不但是傳說學的好資料，也是極好的民間文學。

你所說的那種鳥在我的故鄉（舊會稽縣）也有，通稱「姑惡」。故事大略相同，唯鳴聲殊短促，聽去正如KU—OH二字。此鳥只在晚間出來，所以沒有人知道它是什麼形狀。通雅云，「鵑，即今之花吻鳥也，如鳩，黑色，以四月鳴，其鳴曰苦苦，又名姑惡，俗以婦被姑苦死而化。」蘇軾在〈五禽言〉中云：「姑惡，姑惡！姑不惡，妾命薄。君不見，東海孝婦死作三年幹，不如廣漢龐姑去卻遠。」自注：「姑惡，水鳥也，俗云婦以姑虐死，故其聲云。」范成大也有詩，序云：「姑惡，水禽，以其聲得名，世傳姑虐其婦，婦死所化。東坡詩云，『姑惡，姑惡！，姑不惡，妾命薄。』此句可以泣鬼神。余行苕雲始聞其聲，晝夜哀厲不絕。客有惡之以為此必子婦之不孝者，余為後姑惡詩曰：姑惡婦所云，恐是婦偏辭；姑言婦惡定有之，婦言姑惡未可知。姑不惡，婦不死。與人作婦亦大難，已死人言尚如此！」

這樣看來，可見這個故事由來已經很古了。大略至宋以來早成了禽言裡的一個好題目。嘗見一本光緒己卯（一八七九）年木版活字的觀頹道人所編的《小演雅》，姑惡項下有十一篇，但是明清的極少佳作，有一首〈詩〉結末說：「母氏聖善，我無令人，臣罪當誅，天王聖明。」簡直不知說的是什麼了。

五月三十一日　周作人

以上二人的通信原載一九二五年《語絲》第三十五期，至今已十分珍貴。

一九四六年十月四日，潘漢年在《聯合日報晚刊》上發表有一篇雜文，題目是〈書生薄命原同妾〉。這詩是陳眉公《小窗幽記》上的名句，潘漢年何以對此深有感慨？或許與他的「苦哇鳥情結」、以及關於苦哇鳥的詩「姑惡，姑惡！姑不惡，妾命薄」等，不無關係吧。中年以後的潘漢年是否還常常想到苦哇鳥的故事？尤其蒙冤入獄的近三十年中，是否還為苦哇鳥寫過泣血的詩文？是否由可憐的苦哇鳥聯想到自己的不幸遭遇？這已難作考察；但是筆者相信，一個童年驚夢，它會終生相隨至死難棄的。「苦哇鳥情結」怎麼會離開潘漢年的心田！

我們仔細想一想，人還不如鳥：苦哇鳥代人受過，蒙冤受屈，極難忍時尚能大叫「苦哇、苦哇」；可潘漢年身陷冤獄幾十年，苦不堪言，卻連張嘴喊冤的權力都沒有。這卻是怎樣的悲哀！

高墳惡鬼

揚帆的童年世界要豐富曼妙得多，至少在他後來寫的那組《童年漫憶》中是這樣的。首先就有什麼和尚投胎的傳說，母親生他的那天晚上，夢見一個老年和尚走進臥室，母親驚叫道：「你這個出家人！為何私闖民宅？」那老和尚合掌當胸，念了一句「阿彌陀佛」便立時不見，母親驚醒卻是南柯一夢，接著腹中疼痛難忍，便生下了揚帆。小揚帆生下就不吃葷腥，只吃素菜和雞蛋。於是家人更相信他是和尚轉世，就帶他上普陀山認高僧為師父，從此一身和尚打扮，名字也叫成了和尚。後來，當地一個算命先生又在和尚頭上抹了一層神秘色彩，說他是在佛祖那兒犯了錯誤的羅漢，來在今世修行補過以成正果，肚臍眼裡有一顆黑痣便是證明；說他七歲是一道大坎，過不去隨時可死，過得去則貴不可言，鐵棒打不死，老虎咬不死，河水淹不死，反正是怎麼也死不了；說是七歲這個坎很難過去……云云。這可急壞了母親，為迷住這個前世和尚的本性，她把小揚帆的袈裟藏了起來不讓穿，和尚這個乳名也不讓再叫，上普陀山燒香拜師父的佛事也免了，而且也有意地將雞呀魚呀蟹呀的餵他吃，目的是非要讓小揚帆平安度過七歲這道坎兒。

但是，儘管家人這樣小心呵護，在七歲以前還是發生了極為驚險的一幕。虞山城外不遠的一片荒野裡，高高聳立著一座不知來歷的大塚，當地人習慣上叫它是高墳，傳說這個墳裡的鬼特別厲害，有個牧童在墳頂坐了一下，回家就口吐白沫而死；甚至是兩隻老鷹打架從空中落在墳頂一下，也立馬死在那裡了。所以這個高墳惡鬼誰也不敢冒犯，人們對它避之唯恐不及。可是小小揚帆居然不怕，他經常一個人爬上高墳玩，什麼事也沒有。有一次，他帶著一群小夥伴來這裡玩官兵捉強盜，他是強盜，六、七個小夥伴是官兵。他鑽在高墳頂上的草叢裡，官兵們就是找不到他這個強盜，其實是誰也不敢上高墳的緣故。強盜見官兵不上來，頓覺一點意思也沒有，就衝下來向官兵進攻，當下就與一個叫長壽的官兵扭打起來。這個官兵比強盜大兩歲，個頭也高，體格也壯，居然抓不住強盜，反被強盜打得鼻子流血，領著殘兵敗將望風而逃。得勝的強盜又爬回高墳頂，興猶未盡，很想再與墳裡的惡鬼打鬥一場，於是大喊道：「惡鬼惡鬼，你敢出來嗎？」挑戰再三，惡鬼不敢應戰。強盜的情緒再次不高起來，朝著墳頭狠狠地吐了幾口唾沫，這才悻悻地走回家裡。

母親一見小揚帆的模樣可嚇壞了，她不知道那血是官兵的，以為兒子遇了險。再三叩問也不得要領。本來也就沒事了，豈料轉眼間長壽媽找上門來，替官兵向強盜討帳。於是東窗事發，高墳混戰的內幕大披露。母親氣極之下，提起門閂就掄了過來，門閂失手沒打著，接著換把掃帚就是一氣亂拍。令母親瞠目結舌的是，這個小小強盜非但不躲不閃，反而直挺挺地站著，雙手反扣著，眼珠兒瞪著，一副任憑風浪起的派頭。反倒把為娘的嚇壞了，她不禁十分驚恐地大叫起來：「你是誰？你不是我的兒子！你……你是惡鬼！」小揚帆這才害怕了，連忙給母親雙膝跪倒：「媽，媽，是我，我是和尚呀。」一提和尚，母親更加驚恐，後退著，像是怕鬼抓她似的：「你不是我兒子，你是惡鬼……保太平，我們家要保太平呀，呸，呸，呸！」……母親的這副模樣，永遠印在了小揚帆的心裡；母親不敢相認自己兒子的情景，太令人感到委曲和痛苦了。許多年以後，揚帆常常在那些熬不到天明的獄中之夜裡，想起自己冤沉海底，得不到黨組織的理解和信任，腦海裡不由得就閃現出童年這一幕，一遍又一遍地默默申訴道：「媽媽，我不是鬼……也不是特務、叛徒、反革命！……我是你的兒子呀！」

全福之死

一九一四年，胡元陔要去偏居山西西北地方的保德縣就職，那是一個有名的窮縣，「河曲保德州，十年九不收」。為了減輕負擔，行前決定由外祖母帶七歲的關露去南京二姨母家暫住幾年。關露的外祖母也是個見過大場面的人，七、八歲時就跟著做官的父親到過四川、湖北、福建等省，年輕時喜穿男裝，跟兄弟們一起外出看戲、觀燈、遊玩，很有老主意的一個人。二姨母名叫徐雙鯉，是關露母親的姐姐，出生時正好有人送來兩條大鯉魚，於是便起名叫雙鯉。外祖母行事武斷，自作主張將二姨母嫁給一家姓李的，結果很不好，二姨母剛懷上孩子丈夫就去世了，兒子生下不久又夭折了，後來過繼了一個兒子，不到二十歲又死了，再過繼一個，卻是個沒良心的忤逆貨。現在的二姨母沒有職業，靠李家分下的三間舊房，一間自己住，別外的出租賺錢，藉以活口。她變得脾氣很不好，每天喝酒看小說，打發著清苦無聊的日月。

關露正是充滿好奇心的年紀，住在二姨母家甚覺無趣，就常往鄰居家跑。她先認識了表舅夫的女兒雲珠，常在一起玩。但雲珠覺得自己爸爸是參謀長，有錢，總不把關露看在眼裡，有時甚至想欺負關露，所以關露就不跟她玩了。二姨父有個遠房侄女名叫小紅，住在二姨母家前面大院旁邊的一個小院落裡，年紀與關露相彷，她的父親已經五十多歲，沒有職業，靠在大街上替人寫字維持生活，還有個哥哥叫全福，在一家布店當學徒。這一家人雖說窮，但心腸特別好，對關露也特別好，尤其是小紅，很快與關露成了最好的朋友。

且說這一天，忽然發生了可怕的事：小紅的哥哥全福殺了人，被官府給抓進了大獄。消息從布店傳到小紅家裡，關露正好在場，她親眼看見小紅父親一頭栽倒在地昏死過去，嚇得小紅和她大哭起來。等人把老頭救過來，他只是發瘋地大喊大叫說：「我兒子沒殺人！我兒子不會殺人！……」事情原來是這樣的：去年冬天的一個夜裡，全福起夜解手，路經庫房，看見門開著，以為有了賊，就進去看看。這一看可了不得了，只見布店老闆將養女小珠壓在身下欲行非禮。全福那見過這種場面，不由得就大喊起來。老闆見全福壞了他的好事，氣得咬牙切齒，跑出去叫來幾個夥計，將全福五花大綁起來，說他偷了他的布，人贓俱獲，吊起來就是一頓暴打，直打得全福體無完膚，幾次昏死過去。第二天天不亮，將遍體鱗傷的全福扔出大門，說是再要搗亂就送到警察局。全福掙扎著回到家裡，向父親哭訴實情，想讓父親去告狀。又窮又懦弱的父親哪裡敢去告狀，只會一個勁地埋怨兒子：「都是你不好，誰叫你去多管閒事？你瞧瞧，飯碗砸了不是？你叫全家人咋辦？莫非喝西北風去！」這一頓夾七夾八的訓斥，一眨眼功夫就把全福給氣瘋了。二十出頭一個好小伙，就這麼成了個瘋子！從此混叫混罵，混打混鬧，搞得街坊四鄰都不得安寧。沒法子，老父親只好流著眼淚把兒子用鐵鍊子拴住。就這也還是鬧，只有小紅和關露給他送飯的時侯，他才會安靜一會，流著眼淚，嘴裡咕嚕咕嚕地說些瘋話，有一半句也能聽清，「殺他，殺他……」前不久的一天，全福忽然失蹤了，那麼老粗的鐵鍊子不知怎麼就給他掙斷了，人跑得無影無蹤，全家人和鄰居整整尋找了好幾天，還是沒有結果。小紅父親氣得說；「不找了，說不定早讓汽車軋死了，掉在城河裡淹死了，鑽在誰家花園子裡凍死了。」可誰也沒想到的是，這個瘋子鑽在布店老闆家裡躲了好幾天，得空就把他用斧子劈死了！案發時全福連現場都沒離，伸手就叫警察把自己銬走了。

上法場那天，大街上擁滿了人。全福五花大綁，背後插著亡命牌，架在一輛馬車上遊街示眾。人群中說什麼的都有：「該殺的！偷了老闆的布還害了人家的命，太惡了！」「聽說是個瘋子，不該治罪的。」「誰知道他是真瘋還是假瘋？瘋子還知道給自己偷布？」「說不準又是冤枉的，如今這事還少嗎？」「冤？那他咋不喊冤呢？」……總之是說不好的多，說好的少。這叫關露甚感不平，心裡說你們知道什麼呀？淨瞎猜！全福哥哪裡就偷布啦？他根本就不是那種人！是那老闆太壞，栽贓陷害全福哥，逼得全福哥都瘋了，瘋子殺人就不能治罪，全福哥是冤枉的……對了，全福哥，你怎麼不喊冤呀？你喊呀，你趕快喊呀，你把什麼都說出來叫人聽呀！

全福卻緊閉著嘴巴，緊閉著眼睛，一聲冤也不喊，一句話也不說，不知道在想什麼，只有兩行眼淚不斷地流……他當然聽不到關露的心裡話；實際上他也聽不到街上人在說什麼，只有一片嗡嗡聲；或者說他本就什麼也不想聽了，連看這個世界一眼都不想看了。全福哥這副不想喊冤或者不能喊冤的模樣，從此刻在了關露的心上。但這是為什麼？小小關露當時怎麼也弄不明白，直到許多年後自己蒙受奇冤，冤沉海底之時，她方才約略地參透這一人生玄機。

第三章　最憶少讀書

一波三折

潘菽成名後曾在〈懷鄉吟〉中輕鬆回憶兒時讀書玩耍情景曰：

門對紫雲是舊居，紫雲書屋幼攻書。
窗前方丈有花卉，出牆臘梅無恙否？
曾隨鄰童學採樵，亦曾伴為剖毛栗。
舟山山下嬉戲地，時到重陽最堪憶。

有人據此斷定，這也是潘菽堂弟潘漢年的少時境況。看來恐怕有點出入。作為潘漢年伯父和叔父的潘清華、潘仲祿們，家境要比他們的兄弟潘莘華強得多，不然不會有力量供自己的兒子潘菽、潘梓年等去上北京大學。潘莘華由於前述的種種原因，尤其是吸上鴉片以後，家道急劇敗落，已很難給兒子提供像潘菽那樣的讀書條件了。潘漢年的少時讀書之路分外艱難，一波三折。

潘漢年六歲時，上本村小學讀書，吃住在家，學雜費也所需無幾，自然是順順利利讀下來。可到了十歲要讀高等小學時，難題即刻出現，原來陸平村沒有高等小學，而最近的一所也在十里開外，得吃在那裡，住在那裡，連上學雜費，就是一筆不小的開支，僅預交第一學期的所需費用就是四十多元。這對已經山窮水盡的潘莘華來說，無疑不堪重負。沒辦法，只好望學興歎了。可停學在家也不是辦法，十歲的孩子已經醒事，潘漢年又是那種早熟的孩子，一旦覺得己不如人，心靈極易受到傷害。潘莘華對這一點還是心下明白的，於是又把小漢年送進本村一家私塾裡，免得荒廢了學業；同時設法攢錢，以便下一年再將兒子送入高等小學。第二年，也就是一九一七年的夏天，十一歲的潘漢年終於以非常優異的成績升入高等小學讀書，而且是一所全縣最好的學校——凌霞學堂，亦即縣立第三高等小學，而且破例被允許直接插入二年級學習。這所學校歷史不短，創建於清朝末年，最早叫凌霞書院，後來叫凌霞學堂，辛亥革命以後改為宜興縣立第三高等小學。潘漢年入學時的校長是儲涵奇，一位資望很高的清末秀才，他吸引來的各科教師都是全縣最優秀的人物。這對潘漢年成為該校的高材生大有稗益。

「五四運動」發生的一九一九年，潘漢年總算一口氣讀完了高等小學。但是面對中學大門，老難題又出現了：沒錢怎麼辦？此時的潘莘華已徹底被生活重擔壓垮了，變得衰老而消沉，他對兒子的深造已無能為力。十三歲的潘漢年覺得自己已長成大人，應該自謀生路，遂與同班同學潘慶生趕奔上海，投考第二師範學校，他認為師範學校不用花錢，正適合自己這樣的窮學生報考。可惜未能考中，只好又把難題帶回給母親巫大寶。巫大寶真是位了不起的母親，她深知兒子學業和前途的重要，發誓要將潘漢年送進中學大門。在她的一手操辦下，又在娘家母親巫吳氏的資助下，她到底讓兒子上了和橋私立彭城中學。這一點在前面已經有所提及了。

真是多災多難。潘漢年上中學還不到一年，腿上卻得了一種怪病，不是流血就是流膿，只好回家醫治，一耽誤就是幾個月。待到病好能復學時，原本用來上學的錢卻花光了，家裡已經山窮水盡，再說潘漢年也不忍心叫父母受煎熬了，遂決定正式輟學在家，另謀出路。這年潘漢年才十四歲，幹農活沒力氣，做生意沒資本，能幹什麼呢？小小年紀便飽嚐愁滋味。一天，他心裡悶得慌，來到本村小學找他的一位堂兄潘文年，想借幾本新雜誌看看。這位教書的堂兄是個熱心人，當他得知堂弟的發愁事後竟輕鬆地笑起來，說：「厂弟，這發什麼愁呀？只要你願意，馬上就能做事賺錢。」

潘漢年說：「你可別逗我。有什麼幹的？」

潘文年說：「想想，你有什麼本錢？」

潘漢年說：「我有什麼你還不知道嗎？除讀書寫字以外百無一能呀。」

潘文年說：「這就足夠了。好了，我也不跟你繞圈子，告訴你吧，咱這兒缺個語文教員，你來不正合適嗎？」

潘漢年說：「這事我也盤算過，好倒是好，只是我才十四歲，誰信得過呢？就是縣上不查，鄉親們心裡也不踏實呀。」

潘文年說：「可倒也是。要不這樣，你先別算正式的，先來代代課，叫上下左右都看看，憑你那本事，用不了三兩個月，保準一好百好。怎麼樣？」

潘漢年說：「對對，可以試試。」

就這麼著，本該當中學生、年僅十四歲的少年郎潘漢年竟走上講臺教書了，而且居然一鳴驚人，課備得好，書講得好，學生和家長都滿意。還沒等大家把他聘為正式教員，就被鄰村學校給搶走了。

潘漢年終於能夠自食其力了，他把所得薪水作了很好的規劃，補貼家用多少，孝敬父母多少，自己吃飯多少，訂閱新書新報多少，節餘儲存多少……都有精細安排。他把自己的花銷儘量壓縮，而把儲存儘量增加，因為在他的心中還熊熊燃燒著升學深造的理想之火，他發誓要用自己掙的錢，再把自己送進中學大門。一九二一年，機會來了：常州延陵公學向社會廣泛招生，收費低廉，不苛求學歷和年齡。這所學校實際上帶點慈善色彩，由常州著名的教育家趙毅夫先生擔任校長，校舍選在孔廟裡，條件是差些；但是師資優良，目標遠大，教學特色顯著，是一所很吸引人的新型學校。潘漢年既有扎實根底，又有豐富實踐，遂以自己獨特的優勢考入延陵中學，圓了心頭升學夢。

按說，潘漢年讀完中學應該再不成問題了吧？其實不然，老天爺好像要專門刁難這個孩子似的，又把一場意想不到的磨難堆在他頭上。才開學不到一年，有天夜裡學校遭了賊，不偷別的，可好就偷了潘漢年他們的宿舍，而且偷得乾淨徹底，只差沒把窮學生本人偷走。別人慘，潘漢年更慘，他的衣物和全部血汗錢丟光之後，可就再沒能力在短期內籌到一筆生活費和學費了，除過光身子走人別無他法。十六歲的潘漢年回首看看校門，不由得淚流滿面，一步一回頭地怏怏而去。

打擊是沉重的，但要徹底擊垮這個屢遭磨難的少年郎也不容易。潘漢年一回村，便立即去學校打聽情況，看是否還缺教員。在這裡，他絕處逢生，再次遇到救急之人，此人名叫徐應蓀，是宜興縣城人，早對潘漢年的經歷事蹟又同情又讚賞，眼見他再次落難，便挺身而出，力薦他去縣城一所小學任教。這所學校是由一個民眾團體「勵進社」辦的，各方面的條件都相當不錯，最叫人興奮的是，該校訂有大量的報紙雜誌，比如像《時事新報》、《民國日報》等這樣有影響的報紙，隨時都能看到新的。無疑，這在潘漢年面前等於打開了一扇新世界的大門，那些新知識、新思想、新人物，都源源不斷地來到他的眼前，跑到他的心裡，使他耳目一新，心花怒放，如醉如癡，失學的隱痛終於慢慢消弭散逸，一個奮發向上、朝氣勃勃、充滿新理想的少年潘漢年，即將跨入自己那更加五彩斑爛的青年時代了！

書裡書外

比起潘漢年的曲折艱難，揚帆少年讀書的條件和環境要好多了，雖說石家也一樣的敗落下來，但瘦死的駱駝比馬大，一早的家底要厚實得多。先說讀書的大環境，那虞山擁有十八勝景，處處都是讀書佳境。日後揚帆有一篇文章專記家鄉風光妙處，不妨摘抄幾段：

> 虞山是有名的勝景，而且有不少的古蹟。山之所以名虞，據說是古代一個叫虞的什麼太子，讓位於弟，隱居此山。我雖不懂得讓位之德，卻也頗覺此山可以久居。唐詩「清晨入古寺，初日照高林」所詠的興福寺，我也去過幾次。童年塵心未固，入寺亦富別有天地之感。
>
> 山頂上的靖鳳亭，相傳許真人逐蛟至此，蛟入井中，真人掛劍井旁，蛟不得出。後人懼井中蛟作怪，做了一個四面不透風的亭子。至今每逢天旱，總有人去亭子上鑽牆挖洞，好讓水氣噴出來，風雲驟至，大雨淋漓。
>
> 山腰裡有個劍門，是塊似門之石，據說曾有個什麼將軍一劍劈開過這個門。門裡是無數珍貴，有幾員青面赤鬚

的神兵守護著。

最使人易於領會其真趣的，還要算桃源澗。一道山澗，水源上有桃花林，落英繽紛，隨流而下。我喜歡赤裸著泳浴澗中，偶爾飲幾口花瓣沁香的澗水，身心俱爽。

虞山十八景中，以「湖橋串月」為最佳，暮秋之夜，棹孤舟，傍叢荻，山高月小，串橋作影，令人明淨。

……

到自己家的祖墳去，必須經過二、三十里直徑的東湖。

舟行遇雨，瀟瀟不止。有時偶遇暴風，想起龍就湖中取水，漁人誤以龍鬚為樹，繫纜其上，掣入高空的傳說，不勝心悸。湖是廣而深的。我曾試以銅錢引長線沉入水中測湖的深度，鼓帆前進，錢往後行，永不見底。據說，咸豐六年江南大旱，曾有人見過湖底，底裡有一條街，屋宇宛然，滄桑之感，深印吾心。

湖之南有一村舍，原是我家的故居，大概是那一代的祖先發跡了，才搬到城裡去的。……那裡是水網地帶，出門就要用船，我從自己的船出來，又會坐近村裡的小船去，東飄西蕩，在港汊裡面游來游去。

西山的外祖家墳，坐船也可以去的，記得有一次坐船去西山腳下，經過一條白龍港，那條水彎彎曲曲，足足有七十二個彎腳。相傳曾有某姓女，拾食河邊巨卵，未嫁而孕。臨蓐之日狂風暴雨，產一白龍，飛騰而去，後來這個女子老寡而死。白龍適來探視，慟極而號，山林震撼，大雨滂沱，白龍在地面一面哭一面滾，滾成了一條「七十二個探娘彎」的白龍港。

那麼，作為累代書香門第的石家大院呢，當然更是充滿書香氣了，由大畫家曾祖父親手所建的藏書樓取名為「拜惲仙館」，前面大門口是一彎碧水，水邊上是棵棵垂柳，柳下可以垂釣，「看夕陽把留連的顏色塗上天邊，塗上水底，又溶入黃昏」……藏書樓的後面呢，則是一座花園，種滿了各色花草，晨前月下置身其間，會忘卻市井煩惱，而於春夏之交，案頭焚一爐香，瓶裡插幾枝花，一日一換，頗宜靜讀……但見書樓壁上，高懸古色古香的七弦琴，窗前設著琴几，窗外一片瘦竹在朦朧月色裡迎風搖頭，與對面院裡的假山石交相輝映，便是一種仙境氛圍。

所以要說讀書，這裡可真不知能讀好多少書。

但在揚帆的記憶中，自己於此並沒有讀過多少書，只是從四太公讀過幾天四書五經而已。四太公是與石家曾祖父平輩的一位老派人物，好大一部白鬍子，最看不慣的就是離經叛道的後輩子孫。他雖然沒給揚帆教下多少書本知識，但卻用一副他自作的輓聯為題，給揚帆結結實實上了一堂書外大課。

先來見識這副輓聯，是：

一念之錯歸赤化

百身莫贖誤青年

這是什麼來頭呢？先得講出一個人的故事。

此人名叫石櫟，論輩份揚帆該稱呼他為梁叔。他家很有錢，他的父親還是一個有身份的鄉紳，五十多歲娶了一房年輕的繼室。他從小就極有個性，與後娘怎麼也合不來，一次氣得他父親大怒，伸手就撕掉他半拉耳朵。於是，他絕然地離家出走了，跑到南通，設法進了一所新式學堂。四年後，他突然回到村裡，向父親和後娘認錯，並表示一切願意聽從父親安排。他的父親當然喜出望外，浪子回頭金不換，更何況只有這麼一個獨子，焉有不容納之理；豈止容納，想把整個家業都交給他掌管呢，不過為穩妥起見，先讓他接管一家專賣桐油和豆餅的店面。這地方種的是水田，需要豆餅做肥料；家家差不多都有船，修補船又離不開桐油。所以這兩宗買賣都極好做，加之店裡資本雄厚，老顧客也多，一年的利潤是很可觀的。他到底是讀過洋學堂、見過大世面的人，接手以後把生意做得挺紅火。父親監管了一段，看看能行，便乾脆放手不管了，由他一個人獨立經營。將近一年時間過去了，看看到了年關，父親照例要來查帳。誰知到了查帳這天，只見店門緊閉，他和店裡所有人員都不翼而飛。父親叫人砸開銅鎖進去，卻見當地一堆灰燼，是燒掉的帳薄，錢櫃裡一文現金也沒有，真個是一無所有。父親這一驚非同小可，連忙報了盜案，由警察出面調查。不久，事情真相大白，原來是他把庫存物資全部無償地分給貧苦村民，帶著所有現金去投革命黨了。

那時的革命黨，在當地稱「匪」。他是去當「土匪」了。不過並沒有跑出去多遠，就在家鄉一帶秘密串連，拉起隊伍，領著一些活不下去的人抗租抗稅，劫富濟貧，與官家作對。他的隊伍由小到大，與官兵對陣的規模也由小到大，最有名的一次是觀音堂一戰，前來圍捕的三大船水警被殺得一個不剩，全軍覆沒，血把河水都染紅了。於是那名聲也就隨著越來越大，關於他的各種傳說越來越神奇，什麼料事如神就像孔明轉世；什麼雙手使槍百步穿楊彈無虛發，腋下那本洋裝書就是槍匣子；什麼他是得了孫文的真傳，孫文就來過宜興縣城，收他為第一高徒……總之，他成了當地一位最要緊的人物，有錢人怕他恨他咒他，窮苦人盼他想他美化他。

過了二年多，忽然傳來驚人的消息，說是「匪首」石槑被官兵活捉，下在縣獄死牢裡。他是怎麼叫捉住的？說法很多：有說是叛徒出賣的，有說那叛徒原本就不是叛徒，是省裡派進去的坐探，還有說是他本人先是得病，再是負傷，後來實在跑不動又打完最後一顆子彈並且昏了過去才出事的，云云。但是不管怎麼說，他到底是被官家拿住了看來誰也不懷疑，接下來要猜測議論的就是他會有什麼結局：有的說肯定會越獄，那麼大的本事，外頭還有那麼多的弟兄，再說孫文還能見死不救？有的說越獄怕難，那死牢是用石頭砌的，一塊石頭足有水牛那麼大，再說還有裡三層外三層的官兵把守，聽說省裡還一個勁在增兵呢，這便如何能跑？有的說吉人自有天相，他是天上的星宿下凡，不是咱尋常百姓，地上什麼牢頭能關住人家？準出不了事！……

可是有一天中午時分，「匪首」石樑的屍首被扔在了監獄外頭，他是叫秘密處死的，告示都沒有出。他的父親雇人找來一副薄木棺材，將那死屍收拾起，該往哪兒抬？按鄉俗，橫死在外的人，屍首不准進村，再說他父親壓根兒就沒想讓這個「忤逆子」回歸家門，於是就先抬放在村邊的祠堂裡。這就行嗎？更不行！族人聚眾鬧事，怎敢將「赤化匪首」的骨骸抬進祠堂！於是，生生地把死了的石樑扔在荒郊野外。

德高望重的四太公，就是目睹了這一情景後，感慨萬端，當場就顫顫巍巍地書寫了如上一副輓聯。接下來，便是一遍一遍地、不憚其煩地、苦口婆心地向小揚帆講解這副輓聯，並緊密聯繫石樑生平的「惡習陋行」加以生動說教。據他自己誇口說：我看你是可造之材，只要能謹記我的輓聯，管保你受用終生。可他何曾料到這個少年郎此時最感興趣的，並不是他那副自我感覺特別良好的輓聯，恰恰相反，倒是他完整講述的「石樑故事」。這堂書外大課深深地吸引和感染了少年揚帆，真正叫他終生難忘。

就著血淚讀書

全福蒙冤布店、血灑刑場那會兒，關露剛上小學一年級。此事在這個敏感早熟的小姑娘心中留下了沉重的陰影：課堂上她會想全福哥的事想得走神兒；睡夢裡她會因為混身是血的全福哥而夜半驚哭；尤其每當她跨進小紅的家，一看病臥在床的全福老爸，滿臉菜色的夥伴小紅，那吃了上頓沒下頓的可憐日子，就會眼淚汪汪地留在那裡忘了上學。二姨母看著她越來越差的成績單，一再驚訝地責問：「媚兒呀你怎麼搞的？你媽可說你是神童，唐詩會背幾百首呢。叫我給你媽咋交代？」

還是老外婆瞭解自己的小寶貝，每當這時侯就出面說：「你就快別難為她了吧。你知道什麼？媚兒她是天生的觀音菩薩，心軟得一掐就冒血花兒。」

假如不是父親的死而把關露召回太原的話，可以斷定她的南京讀書成績不佳。那是關露在南京讀小學三年級的時侯，母親匆匆從太原趕來，說是父親已死，得把她和外婆接回去，大家一起過日子好照應。

此時的太原胡家，已不在先前的東倉巷，而安在了寧化府一座平房小院裡。據七十年後關露妹妹胡壽華回憶，這是一個座北朝南的小院落，一式土木結構的普通平房，前頭是一家老字型大小的「益慶源」醋坊，早晚都飄溢著好聞的山西老醋香，而院子後頭長著一棵老槐樹，它長得很怪，根紮在房子裡，樹身卻長出房頂，結出好大一片陰涼。院子一共住著兩家人：母親和關露住兩間西房，外婆和妹妹壽華住東房；另一家人是常老師夫婦和他們的婆婆，住在上房。常老師是母親在省立師範學校的同事，兩家相處得極好，關露姐妹稱她為常乾娘。

在太原住定後，關露就在師範附小繼續上學，為了互不干擾，母親把妹妹壽華送在公立小學。姐妹倆白天在學校讀書，晚上由母親教讀古文古詩，並且要練毛筆字和作文。外婆則照應一家大小的生活起居。日子慢慢走上正軌。關露畢竟還是小孩子，離開南京傷心地，她幼小心靈的創痛也在慢慢淡化。然而好景不長，才剛安生幾天，命運多舛的小關露又淹沒在苦澀淚水中。

這就是母親的死！

一九一九年，關露母親變賣了全部家產，帶著一家老小四口離開太原，前往湖南長沙鄉下。關於這次舉家南下的原因，一種說法是由於徐繡鳳身受學校和家庭兩重壓力，不堪重負而累病了，遂接受常老師的建議，去她故鄉長沙哥哥家裡一邊養病，一邊給人做家庭教師掙錢；另一種說法是，因為省立師範學校的校長易人，原來擔任校長的常老師的表哥被辭退，新校長則是山西土皇帝閻錫山的親戚，於是常老師和徐繡鳳也隨著雙雙失業。在這種情況下，徐繡鳳接受常老師的建議，去她老家村裡一家姓張的大戶做家庭教師，以便養家糊口。兩種說法不管哪種對，但徐繡鳳攜家南下長沙則是不爭的事實。

養病也罷，做家庭教師也罷，全部生活重擔還得徐繡鳳一個人挑著，母親已經八十歲，兩個女兒都未成年，還要接受教育，一個可幫可商的人都沒有，這對於一個四十多歲的寡婦來說，無疑是一種沉重、壓抑、缺少希望的生活。徐繡鳳從不訴苦，天大的難處都一個人默默地承受著，忍耐著，絕不讓母親和女兒們看出一點點跡象。但是，一個人的承受能力是有限度的。有一天，鄉下鄰居過生日，請徐繡鳳過去吃飯。她難得有放鬆的日子，這天高興，多喝了幾杯酒，竟然喝醉了，可能也感了些風寒，當天回到家裡就病倒了，一病帶來百病，平日積攢下的各種毛病都一起爆發，把個要強的徐繡鳳徹底擊垮。連著看了幾位大夫，各種藥也都吃了，病總不見大好，有時輕點，但很快就有反覆。關於徐繡鳳的病根還有一說：鄰居姑娘蘭英給別人做童養媳，早早守了寡，在娘家住時經常過來與徐繡鳳說話，兩人成了極要好的朋友。有次蘭英住娘家，本村一個有錢的惡少入室調戲，遭到反抗和驅逐；惡少惱羞成怒，反誣蘭英勾引於他。此事傳聞開去，婆家就鬧起來，不找惡少算帳，卻只在蘭英頭上扣屎盆子。蘭英是個烈性女子，受辱不過便一怒自殺，出了人命大案子。鄉親們抱不平，把這事告到官裡。惡少家裡怕事情鬧大要兒子償命，就不惜花重金想私了此案。他們首選目標就是徐繡鳳，認為只要這個女人出面作證，證明蘭英之死與惡少無關，一天的雲彩也就散了，因為誰不信服這個有知識的女教師呢？何況她與蘭英又是那麼的好。他們可真是有眼無珠認錯了人，結果當然只有大碰南牆。最後又故技重演，四處散佈說徐老師藉機敲他家的竹槓，因為要價太高而遭到回絕云云。徐繡鳳百口難辯，氣得落下了病根。

自從母親病倒，懂事的關露就立即停學，日夜看護著病人，請醫生，抓藥，煎藥，餵藥，做飯，餵飯，洗換衣服，接大小便，給外婆講寬心，督促妹妹上學作作業……這年她才十二歲。在母親病痛難忍時，在沒錢給母親請更好的醫生時，在想到自己的學業可能會荒廢時，這個小姑娘常常是淚流滿面。在母親病情好轉時，在母親服藥後安安穩穩睡覺時，這個小姑娘又會立即擦乾眼淚，抓緊時間學習起來，功課之外，還要詠讀自己喜愛的美麗詩篇《離騷》《孔雀東南飛》《唐詩三百首》……在母親患病的兩年多時間裡，關露就是這樣揮淚讀書的。

終於，年僅四十六歲的徐繡鳳，睜著難以瞑目的兩隻眼睛死了，死在她最不想死的時侯和地方。臨死前，她把二姐徐雙鯉從南京叫來，哭著說：「我活著拖累你，死了也得拖累你。我死不足惜，只是苦了兩個孩子。我走後，你將她們帶回南京，無論怎樣都要完成學業，我下輩子變牛做馬再來報答你吧。」她又把哭成淚人兒似的小姐妹倆叫到跟前叮嚀說：

「孩子，媽實在是放心不下你們呀。你們跟著二姨母去南京讀書，將來長大不想結婚可以，但說什麼也不能不讀書，做女人要有自己的本事，要能獨立生活，自謀生路，不然一輩子受苦呀……」當常老師聞訊趕來時，徐繡鳳已不能說話，一邊緊緊地拉著常老師的手，一邊緊緊盯著關露姐妹，那意思還是對小姐妹倆放心不下，恨不得希望所有人都來關心她們的學業和前途。一九二五年夏天，關露二次來到南京上學。頭一個星期天，她就跑到前面小院去找小紅，去探問這個苦難家庭的近況。可是得到的回答更是充滿血淚和仇恨，原來就在關露回太原的第二年春天，發生了更大的慘禍：一個蠻橫的警察不讓小紅老爸在街上為人寫信，奪走了他的眼鏡，老人百般求情，說這是糊口的差事，不幹一家都得餓死；可警察哪裡管你餓死不餓死，不還眼鏡還伸手要打人；小紅在街上揀破爛，正好過來看見了，就上來與警察論理，被警察一把推到街心上去了；正好跑過來一輛汽車，將小紅當場軋死；她老爸一看活生生一個女兒轉眼變得血肉模糊，大叫一聲便暈倒在地，終因心臟病發作就死在女兒身邊。不到兩年時間，好端端一家三口人就這麼死絕了，而且死得這麼慘，這麼冤……叫誰能接受得了呀！有好長一段日子，關露不管是上學，還是在家作作業，不管是吃飯還是在作夢，她都想著一個問題：這一家好人為什麼這樣苦？這樣受人欺負？世上為什麼要有這樣不公平的事？書上為什麼不講這些道理呢？……就是伴著這樣的疑問，關露走過了自己那充滿血和淚的少年讀書年代。

第四章　騷動的青春

「倒周」風潮與第一次關押

潘漢年的少年讀書是艱難而不幸的，竟至於連中學都沒能讀完，於十六歲就過早地走入社會，以教書為生，迎來自己的青年時代。但他在同代人中又是幸運的，因為他得以用早熟的目光，比大家更敏銳地看到人類歷史的新紀元和中國民主革命的新曙光。

第一次世界大戰爆發後，世界上發生的最重大的事件是什麼？無疑是俄國十月革命的勝利；那麼在中國呢？當然就是在馬克思主義的巨大影響下，爆發了五四新文化運動和中國共產黨的誕生。這些事件既改造了國際政治格局，也改變了中國革命的發展方向，人類開始了新紀元，中國出現了新曙光。

二十年代初的宜興縣城，那是相當閉塞落後的，雖說在勵進社辦的小學裡已經能看到不少新書新報，但要深入瞭解五四運動還很不容易。在這方面潘漢年得天獨厚，因為他的兩位堂兄潘梓年和潘菽在北京大學讀書，早在五四運動爆發的這年暑假，十三歲的潘漢年就從他們嘴裡知道了五四運動：巴黎和會上中國外交如何失敗；三千名北京學生如何在天安門廣場高呼「外爭國權，內懲國賊」、「拒絕和約簽字」、「誓死爭回青島」等愛國口號；遊行隊伍如何痛打章宗祥，火燒趙家樓；軍閥政府如何出動大批軍警進行鎮壓，抓走學生三十多人；愛國學生如何通電全國實行總罷課，全國紛紛回應，並且引起上海、唐山、長辛店、九江等地的工人大罷工，商人也舉行罷市，從而成為有工人階級、小資產階級、民族資產階級和其他愛國人士參加的全國範圍的革命運動；北洋政府最後又如何被迫釋放被捕學生，撤銷曹汝霖、陸宗輿、章宗祥的職務，並拒絕在和約上簽字，使五四運動取得了重大勝利。潘漢年不僅從堂兄們口中知道了五四運動的經過，而且從他們帶回來的大量書刊中，真正感到了中國新文化運動的偉大潮流，特別是作為新文化運動興起的標誌的《新青年》雜誌，更叫他大開眼界，受益非淺。陳獨秀、李大釗、魯迅、胡適、錢玄同、劉半農等一大批閃光的名字，叫他心儀神往。〈新青年罪案之答辯書〉中說：「西洋人因為擁護德賽兩先生，鬧了多少事，流了多少血，德賽兩先生才漸漸從黑暗中把他們救出，引到光明世界。我們現在認定只有這兩位先生可以救中國政治上道德上學術上思想上一切的黑暗，若因為擁護這兩位先生，一切政治壓迫、社會的攻擊笑罵，就是斷頭流血，都不推辭。」這樣熱辣鮮活的文字更叫他激情奔湧，雄心勃勃，生出一種不轟轟烈烈幹一番事業就枉為男子漢的氣概。一個才年僅十六歲的少年郎，潘漢年在多次失學之後所以能夠毫不氣餒，那麼有主見地、毅然決然地投身社會，跑到縣城學校闖天下，與上述他的這種思想基礎和心理準備有著很大的關係。可以想見，這樣的一個潘漢年，準會在宜興城裡搞出點什麼事。

那時的宜興教育界跟政界一樣，黑暗而腐敗。代表人物是教育局長周聘高，他仗著與大軍閥孫傳芳有點關係，便在教育界安插私人，網羅親信，手下有什麼「四凶」、「五惡」之稱；更壞的是他排除打擊進步人士，敵視民主與科學，處處維護舊思想舊道德，成為宜興教育界跟隨時代發展進步的一大絆腳石。

於是，潘漢年和《宜興評論》的同仁們挺身而出，揭竿造反，掀起了一場「倒周」運動。

這裡，還得先把《宜興評論》和它與潘漢年的關係交代一下。

這張進步小報在潘漢年來到縣城以前就存在了，它由宜興評論社於一九二〇年十二月創辦，其主旨是反對舊道德、舊文化，提倡新道德、新文化；伸張正義，發揚民主，抨擊社會上一切惡勢力和陳規陋習。內容形式有社論、述評、新聞、雜文和小說散文等。潘漢年來到縣城以後，很快與學校一批急進的年輕老師結識，其中像朱天石、周哲同等人，都是宜興評論社的骨幹分子，也都是《宜興評論》的筆桿子。他們對陸平的潘漢年早有耳聞，現在相見恨晚，遂一致歡迎潘漢年加入他們的戰鬥行列。從此，潘漢年正式登上新文化運動的政治舞臺而大顯身手。「倒周」活動就是他親自參與導演的一場成功正劇。

其實在正式「倒周」以前，還有一個有趣的序幕。教育局長周聘高有個父親外號叫周瞎子，平日信奉封建迷信那一套，常在縣城城隍廟一帶設個神案，香火繚繞中給人算命打卦，騙取錢財；仗著是局長老子，也幹些借勢欺人的勾當。在盤算如何「倒周」時，潘漢年忽然想到，何不先從周瞎子開刀，既容易宣傳群眾，又能收敲山震虎之效？他將這一想法告訴給大家，立即獲得贊同。於是由潘漢年和周哲同等人執筆，以周瞎子的劣跡為內容，編了一齣諷刺劇。誰也想不到的是，劇中周瞎子的扮演者竟是潘漢年。該劇在縣城街頭和四鄉演出時，周瞎子演得最好，維妙維肖，活靈活現，贏得陣陣喝彩聲。當然另一方面，也激化了宜興評論社與周聘高勢力的矛盾，一場短兵相接、刺刀見紅的格鬥迫在眉睫。

一九二三年的暑假到了。八月十二日這天下午，周聘高為了掩蓋自己已經暴露多多的舞弊罪行，設法對付以宜興評論社為主的新興力量，召集他的人馬在教育局開會。得到這一資訊後，潘漢年他們認為機會難得，何不先下手為強，前去跟周聘高們進行面對面的鬥爭，給他們來個措手不及？這一決定立刻得到全縣進步師生和暑假返鄉的大學生們的熱烈響應，於是推選潘漢年、鮑文蔚等人為首領，率領著百餘人的隊伍殺奔教育局。

雙方照面以後，潘漢年們藉著奇兵突襲的銳氣和人多勢眾，先手制敵，當面歷數周聘高的種種罪惡和醜行。潘漢年充分發揮自己富有急智和善於雄辯的天才，起了關鍵的作用。但惡勢力也是不好惹的，他們緩過神以後惱羞成怒，瘋狂反撲，甚至不惜動手打人。這更激起了眾怒，憤怒的人群將教育局的局牌拉下來當眾焚毀，並將周聘高扭送進一間小屋禁閉起來，關了一天多才放出來。這下，周聘高也沒了退路，作起了困獸之鬥，他跑到南京去告狀，向江蘇省高等審判廳提交了訴訟狀，說是宜興有人要造反。於是，事態在進一步擴大中。省裡追究下來，不容分說先將帶頭起事的潘漢年等四人抓起來。這是潘漢年平生第一次被關押。潘莘華見兒子身陷囹圄，反而振作起來，先借了五百元錢，跑到上海請律師；未能奏效，於是又跑到南京，托高層人士從中調停，這才使潘漢年四人取保開釋。當然，社會輿論的壓力也起到很大作用。這一陣子，《宜興評論》和另一張進步小報《宜報》積極運轉起來，發消息，寫評論，廣泛揭露周聘高的言行，追究毆打請願代表的責任，聲援被捕的潘漢年等四人，並且提出應該將作惡多端的周聘高趕下臺去，引起了全社會的極大關注，消息不脛而走，很快傳遍周圍各縣以至上海南京。宜興縣長及其上峰看看事情越鬧越大，再鬧下去勢必危及自己的地位，不得不舍車保帥，宣佈將周聘高解職查辦。

至此，「倒周」運動獲得了最後的勝利。激烈多變的鬥爭實踐，失去人身自由的苦滋味，以及堅持鬥爭就會勝利的深切哲理，都大大豐富了潘漢年的人生閱歷，一個年僅十七歲的青年頓時成為宜興民眾眼中了不起的傑出人物。

「護齋」鬥爭與糾察隊長

一九三二年冬天，在著名的北京大學校園裡，發生了一起轟動的「護齋」事件，起因很簡單：學校當局要求住在三齋的同學全體搬出，另行分配住處；學生們不幹，矛盾激化，遂發起了「護齋」行動，建立了護齋委員會。

時年二十歲的揚帆不僅參加了「護齋」鬥爭，而且是護齋委員會的委員之一。要想說清揚帆何以能捲入這場風波，以及這場風波真正的內幕起因，就得費點筆墨了。

先說揚帆個人的事。

那個經常爬上惡鬼墳頭胡鬧的少年揚帆，在故鄉終究沒能讀下多少書，於十三歲上跟著父親來到上海見世面。許多年以後他回憶道：

> 跟父親到上海以後，他對我的命運，像對自己的命運一樣，並不怎麼關心的。除了應付他在錢莊裡的文牘的職司以外，父親每天喝酒吟詩，不知是聊以遣愁，還是自得其樂。他和我的接觸也只限於酒和詩上，我有嗜酒的遺傳，在家裡也曾學會謅幾首詩。每當他公餘之暇，我們就父子對酌，此唱彼和，醉後就抵足而眠，不知人間有憂患事。我日間到處流浪，從販夫走卒處傳染來一肚子不如意，幾乎漸漸把尋找命運的念頭忘記了。
>
> 在父親呢，貪婪地對著酒杯，頗以為「此中有真趣，富貴何足論」，希望他的兒子也無須再到塵俗的泥淖中去打滾吧。

對父子們如此的玩世不恭放浪形骸，在大陸銀行上海分行做事的叔叔大為不滿，把哥哥責備一頓，把侄兒帶往自己家裡，他說：「要消沉你自己消沉，不能毀了蘊華！」後來叔叔由上海分行調到北京總行工作，揚帆也就隨著他們全家一起來到北京。父親給他的臨別贈言是：「不要荒廢了學詩。」並以幾部他喜愛的詩集相送。

揚帆在北京開始了一種新的生活，考進一家教會中學讀書，而且成績特別優秀，很受叔叔器重，成了人人恭維的侄少爺。然而這個侄少爺的內心卻很痛苦，一種天生的反叛性格使他很難馴服。他回憶道：

然而我並沒有因為這一種幸運的遭遇，而毫無二心，有一條固執的蛇盤踞在我的胸膛裡，時時咬齧著我的心。叔叔家的豪華，使我懷著一種和平的敵意，我暗暗地為我母親的困厄流淚，我決心要離開這個家庭。

每逢叔叔設宴迎賓的日子，我便獨自溜出門去，深夜才回來；當他們全家出遊的時侯，我稱病不起；叔父給我做的和衡弟一色的新衣服，我用一件從家鄉穿出來的花罩袍套著……

……諸如此類，彷彿是一種消極抵抗。

揚帆就在這種心理的支配下，再也不想花叔叔的錢讀書了，他想掙錢寄給在家鄉整日受苦的母親。叔叔百般勸解無效，只好把他介紹到自己供職的銀行裡工作。但這個十六歲少年忽然對剛時興起來的馬克思主義有了極大的興趣，生吞活剝地大讀特讀，並且四處加以宣講，在銀行裡還組織起一個小社團叫「進德會」，又辦起一個圖書館和一個俱樂部，引起了各方面的關注。

一九三〇年元旦，行裡舉行盛大團拜晚會，本是一派喜慶氣氛。年已十八歲的揚帆在喝掉一斤多汾酒之後，忽地站起來發表即席演講，滿口「帝國主義」、「社會主義」、「剝削」、「壓迫」之類的新名詞，語驚四座，一片譁然。這個漏子可鬧大了，一個早就想取代揚帆叔父高位的江北佬立即發難，說「他的侄子是共產黨！」這可是要命的罪名。多虧揚帆叔父在行裡樹大根深，又極得總經理的信賴，才化險為夷，沒出什麼大事。不過總經理說了，你快把你那侄兒另行安排吧。就這樣，叔叔花錢搞到一張高中畢業的假文憑，叫揚帆好好複習功課，準備考大學。

一九三二年九月，二十歲的揚帆居然以第九名的成績考入北京大學，入文學院攻讀中國文學。開學後就住在了三齋。剛入學的揚帆，受以往多次坎坷，有點意志消沉，決心兩耳不聞窗外事，只管埋頭讀好書。關於這段生活，他後來也有生動的記述：

> 我在北大文學院學習比較努力。學校規定，學生考試成績總平均八十五分以上的可領取獎學金。我入校後，連續領取了三年（每年一百元）獎學金維持生活，同時我經常在報刊上投稿發表文章，也可得到一些收入作補貼。但生活還是艱苦的，終年布衣布鞋，冬天快到了，身上還是那件藍布長衫，晚上寫文章，以燒餅充飢。後來，我和宿舍的二位窮學生唐守愚、楊雨民在一起自己做飯吃，戲稱「三友合作社」。我對現實不滿，思想上很苦悶，在獨自過著貧困的生活中養成了怪癖，生活上不修邊幅，那時不願接近任何人，更不讓任何人窺探我生活的秘密，在孤僻中撫摸著思想的苦悶。我企圖從苦悶中打出一條路來。我在白天把房門倒鎖，從房後的窗戶裡跳進跳出。夜晚在熄燈以後，點起蠟燭翻書本、搖筆桿，寫一些詛咒社會、探索人生的散文，以殷炎的筆名在《學文月刊》上登我寫的小說，在《文學月刊》上登我翻譯文章。我還在《文藝書刊》、《華北日報》、《大公報》等報紙上發表過作品。

揚帆這種封閉消沉的精神狀態，最後是由「三友合作社」的唐守愚給打破的。唐守愚是文學院史學系的，有天帶回一張秘密小報讓揚帆看，並邀他作該報的副刊編輯。揚帆一看這張小報是宣傳共產主義的，說自己沒能力承擔編輯責任，但答應可以經常看看它，過一段再說。於是唐守愚就常給他送報紙過來，有時也帶些辯證法唯物論教程、唯物史觀等一類書籍，來了就在一起說說話，交流讀書心得，評議社會問題，時間一長，兩人這才真正成了朋友。揚帆忽然發現，就是在與唐守愚的交往中，他心頭原先的許多苦悶和疑慮居然漸漸消散，生出一種新鮮的活力來。他當時還不知道，這位其貌不揚的唐守愚早就是一名中國共產黨的地下黨員；他更不知道，北大「三齋」乃是共產黨員和左傾分子的大本營。

對此，學校當局卻是清楚的，之所以要取消三齋，把這裡的學生都拆散，分別安插到其他地方，真正的用心就是要打擊這些紅色「搗亂者」。

總的來說，學生們都不願離開三齋，具體來說就有兩種情況：一種是三齋條件較好，幾乎每人可以住一間房子，其他地方就差多了，比如說三院那兒，一間房裡要住到五人到八人，這是說得出口的原因；另一種原因就是進步學生不想失去這塊陣地，太可惜了。

學校當局催著離開，學生們堅決不離，於是就起了風波。

風波一起，揚帆就如戰馬聞到烈火硝煙般亢奮異常，立刻成了急先鋒。他在全齋大會上大聲疾呼不能聽任校方擺佈，堅決反對取消三齋，指斥少數追隨校方的學生為走狗之類。絕大多數學生都跟揚帆的意見一致，是不願搬走的，當下成立了護齋委員會。由唐守愚提議，揚帆的名字也列在了護齋委員會常委名單上。校方也很強硬，以停止供水供電相威脅，並指示親信學生不斷往出搬，以此來動搖護齋陣線。護齋委員會更不含糊，組織糾察隊制止個別搬家行為，並派出代表團去找學校當局進行抗議和請願。揚帆作為首席代表，曾與校長蔣夢麟當面鼓對面鑼地開過談判。經過頑強鬥爭，校方終於退讓，允許推遲一年取消三齋。「護齋」鬥爭取得了了不起的勝利。揚帆也在這次鬥爭中脫穎而出，成為學生們矚目的風雲人物。

一九三五年十二月九日，北京學生在中共北方局領導下，舉行大規模遊行，高呼「停止內戰，一致對外」、「打倒日本帝國主義」等口號。遭到國民黨軍警的鎮壓，百餘人受傷，三十多人被捕。次日，北京各校學生總罷課。十六日，學生和市民萬餘人又舉行示威遊行，反對成立「冀察政務委員會」。爾後，平津學生組織南下擴大宣傳團，到人民中宣傳抗日。杭州、廣州、天津、上海、南京等地學生都舉行示威遊行，各地愛國人士紛紛成立各界救國會，要求停止內戰，一致抗日。這就是著名的「一二九運動」。

北京大學自然是這場學生運動的主力陣容之一。而揚帆此時雖然還不是共產黨員，但在這次鬥爭中依然衝鋒陷陣，擔任了北大學生會的執委和學生糾察隊隊長，在遊行示威中與國民黨軍警進行搏鬥，從他們手中搶過水龍頭反過來沖他們；另外他還組織同學們成立劇社，既當導演又當演員；他還幹過另外一件熱血奔湧的事，後來他追憶道：

有一次北大被軍警嚴密包圍，不許學生進出校門，和掩護在那裡的北平各大學學生會的聯絡點取得聯繫。校外遊行指揮部的聯繫一時也割斷了。一天早晨，北大文學院院長胡適坐了小汽車進校來，我主動地迎上去，對胡適說：「學生宣佈罷課了，你來了也無法上課。」胡適聽了當即準備返回。我乘機對他說：「我還沒有吃早飯，我搭你的車出去吃早飯好嗎？」胡適同意了。我便利用這個機會跑到西單一家咖啡館，

北大經歷，是揚帆一生的一個重要轉捩點，從此他認準了方向，走上革命征程而再無動搖。為這，他非常感念的一個人就是唐守愚。抗日戰爭中，有一次訛傳唐守愚犧牲在日本人的監獄裡。揚帆聞此不禁大放悲聲，當即寫下一篇生動感人的悼念文章〈憶老唐〉。這篇文章現在收集在《揚帆自述》一書中。

「驅李」壯舉與勒令退學

一九二八年五月，當時的中國教育界發生了一件大事，就是原國立第四中山大學正式改稱為國立中央大學。該校的前身是一九〇二年（清光緒二十八年）創辦的三江師範學堂。一九〇五年（清光緒三十年）改稱兩江師範學堂。辛亥革命爆發後停辦。一九一五年在原址設立南京高等師範學校；一九二〇年四月，校長郭秉文提議籌建國立大學；九月，他偕黃炎

培、蔣夢麟入京，約蔡元培申請並獲北京政府教育部同意；十一月，國務會議通過，定名為國立東南大學；於是郭秉文以南京高師校長身份兼任國立東南大學校長。一九二三年，南京高師合併於國立東南大學。一九二七年，南京國民黨政府在江蘇、浙江兩省試行大學區制時，又將國立東南大學與河海工程大學等八所高校進行合併，成為國立第四中山大學。這就是國立中央大學的既往歷史。如今它既然成為南京政府首都的最高學府，自然更成為全國青年學子們嚮往的地方，能上中央大學該是一件多麼愜意的事。

對於二十一歲的關露來說也是一樣。所以，當她在中央大學更名頭一年就接到該校的錄取通知書，那是多麼令人興奮的事！尤其是她，能有這一天太不容易了，其中又有多少曲折呀！

前年冬天，在南京艱難生活的關露姐妹再也不好繼續讀書了，正巧她們的乾娘常老師來了，一見姐妹倆如此境況，便執意將她們帶回自己的故鄉長沙讀書。她們決定繞道上海去長沙。在去上海的船上，她們剛開始商量到上海以後去何處落腳的事，又正巧遇到一個熟人叫閻徑仲，是常老師朋友的兒子。他提議說：「別犯愁，就住在我姐夫劉道衡家吧，那兒是法租界，中國軍隊不敢去騷擾的。」這個劉道衡，常老師倒是聽說過，留日學生，同盟會員，跟孫中山先生有些交往。他的哥哥劉菘衡名氣更大點，是個老牌革命黨人，早在辛亥革命前就在湖南實力派人物譚延闓身邊工作；辛亥革命發生時，他在推動譚延闓實現湖南獨立上有過功勞。可惜的是，「二次革命」失敗後，投機成性的譚延闓宣佈取消獨立，討好袁世凱，竟把反對取消獨立的革命黨人劉菘衡殺害了。現在有機會去這個革命家庭看看，大家都很有興趣。

此時的劉道衡雖然還不是共產黨人，但思想已經相當進步，樂意幫助一切嚮往光明自由的人，尤其對上進青年更是熱情。他不僅慨然收留了關露姐妹，叫同他的小妹妹劉文淵住在一起，而且力主她們不要上長沙去，應該留在上海讀書，並願意負責她們的生活費和學費。於是，感激不盡的關露就上了上海法科大學法律系，決心發奮讀書，以不辜負劉先生的厚待。這所學校很進步，教務長就是著名的愛國人士沈鈞儒先生，教師和學生中有不少職業革命家和愛國志士。關露在這裡第一次接受了革命的洗禮，知道了馬克思、恩格斯以及他們的理論，接觸了社會學、勞動法之類的學說，並且認識了不少革命者。比如，留日歸來任教的李劍華先生，就可以說是關露的革命啟蒙者。李劍華後來成為一名共產黨的高級幹部，並與關露的妹妹胡壽華結成夫婦，自然是後話了。

還有一件惱人的事。外婆和二姨母鑒於自己一生的痛苦教訓，認為一個女人嫁不到一個好男人那是最大的人生失敗，所以對關露姐妹的婚姻大事抓得特別緊，嘴上信上沒完沒了地叨叨不說，還來真格的，不斷地物色未婚夫。這對關露來說不能不算是一個很大的干擾，她不得不向好心的外婆和二姨母做說服工作，有時說不通就吵起來，吵一陣子又都傷心地哭起來……不過關露可是個有主意的女孩，她不管外婆和姨母怎麼變著法兒鬧，反正一點不動心，發誓要記著母親的臨終遺言，要自強，要獨立，要有真本事，寧可一輩子不結婚，也不能失掉一個女人的人格。這期間，她還及時識破了一起愛情陰謀：原來大姨母有個兒子，在北京一家銀行當副行長，為了爬上行長的高位，他想將表妹關露送給一個大官的秘書做小老婆。關露在南京上學那幾年，也不斷得到過這位表哥的資助，本來是心存感激的，可一旦知道了這門婚姻的真相，她對表哥深感失望，嗤之以鼻。

現在好了，終於走進了中央大學校門，來到一片可以自由呼吸的新天地了。關露這麼輕鬆地想著。可她那曾想到，校園裡也有令人窒息的東西。

在關露的宿舍裡，住著音樂系的一個女生，名叫涂瑋，比關露大一歲，兩人相處得很好。這一段，涂瑋正跟鍾潛九談戀愛。鍾潛九是一位活躍人物，擔任校內進步團體「社會問題討論會」的負責人，跟關露也很熟。中秋節晚上，一輪明月高懸雲漢，許多同學都相約著去離校不遠的台城賞月遊玩。台城是有名的古蹟，本是三國時期吳國的後苑城，東晉成帝時改建，為東晉、南朝台省（中央政府）和宮殿所在地，故叫台城，周長六華里。據說侯景之亂時，梁武帝就餓死在這地方。台城到唐代時已毀壞不少，只留有部分遺址。五代時因為要修金陵城，台城遺址遂廢。如今所謂的台城遺址，實際上是指雞鳴寺北與明代城牆相接的一段。本是建康城的一段，元末明初還有部分城牆，明洪武十九年（一三八六年）築後湖城時廢，但因為此地曾有過台城千佛院，故沿稱台城。在大學生眼中，月色下的千年古蹟自然別有一番情調，使人留連忘返。熱戀中的涂瑋和鍾潛九就更是樂不思歸了，一直到快半夜了，才急急忙忙回學校。

管理女生宿舍的指導員叫李瑪麗，是個思想守舊、敵視新鮮事物的頑固人物，她對思想活躍的鍾潛九原本就看不慣，見他與涂瑋搞自由戀愛就更忍受不了了，這天當她查知鍾、涂二人還未歸校時，大為惱火，親手將女生宿舍的大門鎖上了。當鍾潛九送涂瑋回來時，怎麼也叫不開大門，情急之下，便幫著涂瑋從圍牆上翻了過去。這下可惹麻煩了，李瑪麗抓住這件事大作文章，向學校當局反映說，鍾潛九如何如何夜半跳牆勾引女生，如何如何一貫不守校規校紀、敗壞學風、影響極壞。學校當局本來對鍾潛九這種思想左傾的學生就很反感，現在抓到了把柄，豈能輕易放過？遂由訓育處出面，將鍾潛九傳去訓斥，威脅說不老實交代問題承認錯誤就要開除學籍。

校方的粗暴干涉和李瑪麗的拙劣表現，在學生中立刻引起公憤，尤其一些進步學生早就對學校的封閉、守舊和專制不滿意，大家的情緒一點就著。「社會問題討論會」的另外一個負責人林漢新跑來找關露商量，提議抓住時機在全校開展一場反對封建統治、反對人身迫害、要求自由和民主的群眾鬥爭。關露積極回應，認為只要抓住驅逐李瑪麗這一具體要求，一定會吸引和團結絕大多數同學共同鬥爭。最後大家商定，先在女生宿舍召集一次群眾大會。

於是，中央大學改名後的第一次學生運動——「驅李」鬥爭正式拉開了序幕。在預備會議上，關露被大家一致推舉為主席，主持第一次鬥爭大會。這讓關露又高興又擔心，高興的是自己能得到同學們的信賴，但是自己從來沒有在大庭廣眾出頭露面過，能挑起這副重擔嗎？是有點擔心。不過事實證明，關露是一個使命感極強而且敢冒風險的女子，在那天的鬥爭會上，她從容不迫，頭腦冷靜，反應敏銳，開場白有板有眼，很富於鼓動性，會議也主持得有條有理，最後達成了「強烈要求校方取消指導員趕走李瑪麗」的議案，由關露、涂瑋等四人作為全體女生的代表，前去與校方進行交涉。由於大會開得成功，在學校反響很大，受到全校師生的支持，所以校方不能不有所顧忌，最後不得不全部答應學生們的要求，從此，那個封建衛道士式的李瑪麗不見了，在學生宿舍設立指導員的制度也取消了。而且，似乎是作為這場鬥爭勝利的標誌，鍾潛九和涂瑋也在同學們的祝福聲中喜結良緣，他們的新房也從此成為進步學生聚會的理想場所之一。

然而，等待關露的卻並不是鮮花和笑聲。一九三一年暑假，不等關露學業完滿，中央大學以關露當年入學時的中學畢業證書不合格而勒令退學。是呵，以這樣的方式來打擊關露，誰也無話可說，誰也難以救助，關露自己也毫無辦法。她震驚、氣憤、痛哭，但沒有消沉和絕望，雖說拿不到畢業證書是終生遺憾，但三年多大學生活的風風雨雨，已使關露茁壯成長無比堅強，不僅有能力可以踏平眼下的坎坷，而且足以奔向任何新的人生征程。

第五章　裸露的詩魂

《覺悟》三題

「五四」時期，中國曾有享譽海內外的「四大副刊」，指的是：《晨報副刊》、《京報副刊》、《時事新報‧學燈》和《民國日報‧覺悟》。

這裡只說《民國日報》的副刊《覺悟》。民國初年，為了反對竊國大盜袁世凱，中國資產階級革命派決定創辦一種報紙作為戰鬥喉舌，於是在上海創辦了《民國日報》，由邵力子、葉楚傖等擔任主編，時間在一九一二年二月，下設編輯、營業、總務等部。一九二四年一月，國民黨召開第一次全國代表大會，改組成工人、農民、小資產階級和民族資產階級的聯盟，實行「聯俄、聯共、扶助農工」三大政策，與中國共產黨實行合作，領導北伐戰爭。為了加強宣傳這一綱領，遂把《民國日報》作為國民黨的機關報，大力宣傳反帝反封。報社分評論、電訊、新聞等專欄，日出四大張。副刊《覺悟》就是此時開闢的，專以宣導新文化為己任，曾配合《新青年》與無政府主義展開論戰，也曾載有共產黨人瞿秋白、惲代英等介紹馬克思主義的文章，在當時很有影響，進步青年能以在《覺悟》上發表文章為榮。至於後來《民國日報》被「西山會議派」所掌握，成為名聲不好的國民黨右派報紙，自然是後話不題。

不過，上述《覺悟》的開闢時間可能有誤，不應該是一九二四年以後的事；因為早在一九二三年，我們本書主人公之一的潘漢年，就在《覺悟》上連續發表了三篇詩作，分別是：十月十二日的〈不敢〉；十一月十三日的〈悵惘〉；十一月二十三日的〈可怕的路〉。

看來，潘漢年最早是以詩人形象出現在全國民眾面前的，時年十七歲，正在宜興縣城小學教書。好在三首新詩都不長，茲抄錄如下：

〈不敢〉

我心裡十分愛伊，
卻不敢直接地對伊說：
「我很愛你！」
每每展著潔白可愛的信紙，
不知不覺地，
在伊名字上加上「我愛」二字；
倘複讀的時候，
心弦便緊張著好似要斷！
這封信也不敢寄給伊了。

〈悵惘〉

伊在暫態間向我微微一笑，
使我夢中留戀一回。
長時間的相思悵惘，
我才這樣的祈禱：
願伊常常和我微微一笑，
使我永遠留戀夢中；

哪知——
微微的一笑，只是一笑，
長時間的悵惘，卻是繼續的悵惘。

〈可怕的路〉

我知道這是可怕的路，
曾立誓不再逗留；
驀地見到路中一枝冷黃色的無名花，
頓時引起我的好奇心，
而足不由我主很快地走向前去，
採擷那黃色的無名花了。

以筆者看，一個真正的詩人至少應該具備三種特質：第一，他是最敏銳的，能感受和體察到外界和內心那怕最細微、最微妙的變化及其變化的美；第二，他是最勇敢的，永遠有膽量講出自己的所見所聞、所思所想；第三，他是最智慧的，會用世界上最美的語言和形式表達自己。

從潘漢年以上的三首詩看，他一開始就是一個夠格的詩人；儘管他的敏銳是稚嫩的，他的勇敢充滿少年血氣，他的智慧形態還有些粗糙。

前兩首詩，〈不敢〉和〈悵惘〉，明顯是愛情詩，洋溢著翩翩少年對夢中情人的渴慕、煩惱和膽怯之情，「願伊常常和我微微一笑，使我永遠留連夢中」；「心弦便緊張著好似要斷，這封信也不敢寄給伊了」。多麼生動傳神，多麼動情美麗。最重要的是，在二〇年代初的中國，在一個封閉的小縣城，還是個大孩子年齡的潘漢年，能為自己心中的愛情女神自由歌唱，這種勇氣只配詩人有。

關於第三首詩〈可怕的路〉，看來有些不同的看法：一種認為是朦朧愛情詩；一種認為是政治詩。筆者大致同意後一種看法，不過也算不上是政治詩，一個十六七歲的少年畢竟離政治還遠了點，儘管他也參加了「倒周」風潮。但可以肯定的是，它決不是愛情詩。當一個「少年維特」式的中國大孩子，正在為愛情女神醉心歌唱的同時，怎麼會一下深沉無比地驚呼「這是可怕的路」？頂多有些不著邊際的「少年維特」式的煩惱罷了。從潘漢年的實際生活經歷看，也似乎難以撿索到足以叫他對愛情之路談虎色變的事實依據。再者說了，就算他真有過刻骨銘心的「情變」曆險，那麼依他的少年心性，會以雲裡霧裡的朦朧詩來表達嗎？不直抒胸臆才怪。

這是一首與政治有關的述懷詩。這裡說的政治，也就單指那次「倒周」事件而言。如前文書中所述，一九二三年八月發生了轟動宜興城的「倒周」事件，其間潘漢年等四人被當局關押，後經多方救助而開釋。於同年十一月下旬發表的這首〈可怕的路〉，一定與此次事件有關，準確點說，與平生第一次失去人身自由的經歷有關。別說是一個少年人，便是一個職業革命家，頭一回身陷牢獄也會極為震撼而心情複雜百感交集，既有理想和道義鼓舞下的英雄豪氣，也有結局難卜命運如何的擔擾與猜測，在「獄警傳，似狼嚎」的氛圍中，心頭閃過一絲後悔，看出這是一條「可怕的路」，「曾立誓不再逗留」，這難道不是人之常情嗎？不是順理成章的事情嗎？一旦獲得自由，走進燦爛陽光中，人們自然立時膽氣恢復，信心百倍，即便是一枝「冷黃色的無名花」，也會「足不由我主很快地走向前去，採擷那黃色的無名花了」。是呀，我該幹什麼照樣幹什麼好了，有什麼了不起的！作為一個進步詩人、革命詩人，敢於表達自己內心深處的陰暗面，苦悶也好，煩惱也好，卑怯也好，軟弱也好，私慾也好，罪惡也好，絕望也好，這才稱得上是一個真正的進步詩人、革命詩人！這一點，可以說潘漢年終生都做到了，有詩為證。異鄉客居，農曆除夕，他吟道：

雲暗風狂歲暮天，淮南作客又經年。
征塵落落知音少，送舊迎新亦惘然。（〈農曆除夕〉）

忽然作了一個夢，他吟道：

來時萬瓦覆青霜，秀髮垂肩藍羅緗。
巾幗男兒償宿願，裙衩拋卻換征裳。
芊芊陌上又淒碧，樹樹寒梅發冷香。
底事寸心愁似水，飛煬有夢逐春光。（〈有夢飛煬〉）

夏夜有雨，聽之有感：

蕭蕭細雨又黃昏，獨坐寒齋伴孤燈。
冉冉清愁成綺夢，醒來猶是客中身

*

歲月蹉跎萬事空，廿年落魄信心窮。
辛酸世味應嚐遍，榮辱何妨一笑中。（〈雨夜有感兩絕〉）

戰友揚帆蒙受冤獄，心潮難平，有詩道：

同為天涯客，飄零夢亦空。
楚囚吟鶴唳，細雨泣寒風。
面壁居囹圄，殺身何礙忠。
寄余詩一卷，讀罷淚眼紅。（〈題《鶴唳集》〉）

直至人之將死而冤獄不平，詩人氣質依然「本性難移」，老而彌堅，慨慨然淒淒然作遺詩道：

相愛成遺恨，奈何了此生。
憐君猶少艾，為我困愁城！
昨日同生死，今朝半殘身。
但求息怨恨，勉力覺新人。
道路分明在，火裡鑄忠魂。
抗敵隱地下，十載爾同行；
北上延安路，朝夕共苦辛；
南旋千萬里，俏然居海濱；
六年留上海，解放更相親。
倘有千般罪，當有風先聞；
堪歎莫須有，一脈貫古今！
沉冤二十載，欣聞四害平。
翹首望雲天，何日見清明？（〈給董慧〉）

這就是作為詩人的潘漢年！

在狂熱和憂鬱中奔突

如果說潘漢年的詩魂是隻苦哇鳥的話，那麼揚帆的詩魂就是一匹狂躁不羈的馬。這也許與他那位嗜酒父親的遺傳有關，也許與他那多事的童年有關，也許與他那不安分的天性有關，也許諸多因素兼而有之。當然，最重要的，還有西方哲學對青年揚帆的衝擊和影響。

早在進入北京大學以前，揚帆就廣泛接觸了西方文化，包括馬克思主義學說，銀行除夕晚會上他的醉酒演講就是明證。但真正系統、全面地學習西方文化，則是在上了北大以後。根據現有的資料看，揚帆至少讀過古希臘的蘇格拉底和柏拉圖，讀過文藝復興時期的但丁、彼特拉克和薄伽丘，讀過十八世紀啟蒙思想家伏爾泰、孟德斯鳩、狄德羅和盧梭，讀過西方現代思潮中叔本華和尼采的唯意志主義、柏格森的生命哲學、詹姆士的實用主義、弗雷格和羅素的分析哲學、薩特的存在主義和佛洛德的精神分析學，他甚至用過一年時間還讀了問題劇的代表人物易卜生，等等。這五花八門而往往又互相抵觸矛盾的主義、流派和代表人物，亂糟糟地堆滿了青年揚帆的頭腦，再跟中國傳統文化那一套攪和個沒完，搞得他心裡不知是什麼滋味，常常連自己是誰都整不明白，因而無比的焦躁和苦悶。他在一首詩裡寫道：

我在人前感到渺小，
因為我心裡的偉大沒人知道。
我在人前感到偉大，
因為自己的渺小我不知道。
我在人前感到平凡，

確實是平凡的，
對自己我是深深知道。
假如這是三個朋友，
我喜歡最後的一個。
「為什麼？」你要問，朋友，
「為什麼你只喜歡他一個？」
對不起，我……
我，我說不出——
雖然我自己心裡知道。

詩的最後一句說「我自己心裡知道」，其實他真的知道嗎？還是不知道。對於這一點，揚帆在十多年後回憶此詩時寫道：

「認識自己」，希臘的哲人，就已喊出了這個號召，但這似乎是一個永遠做不完的功課。從生到死，從祖先到子孫孫，究竟有多少人知道自己呢？知乎哉，知乎哉，不知也！……其實我這裡也只是知道喜歡這個或不喜歡那個而已，究竟對自己知道多少呢？究竟對自己應該喜歡或不喜歡呢？……直到今天，留下的問題還是認識世界和認識自己。不認識世界，自然也不容易認識自己，不認識自己，又何從知道自己對世界認識之不足？

上面提到揚帆曾認真讀過易卜生。這位挪威戲劇大師不僅以美妙的戲劇藝術感染了他，還以那絕對主義的人生哲學「全或無」，深深影響了他。「不是有意義的生活就是死！」，「不是理想的社會就是世界的毀滅！」這成了揚帆心中的上帝和天堂，但同時又是魔鬼和煉獄；這使他奮進，也使他沉淪；一會兒是火，一會兒是冰。他發瘋般地寫詩，以渲瀉這種矛盾的痛苦的扭曲的感情。可惜這些詩沒能保留下來。多年以後，他專門寫了一篇題為〈全或無〉的文章，總結那一段不尋常的心路歷程。全文很短，照錄如下：

在北大讀了一年易卜生，深受著「全或無」的影響。「全或無」，這是一種典型的絕對主義，它相當強力地支配著我十年來的生活與鬥爭。它推動我以大無畏的精神勇往直前，它也殘酷地以「不斷失望」的隱刑磨打著我。

「不是有意義的生活就是死！」正是這一個「全或無」的公式，表現著我的人生態度。離鄉背井，棄職拋官，置貧困中的老親於不顧，幾度忍痛斬斷情絲，在死刑的威脅下堅持自己的鬥爭……這一切，我應該感謝易卜生給我的啟示。但正因為對人生的要求過高過切，每當接觸到人類普遍的弱點，特別是革命陣營中也不能或免的缺陷時，那種內心的刺痛，決不是一般人所能想像的。也許正由於這樣，造成了我性格上的變態，彷彿是一座火山下面卻有一道冰流，火樣的熱情時常使我瘋狂，偶爾卻又是冰樣的冷酷，幾乎完全跳出人類鬥爭的圈外。同樣的，「不是理想的社會就是世界的毀滅！」這是又一個公式。我暴烈地憎惡著舊社會和舊制度，但也有時看到創造理想社會的人們，也占染著舊社會的血污，便會閃爍著訣別這個世界的妄想。有一時期，甚至在戀愛和日常生活上也多少暗含著這個公式了，這是一個可怕的危機。我也許只是一個要自己來生活而不願被生活拖著走的詩人，但我堅決自誓，一定要做一個戰鬥到最後一滴血的戰士。「全或無」，對於一個詩人或者會更適合些，然而對於一個戰士，一方面固然可以杜絕他叛變退縮開小差之路，另一方面也很可能激動他以自己的槍擊穿自己的腦殼。「革命是人的事業，而不是神的事業」，「有一點總比沒有好」，「羅馬城不是一天造成的」，「此山不高，更有那山足以比並的呢」。我正在努力體味這些新的格言，緊緊地把握住，珍藏起來，以代替那個有毒的公式。

我還年輕，我有自信，我不願讓敵人們對著我自己扼斷的喉管冷笑。我不願朋友們把亦憐亦憾的熱淚灑向我自己倒下的屍體。那麼，我願意與「全或無」一起倒下！

作為一個革命者的揚帆，應該說他最後基本上是擺脫了絕對主義的「全或無」的；但是，作為一位詩人，這「全或無」的陰影則始終在他的靈魂深處飄蕩。這不是筆者的猜測，而有揚帆本人一連串的自白作證。

賈雷古柏的「富貴浮雲」還記得嗎？那是誰的寫照？不！我今天已經不是蒂慈先生了；唔，還有一點。細雨中不帶雨具漫步，關起門來獨自唱歌，在熱鬧的集會中脫身出來沉入孤寂的冰淵去，讓一切不瞭解我的人去詛咒，不要和他爭辯……靜默，沉思……怪僻的人！狂熱的革命者！惡濁社會的玩世者！羅漫蒂克的性格！……是渺小的動物，還是偉大的靈魂呢？

（〈病中什想〉）

昨天又是中秋，人們舉行了會餐，舉行了座談會。我在會餐席上默默地狂飲，在座談會中默默地旁聽。遊藝開始了，有人點到我，有人附和，有人不客氣地強迫著我即席賦詩。我勉強吟了一首〈詠月〉：

漫漫長夜獨巡行，高處寒凝慎莫驚。
浴水徒憐存潔癖，撥雲猶見嫉妒心。
晦月圓缺隨人眼，雨露風霜鑄爾情。
自有青輝千古在，何須佳節一時吟。

雖然是中秋，月亮始終艱難地露不出頭來，人們在不十分滿意的情緒下分散了。我在厭倦中入夢。

（〈中秋隨想〉）

二十九年前的今天，我無罪地出生在這個惡濁的世界上，擔負起了受難的命運。

……

這倒不單是指我們的祖國依然在受難中，也絕不是指我「個人的事業」有什麼挫折，而是說有這樣一個靈魂在這樣一個世界裡永遠在或多或少地受難著。這個靈魂也許是不合時宜的，也許是應該加以改造而且終究會被改造的，然而它是無邪的，明淨的，不矯揉造作的。因此，我又詛咒它，又溺愛它，至少，到今天還是這樣。

（〈搏鬥著的日子〉）

我頗不喜詩人，又深愛詩人，詩人可厭之處，在於太不懂人情世故；其可羨處，卻也正在不失其赤子之心。我每看到他嬉笑怒罵，自愧不如；想學他，又心所不欲。事之尷尬，正在於此。

假如我沒有詩人的熱情，我將怡然自樂；假如我有此熱情而不自厭其熱情，也頗可嘯傲一時，無所自苦。悲劇的高潮，就由既珍惜熱情又鄙棄熱情所造成的。

（〈元旦雜感〉）

以上這些文字，完全可以說是散文詩，字裡行間，無不閃耀著革命者揚帆為追求最「全」最美的革命理想而甘願獻身的戰鬥光芒，但同樣也包藏著詩人揚帆不滿現狀、憤世嫉俗、苦悶傷感的千般情愫。唯其如此，他才既是革命者揚帆同時又是詩人揚帆。這才是真正的揚帆。

可愛的「詩探」

關露自從六歲被母親帶進中國古典詩詞世界，一直到二十一歲考上中央大學，這期間長達十五年的時間裡，她都沉醉在屈原、李白、杜甫、蘇軾、辛棄疾、李清照等大家為她營造的天堂中，不相信外面還有什麼更好的地方了。尤其是南宋極少數幾位女詩人中的李清照和朱淑真，更是她刻意學習摹仿的楷模。她不僅能將她們的詩詞悉數讀得滾瓜爛熟；對那些名篇，什麼〈聲聲慢〉、〈醉花陰〉、〈詠梅六首〉，什麼〈謁金門〉、〈減字木蘭花〉等等，更是倒背如流；至於那些膾炙人口的名句：「尋尋覓覓，冷冷清清，淒淒慘慘戚戚。乍暖還寒時侯，最難將息。」「落日熔金，暮雲合璧，人在何處？染柳煙濃，吹梅笛怨，春意知幾許？」「莫道不消魂，簾捲西風，人比黃花瘦。」「春已半。觸目此情無限。十二欄杆閒倚遍。愁來天不管。」「把酒送春春不語，黃昏欲下瀟瀟雨。」……簡直都刻在了自己心上。另外還有一點，關露生來多愁愛思，經常提出一些詩裡詩外的怪問題要探個究竟：比如，李清照的六首詠梅詞中，為什麼只有〈漁家傲〉寫得那般輕快明朗、歡快愉悅？比如，婉約派的代表者，怎會有「九萬里風鵬正舉，風休住，蓬舟吹取三山去！」這般的粗礪豪情？比如，李清照的詞含蓄委婉，可她的詩卻感時詠史，情辭慷慨，與詞風判若兩人？再比如，朱淑真命運不濟，被迫嫁於市井庸人，內心悲苦難平，可詞風為什麼會那般明快清麗？這些疑問常能難倒母親。母親笑說：好你個小詩探！

來到南京中央大學，關露吃了一驚：原來外面還有一個美麗的新詩世界！

當時的中央大學，新詩特別流行，可以說是一個孕育新詩人的搖籃。名噪一時的大詩人徐志摩恰巧此時從英國剛回來，在中央大學做兼職教授，他的新作〈再別康橋〉震撼了詩壇，也震撼了關露的心。「輕輕的我走了／正如我輕輕的來／我輕輕的招手／作別西天的雲彩／……尋夢／撐一支長篙／向青草更青處漫溯／滿載一船星輝／在星輝斑爛裡放歌／但我不能放歌／悄悄是別離的笙簫／夏蟲也為我沉默／沉默是今晚的康橋……」關露癡迷了，驚呼了，原來詩也可以這樣寫呀！

隨後，關露讀到了郭沫若的詩集《女神》，給她又是一個驚喜。特別是其中的〈鳳凰涅槃〉，那磅礴豪放的氣勢，急驟激昂的旋律，雄渾響亮的音節，自由浪漫的氣息，新穎獨特的表現手法，都叫關露如醉如癡，耳目一新。許多年後她在講述自己的新詩觀時還說：「能夠裝載我的生活情調，能夠表現我的感情的東西是像郭沫若、徐志摩所寫的那樣，自由而新穎的詩句，不是那些限字限韻的舊東西。」可見，關露一見到新詩就熱烈地愛上它了，心甘情願地脫離古體詩的束縛，投向更加能夠表現自己青春激情和自由個性的新天地。

隨著涉獵新詩範圍的不斷擴大，關露的目光已遠及西方世界，尤其是歌德的詩，深深打動了她的心扉。這時，一種寫作新詩的激情油然而生。可是怎麼寫呢？寫什麼呢？一時卻又不知從何下手。她忽然想到在《少年維特之煩惱》中，男主人公自殺前給女主人公背誦的那首詩非常感人，何不照著這個樣子練練筆呢？於是，關露便寫出了自己的第一首新詩。從此開了頭，寫詩的熱情一天比一天高漲，課外時間幾乎全用在這上頭了，寫詩的本子從不離身。每每作夢，自己都已成了歌德或其他大師所看重的年輕詩人了。關露不僅寫新詩，還在探索著新詩：它的魅力何在？它比古體詩的優長何在？郭沫若何以成為郭沫若？徐志摩何以成為徐志摩？歌德成功的秘訣又何在？據說有過這樣的事：當她聽說哲學系主任宗白華是一位研究歌德的專家，訪問過歌德的故鄉，收藏有歌德的許多著作，於是她便跑去聽他的課。當她聽宗教授說歌德首先是偉大的哲學家，然後才是偉大的詩人，可愛的「詩探」頓覺恍然大悟，一時心血來潮，便從文學系轉到了哲學系。

歌德之外，關露還接受了另一位歐洲詩哲海涅。這跟另一位朋友林楚君有關，林楚君是廣東惠州人，進上海法政大學時，關露正好離開這所學校去了中央大學而未能相逢；他們的認識是一年後的事，關露去上海復旦大學看望妹妹，而林楚君此時恰好轉學來到復旦大學，成了胡壽華的同學，於是二人這才相識。當關露大談歌德時，林楚君卻抬出了海涅。有資料記載著他們的一段談話：

關露：「海涅的詩比歌德怎樣？」

林楚君：「不好比。歌德只是一個自我主義的詩人，而海涅對於他的時代有過很大的貢獻。」

關露：「歌德是德國文學狂飆時代的一個領袖，可以說他沒有貢獻嗎？」

林楚君：「歌德在德國浪漫派文學初期曾經起過領導作用，我們不否認這個。可是最後他終於做了革命和新資產階級的叛徒。」

關露說：「指他的文學作品嗎？」

林楚君：「主要是他的哲學部分，也反映在文學上，比如以《少年維特之煩惱》和《浮士德》為例，其創作思想就脫離了當時的文學任務。」

於是關露開始關注和喜歡上了海涅，而且從與林楚君的交談受到啟發：應該多多接觸有個性有獨特見識的人。當然此時她還不知道林楚君已經是有著三年黨齡的中共黨員了。

關露接下來熟識的詩人就是張天翼和胡風了。前文書中提到，鍾潛九和涂瑋結婚以後，他們的家就成了進步同學聚會的地方。那時侯經常去的有韓起和董曼尼一對，有陳穆和羅西（歐陽山），再就是張天翼和關露等人。張天翼那時已不是學生，在一家政府機關裡做職員，一九二八年因為在魯迅主辦的《奔流》上發表短篇小說〈三天半的夢〉而成為圈內的拔尖人物之一。他們這幾個人發起組織一個文學社團叫「幼稚社」，並辦了個週刊叫《幼稚》。有一天，張天翼對關露說：「聽說你寫了不少的詩，怎麼不給我們投稿呢？」

關露說：「涂瑋說的吧？可我那些詩不成樣子，是寫給自己看的。」

張天翼說：「光給自己看的東西有多大價值？還是要寫給社會才行。好吧，既然你還不想拿出詩，給我們先寫篇散文也行呀。怎麼樣？」

關露見盛情難卻，也就答應下來。先寫了一篇〈余君〉，登在《幼稚》第二期上。刊物出版後，關露看到自己的名字與幾位已成作家、詩人的名字排在一起，感到異常興奮，這可是她的處女作呢！她興猶未盡，接著又在第六期上發表了一篇散文〈她的故鄉〉。她也很想寫一首詩登出來，可試了幾次均未成功。

一九三一年夏天，胡風從日本回來，他已在那裡取得了慶應大學的學籍，想從老家湖北省教育廳弄一個官費名額，於是來到了武漢。從武漢回上海途中，在南京作短暫停留，住在韓起和董曼尼夫婦家裡。

關露不但讀過胡風的不少詩，像〈兒時的湖山〉、〈我從田間來〉、〈幻滅之歌〉、〈夕陽之歌〉等，而且很欽佩他的獨立個性和戰鬥勇氣，關於他前不久在日本當場反駁藤枝丈夫貶損魯迅的事兒，關露聽後更是肅然起敬。現在詩人已經來到南京，關露當然不會放過這個求教的好機會。這天，在張天翼的安排下，關露見到了胡風。有資料記載他們三人談詩片斷如下：

關露：「一個人如果想寫詩，應該具備什麼條件呢？」

胡風：「自己覺得有想寫的欲望，就可以寫，這就是條件。」

關露：「那麼寫詩應該選取什麼題材呢？」

胡風：「大凡是自己的生活，都可以作詩的題材。」

張天翼：「但是也要選擇。比如蓋房子，木料和磚塊都可以作為建築材料，但是建築師在處理這些木料磚塊的時候，並不能一律取用，還要看哪些材料適用於這個建築物。」

胡風：「你很喜歡寫詩嗎？」

關露：「很喜歡。我覺得詩歌比別的東西更使人感動。」

胡風：「你也寫過詩嗎？」

鍾潛九：「她寫過詩。」

胡風：「能讓我們看一看嗎？」

關露沒能讓胡風看上她的詩，但鍾潛九是看過她的處女詩篇〈夜〉的。對方認為不像是新詩，倒像是古詞曲。後來關露又寫出一篇〈黃昏〉：

白色的雲彩是你的紗衣，
紅色和紫色的雲彩是你的臉頰和嘴唇，
風是你的翅膀，
夕陽是你的笑影，
再停留一刻吧，
我的女神，
黃昏！
你掃蕩了宇宙的塵土，
你開拓了人心的單純，
你使攪擾變為安寧，
使兇險變為柔靜，
再溫暖一刻吧，
我的女神，
黃昏！
黃昏，
我的女神，

你有明慧的眼，
有聖潔的心，
你有一個偉大的安撫世界的靈魂！
我希望你、希望你，
我的女神，
你每天給我帶來一個
新的，新的生命！

在充滿革命激情的一群左派青年眼裡，關露的這種詩自然不夠標準。比如鐘潛九對關露講說道：「我們應該用文學表現我們的人生觀，應該把眼光放在大多數人的身上，寫勞苦大眾的生活，而不是寫我們自己。」

於是，可愛的「詩探」又開始了新的探索，她逐漸遠離開歌德和海涅，更不用說李清照、徐志摩們；她隨著離開南京中央大學來到上海，來到滬西區的工人之中學習寫詩，終於寫出了革命者認可的新詩〈哥哥〉：

哥哥白飯吃三碗，
個兒長得比我高，
打起架來我求饒。
半夜醒來時，
哥哥不見了。
……

兩天三天四五天，
哥哥還不見回來，
老虎灶上阿伯來報告，
哥哥腰上流著血，
南京路上躺下了。
媽哭著，
哥哥白飯吃三碗，
一天只有一頓飽，
還有兩頓飯，
東洋老闆搶去了。
老闆搶了我們碗，
不許我們向他要。
拿著我們的汗和血，
變成他們的財和寶。
我們天天挨著餓，
他們餐餐吃得好，
……

我告訴媽：
我要哥哥回，
我不和他打架了。
誰打死哥哥，
我要拼命向他要。
哥哥被打死，
五月三十號。
我記著，
王月三十號！
我要討償命，
我要吃得飽！

這樣的詩多了，〈馬達響了〉、〈悲劇之夜〉、〈綢廠女工〉、〈童工〉等等等等。於是有人高度評價說：「由於她的詩直接反映了工人的實際生活以及他們與資本家的鬥爭，同時也由於她的詩在藝術形式上極易為工人群眾所接受，節奏明快簡潔，讀來朗朗上口，所以工人們很喜歡她的詩。關露經常置身於廣大工人群眾中，從工人群眾中汲取營養，創作革命的文藝作品，從而來宣傳革命，鼓動工人起來和反動派鬥爭。關露的詩作在新詩大眾化的探索上，也書寫了有價值的一筆。」

如此說來，關露是成功的詩探？

第六章 左聯左聯

從「小伙計」到「小開」

二十世紀三十年代前期，中國文壇上曾有過一個顯赫的革命團體——左聯！《辭海》對它的定論如下：

中國左翼作家聯盟，簡稱左聯。第二次國內戰爭時期中國共產黨領導的革命文學界的組織。一九三〇年三月成立於上海，參加者五十餘人，其後逐漸發展。

「左聯」的成立，是黨為了團結和組織進步的作家反擊國民黨反動派文化「圍剿」和推進革命文學運動，標誌著革命文學運動的新階段。它根據「五四」以來新文學發展的經驗，初步制定為無產階級革命事業服務的文學理論綱領，提倡文藝大眾化，開始了工農兵通訊員運動，建立「馬克思主義文藝理論研究會」等組織，創辦《北斗》、《文學月報》等刊物，宣傳無產階級文藝思想；同「新月派」、「民族主義文學」、「第三種人」等反動文藝流派作了堅決鬥爭；並提倡革命文藝創作，努力培養新人。對無產階級革命文藝事業的發展，做出了積極的貢獻。一九三六年初為了組織文藝界抗日民族統一戰線，「左聯」宣佈自動解散。

潘漢年作為中共中央宣傳部文化工作委員會的第一任黨組書記，直接參與領導了左聯的建立。這個文化工作委員會的成員有：李一氓、陽翰笙、錢杏村、孟超、潘梓年、馮雪峰、杜國庠、夏衍等。它的前身是江蘇省委宣傳部的文化黨組，那時的黨組書記就是潘漢年。一九二八年夏天，身為中共中央江蘇省委書記的李富春，親自將團結和領導上海左翼文化界的重任交給了潘漢年，因為他是熟悉並且信任這個著名的「小伙計」的。

「小伙計」是什麼來歷呢？

一九八二年，老作家樓適夷在《新文學史料》上寫過一篇文章，題目是〈從三德里開始的友誼〉，回憶他與潘漢年的最早相識經過，其中寫道：

上海閘北寶山路，有一條弄堂叫三德里，不知現在還在不在，那是在青年時代很值得紀念的地方。是五卅運動大浪潮過後不久吧，我們幾個年輕的朋友自己業餘經營的一個小圖書館——上海通信圖書館，辦得越來越興旺，借的一家小煙店樓上的房子，再不夠我們迴旋了，於是找到了這三德里的房子。整幢我們租不起，與「中國世界語學會」（也是一個窮團體）合夥，租了那兒A16號的小樓。過了不久，「創造社」依靠讀者五塊錢一股的資本，成立了自己的出版部，有個門市兼編輯處，住進A11號，成了鄰居。

郭沫若去廣東前經常來，記得郁達夫在上海獨身時，還在樓上住過。相去不遠是東方圖書館、商務印書館編譯所，文化氣氛很濃。不過現在記憶的是那兒的一群「小伙計」。別說小字輩，倒是當時和後來成為文藝名人的。周全平算個小頭目，數得起名字的，有柯仲平、葉靈鳳和潘漢年等等。

我們在業餘與假日，都得上圖書館幹義務勞動。而對出版部又都是五元錢的股東身份，就因常常到A11號去玩，跟「小伙計」結了不解之緣，他們也常上圖書館來幫忙。這些人個個都是小作家，寫文章，辦刊物，各有特色，又都愛聊天，聚在一起，天南地北，政治、文學無所不談。年輕愛玩兒，無所忌諱，有時也言不及義，相處得非常愉快。真不愧為「風華正茂，指點江山，激揚文字」的氣概。漢年和葉靈鳳合夥，兩個人辦了一個小小的半月刊，叫《幻洲》。那是取的沙漠中一塊小小綠洲的意思。這《幻洲》作為文學刊物有個特點，分為上下兩部，上部叫《象牙之塔》，是由葉靈鳳負責的。葉靈鳳既寫小說，又畫琵亞詞勒式的畫，有時穿著三友實業社出品的自由布衣服，藍雪花紋的大褂，外加上紅雪花紋的馬甲，真像冒充的王爾德，見了叫人嚇一跳。潘漢年擔任的是刊物的下部，叫作《十字街頭》，專登雜文，有時半本刊物幾乎是他一個人包辦，化了許多名，什麼亞靈、潑皮、水番三郎等等，擅長喜笑怒罵，什麼胡適、吳稚暉，獅子狗曾左李之流，沒少挨他的罵。他的「新流氓主義！」就是在那兒提出來的，有時罵得走火，胡說八道，說什麼上海的女人全是妓女型的啦，也罵出來了。但大家還是愛看。因為他的有些文章都是我們大家聊天聊出來的。言以見志，比方參加聊天的小頭目周全平就說過：「無論討好反動派的胡適之，或是常常要坐牢的陳獨秀，他們都是一路貨，想當官而已，不過胡適之想當現在的官，陳獨秀想當將來的官……」有時，大家聽了氣憤不過，幾乎要報以老拳。過了幾年，果然這個不想當官的清高派，侵吞了一筆他所經手的革命經費，逃之夭夭了。至於這個自由自在、無拘無束的小潘，可想不到後來變成了一個黨的重要地下工作者。

這就是「小伙計」的來歷。

潘漢年在成為「一個黨的重要地下工作者」之前，甚至在參與籌建「左聯」之前，還有一大段曲折多彩的經歷，這裡應該交代一下。

一九二六年八月，加入中國共產黨領導的中國濟難會。五卅運動後，為營救被中外反動派逮捕的革命者，對他們從經濟上、輿論上以及法律上給予援助，並籌款救濟其家屬，中共中央於當年九月在擴大會議上通過了〈救濟問題議決案〉。根據這一決議，於九月二十日在上海成立了中國救濟會。共產黨人惲代英、沈澤民、張聞天等和社會名流楊杏佛、鄭振鐸、郭沫若、葉聖陶等，以及國民黨人于右任、戴季陶為該會發起人。它的宗旨是救濟一切為解放運動而死傷或入獄者及其家屬，發展世界各國被壓迫群眾的團結精神。除在上海設立總會外，先後在全國部分省市建立了分會。鄧中夏、黃勵曾先後出任總會主任。濟難會通過宣傳、募捐等各種辦法，反對帝國主義的和軍閥鎮壓革命者的暴行，組織對受難者的救濟，宣傳被害革命者的事蹟。並發行《濟難》、《光明》、《犧牲》等刊物。潘漢年參加中國濟難會與營救他的幾個「小伙計」有關：由於創造社的這幾個「小伙計」精明強幹，鋒芒畢露，既然引起了社會各界的關注和好評，也就難免被反動當局盯上。此時的上海政局，正掌握在直系大軍閥孫傳芳手中，在國民革命軍日日逼近他的勢力範圍之際，他自然對「赤化」問題格外敏感，豈能對越來越出名的「小伙計」們撒手不管？八月七日這一天，淞滬警察廳出動警力直撲三德里，查封了創造社出版部，逮捕了正在工作的四個「小伙計」，他們是葉靈鳳、柯仲平、周毓英和成紹宗；潘漢年因事外出，僥倖未遭毒手。但他不能不設法營救自己的哥兒們呀，於是四處奔走，千方百計想路子，最後想到了中國濟難會。此時濟難會的負責人是王弼和阮仲一，正是潘漢年的入黨介紹人，聽說出了這種事，豈有不管之理？遂開動網路廣泛的中國濟難會這架機器，全力以赴地進行營救，經過短短五天的活動，淞滬警察廳最後以「證據不足」為由，於十二日將被捕四人無罪開釋。打過這麼一次交道以後，潘漢年便被吸收參加了中國濟難會，並且很快成為其中的骨幹人物之一，當年十一月下旬，他還代表中國濟難會上海分會前往武漢參加了全國代表大會。也正是在濟難會裡，他才得以結識了惲代英、張聞天、楊賢江、楊杏佛、沈澤民、沈雁冰等中共早期領導人，為他以後開展工作創造了極好的條件。

一九二七年二月，出任國民革命軍總政治部南昌分部主辦之《革命軍日報》總編輯。對於潘漢年的這一段經歷，李一氓有過詳細準確的回憶：

> 當時郭沫若任國民革命軍總政治部南昌政治部主任，駐南昌。政治工作的範圍為國民革命軍的第二軍、第三軍、第六軍三個軍及江西的地方工作。政治部辦了一個八開報紙，每週一次，可是沒有適當的編輯，從南昌、武漢都找不到這樣的人。後來郭建議從上海把潘漢年同志找來。
>
> 潘到南昌接任編輯工作後，這個小報辦得很嚴肅也很有生氣。這是一份軍隊報紙，方針是給士兵以適當的政治教育，既反對封建軍閥，也反對帝國主義，也要求團結。到一九二七年上半年，政治形勢突變，南昌政治部由九江移到安慶，準備進上海、南京，因蔣介石叛變，半路又由安慶折回九江，時間已在七月底了。在得到八一南昌起義的消息之後，本來政治部可以全部趕回南昌去的，但張發奎不讓去，只答應郭沫若和少數人乘搖車去南昌，政治部

由他接收。這樣在政治部工作的共產黨人只能全部撤出，都回上海向黨中央報到。在潘無法去南昌的情況下，這部分回上海的同志的領隊，我們就決定由潘負責。於是他就和我們分開回上海了。

在南昌短短的幾個月中，潘漢年不僅顯露出編輯報紙的能力，更加顯露出政治活動能力。特別是在當時政治情況下，他不過二十來歲，已經能夠對政治局勢表示自己的看法。

一九二七年九月，與葉靈鳳再次合作，恢復出版《幻洲》半月刊。這裡，我們有必要將潘漢年在《幻洲》的表現記述一下，因為他在這一時期寫的大量雜文，不僅使他成為最早以雜文作武器的中共黨內作家之一，而且是他能夠成為黨對左翼文化界實施領導的早期代表人物之一。《幻洲》是半月刊，四十六開本，屬於一種小型文藝刊物。它從一九二六年十月一日創刊，一九二八年一月二卷八期止，一共出版了整整二十期。前面說過，《幻洲》前頭一部分叫《象牙之塔》，是由葉靈鳳主編的；後面一部分才是由潘漢年主編的，名字是《十字街頭》。潘漢年在創刊號上寫了一篇〈街梢閒談〉，專門介紹這兩個欄目的異同，他說：

我們並無躲入象牙之塔的資格，因為不是詩人、小說家、天才、預言者；不過整天的徘徊十字街頭，也會遐想到一座金光燦爛、安樂無比的象牙塔，讓我們進去休息一回。事實上做不到，而我們的欲念倒動了，因此在自己心上建築起這一座象牙之塔。假如你貪安愛樂，老至於死躲在塔裡，也隨你的便。假如你天生賤骨，過不慣塔裡的生活，你就走出塔門，踏上十字街頭，尋你的去路好了！朋友，這裡雖是一座巍巍更可怕的象牙塔，一條亂紛紛的十字街，然而兩者並不分軒輊，依然是一塊自由的安樂土。

潘漢年在《十字街頭》上的文章，從內容和文風看，前後有所不同，大致以蔣介石發動的「四一二」反革命政變為界。在前期的文章裡，二十歲的主編兼主筆潘漢年血氣方剛，初生牛犢不怕虎，一支筆縱橫捭闔，四面出擊，了無顧忌，而尤以他提出的「新流氓主義」為最。他以「亞靈」的筆名在〈新流氓主義〉一文中寫道：「現在凡是感到被束縛、被壓迫、被愚弄、被欺侮……的青年，假如要反抗一切，非信仰新流氓主義不行。新流氓主義沒有口號，沒有信條，最主要的就是自己認為不滿意的就奮力反抗。」於是，他的筆既對準了軍閥和帝國主義及其走狗，有時侯卻也筆下走火，把矛頭對準了魯迅、陳望道、劉大白、張伯苓、夏丏尊等等自己人，這多少帶點無政府主義的色彩。而在文風上則以罵為主，且有一套自己的解釋：「罵是爭鬥的開始，人類生存最後的意識，也不過是爭鬥，所以我們並不認為鬥爭的開始——罵，是有傷道德。」《幻洲》出到第九期，潘漢年接受郭沫若的邀請，前往南昌主編《革命軍日報》，後遇「四一二」政變又返回上海，再次走上了《十字街頭》。這時侯的潘漢年，不但年齡增長了幾歲，而且經過血腥的反革命政變，親眼目睹了新軍閥蔣介石對革命的剿殺，經歷了南昌起義的失敗，在政治上已經成熟了許多，表現在所寫文章上，最明顯的一點就是不再亂放炮了，而把筆鋒牢牢對準了蔣介石和汪精衛之流，幾乎再也不提什麼「新流氓主義」了。文風也變得沉穩健朗。他在〈我再回上海〉一文中寫道：

> 悠悠的歲月，在咱們昏昏不甚清楚自己生活似的中間，又飛過去八個足月，在一九二七年的今年我個人的生活史上平地添上這八個月灰色、刺激、苦厄、病痛和流浪逃避的生活，頗足我將來餘暇的細細回憶。未亡的中國，在這八個月中，也開拓了一頁複雜劇變與黑暗中的殘酷的歷史。八個月以前，在黑暗中企求光明，在苦厄中希望樂趣，在壓迫中要求解放，到現在，——八個月以後，所有的幻想、希望，都成了夢影，依然在黑暗、苦厄和壓迫的道路上掙扎！這個，不是環境的錯誤，我以為是咱們自己認錯了「時代」！

這時期，潘漢年做為年輕而老練的黨內雜文作家，已然把注意力放到如何教育同代青年正確認識變化了的革命形勢，怎樣在革命遭受挫折之後從思想和組織上重新恢復鬥志，積蓄力量，準備投入新的戰鬥。代表作有〈時局與青年〉、〈文化運動與政治革命〉、〈現在要怎樣〉等。潘漢年真正從《十字街頭》走上了革命最前哨。這當然要叫新軍閥蔣介石頭痛了，一九二八年一月，當《幻洲》出到二卷八期時，被國民黨當局以「反動」的罪名給查禁了。

《幻洲》雖被查禁，但潘漢年並未停止戰鬥，又與葉靈鳳合作，辦起了《現代小說》，他一個人同時還主編了《戰線》週刊。不久，正式被調入中共中央宣傳部工作，主管文化和出版，以及對文藝界的聯絡和統戰工作。正是在這一階段，潘漢年表現出全面的政治才幹，頭腦清醒，識大局，足智多謀，機敏果斷，政策水準很高，善於團結人。也正是在這期間，他得以經常接觸魯迅先生，真正認識了魯迅先生的價值與舉足輕重的作用，改變了以前對魯迅先生的不正確看法，向魯迅先生當面道了歉，並得到了魯迅先生的諒解和支持。這對潘漢年後來成功地組織建立「左聯」至關重要。

現在回到籌建「左聯」的話題。

中共中央既然把籌建「左聯」的任務交給潘漢年，作為一向黨性很強的潘漢年就沒有二話可說；不過，他心裡清楚，這件事可太難辦了，僅就上海地區左翼文化界的情況看，不說別的，要想將創造社和太陽社與魯迅先生的緊張關係調整好，就不是件容易事，而這個問題不解決，想建起什麼「左聯」來就是一句空話。

其實，前幾年魯迅與創造社的關係還不錯。魯迅聽說郭沫若和成仿吾等南下投奔革命，他就一度有過聯合創造社的打算，在廣州雙方還聯合發表過反帝宣言。現在大家都聚在上海，按說正好可以組織起來幹一番事業。早些日子，鄭伯奇、段可情和蔣光慈三人還去登門拜訪過魯迅，提出共同創辦一個提倡新文學運動的刊物，把鬥爭目標一致對準大搞文化專制和文化「圍剿」的蔣介石政府。魯迅先生當然高興，慨然應允，並且提出很好的建議，說不必費時費事地另辦新刊物，只須把創造社的《創造月刊》恢復起來就成。隨後，《創造月刊》的復刊廣告也在《時事新報》上登了出來，附有特約撰稿員三十多人的名單，魯迅先生名列首位，第二位是創造社的中心人物郭沫若。事情本來進行得挺好，可不知怎麼的就慢慢的沒了下文。真正沒了下文也算，誰料到接下來卻發生了一場大風波。

看來問題出在成仿吾身上。他的心思不在聯合魯迅，而是要全面恢復和加強創造社的活動，他甚至認為「盟主」郭沫若主張從革命時代回到文學時代的態度也是不可取的，而應該更高地舉起革命旗幟，並且以文學推動革命。為此，他跑到日本物色志同道合者，而對聯合魯迅的主張更是一口回絕。他受國際共運中左傾教條主義影響，只相信蘇聯的「無產階級文化派」和「拉普派」，以及正在日本風行的「福本主義」能夠救中國，而像魯迅、茅盾之類的老作家都不行，只有把他們全部打倒，才能在中國推行革命的普羅文學。於是，他從日本帶回馮乃超、李初梨、彭康、朱鏡我和李鐵聲五員大將回到上海，以「革命文學」為大旗，拉開陣勢要與魯迅較量一番。太陽社的蔣光慈和錢杏村也與之遙相呼應，出版《太陽月刊》以共同對付老頭子魯迅。

一場左翼文化界內部的大論戰爆發在即，火藥味都嗆開了鼻子，還有什麼聯合可談！

關於中國現代文學史上圍繞「革命文學」的這場大論戰，當代著名研究者林賢治有著最真率精到的表述：

魯迅與創造社的分歧和衝突是必然發生的。

他們都留學日本，但是無論年齡、經歷，以及所處的文化環境都有很大的不同。魯迅是從辛亥革命中走過來的，他所受的主要是近代資產階級革命的影響。因此，對於反對封建主義，和對自由民主的要求特別強烈，在鬥爭中，表現出個性主義的執拗和獨立意志的弘揚。創造社分子是在典型的現代文化氛圍裡孕育成長起來的，在資本主義陰影的籠罩下，他們接受西歐工人運動、尤其是蘇式共產主義的精神教育。在思想觀念上，主要進行對資產階級的批判；行動上表現為集團主義、極端革命性，左派幼稚病往往難以避免。在文學方面，魯迅受明治文學的影響，創造派則受大正文學的影響。明治時代的作家，著眼於對國家民族的責任感，追求為人生的藝術；大正時代則培養對文學藝術本身的自上主義，為藝術而藝術。魯迅明確地說明他的小說是「為人生」的，創造社前期標榜「藝術」

而後期著重「概念」，其實貫穿了一種脫離現實的共同性，即把文學當成為一種可以自在於社會生活之外的東西。魯迅與創造社的天才觀也很異樣。他們都重視天才，不過對魯迅來說，與其說重視天才，毋寧說重視培養天才的泥土更合適些。創造派以時代的先知者或藝術的代表者自居，總有一種「指導者」的意識，正如郁達夫諷刺他們的，「形似裁判官與個人執政者的天才者」。魯迅之謂天才，是通過個人的反抗意志求得獨立發展的，同時意味著與扼殺天才的「庸眾」相對立。在魯迅的眼中，天才是孤獨的。他孤獨，卻從來不承認自己是天才。

大論戰自然是由創造社和太陽社挑起的，第一輪大轟炸的炮彈主要有：馮乃超的〈藝術與社會生活〉、李初梨的〈怎樣地建設革命文學〉、郭沫若的〈英雄樹〉、蔣光慈的〈關於革命文學〉、錢杏村的〈死去了的阿Q時代〉等等。升級後的第二輪大轟炸的炮彈主要有：弱水的〈談現在中國的文學界〉、李初梨的〈請看我們中國的DONQUIXOTE的亂舞——答魯迅〈「醉眼」中的朦朧〉〉、馮乃超的〈人道主義者怎樣地防衛著自己〉、彭康的〈「除掉」魯迅的「除掉」〉、成仿吾的〈畢竟是「醉眼陶然」罷了〉、錢杏村的〈批評與抄書〉等等。再次升級後的第三輪大轟炸的炮彈有：錢杏村的〈「朦朧」以後——三論魯迅〉、李初梨的〈普羅列塔利亞文藝批評底標準〉、馮乃超的〈冷靜的頭腦〉、鄭伯奇的〈文壇的五月〉、梁自強的〈文藝界的反動勢力〉等等。在這些集束「炮彈」裡，他們將魯迅貶損為「文壇的老騎士」、「戰戰兢兢的恐怖病者」、「最惡的煽動家」、「中國的堂吉訶德」、「神經錯亂和誇大忘想諸症」患者、「一尊小菩薩」、「陰陽臉的老人」、「和紹興師爺卑劣偵探一樣」、「我們的敵人」……這裡值得一提的是，第三輪大轟炸中，郭沫若化名杜荃，拋出了一顆空前的重磅炸彈，以掛帥人物的派頭，分籍貫、家族、年紀、身體四個方面大作文章，把魯迅罵作「資本主義以前的一個封建餘孽」、「二重的反革命人物」、「不得志的法西斯蒂」等等，唱出了圍攻魯迅以來的最高調。很顯然，這種群起而攻之的作法已經有失分寸，有失以提倡「革命文學」為榮的革命者的身份。對此，連身為創造社成員的潘漢年也感到有些不對頭了，雖說自己在第一輪轟炸中也是一大炮手。

對於這場曠日持久的大論戰，中共中央當然更是看在眼裡，急在心頭，他們不能容忍革命文化界內部這種無休止的、互相抵銷力量的爭鬥。於是做出決定：為了對國民黨政權嚴酷的文化專制開展有效的抵抗運動，必須把革命的、進步的作家團結起來，建立統一的組織。立即解散創造社和太陽社，停止對魯迅的論戰，把魯迅以及在他影響之下的大批黨內外作家爭取過來，以這三方面的人員為基礎，成立一個新的革命文學團體。

這個任務，正像本文開頭所說，歷史地落在了潘漢年的身上。但是如何解開魯迅先生與創造社、太陽社之間這個死結呢？潘漢年還是頗費心思。作為一個共產黨員，儘管他本人已經完全回到了黨的立場上，極盡所能地做了大量的彌補工作，比如主動上門拜訪魯迅先生，向他當面賠情道歉，還和魯迅先生一起在中有天飯館吃了一頓飯，雙方之間的關係可以說已經很親近了。然而，要提出聯合起來建立統一組織的事，他總覺得似乎火侯還不到，萬一倔強的老先生不大痛快，再轉圜就費大勁了。怎麼辦呢？苦思之下，忽然心裡一動想到一個人，對呀，我怎麼忘了他！叫他出面去說話，事情準好辦。

潘漢年此時想到的這個人，就是馮雪峰。

馮雪峰比潘漢年大三歲，出生在浙江省義烏縣一個普通農家。十六歲小學畢業以後，入省立第七師範學校讀書，校址在金華，十八歲因帶頭參加學潮而被開除，未能完成學業。隨後又考入杭州的省立第一師範學校，該校被認為是「南方最革命的學校」，在全國也小有名氣，教師中有陳望道、劉大白、朱自清、葉聖陶、夏丏尊等著名學者，學生中有後來成為文化名人的柔石、魏金枝、潘訓、汪靜之等。馮雪峰入學以後，參加了由朱自清和葉聖陶輔導的晨光文學社，並開始發表文學作品，十九歲即與同學應修人、潘訓、汪靜之四人聯合出版了詩集《湖畔》，由此結成湖畔詩社，開展新文學運動。一九二五年，二十二歲的馮雪峰和柔石一起跑到北京在北京大學當旁聽生。也正是在這裡，他聽了魯迅先生的講課，深受影響，開始向魯迅主編的《莽原》投搞。同時，通過學習李大釗的著作，接觸到馬克思主義理論，並且對李大釗非常崇敬，後來正是李大釗的遇害，促使他毅然投入了中國共產黨的懷抱。一九二七年十一月，馮雪峰因為一本譯著涉嫌「赤化」而被當局通緝，不得不離開北京來到上海。在上海，他在柔石的引薦下拜見了魯迅先生，逐漸以自己的真誠坦率和非凡才華，贏得了魯迅先生的友誼。之後不久，他回到家鄉義烏縣擔任中共義烏城區支部書記，公開職業則是義烏縣立中學的語文教員。一九二八年底，義烏縣的黨組織遭到破壞，馮雪峰又回到了上海。此後，他專心搞翻譯和寫作，出版了十多種馬克思主義文藝理論著作，自己也寫出了一批很有水準的文藝理論文章，另外，與魯迅先生的忘年友誼發展到幾乎無話不談的程度。

這就是潘漢年所以要借重馮雪峰的原因。後來的事實證明，潘漢年的這個選擇非常對頭。

關於這件事，五十多年後，馮雪峰回憶道：

據我所知，一九二九年下半年，潘漢年是做黨中央宣傳部幹事，到一九三〇年春天他還兼任文委書記。一九二九年十、十一月間，潘漢年來找我，要我去同魯迅商談成立左聯的問題。他同我談的話，有兩點我是記得很清楚的：一、他說黨中央希望創造社、太陽社和魯迅及在魯迅影響下的人們聯合起來，以這三方面人為基礎，成立一個革命文學團體。二、團體名稱擬定為中國左翼作家聯盟，看魯迅有什麼意見，左翼兩個字用不用，也取決於魯迅，魯迅如不同意用這兩個字，那就不用。

我去同魯迅商談，魯迅完全同意成立這樣一個革命團體；同時他說，左翼二字還是用好，旗幟可以鮮明一點。這時侯，據我瞭解，創造社方面，潘漢年主要是找馮乃超；太陽社方面，則找阿英（錢杏村），蔣光慈好像還在日本；同時潘漢年也找夏衍、洪靈菲等人談。

大概在一九二九年底，產生了所謂基本構成成員十二人，我記得是魯迅、鄭伯奇、蔣光慈、馮乃超、彭康、夏衍、錢杏村、柔石、沈起予、洪靈菲、陽翰笙、馮雪峰。這也就是發起人和籌備人的意思。這名單是由潘漢年提出和各方面商量決定的。

關於這個十二人名單，到底是哪十二個人？現在至少有三種記載，一種就是上述十二人；另一種名單上有潘漢年和李初梨，而沒有彭康和沈起予；第三種名單上是有戴平萬和彭康，而沒有潘漢年、李初梨和沈起予。事過不足七十年竟倒騰不清一個十二人名單，也真令人慨歎不已。

為了給成立左聯鋪平道路，潘漢年還在理論和輿論方面下了不小功夫。他先在《現代小說》上發表了題為〈文藝通信——普羅文學題材問題〉的文章，對普羅文學的思想內容、劃分標準、題材範圍等方面作了認真的分析，這對於澄清文化界黨內一些同志思想方法上的片面性很有幫助。接著，又在《拓荒者》上發表了一篇文章，題目是〈普羅文學運動與自我批評〉，其中很有份量的一部分是：

> 中國普羅文學運動發展到現在，其形態根據著理論的展開而逐步被大眾所認識。過去多少沉迷在為藝術而藝術、為文學而文學的人們，曾經狂吠熱嘲，把普羅文學當作洪水猛獸一般的攻擊，而現在呢，中國的無產階級文學運動，因為客觀的必然性不可阻免與阻難很迅速的發展，形成了衝破舊文壇的巨浪，那些曾經詛咒與攻擊無產階級文學的人們，也不得不背轉身子掉過頭追隨著無產階級文學運動的巨浪而前進。因此，在這一運動的過程中，自我批判的工作是急不可緩！為了要鞏固我們的陣線，為了要整齊我們的步伐，為了要克服舊意識的抬頭，為了要糾正不正確的傾向……總之，要使這一個新的文學運動，在中國無產階級解放過程的現階段中完成其宣傳與鼓動（廣義的）的任務，自我批評的工作應當跟著運動理論的展開而當加緊執行。
>
> 一個真正的馬克思主義者，最能夠接受正確的客觀批判，同時，他一定又是自己陣營內檢討工作、堅決執行自我批判的人，毫無彼與此個人情感意氣的虛掩。

在潘漢年和籌備組的努力下，一九三〇年三月二日在上海竇樂安路中華藝術大學的一間教室裡，舉行了中國左翼作家聯盟成立大會。前一天，一貫辦事細心的潘漢年由夏衍等人陪同，前往會址實地察看了四周環境，他們沿著北四川路、竇樂安路，一直察看到中華藝大二樓會場，把學校的每個房間都仔細檢查一遍，對學校共有幾個出口，都分別通到什麼地方，諸如此類的大小問題都做到心中有數。另外，潘漢年還預先組織起一支幾十人的工人糾察隊，專門來保衛會議，特別指派四名身強力壯的糾察隊員暗中保護魯迅先生。因為在國民黨的白色恐怖中，一定要確保大會萬無一失，要確保大會參加者、尤其是魯迅先生的絕對安全。

出席成立大會的一共有五十人左右。主席團由三人組成，他們是：魯迅、夏衍、錢杏村。這是在會前由發起人協商好以後，由潘漢年代表文委向大會推薦的。同時產生了七人常委：夏衍、馮乃超、錢杏村、魯迅、田漢、鄭伯奇、洪靈菲。這也是在會前考慮到三方力量的代表性，以及黨與非黨的比例，按等額選舉的原則產生的，公佈時則以得票多少排列先後次序。

作為中國共產黨的代表，潘漢年首先在大會上發言，做了題為〈左翼作家聯盟的意義及其任務〉的報告。下來由馮乃超報告籌備經過，鄭伯奇對綱領作出說明，潘訓代表中國自由運動大同盟致祝詞，隨後由魯迅、彭康、田漢、陽翰笙等發表演說。最後大會決定成立「馬克思主義文藝理論研究會」、「國際文化研究會」、「文藝大眾化研究會」等機構，創辦機關雜誌《世界文化》，建立與各革命團體以及國際左翼文藝團體的聯繫。

潘漢年的〈左翼作家聯盟的意義及其任務〉，後來作為黨指導當時左翼文藝運動的重要文件，全文發表在《拓荒者》上。它明確指出左聯的當務之急是團結全體左翼作家行動，反對一切宗派主義和個人主義。針對當時存在的小集團主義、個人主義、缺乏用科學的方法進行文藝批評、單純地為文學而文學、不以文學推進政治運動等錯誤傾向和弊端，提出了嚴厲的批評。報告闡明了左聯的意義在於「有目的、有計劃去領導發展中國的無產階級文學運動，加緊思想的鬥爭，透過文學藝術，實行宣傳與鼓動而爭取廣大群眾走向無產階級鬥爭的營壘。」

至此，潘漢年終於完成中共中央交給他的任務：領導建立了中國左翼作家聯盟。這一年，他才二十四歲。他由大革命前一個創造社的「小伙計」，一躍而成為在上海文化界名人之間左右逢源的領導者，令人刮目相看。不知哪位朋友心血來潮，稱潘漢年為「小K」，意即小老闆，革命大店裡的小老闆。這個戲稱居然不脛而走，日久天長倒比他的名字還響亮。他自己也就認帳了，後來向中共中央拍電寫信打報告時，竟也簽上了這個化名：「小K」！

左得可愛

揚帆參加的是北平左聯。

國民黨政府建都南京，改稱北京為北平。這裡雖說不是全國的政治中心，但它擁有的大中學校總數仍居全國之首，仍是全國的文化中心。因此，國共兩黨對北平都不放鬆。

上海中國左翼作家聯盟成立不久，作為領導人之一的洪靈菲因黨內工作調動，由上海中央局來到北方局，參與領導工作。他提出，北平應該像上海一樣，也建立左聯組織，在黨的路線方針指導下，加強對國民黨反動統治的文化圍剿的鬥爭。

不過，要成立左聯，北平這面的情況跟上海有所不同，上海當時是專業老作家的聚居地，組織基礎雄厚一些；而北平這裡，從事專業創作的名人不多，雖也有一批「五四」前後的老作家，但大都在高校任教，生活優裕而安定，對於參加風險性很大的革命活動興趣不大，比上海那些以微薄稿酬艱難度日的作家差多了。

根據這一實際情況，中共北方局領導認為，北平左聯的成員只能以大學裡進步的青年學生、年輕助教和中學教師為主了。那麼既然左聯的主要成份是小資產階級的革命青年，制定綱領時就得有所改變。所以在北平左聯的《行動綱領》裡明確規定：要「建立工農兵通訊，直接與勞苦大眾發生密切關係。」在《理論綱領》裡也明確寫道：「我們為把握正確的無產階級意識，必須反對小資產階級的意識殘餘，並置身於無產階級的實際鬥爭生活之中。」「為我們藝術理論正確發展，必須不斷地自我批判、自我教化。」而且為了加強黨對籌建北平左聯的領導，專門調來了富有經驗的潘訓同志。

還記得上文書中提到，在中國左聯成立大會上，有一個代表中國自由運動大同盟致祝詞的潘訓嗎？就是這個潘訓。他當時也就三十多歲，身材不高，常穿一件灰色或藍色的嗶嘰長袍，足蹬一雙從不擦油的黃皮鞋，黑黑的臉膛上架一副度數很深的小邊近視眼鏡，說話走路都極有精神。別看此人其貌不揚，卻也有些來歷：他本名叫潘謨華，青年時在杭州就曾與馮雪峰、應修人組織過「湖畔三友社」，發表過不少詩文，翻譯出版過阿爾志跋綏夫的名著《沙寧》，是成名很早的作家。後來他棄文從政，做了黨的地下工作，公開職業是教員，在黨內是一個很受器重的人物。他受命組建北平左聯的任務後，不敢怠慢，立即與楊剛和陳沂組成籌備小組開展工作，分頭找了曹靖華、臺靜農、白薇、謝冰瑩、孫席珍、谷萬川、張秀中、馮毅之、張吉之、柳風等十多個人交換意見。大家都一致同意建立北平左聯。經過一段時間的籌辦，於一九三一年二月，以聚餐形式在一家飯館召開了成立大會，到會者也就十幾個人。

揚帆參加北平左聯的活動開始於「護齋」鬥爭勝利以後，正如他參加護齋鬥爭是在唐守愚的鼓勵帶動下一樣，他參加到北平左聯的鬥爭行列之中，也完全得力於唐守愚的幫助。據他回憶說，唐守愚那時已是北平左聯的負責人之一。

如果說由於受當時中國政治環境和歷史條件的影響，中國左聯成立後，所從事的政治活動要大於文學活動的話，那麼，北平左聯則更甚。

北平，古老的北平，發生過多少驚心魂魄的歷史事件，遠的不用說，它就是轟轟烈烈的震驚中外的「五四」運動的中心啊！政治鬥爭的風雲一直就沒有從這個城市飄散開去。北平左聯剛成立不久，就發生了「九一八」事件，日本帝國主義殘暴地一口氣侵吞了我們全部東北三省，而國民黨軍隊一槍未發便將大好河山拱手相送，三千萬骨肉同胞頓時陷於水深火熱之中。如此國恥，人神共憤。北平學生首先發起轟轟烈烈的南下示威運動，從而引發了全國各省如火如荼的民族解放運動的高潮。北平左聯的青年盟員自然不甘落後，馬上投入了火熱的鬥爭，其中部分人直接參加了南下示威行動，在南京遊行示威，風雪中圍到南京政府大門口請願，與賣國政客官僚們進行面對面的鬥爭，遭到軍警彈壓，有的被打破腦袋推下秦淮河，然而依舊堅持戰鬥。

隨後，蔣介石賣國政府加強了對北平革命力量的迫害和鎮壓，派蔣孝先的憲兵三團開進北平，開始了大規模的盯梢逮捕和血腥屠殺。北平不像上海，還有帝國主義的租界可供躲避和周旋，這裡毫無迴旋餘地，只有面對帶血的屠刀。

在賣國還是愛國、革命還是反革命、生存還是死亡這樣嚴峻的環境中，北平左聯工作的特殊性和複雜性可想而知。這時侯參加北平左聯，文學愛好和創作成就雖說還是必要條件，但主要的一點還得看是否敢於革命，敢於鬥爭，不怕坐牢，不怕殺頭。加之受極左思潮影響，從上到下對所處形勢都估計得十分幼稚：中國連年軍閥混戰，工農不堪重負，又加天災嚴重，人民已經困苦得難以生存下去。故而他們對革命十分嚮往，已如待燃之乾薪，只要有星星之火，便立即有燎原之勢。國民黨的統治已經朝不保夕，革命高潮已經到來。共產黨人只要敢於起來領導人民群眾進行反抗，南京政府就會土崩瓦解，一個新的中國就會出現在世界東方。

在這種教條的、唯心的錯誤思想指導下，行動上便盲目冒險起來。左聯要求大家從生活鬥爭要發展到經濟鬥爭，再發展到政治鬥爭，必須到工人運動中去，看到工頭有虐待打罵工人的行為，就要抓住時機鼓動工人起來進行反抗，一旦組織成功，就要趁熱打鐵提出改善待遇、提高工資的口號，進而將其再向政治鬥爭轉化，提出打倒國民黨反動統治、建立革命蘇維埃政權的目標。要不怕失敗，不怕犧牲，失敗了再來直至勝利。

為了宣傳鼓動工人運動，可以利用一切手段，包括飛行集會這樣的冒險行動。所謂飛行集會，就是十人或二十人組成一個活動單位，人數不能太少，也不能太多，太少形不成集會，太多又不適合飛行分散。有了小組以後，準備好標語傳單，確定好集會地點，規定好行動暗號，然後有指揮有組織地集體出動。一般都將集會地點選在群眾聚會的公共場所，小組人員混在人群中，時機一到，有人發出行動暗號，大家立刻散發傳單，張貼標語，發表演說，高呼革命口號。待到警察聞風趕到時，再一聲號令，大家立即四散跑開，脫離現場。這就是叫飛行集會。事實證明這種活動非黨危險，常常造成人員被捕的結局，雖說也有一定宣傳效果，但有時也適得其反，比如在藝人們說唱娛樂場所這樣幹，往往不得人心。

還有一種十分壯觀可愛的鬥爭形式，就是到群眾中去演革命戲劇以發動宣傳民眾。比如北平左聯建立第二年的

「紅五月」，左聯盟員在瀛寰戲院為東北義勇軍進行募損演出，開演之前政府當局就偵知清楚，派來大批武裝軍警進行圍困監視，直到臨開演前半個小時才准許觀眾入場，氣氛很緊張。但左聯演員不為所動，仍然按預定時間上演了名劇《SOS》。演出中間，軍警跑到後臺禁演，遭到臺上台下群眾的強烈反抗，人們高呼「我們要有看戲的自由！」「不讓演戲，我們就找公安局退票！」等口號，迫使軍警有所退讓，答應可以上演第二個劇碼《血衣》。在整個「紅五月」期間，共有新興、青聯、阿莽三個劇社參加演出活動，上演劇碼有《活路》、《一致》、《到明天》、《工廠夜景》等。每次演出前，台上台下一同高唱《國際歌》，氣氛相當活躍。最可一提的是，有些左聯盟員隨著劇社前去工廠演出，收到了很好的效果。

對於這樣的活動，揚帆也樂於參加，尤其是演劇活動，他不光當演員，而且做導演。北大文學院教授余上沅兼任北平小劇院負責人時，揚帆還是小劇院的基本會員，很受余上沅的賞識；後來余上沅做了南京國立戲劇學校校長，還專門把揚帆拉去做他的總務主任和訓導委員會秘書。當然這是後話。除此以外，揚帆作為北平左聯盟員，還有別的任務，在北大校園裡組織了一個「文學研究會」，還先後參加了「馬克思主義研究會」、「世界語學會」、「同鄉會」、「樂友會」等群眾團體，積極進行革命宣傳工作。

在揚帆和所有左聯盟員以及北平市民心目中，最難忘的還有一件大事，這就是一九三三年四月為李大釗送葬那天的大規模遊行示威活動。

李大釗字守常，河北樂亭人。他是中國最早的馬克思主義者，中國共產黨創始人之一，早年留學日本期間就參加反對袁世凱的鬥爭，回國後陸續主編《晨鐘》、《甲寅日刊》等革命報刊，並親自撰寫了大量抨擊軍閥統治和封建文化思想的文章。一九一八年擔任北京大學圖書館主任和經濟學教授時，又與陳獨秀一起編輯《新青年》雜誌，發表著名的〈庶民的勝利〉、〈布林什維主義的勝利〉等論文，在中國傳播馬克思主義。一九一九年，他親自領導了彪炳史冊的「五四」運動，隨後即創建了共產主義小組，為建立中國共產黨做出了巨大貢獻。一九二七年，不幸被大軍閥張作霖逮捕殺害。可惜的是，這樣一位革命元勳的遺體，停放在宣武門外下斜街長春寺，六年多來一直未得到正式安葬，這成了人們的一塊大心病。一九三三年，中共河北省委和北平市委做出決議，由各左翼文化團體共同出面發起，為李大釗同志舉行隆重的葬禮，並進行遊行示威。左聯還特別要求每個盟員，至少要帶動一個群眾共同參加出殯儀式。

這天，先在長春寺舉行了公開祭奠，各革命團體贈送了花圈、輓聯，許多生前友好前來致祭，開始時約有七百多人。出殯儀式開始，人們高唱《國際歌》，經過彰儀門大街向東，由菜市口轉到宣武門大街，這時送葬隊伍已經發展到約兩千多人。而聞訊趕來的大批警察、憲兵和特務也越來越多。但送葬的隊伍不為所動，繼續打起「向李大釗同志致敬！」「安葬偉大的無產階級革命家李大釗同志！」等大字橫幅標語，四人一列地向前推進，依然高唱《國際歌》，高呼革命口號，散發紅色的傳單。沿途加入送葬隊伍的人越來越多，而且不斷有單位團體舉行路祭儀式。當從西單來到西四，大批全副武裝的軍警忽然擋住去路，並且開槍示警，衝進來抓人，把送葬隊伍一下衝散了，並且抓走了不少人。這次送葬活動和遊行示威，應該說總的目的是達到了，終於將李大釗同志的遺體安葬在萬安公墓，並震懾了反動當局，鼓舞了廣大人民。不過由於過分張揚，左聯盟員幾乎全體出動，這就把革命的實力和弱點全部暴露在敵人面前，並在組織上蒙受了慘重的損失。當時黨內極左派領導人，已基本把左聯當作一個政治組織來使用，而忽略了它的文藝鬥爭和思想鬥爭的特殊性。

這樣的活動，北平左聯還舉行過許多次，比如為抗議北平反動當局鎮壓「高蠡農民暴動」而舉行的遊行示威；為支持保定第二師範學校學潮而舉行的遊行示威；為聲援北平師大學生趕走官僚校長而舉行的遊行示威；一直到後來聲勢浩大的「一二九」學生運動；等等。

揚帆的左聯生涯跟大家一樣，就是在這一連串的政治鬥爭中度過的，其最輝煌的一頁便是在「一二九」學潮中擔當過英勇的糾察隊長。前文書中已經述及。

全身心地投入

如果說潘漢年的左聯經歷主要是參與領導籌建工作的話，如果說揚帆的左聯經歷主要是從事了各種政治活動的話，那麼關露的左聯經歷則與他們有所不同：第一、她在中國左聯的時間比較長，幾乎可以說從建立不久直到解散；第二、她既從事左聯領導下的各類政治活動，也從事文學創作活動，尤其在新詩創作和組織新詩創作上表現突出；第三、在她的生命史上，左聯經歷不僅是一個閃光點，而是一段最飽滿亮麗、最純情溫馨、最富有人性美和個體生命價值的閃光歲月，這樣美好的際遇在她一生中再也沒有出現過。

今天的人也許不會明白，對於二十世紀三〇年代的中國進步青年來說，左聯為什麼是那麼重要？或者換句話說，那時追求進步的文學青年為什麼會毫不猶豫地把全部青春生命奉獻給中國左聯？在講述關露這段動人的左聯經歷之前，我們不妨將當時的大環境大背景交代一番。

歷史即將進入二十世紀三〇年代前夕，資本主義世界經過近十年的「繁榮發展」之後，突然陷入一片可怕的經濟危機，而在列寧和史達林領導下的蘇維埃革命經過十年艱苦奮鬥，卻取得了震驚世界的成就。這一反差極強的政治經濟變局，必然也在意識形態領域有所表現，最為敏感的文學藝術自不例外。於是，隨著西方無產階級革命運動的不斷發展，無產階級文學也獲得了持續的發展，左翼文學風起雲湧。且不說蘇聯文學；在法國，批判現實主義作家羅曼・羅蘭轉變到擁護無產階級革命和社會主義的立場，法郎士參加了法國共產黨，之後一大批著名大作家如巴比塞、古久裡、艾呂雅和阿拉貢等，也加入到法共和無產階級的行列；在英國，則出現了馬克思主義文藝批評家、傑出的無產階級國際主義戰士福克斯、愛爾蘭共產黨作家肖恩・奧凱西等；在德國，弗里德利希・沃爾夫、安娜・西格斯等作家一開始就走上了革命道路，貝歇爾、布萊西特等表現派作家，後來也很快轉到革命方面來；在日本，發軔於二〇年代初的無產階級文學，從二〇年代中期開始，形成聲勢浩大的左翼文學運動，對馬克思主義文藝理論一系列根本問題進行了激烈的爭論和有益的探討，湧現出小林多喜二、宮本百合子、秋田雨雀、尾崎秀實等一大批革命作家。這一國際性的革命文學潮流和這些革命作家的作品，不可能不湧流到中國來，事實正是如此。

從一九一七年蘇聯「十月革命」成功以後，至一九二七年的十年間，全國翻譯過來的外國文學理論著作和文學作品，光是印成單行本的就多達兩百二十五種，其中蘇聯文學幾乎占到三分之一，為六十一種。從一九二八年至一九三七年中國左聯解散時為止，這十年中引進外國文學不僅成為時尚，而且針對性之強、研究之深入系統，都大大超過「五四」時期。如：瞿秋白的譯文集《海上述林》，忠實介紹了馬克思主義文藝思想，對中國文學運動的指導起了很大作用；魯迅翻譯了普列漢諾夫的《藝術論》、盧那卡爾斯基的《藝術論》和《文藝與批評》，以及蘇聯《文藝政策》等書，介紹了日本片上伸的《無產階級文學的理論與實際》；馮雪峰翻譯了普列漢諾夫的《藝術與社會生活》、《藝術之社會學的基礎》、《藝術社會學的任務及問題》等；魯迅和馮雪峰還把馬克思列寧主義的文藝理論比較系統地介紹給中國讀者，成為中國左聯創建和開展工作的理論基礎；茅盾繼一九一九年下半年，在《近代戲劇家傳》裡向讀者介紹了三十四位歐美著名戲劇家的小傳和作品，又在一九二〇年一月的〈《小說新潮欄》宣言〉裡提出說，應該首先翻譯介紹俄、英、德、法和北歐的十九位寫實派、自然派作家的四十三部名著，接著，於一九三五年和一九三六年中，他先後又相當系統地介紹了從荷馬史詩《伊利亞特》和《奧德賽》起，直至十九世紀西方各個時期的近四十部世界文學名著；另外，當時的許多文化社團、文學組織，也都非常重視外國文學的介紹與研究工作。以上海為例，三〇年代就有重要書局一百一十家，其中大多數是以出版文學藝術和社會科學著作這主。它們為把馬列主義的文學理論和社會科學介紹到中國來，翻譯出版了大量的專著。當時引進的文學潮流有：歐州人文主義文學，特別是批判現實主義思潮；俄國批判現實主義文學、無產階級文學理論與蘇聯文學；殖民地半殖民地反抗文學等。被介紹到中國並且產生了巨大影響的外國作家有：法國的福樓拜、莫泊桑、莫里哀、雨果、羅曼•羅蘭、大仲馬、小仲馬、司湯達和巴爾扎克；英國的拜倫、雪萊、濟慈、司格特、莎士比亞、狄更斯、斯威夫特和伏尼契；德國的歌德、海涅；美國的歐文、斯陀夫人；挪威的易卜生；西班牙的賽凡提斯；匈牙利的裴多菲；波蘭的密茨凱維支、斯洛伐支奇；等等。這些文學思潮、作家、理論家，以及他們的作品、著作，對中國新文學運動的發展和文學新人的培養，起到了極為關鍵的作用。

在國內外左翼文化運動如此活躍的局面下，追求進步的中國青年怎能不熱血奔湧、歡欣鼓舞？怎能不嚮往革命和革命文學？那時侯，誰要是不這麼追求，不這麼嚮往，是會被視為落伍者而遭到恥笑的。像關露這樣一個單純得不能再單純、熱情得不能再熱情、認真得不能再認真、幾乎把幻想當作理想來營求的青春女子，怎麼會甘心落後呢？她把參加革命、入黨、加入左聯，真是看得比自己的生命還重要。下面，就讓我們來看關露的左聯經歷。

那年頭，想加入中國左聯並不容易。常委陽翰笙後來回憶說：「那個時侯，參加了左聯等左翼文化團體，無異於參加了黨。……組織紀律性很強。」而茅盾先生當時就批評說：「中國左聯自始就有一個毛病，即把左聯作為政黨似的辦。」今天的學者林賢治則說：「共產黨方面的某些領導人（中共黨內，當時是王明左傾機會主義當道——筆者）出於政治的需要，或是職業的習慣，幾乎一開始就像對待完整的政治組織那樣對待左聯，極力把它變成秘密組織，要求作家參加飛行集會等活動，忽視了它作為文學團體的特殊性質。於是，左聯也就有了『第二黨』之稱。」難怪當時已經是中共正式黨員的關露，聽說自己寫的詩《悲劇之夜》被張天翼拿到左聯去了，便驚喜不置，有點傻乎乎地問鍾潛九：「加入左聯要什麼條件？不知我能行嗎？」過後張天翼親自回答她說：「只要有抗日反帝的思想，能寫東西就行。」於是由他和彭慧做介紹人，吸收關露參加了左聯。

關露這首作於「一二八」淞滬抗戰之後的〈悲劇之夜〉，不但是她加入左聯的真正介紹人，也是她加入中共的引路人。有人考證這首詩的寫作過程是這樣的：一九三二年一月二十八日夜晚，關露正跟一群青年朋友在上海青年會大廈參加一個晚會，忽聽遠處傳來大炮的轟響，大家連忙跑到樓頂看個究竟，只見閘北方向已是一片火海，映紅了半邊天。原來是日本侵略軍悍然發動進攻，遭到十九路軍的英勇抵抗。這就是後來成為歷史上重要一頁的「一二八」事件。當天夜裡，詩人氣質特重的關露激動難眠，在隆隆炮聲中提筆寫下了〈悲劇之夜〉。詩中寫道：

夜是這樣的恐怖而寧靜，
在深深的寧靜裡，
從街頭到街尾，
在將要來到的血的腥味中，
滿布著猙獰的士兵。
他們
是從東方來的，
是從小小的一個島國上來的，
是帶著殺人和侵略的野心來的！
這夜裡，
本來是寂靜無聲的夜裡，
突然間
黑暗中掀起了大聲的馳擊，
大聲的狂呼，
強烈的呻吟。
於是
靜默的黃浦江掀起了洶湧的潮浪……
於是

中華民族的十九路軍掀起了怒憤。
這些士兵，
他們是從農村裡來的，
是從工房、從失業以後來的，
他們不願意把自己所耕耘和建築過的都市與鄉村讓給敵人，
不願意喪失自己的土地和自由，
不願作敵人的奴隸！
是這樣一個夜晚，
……一二八悲劇之夜的夜晚，
一個激起民族戰爭的夜晚……

寫這首詩的時侯，關露擔任著上海婦女抗日反帝大同盟宣傳部的副部長，受到法南區中共黨支部負責人張佩蘭的關懷和培養，不久便被發展成共產黨員，時間是一九三二年春天。這年秋天，關露的組織關係正式轉入左聯，具體工作是在詩歌組。當時左聯的組織體制是一個黨團、兩個委員會。丁玲時任黨團書記。兩個委員會，一個是理論委員會，負責人是胡風；一個是創作委員會，負責人由丁玲兼任。關露所在的詩歌組就隸屬於創作委員會。

詩歌組幹的最大也最成功的一件事就是創建了中國詩歌會及其機關刊物《新詩歌》。關露雖然沒有參與籌建工作，但很快就成為其中的骨幹人物之一。關於這一點，柳倩先生有詳細的回憶文字：

我與她（關露）相識，是在三〇年代的左聯時期。

……一九三二年秋天，我由艾蕪同志的介紹，參加籌組中國詩歌會，並於九月間與任鈞、楊騷、穆木天等參加了詩歌會成立大會（會址在上海福州路山東路轉角處的麥家圈教堂裡——筆者）。記得有一天我去看望許幸之，……得知關露也住在同一幢舊式樓房裡，瞭解到關露也寫新詩，於是我去見到了她。大概由於都是左聯盟員，所以又志趣相同的緣故，我同她還談得來。她當時是個不大與人交往的二十多歲的女性，從年齡上她比我大幾歲，所以我就尊稱她為「關大姐」。初次見面她給我的印象是：容貌端莊漂亮，苗條的身材，恬靜、文雅的樣兒。她有時穿一套上海流行的套裙，有時則穿一套西服。無論是從她的外表或是她的內心，在我的印象是，她是一個追求美、創造美、才華出眾的女性。

從那以後，也許是由於愛好相同的原因，我們之間常有往來，常在一起談詩論詩。……一九三三年，我介紹她加入中國詩歌會後，她更加勤奮創作，積極參加左翼文藝活動，她也曾和我一起從事過《新詩歌》雜誌社的編輯工作。

左聯盟員之所以要成立中國詩歌會，起因在於當時的詩壇上，徐志摩們的「新月派」和戴望舒們的「現代派」影響很大，他們所宣導的「為藝術而藝術」、「象徵主義詩歌」的創作思想和風格，為左聯盟員們所不能接受。他們認為只有寫出「現實主義的大眾詩歌」才是唯一正確的創作道路，為了宣揚自己的這種觀點，「反擊那些資產階級詩歌流派和他們的創作思想」，有必要成立一個中國詩歌會，作為陣地，有必要創辦一個機關刊物《新詩歌》。中國詩歌會在其公開散發的〈緣起〉中寫道：

在半殖民地的中國，一切都沐在疾風狂雨裡，許許多多的詩歌題材，正賴我們去攝取、去表現。但是中國的詩壇還是這樣的沉寂：一般人在鬧著洋化；一般人又還只是沉醉在風花雪月裡。……把詩歌寫得與大眾相距十萬八千里，是不能適應這偉大的時代的！

中國詩歌會的機關刊物《新詩歌》的發刊詞是一首詩，更生動深刻地唱出自己的創作思想。它出自穆木天之手，全詩如下：

我們要唱新的詩歌，
歌頌這新的世紀。
朋友們！偉大的新世紀，
現在已經開始。

我們不憑弔歷史的殘骸，
因為那已成為過去。
我們要捉住現實，
歌唱新世紀的意識。

「一二八」的血未乾，
熱河的炮火已經燭天，
黃埔江上停著帝國主義軍艦，
吳淞口外花旗、太陽旗日在飄翻。

千金寨的數萬礦工被活埋，
但是抗日義勇軍不顧壓迫。
工人農人是越發的受剝削，
但是他們反帝熱情也越發高漲。

壓迫、剝削、帝國主義的屠殺，
反帝、抗日、那一切民眾高漲的情緒。
我們要歌唱這種矛盾和它的意義，
從這種矛盾中去創造偉大的世紀。

我們要用俗言俚語，
把這種矛盾寫成民間小調鼓詞兒歌。
我們要使我們的詩歌成為大眾歌調，
我們自己也成為大眾中一個。

我們唱新的詩歌吧，
唱頌這偉大的世紀。
朋友們！我們一齊舞蹈歌唱吧！
這偉大的世紀的開始。

為了貫徹執行中國詩歌會的宗旨，關露是堅定不移、全力以赴的。有人宣揚說：「我絕對不能跟人家一樣，以詩來寫革命理想，來煽動罷工流血，我的詩是個人靈感的記錄表，是個人陶醉後引吭的高歌。」關露聞之即予以反擊。又有人說：「藝術就是藝術，文學就是文學，創作就是創作，什麼主義都可包括在內，而並不需要為一個主義所限。」關露聞之也予以反擊。還有人說：「『五四』運動以來的新詩運動到了現在已經到了絕路。……『五四』運動帶來的新詩運動完成了徹底使命，再沒有前進的出路了」，「須得『另起爐灶』才行」。關露聞之更要予以反擊。她的反擊，不僅用自己那一篇篇發表的泉湧似的新詩作品，而且還拿起了理論批判的武器。在她這一時期所寫的大量詩歌評論文章中，發表在《新詩歌》第二卷第四期上的〈用什麼方法去寫詩〉，是代表作之一。她寫道：詩歌創作的任務是「推動歷史的發展和人類生活的前進」，詩歌的社會功能「是一種強有力的戰鬥武器。」她批判資產階級個人寫實主義，批判個人的抒情和浪漫主義，提倡社會主義的現實主義和革命的浪漫主義。她主張詩歌應以大眾為對象，反對將詩歌變成抒寫個人風情的消遣品，去「從過著鬥爭生活的大眾和向前發展著的社會動向中」尋找創作題材。

左聯期間，關露在創作上還有一大貢獻，這就是雜文的寫作。可以肯定的說，她的雜文創作是受了魯迅的影響的。魯迅先生的新雜文震鑠一世，當時在國內外就享有很高的聲譽。在成為左聯盟員之前，關露就對魯迅崇拜有加，當自己成為以魯迅為旗幟的左聯一分子之後，更將魯迅視為尊師和楷模。

關露雜文有一個明顯的特點，就是基本上緊緊圍繞婦女問題做文章。這可能與她是一個女作家有關，也可能與她的經歷有關（她怎能忘掉母親、外婆、二姨媽那樣的女人們），也可能與她這幾年在上海婦女抗日反帝大同盟工作有關，總之，她是非常關心中國婦女問題。

關露在〈罵人和戀愛〉中一針見血地指出婦女在封建社會的全部不幸，都在其所處的從屬地位：

在封建制度中，女性底一切都是處於附屬的地位，對於男女底關係，女性也是絕對附屬的、被動的。封建制度封鎖了女性的一切自由，即使是天然生理的性生活，女性也不得自由。男人可以自由尋找老婆，女人如果自動地去找了男人，這便要被認為「奇恥大辱」、「傷風敗俗」的事體。男人一生可以結幾次婚，接近幾個女人，女人是要從一而終，是要有貞操的美德，假如一個女人和兩個以上的男人發生了關係，這是恥辱，是失了身份，是損失。總之一個女人除開了由父母之命所指定的那一次的結婚以外，對於男女關係是應該退避三舍，應該抱絕對消極的態度。否則便是淫蕩的女人。

那麼，處在這種境地的中國婦女應該怎麼辦？關露在〈詩歌與婦女〉一文中明確提出說：「現在的婦女運動還應該是繼續『五四』、『五卅』以後的反封建和反帝的精神，因為現在的婦女並未得到解放。中華民族的危機跟著帝國主義對殖民地的加深侵略也一天天地深刻化，婦女是要站在救亡的戰線上圖自己的解放。」在上海「一二八」抗戰中，有不少女學生、女工、家庭婦女、甚至女傭人，都在戰火中勇敢地走上前線，慰勞傷病員，進醫院做護士，向民眾宣傳抗日。關露為此興奮異常，她在〈一二八時候的婦女〉中及時地指出說：日本侵略軍「從熱河起，一直到東北四省，整個華北，乃至於全中國的國土，全中華民族的人民，他們都用最橫暴的手段，節節進攻，逼得我們已經立刻有變成一個亡國的國家、亡國奴的民族的危險。在目前這樣的民族危機時刻，」「婦女們是和一切愛國群眾們站在一條戰線上努力於民族解放的運動。」

關露就是這樣以自己的新詩、文學評論和雜文，證明自己是左聯盟員中非常合格的一個，證明自己是中國二十世紀三〇年代為數不多的幾個著名女作家之一。

不過，關露的左聯經歷的全部價值還不僅僅在文學創作，以筆者之見，她那種無私無畏的奉獻精神和犧牲精神，更值得推崇和緬懷。這裡，只想就她先後在丁玲和周揚領導下的工作情況談一談。

丁玲其實只比關露大三歲，不過她在文壇出道早，二十四歲發表的《莎菲女士的日記》，就一舉成名天下聞。當時就讀於南京中央大學的關露，就曾為買到一本《在黑暗中》（丁玲的第一本小說集，葉聖陶先生主編，開明書店一九二八年十月出版——筆者）而大費周章，那時她做夢都想不到，四年後自己會與心儀已久的丁大作家同事於上海。

丁玲是一九三二年下半年來左聯接替錢杏村擔任黨團書記的。關露加入左聯後參加的第一次小組會，可巧丁玲就來出席，這是她們的第一次見面。當代作家丁言昭對此有一段記述：

左聯成員每一、二個星期，都要參加一次小組會。小組是依據成員不同的居住地區來劃分的，如滬中區小組、北四川路小組、法南區小組等等。由於左聯沒有辦公地點和固定活動場所，大家只好利用公園、飯館或其它公共場所開會，有時也在某一成員的住所裡開。會議的內容不固定，除傳達一些文件或通知外，還討論政治形勢、文藝問題、創作問題等。丁玲有時也出席關露所在的那個小組的會。一天，丁玲出席了他們小組的會，雖然初次見面，但關露覺得她那一雙炯炯有神的大眼睛，尤其是那不時流露出來的為著信仰而工作的興奮的神色，似乎早已熟悉，甚至連丁玲那一口流利清晰而又輕柔的普通話，彷彿也早已聽熟。關露感到她的精神強健，態度親切，就跟她的〈在黑暗中〉所寫的一樣。這天，丁玲講了話，她說：「要從事魯迅所說的普羅文學」，「寫作要通俗化，大眾化，口語化，要能使工人看懂。」「革命文學要為工人階級服務。」關露仔細地聽著，在心裡激起了強烈的共鳴。後來，她們倆時常在一起開會，成了很知心的朋友。關露對於她與丁玲的第一次見面深深印在腦海裡，多少年來也沒有忘記，後來特地寫了一篇〈女作家印象記——女戰士丁玲〉。

關露在丁玲兼任負責人的創作委員會詩歌組工作以後，兩人的接觸就更多了，經常一起去參加左聯組織的各類政治活動，比如每逢什麼革命紀念日或國恥紀念日，左聯的領導也好，普通盟員也好，都要出動去散發傳單、張貼標語。丁玲就常常領著關露等人一起幹。關露總是穿戴著非常時髦的衣服，扮作一位闊太太，站在路口擔任望風的角色。假如不是丁玲很快就出了事，她們的友誼也許會發展得更深厚。丁玲被國民黨密探綁架失蹤，這事來得太突然。時間是一九三三年五月十四日。發生地就在昆山路七號五樓第二號房丁玲家裡，這裡也是黨的一個秘密聯絡點。前幾天，關露還對丁玲說過要見面談幾件事兒，不料轉眼卻連面也見不上了，還是過後從報上才得了準信：丁玲被捕了！至於事變的詳細經過，她是後來讀了丁玲的回憶文章〈魍魎世界〉才知道的。這事對她刺激很大。她記得丁玲記述道：

一九三三年五月十三日晚上，馮達（丁玲當時的同居者——筆者）九點鐘才回家。他對我說：他曾去看《真話報》的兩個通訊員（沒有告訴我他們的名字），在他們住室的窗下叫了兩聲。那兩個人住的亭子間，窗戶臨弄堂。只聽到屋裡腳步聲很雜，而且燈光搖晃。他感到與平時不一樣，懷疑出了問題，便拔步急走。走到大馬路上，也不敢回頭，趕忙跳上一部電車，半途又換了幾次車。他估計即使有尾巴，也可能被甩掉了，這才往回走。可是到家門口後，他剛把鑰匙插進鎖孔，回頭望望，看見馬路對面影影綽綽有一個人。他來不及走避，只好進門回家。因此他懷疑我們這間屋子也可能會出問題，應該小心。第二天是五月十四日……這天上午，我要去參加正風文學院一個文藝小組開會。我們約定十二點鐘以前都一定回家。到時候如果有一個人未回，另一個人就要立刻離開家，並且設法通知組織和有關同志。八點多鐘，我們分手了。我去正風文學院前，特意繞道去穆木天、彭慧家，告訴他們昨夜新發生的情況，並說如果我下午不再來，就可能是真的出了問題，讓他們有所準備。從正風文學院出來，我回到家裡是上午十一點半，果然馮達未回。我認為這不平常，因為他說只是去兩個記者那裡看看的，應該比我回來得早。我稍微等了一下，就去清理東西，如果十二點鐘馮達還不回來，我就走。正在這時，潘梓年同志來了，我把情況告訴了他。他這個人向來是從從容容、不慌不忙的，他拿起桌上的一份《社會新聞》，坐在對著門放置的一個長沙發上；我坐在床頭，急於要按規定及時離開，但看見潘梓年那樣穩定、沉著，我有點不好意思再催。不一會，突然聽到樓梯上響著雜亂的步履聲，我立刻意識到：不好了。門砰的一聲被推開了，三個陌生人同時擠了進來。我明白了，潘梓年也明白了。我們都靜靜地不說話。來人當中為首的一個高個子，馬上站在我的書桌前，我的書桌是臨窗的。一個人守在門邊，一個人就翻查書架。後來我知道，為首的那個特務叫馬紹武，是一個大叛徒。……這時，馬紹武做了一個手勢，屋子裡的人動起來了。他們推著我和潘梓年，我順手把剛才清理的衣服拿了兩件，還拿了一件夾大衣，如果睡在水門汀地上還是用得著的。就這樣，前拉後擁把我們推下樓來，帶出了門。……他們把我們推進停在路邊的一輛汽車裡，我和潘梓年坐後邊，一邊一個特務。前邊坐的馮達和另一個特務。大馬路上人來車往，熙熙攘攘，可是有誰知道我們被押在國民黨特務的一輛汽車裡，朝著什麼地方，什麼境界馳去呢？我用臂膀碰碰潘梓年的臂膀，我自己也不清楚我想表示的是什麼？是恨，恨馮達！是愛，愛潘梓年！現在世界上只有潘梓年同志是我唯一的親人，唯一同命運的人了。一群匪徒，一群無恥的窮凶極惡的魔鬼，緊緊地圍著我，用猙獰的眼光盯著我。

丁玲失蹤後，關露萬分痛心，深為她崇敬的人的命運擔憂。關露不由得想：前不久她才痛失心愛的丈夫胡也頻，如今國民黨反動政權那帶血的屠刀又對準了她，她太不幸了！我能去代替她多好。但她又堅信，丁玲同志是會經得起這一嚴峻考驗的，在白色恐怖面前是不會屈服的。關露還告誡自己說：要向丁玲同志學習，把左聯工作幹得更好更好。

丁玲和潘梓年剛被特務押走，趕來搞聯絡工作的另一位左聯盟員應修人毫不知情地一頭闖入，與守候在那裡的特務撞個正著。人高馬大、性情剛烈的應修人急起反抗，與三個特務劇烈搏鬥起來，畢竟寡不敵眾，最後從五樓窗口飛身躍下，壯烈犧牲。這位曾與潘訓、馮雪峰、汪靜之齊名的「湖畔詩人」，就這樣血灑上海灘。一時間，牢獄和鮮血所造成的白色恐怖，使不少的怯懦者望而卻步、聞風喪膽，但也讓更多的革命者奮起抗爭，前撲後繼。就是在這種時侯，周揚繼丁玲之後走上左聯黨團書記的崗位，而關露則不計生命危險、不顧一個著名女詩人的毀譽，甘願充當左聯新領導班子的「地下交通員」。丁言昭女士這樣記載說：「後來，白色恐怖越來越嚴重，周揚不便在白天出來活動，只能經常在夜晚出來聯繫工作，就在這時侯，關露開始兼跑『交通』。一九三四年的一天，周揚派關露去找葉紫談關於入黨的事。關露在南市一條破舊嘈雜的弄堂裡找到了葉紫的家。葉紫和妻子、小孩、母親擠在狹小的房間裡，光線暗淡，連一張桌子也沒有。……周揚要找徐懋庸傳達指示或商量工作，需要見面時，就是由關露去的。反之，徐找周，也是關露去聯繫的。他倆見面的時間、地點，都由關露聯繫決定。任白戈負責左聯工作時，關露是任白戈的『交通』。一九三五年春，田漢、陽翰笙、林伯修等一批「文總」領導人被捕，任白戈也有危險，一九三五年夏，任白戈去日本，徐懋庸負責左聯工作，關露又作徐的『交通』，直至一九三六年左聯解散。」

眾所周知，在丁玲和周揚之間，是有著許多不合諧的地方。但作為一心為左聯工作的關露看來，丁也好，周也好，既然你們都處於左聯的領導崗位，那麼她的服務便是一視同仁的，同樣的忠誠可靠，同樣的全力以赴，同樣的甘冒犧牲生命的代價。這是多麼的難能可貴啊！

最後，還得回到中國詩歌會。那時侯，關露不管再忙，兼任的各種事情再多，也沒有忘記自己是一個革命女作家、女詩人，也沒有忘記作為《新詩歌》的編輯的重大責任。《新詩歌》編輯部沒有固定的辦公地點，要開組稿會了，要傳達左聯的什麼指示了，要商量辦什麼事了，就上哪一個編輯的家裡去，這次是你家，下次是他家，滿世界地奔波。關露沒有誤過一次編輯部的會議。組稿更累，組織左聯盟員們的稿件還算容易些，要去向左聯盟員們推薦的熟人朋友們組稿，那可就得大費力氣。另外，大家都還得為編輯部的經費操心，關露也不例外，自己腰包是常有的事情。這些累人的事全除外，關露還時常要親自動筆為刊物寫稿，前文書中提到過的〈哥哥〉、〈馬達響了〉、〈機聲〉等，都是發表在《新詩歌》上的作品。《新詩歌》在中國詩歌會同仁們的努力下，越辦越好，發行範圍擴展到廣州、北平、南京、重慶、汕頭、廈門、福州、濟南、九江、漢口、開封、貴陽、洛陽、徐州、鄭州等全國十多個大城市，擁有眾多的讀者。而中國詩歌會也由此名聲大振，成為在許多省市建有分會的全國性文學團體。這其中自然有關露的一份功勞。

就在關露為左聯領導人做義務「交通員」的同時，她還創作了大量的詩文，筆者願意將其中的一首重要詩作摘錄於下，作為本節的結尾。這首詩的題目是：〈沒有星光的夜〉：

沒有星光的夜，
麥田裡掃著風雪；
記得
和你離別的那一夜，
你出去了又回來，
回來了又出去的那一夜。
……

那最後的一夜起
到現在已經三年。
沒有聽著你的消息，
沒有接著你的音訊。
大女兒作了童養媳，
小女兒病險。
屋上飄著風雪，
沒有柴燒，
沒有乾麵。
……

聽說：
你一戰陣亡，
你的屍首還沒有埋葬，
你的身體和那些死了的同伴們，
一塊兒堆成了山崗。

聽說：
當你受了重傷，
掙扎著呼吸的時侯，
你念著你的妻子，
念著你的家鄉，
你念著
那給你遮蔽風雨的破房。
什麼升官和得餉，
都是替別人肉搏，
替別人死亡。

聽說：

當你還沒有氣絕的時候，
你的身體已餵了野狗，
入了土坑。

聽說：
有人看見你死，
但是不知道你是為誰而死，
也不知道這樣死去了的是誰。

聽說：
有成千上萬的
像你這樣死去了的，
天天有這麼多，
年年有這麼多；
每逢打起仗來都有這麼多。
死了的只這一次，
活著的等下一次。
人比槍多，
人比槍賤。

也許你是死了，
在成千成萬的死者當中
你死了，
在屍橫遍野的廣場上
你死了，
作為奴地，
你死了！

第七章　通往神秘之門

第三把手

一九三〇年後半年，潘漢年已經擔任中共江蘇省委宣傳部長之職，如果他幹得好，遲早會成為中共中央負責宣傳輿論工作的最高層領導人物之一，即便在官場不怎麼走運，也會成為中國文壇上一位重要的文藝理論權威，外加作家、詩人、雜文家等顯赫頭銜，總之，他會獲得一份人世間公開的榮耀與輝煌。

然而，世事多變，人命難料。潘漢年也沒有想到，自己的生命之舟就在這時侯卻偏離原來航線，轉眼間潛入一片世人罕見的神秘水域，他被調去擔任重建後的中共特工組織——中共中央特科的第三把手，位居陳雲、康生之後。

說到中共中央特科的創建歷史，不能不提血腥的上海「四一二」反共政變和武漢「七一五」反共政變。

國共第一次合作的一九二七年，隨著北伐革命軍的節節勝利和全國工農群眾運動的蓬勃發展，上海工人在周恩來等人的領導下舉行第三次武裝起義成功，佔領了大上海。這當即引起國內外反動勢力的極度仇視和恐慌。新軍閥頭子蔣介石親來上海坐鎮，與李宗仁、白崇禧、古應芬、吳稚暉、張靜江等人密謀策劃，並不惜與明爭暗鬥的政敵汪精衛握手言和，達成反共協定。四月八日，以白崇禧為司令的上海戒嚴司令部成立。四月十一日，蔣介石發出「清黨」指令。同日，黑社會頭子杜月笙根據蔣介石的指令，以宴請為名誘騙上海市總工會委員長汪壽華等人上勾加以殺害。四月十二日，上海三大流氓頭子黃金榮、杜月笙、張嘯林在蔣介石唆使下，雇傭大批流氓冒充工人從租界出動，襲擊工人武裝糾察隊。國民黨第二十六軍周鳳岐部隨即藉口「工人內訌」，以欺騙和武力手段解除了工人糾察隊的武裝，當場打死工人糾察隊員三百多人。四月十三日，上海二十多萬工人舉行總罷工，六萬多人參加遊行示威。當遊行隊伍行至閘北寶山路三德里時，突然槍聲大作，子彈象雨點般朝著人們傾瀉過來，手無寸鐵的群眾被打死一百多人，傷者無數。天下著大雨，雨水把死傷者的鮮血彙集成小溪，彙集成一條滿街流淌的血河。蔣介石下達緊急命令，讓軍隊立即對寶山路實行戒嚴，然後用蓋著氈布的軍用卡車把死難者的屍體運往郊外秘密掩埋。接著，蔣介石又開始大肆捕殺共產黨人和革命群眾，三天殺死三百多人，監禁五百多人，另有五千多人失蹤而下落不明。著名的共產黨人趙世炎、陳延年等早期領導者均先後犧牲。四月十六日，在江蘇、浙江和江西實行「清黨」。四月十七日，在廣西和四川實行「清黨」。四月十八日，蔣介石在南京建立了代表帝國主義、封建主義和買辦資產階級的反動政權——南京國民政府，同時發佈「徹底清黨」的第一號命令，提出首批被通緝的共產黨人和國民黨左派人物共一百九十七名，其中包括共產國際駐中國代表鮑羅廷，中共中央總書記陳獨秀，主持中央農民運動講習所的毛澤東，還有領導了上海工人三次武裝起義的「大魚」周恩來等。這就是標誌著蔣介石徹底背叛革命的「四一二」反共政變。

再來看發生在武漢的由汪精衛製造的「七一五」反共政變。在國民黨內，蔣汪兩大政治集團雖然爭鬥激烈，但在反共這一點上絕無分歧。蔣介石發動「四一二」反革命政變後，武漢國民政府的政治經濟危機日益加深，反動軍官相繼背叛革命。先是五月十三日，獨立第十四師師長夏斗寅，在蔣介石的策動下，勾結四川軍閥楊森和劉佐龍部，乘武漢部隊大部開往河南北伐之機，在鄂南發動叛變。同一天，夏斗寅發出進兵武漢的反共通電，並進兵沙市、嘉魚、咸寧、汀泗橋一帶，一直進逼到武昌城外，武漢為之震動。五月十九日，共產黨人葉挺率領衛戍武漢的革命部隊、工人糾察隊和農民運動講習所的學生軍，一舉擊退叛軍，才使武漢國民政府轉危為安。夏斗寅殘部退居鄂南。

同是在五月，湖南反動軍官、駐長沙第三十五軍第三十三團團長許克祥，在軍長何健的指使下，於二十一日發動反革命叛亂，與夏斗寅遙相呼應。當晚，叛軍襲擊了湖南省總工會和農民協會，搗毀了國民黨左派控制的湖南省黨部和長沙市黨部，解除了工人糾察隊和農民自衛軍的武裝，釋放了全部在押的土豪劣紳，捕殺共產黨人和革命群眾一百多人，奪取了湖南省的黨政大權，宣佈脫離武漢國民政府，服從蔣介石的南京國民政府，並下令在湖南全省進行反革命大屠殺。這就是臭名昭著的馬日事變（因為這一天的電報代日韻目是「馬」字，故稱——筆者）。

接著，江西發生名為遣送而實為驅逐共產黨人出境的事件。五月二十九日，江西省長朱培德將國民革命軍第三軍中的全部政治工作人員一百四十二人「遣送出境」；六月五日，又將國民黨江西省黨部和南昌市黨部中的共產黨員方志敏等二十二人「遣送出境」；同時勒令江西省總工會和農民協會停止活動，交出武器；六月六日，朱培德發出佈告，禁止全省農工運動，明令全省共產黨人限期出境。

隨後而來的，是馮玉祥的「清黨」活動。六月，蔣介石拉攏馮玉祥，雙方在徐州舉行會談。會後，馮玉祥即致電武漢國民政府，要求驅逐共產黨人和蘇聯顧問，取締工農運動，實行與蔣介石合流的「寧漢合作」，又於七月七日在洛陽宣佈實行「清黨」，規定不經過軍師長許可，一律禁止開會；對於共產黨人，要注明其何時加入國民黨、何人作保，願意走的發給川資，想留下的必須公開聲明脫離共產黨。至於各級政治人員則一律開除。九日，第二集團軍政治工作人員全部被馮玉祥解除職務。

以上這一系列反革命活動，既是汪精衛策劃或唆使的，也是他最後發動「七一五」反共政變的一個預演。汪精衛一九二五年在廣州登上國民政府主席的寶座後，一直以繼承了孫中山衣缽的國民黨「左派領袖」自居，在國共第一次合作的前期，處處顯示積極、寬容和理解的姿態，不但博得很多共產黨人的好感，而且將大批的國民黨左派人士緊緊團結在自己周圍，成為足可與蔣介石抗衡的國民黨頂尖人物。就在蔣介石發動「四一二」政變前夕，汪精衛從國外回到上海，出於對蔣介石獨霸軍政大權的擔心，他沒有同意蔣介石的「分共」計畫，而是匆匆離開上海來到武漢三鎮，把武漢國民黨和國民政府的領導權先抓起來，以為日後與蔣介石爭奪天下的資本。汪精衛的這一層意思，可惜共產黨人沒能洞察，反而繼續對他寄以厚望。中共總書記陳獨秀會見汪精衛，兩人還發表了「堅持兩黨合作方針」的聯合宣言，對汪精衛集團的反共本質和韜晦之計完全喪失了警惕性。

一九二七年七月十四日，汪精衛召開絕密會議，以中國國民黨中央政治委員會主席團的名義，決定了「分共」和大屠殺的血腥計畫。七月十五日上午，汪精衛又召開國民黨中央常務委員會擴大會議，通過了《統一本黨政策案》，規定：

在國民黨各級黨部、各級政府及國民革命軍任職的共產黨員，必須聲明脫離中國共產黨，否則一律停止職務；不准共產黨以國民黨名義作共產黨工作；不准國民黨員加入其他黨，違者以叛黨論。接著兇相畢露地提出「制裁共產黨人」的原則是，「寧可枉殺千人，不可使一人漏網」。可歎到了這般時候，共產黨人還蒙在鼓裡，於是只有再次面臨大清洗、大逮捕和大屠殺的災難。蔣、汪合流後的中國大地更加陰森恐怖暗無天日。有人統計：從一九二七年四月到一九二八年六月，被殺害的共產黨員和革命群眾是三十一萬至三十四萬人；被監禁的是四千六百多人；全國的工會組織由七百三十四個減少到八十一個；全國的共產黨員人數減少到一萬人。周恩來悲憤地說：「中國的白色恐怖，可以說是全世界歷史上所絕無而僅有的殘酷。」

風雲突變。國共合作徹底破裂。一時轟轟烈烈的大革命跌入低潮。中國共產黨面臨生死存亡的考驗。

一九二七年八月七日，中共中央在漢口三教街四十一號召開緊急會議，這就是後來非常著名的「八七」會議。會議由瞿秋白主持，根據共產國際七月決議的精神，總結了大革命失敗的經驗教訓，批判和糾正了陳獨秀右傾投降主義的錯誤，確定了實行土地革命的方針，並第一次提出了武裝反抗國民黨反動派的總方針，決定把發動農民舉行秋收起義作為當前最主要的任務。會議通過了《中共「八七」會議告全黨黨員書》和《最近農民鬥爭決議案》、《黨的組織問題決議案》等。會議最後選舉了臨時中央政治局，由九人組成，他們是：瞿秋白、李維漢、蘇兆徵、任弼時、羅亦農、顧順章、向忠發、彭湃、王荷。候補委員七人，他們是：鄧中夏、張太雷、彭公達、毛澤東、周恩來、李立三、張國燾。

會後，臨時中央政治局委員和候補委員的大多數人，立即奔赴各個鬥爭前哨：彭湃、周恩來、李立三、張國燾回南昌起義軍中；向忠發出走長沙；王荷被派往北方局任書記；鄧中夏被派往上海任江蘇省委書記；張太雷被派往廣州任廣東省委書記；彭公達被派往湖南任省委書記；毛澤東則率領秋收起義部隊向井崗山挺進。留守武漢的六個人瞿秋白、李維漢、蘇兆徵、任弼時、顧順章、羅亦農，於九月十九日開會決定：若兩湖暴動沒有多大進展時，就將黨中央遷往上海；一旦南昌起義部隊在廣東站住腳，再進一步遷往廣州。

一九二七年秋天，中共中央機關秘密遷駐上海。為了確保自身的安全，決定立即創建一個秘密保衛組織。十月二十三日，黨中央寫信給南方局並廣東省委說：「請你們通知恩來務於（十一月）七日以前趕到上海，以便出席」9日召開的中共中央臨時政治局擴大會議。

周恩來作為中共中央軍委書記，早在這年七月下旬就被派往南昌，擔任南昌起義前敵委員會書記，指揮領導南昌武裝起義，向國民黨反動派打響了第一槍。起義軍失利後，離開南昌南下廣東，一路浴血奮戰。汕頭再次失利，周恩來率前敵機關撤退到普寧縣流沙一帶。在這裡，他不幸患上惡性瘧疾，發高燒到四十度，連粥都喝不下去。但依然堅持工作，準備率部前往海陸豐一帶再圖發展。可是不久，部隊即被沖散，他身邊只留下葉挺和聶榮臻幾個人和一把小手槍。多虧地方黨派人營救，用船將他和大家送往香港，並給他治好了病。病好不久的周恩來即接到上述開會通知。

在十一月九日召開的中共中央臨時政治局擴大會議上，周恩來被增補為中央政治局常委。黨中央的組織機構也作了重大調整，不再設部，集權於中央常委會。只在中央常委會下設一個組織局，統管組織、宣傳、軍事、交通、文書、出版、分配等科。組織局由羅亦農、周恩來和李維漢三人組成，羅亦農任主任。不過會後不久，羅亦農就被派往武漢作中央巡視員，組織局由周恩來任代理主任，所以從這時開始，周恩來實際上就擔負起處理中共中央日常事務的責任了。他著手進行的第一件事，就是組建中共中央特科。

對於搞白區工作，周恩來有著豐富的鬥爭經驗，初任中共中央軍委書記時，就在武漢創建了黨的政治保衛部門，即軍委直屬的特務工作科。當時的科長是顧順章，下設四個股：特務股、情報股、保衛股和專門打擊土匪的土匪股。在武漢發生「七一五」反共政變的前前後後，這個特務科都發揮了極為重要的作用，比如及時掌握了汪精衛集團策劃反革命政變的不少陰謀，幫助疏散已經暴露的黨員幹部，保衛黨中央機關和黨的領導幹部的安全，以及在這次中央機關向上海大轉移中負責護送工作人員、物資和武器等等，確實功勞不小。現在，周恩來就在這個特務工作科的基礎上，再吸收上海地下黨的一些優秀黨員，於一九二七年年底正式成立了中共中央特科。中央特科直屬於中央特別委員會領導，由周恩來親自坐鎮指揮，其主要任務是：收集情報、懲辦叛徒、營救同志、打擊敵人、保衛中央機關的安全。

中央特科的組織機構是，共分四個科：第一科總務科，負責總務事項；第二科情報科，負責情報工作；第三科行動科，主要負責中央機關的保衛工作；第四科交通科，承擔上海以及全國各地的秘密交通任務。周恩來不但花大力氣努力完善中央特科的組織體系，而且在提高特科人員政治素質和業務能力方面傾注了更多的心血，他和惲代英等領導同志親自舉辦特科訓練班，給學員作政治報告，講解對敵鬥爭的方針、政策、策略和紀律，聘請最好的專家授課，嚴格訓練學員掌握過硬的秘密工作技術，什麼化妝術，偵察反偵察，密碼破譯，密寫技術，擒拿格鬥開鐐脫逃，以及各種武器的使用等等。

中央特科創建伊始，就卓有成效地打開了局面，重要行動有：制定武裝營救羅亦農的計畫；懲辦叛徒賀家興夫婦；擊斃大叛徒白鑫；武裝營救澎湃同志；處決叛徒黃第洪；尤其第二科情報科的工作成績更為突出。

第一任情報科長不是別人，正是名聲顯赫的陳賡大將，不過他當時只有二十多歲，化名王賡，在周恩來的直接領導下開展工作。最可稱道的成績是：選派錢壯飛打入南京中統高層機構，擔任大特務頭子徐恩曾的機要秘書，從而掌握了國民黨全國最高特務機關的許多核心機密；選派胡底先後打入國民黨的秘密情報機關「民智通訊社」、「長江通訊社」、「長城通訊社」，成功獲取了大量機密情報；選派的李克農，則掌握著國民黨在上海的所有情報機關。另外，在敵人內部建立我黨的反間諜關係方面也大有作為，比如楊登瀛，他是國民黨巨頭陳立夫和張道藩的「大紅人」、國民黨中央駐滬特派員，但經過我情報科的有效工作，反而成為我方的重要反間諜關係，他多次為特科提供國民黨特務機關對我黨採取行動的計畫部署，瞭解隱蔽在我黨內部的叛徒和奸細，營救被捕同志，從敵人手中巧妙地取回我黨的機密文件，成為有名的「中共首位非黨特工」。其人其事後文書中還要細說。再比如宋再生，也是中央特科安置在敵人心臟裡的反間諜人員，他的公開身份是國民黨上海警備司令部第四號政治密查員，正是他協助陳賡處決了兩個向敵人告密要抓捕李維漢和李立三的奸細和叛徒。

還值得一提的是，周恩來親自領導中央特科創辦了發出紅色電波的秘密電臺，在對敵鬥爭中發揮了難以估量的作用。

上海是反革命勢力的大本營，在帝國主義勢力充斥的租界裡，捕房林立，巡捕和包探到處遊蕩，統治森嚴；華界裡是國民黨的天下，駐有大批軍隊、憲兵、警察和特務，縱橫交錯的特務網嚴密監視著周圍的一切；上海之外的各蘇區則被國民黨層層圍困，孤立分割得越來越嚴重。這樣，要溝通黨中央與各蘇區必不可少的聯絡，建立一個秘密電臺系統便成為當務之急。這道難題自然又落在周恩來頭上了。

此時的周恩來，還兼任著中共中央組織部長，他早就注意到法南區委所屬法租界黨支部書記張沈川是個精明強幹的人物，便選派他去學習無線電通訊技術，由中央特科第四科科長李強具體負責他的學習和生活。一九二八年十月，中央特科在滬西極司非而路福康里九號租下一幢三層樓房，作為地下無線電臺的台址。李強以業餘無線電愛好者的身份，從上海專門經銷美國RAC無線電器材的蘇氏兄弟公司買回所需一應零件和參考書刊，系統自學了美國大學的無線電專業課程之後，終於成功安裝起一架發報機。此時，張沈川也學成歸來，於是正式建立起中共第一座地下無線電臺，李強任台長，張沈川負峽報務。為了便於掩護，又派女黨員蒲秋潮跟張沈川假扮夫妻。後來又調入黃尚英，成了一個四人戰鬥集體。在周恩來親自過問下，經過一年多的努力，又試製成功我黨第一台收發報機，培養了一批報務員，而第一本密碼，也是由周恩來自己碼製成功的。這樣，中共中央很快就與南方局、北方局、中央蘇區和共產國際之間建立起無線電通訊聯繫，對各項工作都起到了非常重要的作用。

至此，中央特科在短短三年多的時間裡，功勞卓著，威震敵膽，飲譽黨內外。假如不是很快發生了顧順章叛變投敵的嚴重事件，它一定會繼續創造奇蹟。然而不幸的是，顧順章事件給了中央特科致命的一擊。

顧順章是周恩來的得力助手，上海寶山人，長得個頭不大但十分精幹，少年時進南洋煙草公司當童工，最後當上個小工頭。底層社會的長期磨練和薰染，使他一方面具有相當的革命性，另一方面也沾染著流氓無產者的壞習氣。一九二五年的「五卅」運動中，他領導煙廠工會參加罷工鬥爭，表現十分突出，很快被吸收為中共黨員。因為他從小喜歡武術，有點硬功夫，又愛玩槍，據說能雙手使槍百發百中，在罷工中組織糾察隊打叛徒，打工賊，搞武器樣樣出色，於是被領導者看中，調上海市總工會工作。一九二六年中共中央派他赴莫斯科專門進行特工訓練，同年冬回到上海，即擔任中共中央政治保衛局局長，負責中共中央領導機關的安全保衛工作。一九二七年三月七日，由周恩來提名讓顧順章擔任了上海總工會糾察部部長、兼上海工人武裝糾察隊總指揮，協助周恩來領導組織了上海工人的第三次武裝起義。一九二七年五月，當選為中共「五大」中央委員，會後即出任中共中央軍事委員會委員兼軍事部特務工作處處長。第一次大革命失敗後的中共「八七」會議上，由於片面強調工人出身，中共中央成立中央特別委員會，他又成為三委員之一（另外二人是中共中央總書記向忠發和政治局常委周恩來），主持中央特科工作，負責全黨保衛與情報交通事務。此時的顧順章可謂地位顯要，與向忠發、周恩來、李立三並稱為中共「四大健將」，正是前途未可限量。誰又能想到這樣一個大人物會叛變投敵呢？

關於顧順章的叛變，那可以寫一本非常有趣的書，我們這裡不必細述。我們要說的是，他的叛變確實震驚了整個中共中央機關。素以沉著冷靜著稱的周恩來聞之猶為心驚色變，不禁「低垂雙眼，惘然若失，痛苦萬狀地歎了口氣」，平時絕少抽煙的他，破例地抽起煙來。記得在「四一二」政變時，自己被國民黨二十六軍第二師師長斯烈的部隊扣留在寶山路天主教堂，唯一陪他在身邊的就是這個顧順章，也可稱作是患難之交。此後一手提拔他，重用他，培養他，他也爭氣，一向精明強幹，久經考驗，屢建功勞，怎麼會未經刑訊逼供就徹底叛變了呢？這對周恩來的打擊是太大了。更嚴重的是，這個叛徒手中握有很大的實權，是掌握黨內最高最多核心機密的主要負責人之一，他的叛變就意味著中共中央和中央特科的日常工作面臨癱瘓和瓦解，意味著一整套機構設置、幹部配備、聯絡場所、活動方式等等，都必須立即進行根本性的調整和重新部署，這是多大的難題呀。不幸中的萬幸是，多虧早兩年派入敵方的諜報員錢壯飛預先發出了顧順章叛變的情報，這才未遭毀滅性的打擊。

周恩來痛定思痛，決心重建中共中央特科。一九三一年五月，新的中央特科重組成功。它的任務不變，仍以「保證中共中央領導機關的安全，收集掌握情報，鎮壓叛徒，營救被捕同志，建立秘密電臺」等為主要職責。新的特科領導班子，起用時任中共江蘇省委書記的陳雲為第一把手，時任中共中央組織部長的康生為第二把手，而第三把手則是時任江蘇省委宣傳部長的潘漢年。具體組織情況是，特科總部下設四個科：第一科為內務科，負責財政、交通以及營救和安撫等項工作，科長由陳雲兼任；第二科為情報科，負責情報、偵查、反間諜等工作，科長由潘漢年兼任；第三科為行動科，又稱紅隊，負責鎮壓叛徒和清除內奸，科長由康生兼任；第四科為通訊科，負責電訊聯絡工作，科長仍由李強擔任。

周恩來是怎樣看上潘漢年的？是誰向周恩來推薦了潘漢年的？為什麼要挑選潘漢年？這些問題已無從考定。反正從一九三一年五月起，潘漢年就在江蘇省委宣傳部長的位置上一下消失了，就在上海文化界和中國文壇上一下消失了，跨入一座神秘之門，開始了另一種完全不同的生命途程。

地下與地上

一九三五年八月，揚帆來到南京。

人到南京，不能不遊玄武湖。

玄武湖在南京城東北玄武門外，周長約十五公里，總面積為四百四十四公頃。湖水來自鍾山北麓，下游是金川河，繞獅子山後，至下關入長江；另有一支由武廟閘入城，經秦淮河入江。玄武湖古名桑泊，是一個直接通向長江的大湖。東吳時稱作後湖，因為它位於鍾山的北麓，而在鍾山的南麓還另有一座前湖。後湖是東吳建業城內小運河的主要水源，東通青溪，南接秦淮河。到東晉南朝時，它既是訓練和檢閱水軍的中心，又是皇家貴族遊宴射獵的場所。東晉時，因它位於建康都城之北，改稱北湖，並修築了一條長堤，東起覆舟山，西迄幕府山下的宣武城，使湖水不致浸襲都城和宮城，號稱「十里長堤」。韋莊有詩曰：「江雨霏霏江草齊，六朝如夢鳥空啼。無情最是台城柳，依舊煙籠十里堤。」就是寫這裡。宋文帝劉義隆時，在湖裡築起三座神山，以模擬傳說中的海上神山「方丈」、「蓬萊」、「瀛洲」。他並且改湖名為玄武，起因是他曾兩次親眼看見湖中有黑龍（可能是鱷魚之類的東西吧——筆者）出現，故名。梁代那個有名的昭明太子，不但編著了傳世不朽的《昭明文選》，而且還在這湖中洲上廣建亭臺樓閣，經常與文友們遊宴賦詩，尋歡作樂；據說就是因為一次秉燭夜遊，不慎落水，隨後得病而死的。到了隋唐時期，因為州城在石頭城一帶，離玄武湖很遠，湖中園林日漸荒廢，成為官府所設的放生池。名相王安石在擔任江甯知府期間，認為玄武湖是「空貯波濤，守之無用」，不如廢湖為田，分給貧民耕種，玄武湖便從此消失達兩百多年之久。直到元代末年，由於城北水患頻繁，才又重新恢復，不過湖面已大大縮小，大約是六朝時期的三分之一左右。一九一一年新朝鼎立，玄武湖闢為公園，從此湖光山色任由百姓遊覽，成為南京城裡數得著的好去處了。

但揚帆在遊玄武湖的時侯，卻有不同一般的想法，他覺得這裡水面寬闊，遊人雜處，倒是一個召開秘密集會的好地方。之所以產生這種想法，可能跟他此次來南京的秘密任務有關。

揚帆這次來南京，是應南京國立戲劇學校校長余上沅教授的邀請，出任該校總務主任和訓導委員會秘書之職。這一點前文書中已有交代。不過，這只是他來南京的公開職業；實際上他還另有所圖。

若按揚帆的本意，他還不想來南京應聘，因為他在北大再有兩個學期就要畢業了，他不想眼看到手的北京大學文憑不要，而去當什麼總務主任。再說這位「一二九」運動的糾察隊長、校園先鋒，校內也有許多重要工作離他不開，學生會主席朱仲龍、常委楊雨民、王抬風等，也極不願意放他走。但是不行，地下黨另有安排，這是從大局出發，誰也不能不執行。儘管揚帆此時還不是正式黨員，他也要模範執行黨的決定。這裡的大局是什麼呢？

原來在「一二九」運動之後，全國民眾的抗日救亡運動風起雲湧，勢頭越來越好。但是，作為國民黨中央政府所在地的南京，由於統治較嚴，各界民眾的救亡運動受到壓制，顯得死氣沉沉，與全國的形勢很不協調。這也自然就成為我黨的一個工作重點，要千方百計地加強那裡的幹部力量。現在，南京戲劇學校既然點名要人，這是多麼好的機會！這個學校是由國民黨南京政府教育部創辦的，特從北京聘請余上沅擔任校長。國民黨中央黨部也插手進來，由CC派頭面人物張道藩任校務委員會主任，每月撥給兩千元經費。由於國民黨方面缺乏專業人才，又不得不聘請當時有名的左傾戲劇家馬彥祥、曹禺、應雲衛、吳祖光、黃佐臨、許幸之等擔任教授，甚至還請了田漢、陽翰笙等為特約講師，客觀環境對我們已經非常有利。現在又由校長余上沅親自邀請揚帆赴任，真是天賜良機，豈能白白放過！你揚帆不是很能幹嗎？不是正在積極要求入黨嗎？那好，就給你提供一個大顯身手的機會吧，去開展轟轟烈烈的抗日救亡運動吧。這才是揚帆來到南京的真正目的。

揚帆來到南京戲校，正常的校務工作好辦，但怎樣開展地下黨交給的工作呢？這全憑了唐守愚的兩個關係，是兩個學生，一個叫李鎮園，一個叫吳光偉。前者是唐守愚的同鄉，後者是一位年輕女性，算是老唐的一個間接朋友。通過他們，揚帆才慢慢跟校內的進步師生熟悉起來。尤其是吳光偉，她不但介紹揚帆認識了自己的音樂家丈夫張硯田，一名中共地下黨員；還介紹認識了自己的好朋友楊雨辰，也是一位思想左傾的女學生；又通過楊雨辰認識了經濟學家孫曉村；再通過孫曉村認識了另一位經濟學家千家駒……就這樣像滾雪球似的，半年多時間裡，揚帆就結識了一大批志同道合的革命朋友，大家來往越來越密切，交流思想，傳遞資訊，討論抗日救國大事，逐漸地，大家的認識趨於一致，都覺得應該站出來做些實際工作了，應該像上海等地一樣，成立南京各界救國會了。

「一二九」運動以後，上海、北平、武漢等地很快建立了全國抗日救國會，在此基礎上，一九三六年五月三十一日，全國各界救國聯合會在上海舉行成立大會，發表宣言，通過《抗日救國初步政治綱領》和《全國各界救國聯合會章程》。明確贊同中國共產黨提出的建立抗日民族統一戰線的政治主張。大會選出宋慶齡、何香凝、馬相伯、鄒韜奮等四十餘人為執行委員，推定宋慶齡、何香凝、馬相伯、沈鈞儒、章乃器、李公樸、王造時、沙千里、史良、曹孟君等十五人為常務委員。一時影響極大。所以，南京建立救國會並且加入全國救國聯合會，成為擺在南京革命者面前的當務之急。

一個好秋日。玄武湖碧波蕩漾，遊船如梭。有一撥人乘著一條普通遊船轉過環洲向東直奔櫻洲，然後又馳向梁洲。他們像普通遊人一樣在洲上遊了湖神廟、銅鉤井、賞荷亭等景點，又回船向翠洲馳去，看樣子他們今天是要大大地盡興一番了。這一撥人不是別人，他們是揚帆、孫曉村、千家駒、陳洪進、狄超白等人，其目的也不是要泛舟盡興，而是利用這樣一個不會引起任何人懷疑的場合，研究成立南京救國會的大事。這是他們的第一次會議，確定由孫曉村和曹孟君主要負責，由已經擔任全國各界救國聯合會常務委員的曹孟君與上海總會聯繫；由千家駒和狄超白擔任組織部長；揚帆擔任訓練部長。另外，曹孟君還兼管南京婦女聯合會的工作。

南京各界救國會成立以後，作為身在戲校的揚帆都幹了些什麼呢？對此他後來有過一段記述如下：

當時鬥爭環境很艱苦，只能採用秘密方式，而不能用本身名義公開活動，比如曾經用「綏遠抗日後援會」的名義進行活動。但是，當時國民黨上層中的馮玉祥、李德全、以及張繼、梁寒操（國民黨中孫科派的骨幹）等，與南京救國會的活動均有一定聯繫。我在學校裡利用訓導委員會秘書的身份，同全校學生都經常接觸，學校裡沒有校園，在課餘飯後，我同一部分學生經常到玄武湖等處散步閒談，乘機向他們宣傳革命道理，介紹或借給他們看進步書籍。學校裡有老師請假時，我主動去代課，向學生們灌輸抗日救國思想。有時以分析評論電影或戲劇等方法，指出藝術必須服從政治的道理，啟發學生關心時局、關心政治。通過這些活動，團結了一部分進步的學生。救國會成立後，我把葉仲寅、林宇、何德璋等女學生介紹給曹孟君參加婦女救國會，同時也介紹了凌頌強、李增援、張天湘等男同學，通過後奕齋參加救國會。我自己還繼續團結一部分進步學生進行讀書、宣傳等活動。我在學校裡和曹禺、馬彥祥、應雲衛三位教師來往較多，有時一起散步，有時到他們家裡去。他們要求進步，我曾介紹他們閱讀蘇聯出版的《唯物辯證法教程》、《政治經濟學教程》等書，也曾向曹禺等介紹《國際歌》的唱詞。

一九三六年秋，爆發了著名的綏遠抗戰。早在年初，蒙古族上層反動分子德穆楚克棟魯普（德王）投降日本，成立所謂「蒙古軍總司令部」；接著又成立所謂「蒙古軍政府」，招兵買馬，建立起一支偽蒙古軍。入秋後，偽蒙古軍在日本帝國主義策劃下，公然大舉進犯綏遠東北地區。綏遠駐軍傅作義將軍等率部奮起抵抗，擊退了偽蒙古軍的進攻。是年十一月，又擊敗李守信、王英等偽軍的進犯，取得了紅格爾圖戰鬥的勝利，並乘勝收復了百靈廟和大廟。這就是永載史冊的綏遠抗戰。

在綏遠抗戰期間，南京救國會發動過一次聲勢浩大的「綏遠運動大會」，支持傅作義將軍的抗日壯舉。這天開大會，參加的人很多，除了救國會的同仁們，曹禺和馬彥祥等戲校老師都到會了，另外還有國民黨方面的許多人。在一片抗日救國的熱烈氣氛中，身為大會主席的國民黨元老張繼情緒高昂，發言說：「孫總理提出『聯俄、容共、扶植工農』三大政策，我們現在容共談不上，聯俄抗日是當務之急。」他的講話立刻引起在場的國民黨右派分子的不滿，有人跳上臺就想轉移話題。救國會的同志當仁不讓，也馬上在大會上積極發言，反駁國民黨右派分子；尤其是千家駒代表救國會的演講，尖銳揭露蔣介石在江西打內戰殺同胞不抗日的種種惡跡，給對方以沉重回擊。雙方你來我往，唇槍舌劍，爭論得非常激烈。南京畢竟是國民黨的首都，他們人多勢眾，最後還是占了上風，大會被迫把「援綏運動」的口號改為「捐獻一日所得運動」，把群眾支援抗日救國的革命色彩淡化了。

也就是在這次「援綏運動」之後，國民黨當局對南京救國會開始注意起來，特別是對南京戲校更是密切關注。先是追查七名參加救國會的學生，接著把孫曉村和曹孟君還抓了起來，最後目標又對準了揚帆。事情壞在一個名叫趙在田的人，他是揚帆當年在北平育英中學的同學，現在任職於國民黨中央組織部，便將揚帆在北平搞學運的老底都報告給了張道藩。作為戲校校務委員會主任的張道藩，聽後大吃一驚，馬上派人將揚帆找去談話，勒令辭職離校，否則就要採取強硬手段。看來在南京是再也待不下去了，經過請示地下黨，揚帆決定轉移到上海，為了防止敵人在港口碼頭的兜捕，他先在馬彥祥先生家裡藏了整整七天，然後才悄悄地離開了南京，從而結束了一段神秘的地下工作。

一九四〇年初，揚帆出任新四軍軍法處科長，負責軍部駐地的安全保衛工作，反奸反諜，收集周圍各種情報，實際上也是一種秘密工作，只是由地下轉到了地上而已。不過，在此之前，他還有一段曲折艱難而又充滿傳奇色彩的「半地下」經歷應該交代。

揚帆於一九三七年三月由南京到達上海後，改名殷揚，在上海地下黨唐守愚和張執一具體安排下，參加上海文化界救國會的工作，並在這二人的介紹下正式加入了中國共產黨。他在文化界救國會的公開職務是文藝組組長，但秘密身份則是地下黨支部三人成員之一，支部書記是汪光煥，另一個支委是朱啟鑾。此後近兩年的時間裡，揚帆就以這種雙重身份活躍於上海文化界，主要是戲劇界，做出了不小的成績。比如，由他和于伶、姜春芳組成領導組，成立了上海戲劇電影委員會，開展起有聲有色的「小劇場」運動和群眾戲劇運動。比如，在「八一三」淞滬抗戰暴發後，根據地下黨的指示，他作為劇協的組織部長，先後組織了十三個救亡演劇隊，活躍在抗日最前線。再比如，日軍佔領上海後，這裡成了「孤島」，但他仍以極大的熱情和精力組織各種抗日救亡戲劇活動，深受周恩來讚賞的「星期小劇場」活動就是他的創舉。另外，當《譯報》成為當時中共江蘇省委和八路軍駐上海辦事處的機關報之後，揚帆又兼任了該報的特派記者，不久還負責國際版的編輯工作。更值得一提的是，一九三八年十二月，上海地下黨文委決定編輯出版大型報告文學集《上海一日》，由梅益任主編，戴平萬、林淡秋和揚帆任編委。全書一百多萬字，分〈火線下〉、〈苦難〉、〈在火山上〉、〈漩渦裡〉四個部分，內容是描述從一九三七年八月上海爆發戰爭以來上海軍民的戰鬥生活，難民死裡逃生流離失所的苦難，以及社會生活的各個方面，真實反映了當時的現實情況。該書當時在上海和大後方都產生了很大的影響。

就在揚帆如此奔忙之際，上海地下黨將一項更為重大的任務壓到了他的頭上。那時侯，皖南新四軍急需一批知識份子去加強那裡的文化工作，但怎麼組織這樣的人前去皖南呢？公開前往目標太大，不但會引起日偽當局的注意，也逃不過國民黨特務的眼睛。地下黨組織最後想出了一個好辦法，由上海文化界救亡協會出面，與杜月笙為首的上海地方協會合作，成立一個「慰勞三戰區將士演劇團」，攜帶社會各界給前方抗日將士的捐贈，前往三戰區各部和新四軍駐地進行慰勞和義演。這樣有杜月笙的牌子在外面掛著，等於張起個大保護傘，借機把一些進步學生和革命幹部輸送過去就相對要安全得多。經雙方協商，由上海地方協會方面的吳大琨任團長，而文化界救國會方面出一個副團長，這就是揚帆。

對地下黨來說，這是一次極為重要的行動，為加強領導，在團內設立了秘密黨支部，揚帆任支部書記，另外兩個支委是王元化和揚棄。團員共有五十人左右，大多數都是內定去投奔新四軍的，主要有：貝岳南、丁香、康寧、高敏、郭惠容、田荒、平波、韓心一、梁山、王曼秀、黃逸屏、林非、陳鈞、蕭國風、劉東鄰、王戟、夏時、陳憶、陳化、梁世平、徐真、蔣若虹、于戈、梁吟、秦峰、李蘇邦、司徒揚、金城、唐克、鄭大方等。怎麼樣把這些優秀人才安全帶到皖南新四軍駐地，揚帆身上的擔子可不輕呀。後來他對這次經歷有過專門記述，標題是〈帶領慰問團參加新四軍〉，其中寫道：

> 一九三九年春節，這個慰問團分兩批從上海乘輪船到溫州，吳大琨和我是第二批走的，乘的英國輪船「飛康」號。新四軍派了一位交通陳昌吉以紅十字職員的身份掩護陪同我們，在出吳淞口前，遭到日軍和憲兵的嚴格盤查，險些被扣留。幸陳昌吉和日本人的翻譯在上海一個里弄裡曾經是鄰居，又是寧波同鄉，經過這個翻譯在日軍面前說了好話，才免遭毒手。……到溫州後，我在新四軍通訊處遇上了汪光煥，他是在上海和我同一黨支部的，他當時在浙江地下黨工作。他們要慰問團在溫州舉行演出，以幫助轟開當地抗日救亡運動的沉悶空氣。演出是成功的，但遭到國民黨的注意，國民黨三戰區政治部派了特務以交際副官名義來金華接我們。在經過金華時，國民黨省黨部對我們很冷淡，我們遇到了駱耕漠和邵荃麟，他們在編《東南戰線》刊物。我在南京國立戲校的一位學生蔡極，當時在國民黨省黨部文化事業委員會工作並兼省劇人協會主席，出於他個人的熱情，他和金華文化界一起，特地為我們召開個歡迎會。但國民黨三戰區為此專發了內部通報，說我們這個劇團是共產黨的，所以國民黨省黨部對此很不滿意，蔡極受到警告。
>
> 在金華，正好周恩來同志以國民政府軍事委員會政治部副部長的名義到浙江來視察，也住在金華。黨的東南分局組織部長曾山同志這時也在金華。經過汪光煥的介紹，我和曾山同志取得了聯繫。周恩來同志以接見上海群眾代表的名義要曾山同志通知我去見他。這次見面共歷二個多小時，周恩來同志詳細地詢問了我本人情況和上海敵情，託派國民黨的活動情況以及文化界的情況等。當他知道上海的「星期小劇場」還在繼續活動時，恩來同志又一次表示了嘉許：「同志們應受到獎勵的」。恩來同志還以回訪的名義去我們的慰問團駐地（軍人服務部），和全體團員見了面，使大家受到很大的鼓舞。國民黨派來監視我們的「副官」，表面上很熱情，暗地裡卻在做拉攏瓦解我們團員的工作，他一再催我們去上饒，怕我們在金華搞更多的活動。我們到上饒後，從側面揭露了這位「副官」的卑劣

行為，因此三戰區不得不另派一位來。

當時國民黨三戰區司令顧祝同，政治部主任是谷正綱，住在上饒。顧祝同在招待我們的宴會上對我說：「殷揚先生，你是搞電影的，你就留在我們政治部搞電影吧！」我婉言推辭了。那時有南京戲校我的學生冼群、毛禮泉（三戰區總政治部抗戰演劇第九隊正副隊長）來看望我，在請我吃飯時悄悄地對我說：「你們現在是來得去不得了，顧祝同不會讓你們走的。你們不要怕翻臉，要衝出去，你們是民眾代表，他們不敢抓你們的，要快走，離開上饒。」

我馬上召開了個五人會議，黨支部的三人外，還吸收一排長司徒揚，二排長貝岳南參加。經商議後決定衝出去，並研究了衝的辦法。然後，我們開了全體團員會議進行了具體佈置，在會上團員們裝得慷慨激昂，大罵我們幾個領頭的搞欺騙，說我們是人販子，把大家賣在上饒，當時我就站起來表態，願跟大家一起行動。大家吵吵嚷嚷，就這樣我們衝出去，很快上了火車。那位「副官」不知所措地只好跟著我們走。就這樣又到金華。這位「副官」在金華一度還將吳大琨扣押，經過當時國民黨浙江省主席黃紹閎交涉才放了出來。我們去見黃紹閎，黃請我們吃茶點時說：「三戰區已通報說你們是共產黨，我和周（恩來）副部長是好朋友，你們只有到浙西去慰勞了，那邊是我的部隊。」就這樣黃紹閎把慰問團送去天目山慰問前線駐軍。本來全團打算翻過天目山即去皖南找新四軍，不料一下山就被國民黨軍隊擋住了不讓過去。只得住在昌化。我們給新四軍寫信暗示我們的困境。後來打聽到有一條小路，大家步行翻過崇山峻嶺到了徽州（今歙縣），在那裡團員們把跟著監視我們的那個「副官」灌醉，便乘上新四軍派來接慰問團的汽車一路開到太平。太平是國民黨四川軍駐地，川軍和新四軍關係較好，在那裡慰問演出後又設法甩掉那個監視的「副官」，全團在三月間便到達新四軍軍部，完成了組織上交給我的任務。……

關於帶領慰問團參加新四軍這個題目，揚帆還有更為詳盡而生動的記述，那就是他在整個事件發生的全過程中，即興寫給熱戀中的女友薇的九封情書。有興趣的讀者可以去翻看收有這些珍貴情書的《揚帆自述》一書。

揚帆來到皖南以後，本來打算不多停留，要趕回去向上海地下黨彙報工作。但是情況有了意外的變化，新四軍副軍長項英和政治部主任袁國平堅意要揚帆留在新四軍軍部工作，並大包大攬地說，上海地下黨方面由他們一力承當。就這樣，揚帆只好接受組織上的新安排，先搞了一段軍內文化工作，接著擔任了新四軍軍部中校秘書，不久便出任軍法處科長，由地下轉入地上，搞起了神秘的安全保衛工作。

我不辯護

一九三八年九月二十九日至十一月六日，中共中央在延安召開了六屆六中全會。六屆五中全會上選出的十三名政治局委員毛澤東、王明、博古、張聞天、項英、周恩來、陳雲、王稼祥、張國燾、朱德、任弼時、顧作霖和康生，還有四名政治局候補委員劉少奇、關向應、鄧發和凱豐，絕大多數人都出席了這次著名會議。會議最重要的內容就是批判了王明的投降主義錯誤，通過了毛澤東所作的《論新階段》的報告，重申統一戰線中獨立自主的原則，確定中共的工作重點應該放在敵佔區或敵後。會議在人事方面的重大決策是，撤銷以王明為書記的中共武漢長江局；改立重慶南方局，以周恩來為書記；成立中原局，劉少奇任書記；原來由長江局領導的東南分局改為東南局，項英任書記。

六屆六中全會是王明集團的末日。但奇怪的是，這個集團裡最核心的骨幹人物、跟王明最緊、捧王明最凶的康生，不但未受絲毫損傷，反而在中共中央黨校校長一職之外，又撈到一個舉足輕重的要職——中共中央社會部部長。此中奧妙一言難盡，既憑著康生自己的變色龍本領，也由於江青的出現以及與毛澤東聯姻的效應，總之是一種歷史機遇促成的事實吧。要說清那也得專門寫成一本書。

潘漢年也參加了中共六屆六中全會，不過他就沒有康生的造化了，連個中央委員都沒有當上，會後不久被任命為中央社會部副部長，仍與康生一起共事。他對康生逢凶化吉不斷發跡的內幕當然一清二楚，可他敢吭一聲嗎？他不敢。他只是覺得心氣不順，想離開延安回到白區去，正好自己的眼疾越來越重，便向康生提出外出醫病的請求。

康生出乎意料的痛快，出乎意料的關切，他大講一通要具體落實中央把工作重點放到敵佔區和敵後去的漂亮話以後說：「你乾脆就去香港就醫吧，那裡的醫療條件肯定比西安和重慶都好。」「而且不要急著回來，你可以在那邊一面慢慢治療眼病，一面順便過問一下那邊的情報工作，幫助小廖（指廖承志——筆者）把情報工作抓好。你要沒有不同意見的話，那咱們具體扯一扯怎麼樣？」

就在這次中共中央社會部兩位正副部長的「扯一扯」中，他們提到了關於策反汪偽特工頭子李士群的問題，提到了究竟派誰去打入汪偽七十六號特工總部的人選問題。正是他們這一席話，完全改變了遠在上海的女詩人、女作家關露的整個人生。

就在別人安排著關露的命運時，她自己卻一無所知，正在已經淪為「孤島」的上海，全身心地投入在抗日救亡工作中。

一九三七年十一月，國民黨軍隊撤出上海，中國地界被日本侵略者佔領，英法租界地區形成所謂「孤島」。但錯綜複雜的形勢，艱苦的環境，交迫的飢寒，血腥的鎮壓，都未能阻止上海人民對日本武裝侵略者的抗爭，文學抵抗運動則是其中最為堅強突出的一翼。當時，根據地下黨的安排，凡是在抗戰初期比較出頭露面的文化界人士，一部分撤離到香港或者大後方的重慶、桂林、成都、昆明等地，一部分則撤離到西北解放區或者新四軍中。但是，依然堅守在「孤島」上海的左翼人士也很多，老一輩的有鄭振鐸、陳望道、許廣平、周建人、胡愈之、郭紹虞、方光燾、夏丏尊等；正當年的有梅益、王任叔、林淡秋、石靈、戴平萬、林淙、于伶、鍾望陽、殷楊（揚帆）、蕭岱、王元化、辛勞、阿英、魏金枝、高之芬、滿濤、蔣錫金、黃峰、姜椿芳、師陀、柯靈、陳西禾、朱維琪、芳信、周木齋、孔另境、李健吾、趙景深等；更年輕一點的還有藍煙、包文棣、何為、越薪、徐微、洛雨、華鈴等人。當然，關露也是其中的一員，尤其在「孤島」初期，她是非常活躍非常重要的抗日作家。

早在上海淪為「孤島」之前，作為詩人的關露已經積極投身到抗日救亡運動中去，參加了上海文化界救亡協會，在《救亡日報》上接連發表了幾篇力作，其中最著名的是〈現在什麼也不夢見了〉：

從前，總是夢著家鄉，
萬里長城，
大豆和青紗帳。
因為異地平安，
家鄉是在難裡。

後來，夢著的是祖國，
炸毀的城垣，
不曾相識的姐妹和兄弟。
因為烽火遍地，
祖國在難裡。

現在，什麼也不夢見了，
夢是要當你在睡眠的時侯。
自己也在難裡。

什麼也不夢見了，
前面的進軍號吹得緊急。
如果還有夢見的東西，和夢得的時侯，

即便是身體已負著傷了。

另外，關露在郭沫若起名為《高射炮》的詩刊上還發表了大量戰鬥詩篇，比如〈抗戰婦女〉就是其中很有影響的一篇。她還在由郭沫若、茅盾、巴金等名家任編委的三日刊《抗戰》上，發表了〈女國民〉、〈重建起自由的城堡〉等新作。其中〈重建起自由的城堡〉中的不少段落在民眾中廣為流傳：

現在，民族戰鬥的隊伍，
已顯出了示威的抵抗，
「還我河山」「不做奴隸」的旗幟，
已在勝利的陽光裡飄揚。
為著正義，
不許有侵略和被侵略的民族，
寧在焚殺後的廢瓦頹垣裡，
重建起自由的城堡。
把屍骨和著鮮血，
在勝利的祖國的黃土中埋葬！

那首足以叫關露名垂千古的歌詞〈春天裡〉，也是在這期間寫成的。當時，上海名星電影公司要拍一部反映中國青年在民族危亡時刻由徘徊傍徨而覺醒奮鬥的電影《十字街頭》，編導沈西苓很看重關露的詩才，便請求她為影片寫一首主題歌。關露果然不負重托，很快寫出了主題歌〈春天裡〉，由著名音樂家賀綠汀譜曲，珠聯璧合，隨著《十字街頭》的演出，傳遍了全國。歌詞是：

春天裡來百花香，
朗裡格朗裡格朗裡格朗，
和暖的太陽在天空照，
照到了我的破衣裳，
朗裡格朗朗裡格朗。
穿過了大街走小巷，
為了吃來為了穿，
晝夜都要忙。
朗裡格朗朗裡格朗，
貧窮不是從天降，
生鐵久煉也成鋼也成鋼。
只要努力向前進，
哪怕高山把路擋。
朗裡格朗裡格朗裡格朗。
……
親愛的好姑娘，

天真的好姑娘，
不用悲，不用傷，
前途自有風和浪。
穩把舵，齊鼓槳，
哪怕是大海洋。
向前進，莫傍徨，
黑暗盡頭有曙光。
不用悲，不用傷，
人生好比上戰場。
身體健，氣力壯，
努力來幹一場。
身體健，氣力壯，
大家努力來幹一場。

「孤島」時期，關露公開的職業是在啟秀中學當國文教員，但她在業餘時間裡除了寫詩，還從事大量的翻譯工作。在前，她翻譯過《鄧肯在蘇聯》，巴爾扎克的小說《笑的肇禍》，介紹馬雅可夫斯基的文章《蘇聯最天才的詩人》，德國基希的報告文學《瘋人院》，高爾基的散文《海燕》，馬雅可夫斯基的《一種最奇特的冒險》，美國作家休士的小說《家》、《競賣場的奴隸》、《洛義先生與保琳——一個白人與一個黑女孩戀愛的故事》，以及《丹麥作家尼克梭》等。這期間，關露還愛上了蘇聯文學的翻譯工作，從英語翻譯蘇聯文學她覺得不過癮，便下決心要學好俄語來直接搞翻譯。為了學俄語，她前去向在上海大劇院擔任蘇聯電影說明和翻譯工作的姜椿芳求助，堅持每週學三次，學得很刻苦，只一年功夫就可以閱讀俄文原版小說和詩歌了。這還不滿足，還達不到搞翻譯的要求呀，她又在姜椿芳的介紹下，認識了在同一劇院工作的蘇聯人卡爾賓那，兩人達成協議，一個向對方學俄文，一個則向對方學中文，互助互利，共同進步。這樣又學了一年多，關露就熟練地掌握了第二門外語。在「上海詩歌座談會」上，她翻譯並朗誦的普希金的長詩〈茨岡〉一鳴驚人。

上海詩歌座談會是「孤島」文壇上一個非黨活躍的文學團體，實際上是在地下黨的領導下組織起來的，發起人除關露外，主要還有蔣錫金、朱維琪、許幸之、白曙、辛勞、沈孟先等人。這批熱血沸騰的愛國詩人不顧環境的艱險，堅持每週聚會一次，用漫談的方式座談國內外形勢和文藝界動態，傳達和貫徹地下黨有關抗日文藝的指示，同時交流大家的創作情況，朗誦一週來自己創作的新詩，籌畫出版詩集等事宜。由關露和蔣錫金負責主編的第一本詩集，就是以關露的一首詩〈我歌唱〉為書名的。後來，上海詩歌座談會還辦起一個十六開八頁的半月詩刊，取名叫《行列》，意謂抗日隊伍在行進中不斷壯大。關露不但在《行列》上經常發表詩作，還積極參加組織各種活動，比如說詩歌朗誦會。在一次這樣的朗誦會上，關露的節目是壓軸戲，她新近花費很大精力，終於翻譯完當年瞿秋白先生未能完成的普希金的名詩〈茨岡〉，今天就要向大家朗誦了。詩中的老頭兒由路翕如朗誦，詩人詩句由蔣錫金朗誦，而真妃兒一角則由關露自己來朗誦。激情的朗誦獲得了巨大的成功。上面提到，關露的掩護職業是啟秀女子中學高三國文教員。但對充滿著抗日救國熱情的關露來說，她照樣對教學工作投入了巨大的精力。她不僅講好課，還積極參加學校裡的各種抗日活動，比如「一碗米運動」、「黃花崗義賣黃花獻金運動」、「獻旗運動」等等。她與教師中的另一名中共黨員茅麗瑛關係極好，倆人一起參加校內的女青年會的活動，帶領大家上街搞義賣，為學術組中之出版組搞各種籌畫，按期出版壁報。她的成績令全校師生久久難忘，後來她已離開了啟秀女中，師生們還把她的照片登在校刊上以示紀念。

「孤島」時期的關露真是精力過人，上述這麼多工作之外，她私下裡還在寫著一部將由三部曲組成的自傳體長篇小說《新舊時代》、《黎明》、《朝》。第一部《新舊時代》從一九三八年春天開始動筆，每天晚上寫一點，堅持寫了整整一年終於脫稿。她一邊寫，由蔣逸霄主編的《上海婦女》雜誌一邊為她連載，從一九三八年六月二十日出版的第一卷第五期開始，每期刊登一、二個版面，一直連載到一九三九年六月十日第三卷第三期全部登完。《上海婦女》的編者話裡說：「上海失陷以後，許多有名作家大半去了內地，留在上海的極少數作家又忙碌非凡。本刊雖想多登文藝作品，因為好的不易得到，不好的又不願隨便拿來充填篇幅，以致有幾期除了關露的《新舊時代》以外，就再沒有其他文藝作品了。」小說還沒有連載完畢，光明書局就決定出書，列為「光明文藝叢書」的一種。

《新舊時代》是通過第一人稱的「我」來展開故事情節的，寫一個女青年怎樣在革命大潮推動下，掙脫封建家庭的束縛，追求自由和幸福，走上了革命道路。作品中塑造了專制的父親、苦難正直的母親、守寡的二姨母等生動感人的形象，尤其對人物的內心世界和複雜多變的性格有著非常深刻的描寫。小說的成功表現出作者有著多方面的文學才能，預示著長此努力下去，必能在中國文壇有更大的作為，創造出傳世不朽之巨著。

也就在這個時侯，改變關露前途的命運之神降臨了。

一九三九年深秋的一天晚上，已經十點多鐘。關露正在燈下聚精會神地伏案改稿。自從光明書局決定要為《新舊時代》出單行本，關露就一直處在興奮之中，因為這畢竟是自己的第一本小說著作。她決心再好好地改一改，要出就出一本高品質的好書，不能叫讀者白掏腰包。就在這時，門鈴響了，因為夜深人靜，也因為關露太過專心，這鈴聲聽起來真有點驚心動魄，彷彿預示著要發生不同尋常的什麼事似的。關露愣了一下，定了定神，忙跑去開門，心想這會是誰呢？

來人不是普通人，是八路軍駐上海辦事處的秘書長劉少文，此人現在還是上海地下黨情報工作的負責人。看他一臉嚴肅凝重的表情，就知道肯定身負某種重要使命。他急速打量一下周圍環境，不等招呼便幾步跨進房間，同樣急速地打量一下房間情況，儘量用輕鬆的口氣說：「喲，王炳南這房子不錯呀。就你一個人在嗎？」一提王炳南，關露臉上閃過一絲不易覺察的潮紅。這所房子原是王炳南和他的德國夫人王安娜的住所。先是，王炳南作為周恩來的助手之一，去年年初上武漢負責中共國際宣傳委員會對外宣傳工作，今年年初又趕赴重慶，擔任新成立的中共南方局外事組組長；接著他的夫人王安娜也去了重慶。這樣，作為這對夫婦的老朋友，關露就受託繼續住在他們留下的空宅裡，一邊能安安靜靜地寫作，一邊也替他們照看一下房子。不過，此時在王炳南和關露之間，已經產生了一種十分微妙的感情聯繫。這點感情火種後來終於爆發出燎原之勢，造成一段可歌可泣的愛情悲劇，留待後面我們專章記述，此處不贅。

關露關好門，給客人沏上茶，就坐在對面靜等下文。

劉少文有重任在肩，不敢耽擱，忙從身邊摸出一樣東西遞過來，說：「這是南方局葉劍英同志給你的緊急密電。」

南方局前面已經提到過，是中共在國民黨統治區以及華中、華東、華南等敵佔區的最高指揮機關，管轄著雲、貴、川、江、浙、閩、兩湖、兩廣以及港澳地區的黨組織，書記是周恩來，副書記是董必武，另外四個常委是博古、葉劍英、凱豐和吳克堅。南方局還處於地下秘密工作狀態，辦公機關設在重慶曾家岩五十號，對外稱「周公館」。葉劍英分管聯絡並協助周恩來兼管情報工作。

關露一聽說是南方局來電，頓覺心裡一緊，打開看時，內容卻又很簡單：關露同志，速去香港找小廖接受任務。怎麼是葉劍英簽發的電報？為什麼要去香港？小廖是誰？接受什麼任務？叫人一下摸不著頭腦。關露望著劉少文等解釋。

劉少文是老資格的地下工作者，多餘的話一句不說，只解釋道：「葉劍英同志現在是南方局一位負責人。小廖是廖承志同志，他的香港地址電報上有。你兩天之內能動身嗎？」

關露還想多問點什麼，可一看劉少文那不想再作任何回答的神氣，也記起了地下工作者的紀律，於是沉吟了一會，果斷地說：「能去。」

劉少文問：「還有什麼困難？」

關露說：「沒有。」

劉少文說：「那好。我明天給你送來路費和船票。」說完很快就抽身而去，消失在午夜的靜寂中，似乎就從來沒有出現過這個人。

然而關露卻從此一夜無眠。組織上究竟要我去香港幹什麼呢？什麼任務呢？文化救亡工作？聽說廖承志就是搞這項工作的。可是，那裡的力量太強大了，難道非得用我這麼一個小人物嗎？不像是。那麼到底會是什麼樣的任務呢？她已經將電報翻看了不知多少遍，似乎能從那裡頭看出謎底似的。關露做夢也想不到，等待她的是一扇通往神秘世界的黑漆大門。

關露乘船如期趕到香港，在約定的地點見到了胖乎乎的廖承志，她沒有想到的是，在場的還有潘漢年。對於這位搞秘密工作的大人物，她是久聞大名的，也知道他於去年返回到延安了；但她不知道他何時也來到了香港，更想不到他的出現直接與自己的命運有關。

任務是出乎意料的驚人而又出乎意料的簡單：鑒於你與汪偽特工頭子李士群的歷史關係，組織決定派你打入汪偽「七十六號」特工總部，專做李士群的策反工作。潘漢年交代完任務，盯著關露的眼睛問道：「請你考慮一下，說說你的看法。」面對這突入其來的組織決定，關露心情複雜，有滿腹的疑慮和擔心要訴說；可是作為一個中共黨員，她又覺得難以啟齒，能說什麼二話呢？又是南方局的電報，又是從延安來的潘漢年，又是專程叫來香港接受任務，難道還掂不出這不同尋常的份量嗎？難道還有什麼推諉的餘地嗎？想到這裡，關露揚起頭明確地回答說：「我同意組織決定。」

潘漢年和廖承志對視了一下，都鬆了一口氣。潘漢年用一種親切的口吻說：「關露同志，這很好。不過，你要有充分的思想準備，那裡可是虎穴狼窩，李士群也不是當初的李士群，是大漢奸，大特務頭子，殺人不眨眼的大劊子手，可以說他那裡時時有兇險，處處藏殺機，你可要高度警覺呀。所以，為了你的安全，組織上要求你在那裡多用眼睛和耳朵，儘量少說話，少用嘴巴。最後還有一點，也是最重要的一點……」潘漢年說到這裡頓住，臉上佈滿憂鬱的神色，歎了一口氣接著說道：「關露同志呀，你是文壇上已經很有名氣的女詩人、女作家，現在一夜之間變成一個可惡的女漢奸，昔日的朋友們會怎樣看你，你想過嗎？你可千萬要記住，不管大家怎樣誤會你，你都不能辯護啊！能做到嗎？」

關露心裡也早已翻江倒海，百感交集，可她強迫自己要鎮靜再鎮靜，不能表現出絲毫的脆弱和心慌意亂。她咬緊牙關一字一頓地說道：「我，不，辯，護！」剛說完這幾個字，她感到自己的眼淚馬上就要掉下來了，便趕緊扭過了頭。

第八章　書生亦知兵

刺殺王斌

一九三一年，王斌身任國民黨上海淞滬警備司令部督察長之職。

重建後的中共中央特科決定：首先鎮壓王斌。

顧順章的叛變，使上海地下黨遭受到極其嚴重的打擊和破壞，加之敵人有意誇大的反動宣傳，今天是什麼又「破獲匪案」啦，明天又是什麼「捕獲匪首×××」啦，對革命者和人民群眾的情緒影響很大。敵特警探也顯得分外猖狂起來，到處行兇作惡，危害性也越來越大。鑒於這種白色恐怖囂張而革命陣營消沉的大局勢，中央特科在中共中央的授意下，決心揮起鐵拳給反動派以有力的反擊，藉以鼓舞士氣，打破萬馬齊喑的局面，掀起革命新高潮。那麼第一拳往哪兒打呢？這個對象很重要，選得越準，產生的革命影響就越大。幾經選擇之後，目標最後就定在王斌頭上了。此人身居警備司令部督察長要職，死心踏地地專以破壞中共地下組織為能事，屬於反革命態度堅決的首惡分子。這一陣子，國民黨當局要從租界逮捕共產黨員和革命人士，都是通過他向租界總巡捕房政治部交涉；一旦捕獲，也是通過他負責辦理引渡手續。所以經他之手，不知有多少人被送上了刑場和監牢。民憤極大，不殺不足以伸張正義。

這樣的任務，自然是交由康生兼科長的第三科即行動科來完成。但是，收集有關王斌的情報，比如說他的年齡長相、家庭和辦公地點、每天活動的路線時間規律特點等等，這對保證刺殺成功至關重要，則交由潘漢年兼科長的情報科來完成了。這是潘漢年接手中共特科工作以後的第一個重要任務，能否勝利完成，不僅上級領導在看，周圍的人們都在看，你這個白面書生幹別的行，幹特科也行嗎？另一方面，潘漢年自己對這項任務也非常看重，暗暗發誓說：只能成功，不許失敗！

潘漢年叫來部下最能幹的人物劉鼎商量，覺得第一要緊的是搞到王斌的近期照片，再加以確認，決不能給行動科提供一個錯目標或假目標。至於此人住址、出入時間、生活規律等等，那都是下一步的事，那都比較好辦。於是，情報科的人全部撒出去各顯神通，千方百計搞王斌的照片。

這事劉鼎立了頭功。他有一天在街上轉悠，心裡老掂著照片的事，走著走著，來到了南京路上一家照像館門前，無意間朝櫥窗裡掃了一眼，看到一張很大的合影照片陳列在那裡。他心裡還想，什麼合影照片還值得擺在這裡現眼呀，上前仔細一看，不覺驚喜得差點叫起來，你猜怎麼著，這竟是一張上海淞滬警備司令部官員們合影的大照片，中間偏右一人不是別個，正是踏破鐵鞋無覓處的王斌。對這個反共頭子，劉鼎可是一眼就能認準他。

情報科接到劉鼎帶回的資訊皆大歡喜。潘漢年和大家詳細研究了一番後，決定還是由劉鼎出面去照像館，冒充警備司令部的文職人員，就說上次洗印的合影照片不夠用，還得加洗若干，請照像館按加急業務處理，收費當然可以多些。這理由合情合理，自然得體，加上多交費的誘惑，估計不會引起照像館的任何懷疑。劉鼎按著議定的計畫去辦，果然馬到成功，將王斌的照片搞到了手。

但是，除劉鼎外，其他人都不認識王斌，這照片上的王斌是不是真王斌呢？雖然劉鼎決不會認錯，不過對於一項決不允許出任何差錯的重大任務來說，情報必須一再落實，做到萬無一失才行。所以，進一步落實照片上的人是不是真王斌，就成了關鍵問題。

潘漢年對此不敢有些微大意，決定由自己親自出馬。至於具體怎麼辦，他心裡也還沒底。他想，能認準王斌的人，一定得是與王斌熟悉並且經常打交道的人；但同時這人也得與自己熟識，否則無法向對方提出辨認照片的請求。這就不容易了，還真有點難辦呢。可難辦也得辦呀，那就再挖空心思地想轍吧。這天，潘漢年一邊動腦筋，一邊信手翻著剛來的報紙，忽然眼前一亮，只見標題上有什麼查禁書刊的字樣。潘漢年的反應多敏銳，立即想到：查禁書刊必然與書局書店有關呀，我不是認識光華書局的經理張靜廬和沈松泉二位先生嗎？不是還聽他們報怨過警備司令部的什麼人，說這些查禁大員真是無知而可惡嗎？那麼，他們是不是與這個王斌打過交道呢？即便沒打過交道，是不是能介紹其他人或者提供什麼線索呢？……想到這裡，潘漢年就再也坐不住了。

第二天中午，潘漢年在中有天飯館擺下一桌席，請的就是張靜廬和沈松泉，由頭是「有要事奉商」。這張、沈二位並不知道潘漢年現在的身份，只當還是先前那個舞文弄墨搞左聯的文化人，經常在一起吃個飯聊個天什麼的挺有趣兒，所以毫不推辭，如約而至。熟人見面，彼此熱鬧說笑幾句便落座點菜，一番推讓之後，點出四冷四熱八樣時鮮菜肴，一瓶陳年洋河大麴，就開了席。潘漢年用筷子朝那盤清蒸刀魚指指，說道：「二位仁兄，來，先動這刀魚鼻子，據說這是刀魚身上最嫩最軟最好吃的地方。」

這兩位都是吃家，一個說這刀魚只有南通的長江邊才有，一個說清明時節的刀魚才最好吃，說著同時都向刀魚下了手。待一條刀魚都快吃完時，這二位才忽然想起了似地問道：「老兄，你不是有要事商量嗎？什麼事？」

潘漢年輕描淡寫地說：「能有什麼事，想跟二位老兄聚一聚吧。有事也是小事一樁，隨後再說不遲。」

沈松泉是個急性子，說：「先說事，咱們這些人吃飯算什麼。」

張靜廬也附和道：「對，對，先說事。不管大小，只要用得著兄弟之處，你就儘管吩咐。」

潘漢年笑笑說：「既然二位仁兄動問，那咱們就邊吃邊談。說來可別見笑，如今光靠搖筆桿子難以謀生啊。所以，我也動了辦個書局的念頭，只是不知水深淺，想在二位行家面前問個路。不知二位有何見教？」

二人立即一哇聲地叫起苦來：「哎呀呀快別提了，這碗飯才不好吃呢！」

潘漢年說：「怎麼，營利不大？」

張靜廬說：「利不大不說，風險太大。」

潘漢年說：「哦？什麼風險？」

張靜廬朝四下裡看看，壓低嗓音說：「你是裝糊塗吧。到處都在抓共產黨，這書呀報的，當局能放手嗎？查得越來越嚴了，麻煩事多得很。」

潘漢年說：「我不大清楚這方面的事，真查得很厲害？還是由警備司令部查嗎？就不能托個關係通融通融？」

沈松泉說：「嘿呀！你老兄不知道，這是一群餵不熟的狼。連那個督察長都不知吃了我們多少，可翻臉不認人呀！」

潘漢年一聽話兒上了題目，就盯著說：「沈老兄，你說的這個督察長可是王斌不是？」

沈松泉說：「就是這個惡棍，還能是誰。」

張靜廬說：「查禁書刊的決定權在市黨部，但執行是由警備司令部負責的，所以這個督察長手握實權，是個關鍵人物。」

潘漢年說：「照這麼看來，書局要想活下去，還非找此人不可了。」

張靜廬說：「莫非你還真想辦？」

沈松泉說：「莫非你找此人還有些門路？」

潘漢年說：「辦是真想辦，門路嘛，倒也有人給王斌寫下一封信。可問題是我從未見過這個你們說的惡棍，投書無門呀。」說著，從西服裡兜掏出一張王斌的照片，接著說，「寫信人還給了我一張照片，像是從什麼合影照片上剪下來的，你們看看這是不是王斌呢？」

「正是此人，一點不錯。」張、沈二人異口同聲地說。

潘漢年說：「這就好，這就好。」

張靜廬還熱心地掏出自己的記事本，查出王斌的家庭住址和電話號碼，交代說：「想見此人很費事的，這些當官的應酬多，很難在家裡逮著他，我可以告訴你一個地方，」他壓低了聲音講出一個位址，「這家妓院的後臺老闆其實就是他王斌，所以晚上他十有八九在那兒混。」

沈松泉也熱心地說：「要不要我們陪你去？我們跟他打交道多了，見他還是有些把握。」

潘漢年不想把這二位書商扯得太緊，看看目的已經達到，便見好就收：「二位真夠朋友！謝謝，謝謝。不過此事還有幾位合夥的朋友，下一步該怎辦還得回去商量一下。一旦還有拜託二位之處，肯定還要再勞大駕。來，吃菜，吃菜。」

知道王斌的住址以後，認真負責的潘漢年還沒有急於告訴行動科，他要親自實地走一趟，準確搞清王宅所在的方位，什麼街什麼弄，門牌號數是多少，四周環境怎麼樣，都要一清二楚，心中有數。這才把有關情報移交給第三科。第三科也很精細，他們自己又去複查一次，結果發現街道里弄門牌號數都不一樣。潘漢年聽後大吃一驚，心想這不可能呀。到底是怎麼回事呢？又去複查，這才發現王宅共有前後兩個門，二科掌握的是前門情況，三科掌握的是後門情況，故而兩下裡情形不符。大家嚇出一身冷汗，差點出了大漏子。

中共特科經過近一個月的籌畫，終於擬定了刺殺王斌的實施方案，刺殺地點最後選在英法租界毗連處的龍門路上，原因是這裡南通屬於法租界的長浜路，北通屬於公共租界的西藏路，街道狹窄，行人擁擠，便於設伏和撤退，又是王斌每日出入必經之地。當全部計畫敲定之後，潘漢年和情報科的同志們並沒有感到輕鬆，覺得身上的壓力跟行動科一樣沉重，都焦急地期待著刺殺成功的好消息。

刺殺王斌的行動非常成功，上海當天的各大晚報和次日的晨報，都以大字標題和大量篇幅報導這一特大新聞，輿論炒作之後形成了很大的衝擊波，一時成為上海各界街談巷議的主要話題。而這正是中央特科所要達到的效果之一。半個多世紀以後，尹騏先生這樣追述刺殺王斌的情景：

> 一天中午，龍門路上正是熱鬧而又擁擠的時刻，車水馬龍，熙熙攘攘，機動車的汽笛聲，人力車夫的吆喝聲，小商販們的叫賣聲，混成一片，顯得十分嘈雜。一成色頗新、裝飾考究的人力車，正急匆匆地沿著這條狹窄而喧囂的街道，穿行在亂哄哄的人群中。車上坐著的正是王斌，他身著畢挺的西服，神氣十足地架著二郎腿，半躺在車的靠背上閉目養神。突然，從街道一側的小弄堂內跳出一個身著短裝的年輕人，只見他手持短槍，飛身一躍，從後面攀住這輛人力車的後沿，舉槍對準王斌的頭部，「砰」的一聲，王斌立即喪命。這一切都只發生在幾秒鐘之內。

槍聲驟起，立刻引起街道來往行人的一片混亂。人人都急於衝出人群，離開這是非之地。於是交通立即堵塞，汽笛狂鳴，人聲鼎沸。在這一片混亂中，當人們還沒有來得及弄清楚到底發生了什麼亂子時，執行任務的三科狙擊手，就已從容而迅速地撤離了現場，安全轉移了。

鎮壓王斌的成功，收到了比預期還要好的效果，尤其是對國民黨特務機關和大叛徒顧順章的打擊之大，出乎人們的意料。關於這一點，本書下一章將有詳盡的交代。

上帝之手

仁濟醫院是一家教會醫院，座落在公共租界。在它的特護病房裡，住著一個特殊病人，嚴格說不是病人，是一個挨了兩槍的重傷患。現在，他成了上海國共兩家特工部門一齊關注的焦點：國民黨方面要不惜任何代價保全他的性命，為此投入大批警特力量，裡三層外三層地將整個醫院監護得滴水不漏，就在此人入住的病房外，還布有雙崗日夜守衛；共產黨方面則千方百計地要將此人結果性命，為此調動中央特科的精兵強將，志在必得。雙方的弦都蹦得很緊，正在較勁的關鍵時刻。

為了這個任務，潘漢年當然得親自出馬，這是他上任以來的第二場重頭戲。說實在話，這場戲不好演，面對國民黨方面針插不進、水潑不進的嚴密警衛，真有點神仙難下手呀。為此，他絞盡腦汁，設想了許多種辦法和方案，最後又都不得不一一予以否定。昨天晚上又是一夜未睡，時間不等人，一旦人家將此人轉移出上海，那後果不堪設想！快到天亮時，他終於從記憶深處慮出一個人，不禁小聲驚呼起來說：「對呀，我怎麼沒早想到他。」

潘漢年想到的這個人名叫董健吾，就是後來美國記者斯諾在《西行漫記》中寫到的那個「神秘的王牧師」。

第二天，潘漢年在一家咖啡館緊急約見了董健吾。對於這位董先生，潘漢年執禮甚恭，這倒不僅因為對方比自己年長十多歲，可以說就是一個長輩，而且因為早在一九二八年，這位充滿傳奇色彩的董健吾先生就是中共秘密黨員和前中央特科的重要成員了。

董健吾是上海青浦縣棣華橋人，祖父進士出身，做過幾任縣太爺，很有點學識。祖母沈氏乃大戶千金，娘家經營沙船業發了大財，在上海灘有些勢力。她的弟弟沈叔蔡先生，便是著名的上海南洋模範學校的創始人。董健吾原名董守青，是沈老太太親自為孫兒取的大名。她一生信奉基督教，是個非常虔誠的老教徒，為了讓孫兒也像自己一樣信教，從小便送他上教會學校讀書，一直讀到美國基督教聖公會在上海辦的聖約翰大學神學系，與後來成為國民黨大員的宋子文、顧維鈞等都是前後同學。當時的大學校長卜舫濟是個中國通，他喜歡在自己家裡設宴款待中國同行和學生，以便聯絡感情。董健吾就常是他家的座上客。卜校長對這位身材高大、興趣廣泛、成績優異的中國學生非常欣賞，一心要把他培養成自己的接班人。他先送董健吾進神學院深造，畢業後再安排去揚州、西安等地的教會學校進行實際鍛練，最後調回上海留在自己身邊當助手。假如不是發生了後來的事，董健吾是遲早會當上聖約翰大學的頭面人物的。

一九二五年五月，「五卅」運動席捲上海。校規極嚴的聖約翰大學也不例外，師生們舉行了全校總罷課。卜舫濟是最討厭學生參與政治活動的，這下勃然大怒起來，強令學校提前放假，想把學生們的革命熱情壓下去。學生們不聽這一套，他又親自帶領外籍教師，將愛國師生悼念「五卅」死難烈士的靈堂搗毀，還把中國國旗扯了下來。這下可犯了眾怒，全校進步師生集會示威，以牙還牙地將美國國旗從高高的旗杆上降下來，並且撕得粉碎，集體簽名「永不回校」。卜舫濟被震驚了，而更叫他想不到的是，這一切激烈行動的總指揮不是別人，竟是他的得意門生董健吾！痛心之餘，他還有所幻想，叫自己夫人親自出面去說項，條件是只要董健吾向校方認個錯，一切可以既往不究。但他低估了他的中國學生的志氣和勇氣，得到的回答是：該認錯的是校方，而不是別人。

這次風波以後，董健吾毫不猶豫地離開了待遇優厚、前途無量的聖約翰大學，在上海愛文義路（今北京西路）聖彼德堂當了一名普通牧師。為此，老卜舫濟不禁傷心落淚。

經過「五卅」運動的洗禮，董健吾的一顆愛國之心再也難以局限在教堂之中了，他一面講經佈道，一面熱切關注著國共合作進行北伐戰爭的革命形勢。有一天，他在聖約翰大學的同學浦化人來到聖彼德堂，約他一塊前往鄭州投奔號稱「基督將軍」的馮玉祥。董健吾知道浦化人是馮玉祥部的隨軍牧師，但他不知道他同時還是中共秘密黨員。正是革命高潮時期，能去馮玉祥部隊裡當牧師，那不是離革命就很近很近了嗎？董健吾不用多想，就很痛快地答應了浦化人。來到鄭州以後，馮玉祥對董健吾分外的看重，不僅叫他當自己的秘書（後來升至秘書處主任），還請他教自己的夫人和孩子學英語，最後竟擔任了馮玉祥部隊的工人管理處處長。

一九二七年四月，風雲突變，先是「四一二」反革命政變，接著是「七一五」寧漢合流，第一次國共合作走向災難的終點。馮玉祥也急劇右轉，雖說沒有像蔣、汪那樣對共產黨人以屠刀相向，但也以「禮送共產黨人出境」的辦法，將所有在馮部的中共黨員驅趕淨盡，連當時還不是共產黨員的董健吾也毫不收留。嚴酷的現實更擦亮了董健吾的眼睛，他感慨萬端地對老同學浦化人說：「你看，人家也把我當成共產黨給開革了，我倒感到很榮幸呢。」

中共黨員浦化人仔細看著老同學的臉，那神色是誠懇無比的，於是他進一步試探說：「老董，都什麼時侯了，你還有心思開玩笑。難道如今局面下你還想參加共產黨？」

董健吾說：「只要人家要我。我算看出來了，共產黨真想救中國。」

他原不過這麼說說，豈知第二天就出了奇蹟：浦化人拉著董健吾去見劉伯堅，就在劉、浦二人的介紹下，在鄭州一條僻靜馬路上，董健吾加入了中國共產黨。當這已經變成事實以後很久，董健吾都還覺得像是作夢，敢情馮玉祥的政治部主任劉伯堅和自己的老同學早就是共產黨呀！

一九二八年十一月，董健吾回到故鄉上海，繼續在聖彼德堂擔任牧師，但今牧師已非昔牧師了，紅色牧師董健吾以教職為掩護，先是參加中國互濟會的營救被難者工作，又幫助成立了「自由大同盟」，最後被中共特科的陳賡一眼看中，親自出面動員，吸收加入了黨的情報工作系統。後來在處決叛徒白鑫的行動中發揮了不可替代的作用。

一九三〇年春天，董健吾又接受了新任務：以自己的教會身份，開辦一家幼稚院，專門收養革命烈士的遺孤和黨內領導人遺留在上海的子女。董健吾二話不說，連夜跑回青浦老家，將分在自己名下的幾十畝好地全部賣掉，用所得五百大洋很快開辦了大同幼稚院。一大批烈士遺孤和失散的高幹子女像彭湃的兒子，惲代英的女兒，蔡和森的兒子，楊殷的兒子，李立三的兩個女兒等，都得到了妥善的安排和照顧。第二年春節前後，毛澤民還親手把毛澤東的三個兒子岸英、岸青、岸龍交給了董健吾。

顧順章叛變以後，中央特科已經完全暴露，董鍵吾在聖彼德堂也不好待下去了，好在大同幼稚院的事，顧順章並不怎麼知情，加之當初創辦時，曾請國民黨元老于右任題寫有匾額，也多少起著點保護作用，所以一時還算安全。董健吾就在這革命遭受到前所未有的大破壞的嚴酷形勢下，默默而堅定地守衛著自己的陣地——大同幼稚院。

有關董健吾上述經歷，去年陳賡在給潘漢年移交工作時都已講過，並叮嚀說：「此人絕對可靠，而且足智多謀，非常能幹。往後有什麼疑難之事，完全可以找他商量。」今天終於見到董健吾的面，果然一股凜然正氣，神態不凡，不能不令人肅然起敬。

潘漢年起身掩好單間的門，覺得在真人面前也用不著太多客套，便懇切地說：「董先生，有件緊急重大之事不得不驚動你，請你務必賜教。」

董健吾爽然一笑：「什麼賜教，咱們誰跟誰呀。你就直說吧，有什事要我出力要我辦。」

潘漢年說：「那我就直說吧。前幾天十六鋪碼頭的槍擊案你知道吧？」

董健吾說：「看報了；但不知詳情。是否跟我們紅隊（指中央特科的行動小組，當時人稱紅隊）有關？」

潘漢年點點頭說：「是一次事關重大的行動，可惜有點失手。」於是他給董健吾介紹了詳情。

原來，前不久中央蘇區派一名紅軍幹部來上海聯繫工作，一進城就被國民黨特工部門逮捕了。此人又是一個軟骨頭，很快就叛變投敵，交代出許多中央蘇區的重大黨內軍內機密。國民黨上海當局如獲至寶，立即請示南京最高當局。他們覺得既然此人對中共蘇區的高層機密知道很多，就應該最大限度地發揮其作用，於是下令將他護送到南昌「剿共」前線，以便發揮其獨特作用。中央特科從內線獲得這一情報後，感到事態嚴重，經請示上級後決定，無論如何也不能放此人離開上海，必須儘快予以鎮壓，將損失減小到最低程度。本來，一切都進行得很順利，首先是情報準確，此人何時離開上海，乘哪一班船，多少人護送，走什麼路線，以及他是什麼打扮等，都搞得一清二楚。行動計畫也沒問題，誰出手，誰掩護，什麼地點動手，怎樣撤離等，也都安排得十分妥當。後來行動計畫的實施也很順利，一切都沒有出乎意料，紅隊槍手連發兩槍，都命中了目標的頭部，要說應該是絕對沒命了。也是這傢伙命不該絕，居然頭部連中兩彈而沒有氣絕，被拉回醫院搶救了過來。現在，他被嚴密保護在仁濟醫院的特護病房裡，一旦見好，還要送往江西前線，所以對黨和革命的威脅依然存在。可現在再要完成這一任務是多麼難呀。

董健吾聽明白了，他沉默了一會，說：「是的，是很難。驚弓之鳥不好辦。你有什麼想法沒有？」

潘漢年搖搖頭，苦笑一下說：「所以想請董先生指點迷津。我是這樣想的，仁濟醫院是教會醫院，是不是得從教會這條路子想想法子？您是多年的老牧師，這方面是不是有點門路？……當然，我這還是一種初步設想，不知怎麼樣？」董健吾半晌無語，看不出內心在想什麼。

潘漢年以為他是感到為難，便說：「董先生現在已經不在聖彼德堂，恐怕與那方面的人事有些生疏了吧。只是考慮到叛徒不除，中央蘇區和成千上萬名紅軍戰士就會受到致命威脅，任務確實重大呀。」

董健吾又是爽然一笑，說：「看你說到哪裡去了。這樣吧，這事我來辦，明天給你回話，怎麼樣？」

潘漢年還想解釋什麼，但被董健吾作個手勢止住了，說：「事到如今，也只有從醫院內部想辦法這一條路，你的思路很對。看來借用一下上帝之手，事情準能成功。不必客氣了，就這麼辦，明天此時還在這兒見。」

董健吾是個實在君子，答應的事決不含糊。第二天再碰頭時，他把一套完整的行動方案擺了出來，這就是：利用教會朋友的關係，做通醫院特護病房一名護士的思想工作；再由這名護士作掩護，將化裝成醫生的紅隊隊員引入病房，用匕首結果叛徒性命。潘漢年覺得可行，與董健吾就一些細節問題進行了深入的探討，最後回去向上級彙報。

後來，處決叛徒的行動非常成功，基本上就是按董健吾和潘漢年最後敲定的方案實施的，在國民黨特工部門嚴密監視下，其特護對象被人神不知鬼不覺地殺死在病床上。此事像王斌被刺一樣，又一次轟動了大上海，在各報記者的炒作下，一時影響極大，都認為這真是上帝的傑作。

這裡，我們不妨記一點董健吾的後事。此次他與潘漢年合作共事，兩人就算結下了友誼。此後，董健吾就在潘漢年的單線聯繫下從事地下工作：先後收養過毛澤東的三個兒子，不久又秘送毛岸英和毛岸青去蘇聯；為溝通國共雙方之間的聯繫而來往於宋慶齡和張學良之間；最值得一提的就是一九三六年護送美國記者斯諾秘赴延安。也就是在董健吾從延安返回上海後，與他單線聯繫的潘漢年按受新任務去了香港，他又不好冒昧地與其他人接頭，便與地下黨失去了聯繫。從此誰也不知道董健吾怎麼樣了……

日月匆匆，轉眼過了二十五年。一九六〇年六月，那個美國記者斯諾又一次來到中國，會見老朋友毛澤東之時，突然提出要見另一個老朋友「王牧師」。誰是「王牧師」？毛澤東瞪大了雙眼。後經周恩來總理好一番折騰，先找到了浦化人，這才鬧清所謂「王牧師」就是董健吾。可是這個董健吾又在哪裡呢？誰也不知道。還是陳賡大將有決心，終於從上海的茫茫人海中，把窮困潦倒以推拿行醫謀生的董健吾找到了。老朋友在錦江飯店相見，不禁相擁垂淚。陳賡說：「解放這麼多年，你為什麼不找我呀？剛解放那會漢年就在上海，你又為什麼不找他呀？」董健吾依然是爽然一笑：「那會想找你們，可你在前方打仗，漢年遠在香港；解放後你是大名鼎鼎的大將軍，漢年也是上海市長，我又不想找你們了。」

斯諾在他一九六二年出版的《大河彼岸》一書中寫道：一九三六年「我抵達西安，並在賓館中住下來，我被通知在那裡等侯一個『王牧師』來與我接頭，他會安排好讓我悄悄越過國民黨的警戒線而進入一百英里以北的『紅區』。」而在他先前出版的著名的《西行漫記》中，對「王牧師」有過更詳細的記述：「一個身材高大，胖得有點圓滾滾的，但是身材結實，儀表堂堂的中國人，身穿一件灰色綢大褂，穿過打開著的房門進來，用一口漂亮的英語向我打招呼。他的外表像個富裕的商人，自稱姓王……在以後的那個星期裡，我發現即使僅僅為了王一個人，也值得我到西安府一行……一些時侯以來，王牧師就丟官棄教，同共產黨合作。這樣有多久了，我不知道。他成一種秘密的、非正式的使節，到各種各樣的文武官員那裡去進行遊說，幫助共產黨把他們爭取過來，使他們瞭解和支持共產黨的抗日民族統一戰線的建議。至少在張學良那裡，他的遊說是成功的。」這位重友情的美國人不但把董健吾寫進書裡，而且在二十五年以後剛踏上中國領土時便向毛澤東提出要見他的「王牧師」。不過這次會面未能成功，尋找「王牧師」花費了太多的時間。四年後的一九六四年十月，斯諾又來中國，會見「王牧師」自然還是題中應有之義，而且經過有關方面精心安排，會面即將在上海舉行。誰知天性易妒，就在斯諾剛踏上上海地面那一刻，北京急電召回他，說毛澤東要會見他。毛澤東當然是最重要的了。於是，一次老朋友離別近三十年後的見面機會又一風而吹了。時間再過去六年，到了一九七〇年秋天，斯諾最後一次訪問中國，受到國賓般的禮遇，但他不管中方怎樣安排日程，都固執地提出一定要會見那位把他送入「紅區」的「神秘的王牧師」，也許他預感到這是最後的機會，一旦失去將成千古遺恨。然而此時的「王牧師」卻正躺在上海瑞金醫院的單人病床上昏然不醒，曾經多麼旺盛的生命之火正在熄滅，彌留之際的他怎會想到一個美國人竟會如此強烈地思念著自己。這年的十二月二十五日，董健吾悄然逝世。

有人說，董健吾死得委曲，以他的任何一件歷史功勳，都應該在世時活得榮躍，謝世時走得排場。有人又說，這看怎麼講，假如他當年沒有與單線聯繫的潘漢年失掉聯繫，一直那麼密切地合作著，那麼當潘漢年日後被打成反革命集團首領時，他董健吾能逃掉一劫嗎？能平平安安地活完一生而壽終正寢嗎？

人世滄桑，命運沉浮，誰又料得定說得清呢？

情報戰

潘漢年接手中央特科情報科時，就對前任陳賡非常敬重，尤其陳賡所派遣的打入國民黨高層的中共特工「三劍客」

——李克農、錢壯飛和胡底，以及被稱讚為中共首位非黨特工的楊登瀛，真叫潘漢年佩服得五體投地。這裡不妨將中共特工史上這些最燦爛的篇章略加追述，因為它對潘漢年後來組建新情報網的思路很有啟發。

在敵對陣營內部安插自己的情報組織，這種智慧古已有之，不足為奇；但怎樣把這種智慧發揮到淋漓盡致，這門藝術可就奧妙無窮、永無止境了。古今中外，多少這方面的天才大顯身手，創造出多少難以想像、歎為觀止、驚天動地的特工奇蹟。一九二九年十二月下旬，國民黨為實施自己頒佈的《共產黨人自首法》和《反省院條例》，決定建立全國最高特務指揮中心，由CC系頭目、原上海無線電管理局局長徐恩曾負責籌建事宜。這一絕密情報被潛伏在徐恩曾身邊的中共特工錢壯飛知道後，立即發送給中共中央。中共中央負責情報工作的周恩來根據黨中央意見，果斷決策，指示中央特科情報科長陳賡，必須把國民黨的這個特工機構拿下來，具體說就是：將錢壯飛、李克農和胡底三位最優秀的中共特工集中起來，編成一個特別黨小組，由李克農任組長，與陳賡單線聯繫；利用錢壯飛與徐恩曾現在的關係，將李克農和胡底也安插進去，儘快形成戰鬥集體。

錢壯飛跟隨徐恩曾從上海到南京赴任，被徐任命為機要秘書，主持調查科的日常工作，而且受徐的委託，建立秘密指揮機關和秘密電臺，組建和聯絡全國各地的秘密特務機構。錢壯飛向徐恩曾提議，應該建立以通訊社形式出現的半公開的情報機關，這樣便於開展工作，其實是便於安插中共的內線人物。徐恩曾不知是計，對自己這位小同鄉的提議滿口應允，表示非常讚賞。於是便出現了這樣的格局：錢壯飛駐守南京，在中央路三〇五號建起一家「正元實業社」，算是國民黨黨務調查科秘密機關，同時兼管設在隔壁中央飯店四樓的「長江通訊社」，以及設在丹鳳街的「民智通訊社」；李克農以上海無線電管理局廣播新聞編輯為職業掩護，主持設在上海的調查科情報機構；胡底先任「長城通訊社」社長，後來到天津日本租界內秋山街開設了「長城通訊社」並任社長。另外，錢壯飛還把自己的女婿劉杞夫安排在「正元實業社」任庶務，把夫人張振華的胞弟張家龍安排在胡底手下當記者，實際上都是中共的秘密交通員。就這樣，借著國民黨最高層特工組織黨務調查科的外殼，卻建成了一個最嚴密高效的中共特工秘密組織，而國民黨最高當局竟然一無所知，毫無察覺，還將錢壯飛們視為黨國特工「奇才」，連蔣介石和陳立夫對他們寫的報告都讚不絕口：「了不起！哪來的這麼好的材料！」要不是後來發生了顧順章叛變一事，這個打入國民黨最高層的中共特工小組，還不知會創造出多少更加輝煌的業績。

被顧順章出賣的還有一位了不起的內線人物，這就是被稱作「中共首位非黨特工」的楊登瀛。楊登瀛原名鮑君甫，廣東人，自幼留學日本，畢業於早稻田大學。他在日本報界和商界交往很廣，有不少朋友。於一九一九年「五四」運動期間回國，參加了一些活動，同情工人，同情革命，由此也結識了不少共產黨方面的朋友。回到上海後，因為博學多才，人又活絡，精通日語，所以交際圈越來越大，與國民黨的上層人物和很多外國人也很有交情。一九二八年春天，國民黨ＣＣ系特工組織看中他，由陳立夫的親信楊劍虹出面，讓他籌建一個偵探機構，目標是專門對付上海的中共地下黨和其他反蔣黨派。但楊登瀛有點遲疑，他不想也不敢得罪共產黨方面，便暗中請教中共中央特科的朋友陳養山。陳養山又把這一重要情況報告給中共中央領導機關。黨中央指派陳賡直接去見楊登瀛，目的是一定要說服對方表面接受國民黨方面的委派，實際上來做共產黨的內線。此事敲定後，就等於國民黨苦心營建的專業反共偵探機構，從一開始便落入中央特科的監控之下，爭取了一個人，等於將對手整個一個特工機構為我所用而不費吹灰之力。後來的事實證明，楊登瀛作為一個內線人物，確實發揮了別人難以發揮的巨大作用，立下了汗馬功勞。且不說為我黨找出隱藏的叛徒戴冰石、白鑫、陳尉年、黃弟洪等，並協助予以鎮壓清除，把損失減小到最低程度；也不說他成為國民黨駐上海的中央特派員以後，為我黨提供了多少極有價值的情報；僅憑他與上海租界英國巡捕房的特殊關係，就先後從監獄營救出任弼時、關向應等一大批我黨的高級領導幹部，否則這些人很難活著出來。

潘漢年曾經十分惋惜地想，這個神奇的特工小組和非凡的楊登瀛要是還在該有多好，能頂十萬幾十萬大軍啊！可歎竟毀於叛徒之手。不過，這也更加激起潘漢年重建情報系統的熱情和決心，他充滿毫情地想：一定要再把尖刀插進敵人的心臟！然而，想歸想，做歸做。該從何處做起呢？重新派人打入敵人心臟去當然最好了，可談何容易呀！國民黨的特工首腦也不是傻瓜，吃了這麼大的虧，能不清理內部嚴加防範嗎？再精明強幹的特工一時恐怕也很難有所作為的。再說，眼下也沒有合適的人選，要培養一個這樣的人才也不是一日之功，有了人才也得等待恰當的機會。當年錢壯飛不就是經過長期培養、又經過長期潛伏才最後成功的嗎？那麼，眼下最可行的路子是什麼呢？潘漢年經過長久的思索，最後把當前的工作重點確定為一個目標，就是千方百計地在敵人內部物色楊登瀛式的內線人物，即便不如楊登瀛那麼優秀，只要有為我所用的短期價值也行。他覺得這在目前是比較可行的方案。經過特科領導研究批准，就基本上確定了下來。

潘漢年的第一個工作對象，毫不猶豫地定在公共租界巡捕房，這倒不光因為從楊登瀛身上受到的啟發，還由於他在上海灘多年，對公共租界及其巡捕房有著深刻的感受和看法。租界是帝國主義列強自鴉片戰爭以後，通過簽定各種不平等條約，在中國製造出來的「國中之國」。它是近代中國社會半殖民地性質的重要標誌。其中的公共租界（由原來的英租界和美租界於一八六三年合併而成，一八九九年正式稱為公共租界——筆者），是全國各大城市租界中最大的租界，面積多達三萬兩千一百畝。在這裡，英美殖民主義者建起一個幾乎具有國家機器全部職能的統治機構，掌管立法的是「納稅西人會」，審核財政，通過預算，徵收捐稅，組織選舉和制定「法律」；掌管行政的是工部局，決策者是董事會，對租界統治的一切問題都有決斷之權，下設警務、財政、工務、衛生、銓敘、公用、交通、學務等十多個委員會，執行機構包括萬國商團、警務處、火政處等，甚至有自己的軍隊叫萬國商團。巡捕房就是警務處所屬的一個警察機構，分西捕、華捕、印捕和日捕四種，擁有自己的法院、監獄等司法部門。這樣一個「國中之國」，既是帝國主義侵華的橋頭堡，實行經濟掠奪的基地，近代中國屈辱的標誌；同時又是中國軍閥政客下野落難的退居之地，藏汙納垢的髒水坑；但是從另一方面看，正是由於這裡情況複雜，卻也是革命者容易立足並開展工作的好地方，上海的新文化運動在這裡發起，左翼文化運動以這裡為中心，中國共產黨在這裡誕生，從大革命開始到現在，中共中央的首腦機關就一直設立在這裡，所以，對中國共產黨來說，堅守公共租界這塊地盤是大有好處的。潘漢年正是基於對公共租界這種全域性的認識，覺得將巡捕房這個關乎著地下黨生存狀態的特殊機構，抓在自己手裡是重中之重。

公共租界巡捕房的組織機構十分龐大，分甲、乙、丙、丁四個警區，分轄中央、老閘、成都路巡捕房；新閘路、靜安寺路、戈登路、普陀路巡捕房；虹口、西虹口、狄思威路、嘉興路巡捕房；匯山、梅林路、楊樹浦路巡捕房。公共租界巡捕房的骨幹人物，自總巡以下至巡捕，照例都從英國本土招募，大多是英國官辦學校的畢業生，經過皇家愛爾蘭警察基地嚴格培訓以後才派往上海的。後來才慢慢開始招募華捕、印捕和日捕。四種巡捕總人數最高時達到三千多人。他們從事各項拘捕，調查案情，查禁妓館賭館，辦理各種證照……總之，手中許可權、活動範圍和社會能量之大，都是不可低估的。當初楊登瀛正是與它們保持著一種特殊關係，方能在租界裡眼觀六路，耳聽八方，呼風喚雨，大顯身手。

那麼，會不會有新的楊登瀛呢？這是潘漢年現在最操心的事。經過一段艱苦細緻的考察之後，他發現一位名叫陳志皋的律師，與巡捕房的許多頭面人物都很熟悉，雖與楊登瀛不可同日而語，卻也算得上一個響噹噹的角色。此人畢業於震旦大學，是著名愛國人士沈鈞儒的得意門生，在上海灘已很有點名聲的大律師。他曾為法電工會的工友們義務出庭與法租界巡捕打官司，並且一舉勝訴。工人們為答謝他的俠義行為，集資打造了一枚銀盾紀念章送給他，上刻「正義之光」四個字。再說他的家庭和社會背景也不簡單，祖上是浙江海鹽名門，康熙年間出過一位閣老，其父陳其壽字介卿，曾是同盟會會員，與孫中山、陳其美都有很深的交情，同時又救過青幫頭子黃金榮的命，黃金榮很買他的帳，現任法租界會審公廨刑庭庭長，在上海司法界也算得上是一位一言九鼎的人物。這些資訊都出自他手下一位女情報員黃慕蘭，於是他便把接近並爭取陳志皋的任務派給了黃慕蘭。

這位黃慕蘭，可也不是個尋常人物！她出生於湖南瀏陽。其父黃穎初做過譚嗣同的秘書，與唐才常、譚嗣同並稱為「瀏陽三傑」，生下長女取名黃彰定，親自發蒙以後，送入著名的周南女校讀書。周南女校可是個英才輩出的地方，僅傑出的革命家就有蔡暢、向警予、楊開慧、朱仲麗等。黃彰定在周南女校也是個非常活躍的學生，成績優秀，文才出眾，填詞賦詩更是一絕，加之長得花容月貌，乃全校注目的焦點人物。一九二五年秋天，黃彰定隨父親來到當時中國革命的中心武漢三鎮，立即被嶄新的生活所吸引，動了從軍習武的念頭，她羨慕歷史上的女英雄花木蘭，便將名字改為黃慕蘭。

一九二六年三月，她加入中國共產主義青年團，同年十一月十一日就轉為中共黨員，年僅十九歲。入黨第二天就接替章蘊擔任了漢口特別市黨部的婦女部部長。一九二七年三月八日，武漢舉行慶祝「三八婦女節」遊行活動，她擔任總幹事，指揮幾十萬遊行隊伍。就在這一天，發生了轟動全國的「裸體遊行」事件，十多個妓女在反革命分子的唆使下，光著身體衝進遊行隊伍搗亂，一群早就串通好的「記者」則乘機圍過來頻頻拍照，遂使遊行活動一時秩序大亂。年方二十歲的總幹事黃慕蘭處變不驚，指揮若定，她當即帶領工人糾察隊和少先隊趕到現場，將鬧事的人控制起來，給那些妓女們強行穿好衣服，送交治安機關。禍源既除，事態很快平靜下來，遊行活動照常進行。

更為轟動的是，也就是在這一天，黃慕蘭和她的入黨介紹人之一宛希儼（另一位介紹人是章蘊）公開在報上發表啟事，宣佈結為夫婦。宛希儼是一九二二年入黨的中共老黨員，國共合作初期就擔任國民黨江蘇省黨部的組織部長，調來武漢後協助董必武辦《楚光日報》，出任總編輯，他的一支筆相當了得。不久前又調任《民國日報》總編輯，同時秘密擔任中共中央軍事委員會機要處秘書。一男一女，都是武漢三鎮的當紅人物，他們的結婚啟事自然是萬眾矚目的了。

一九二八年一月，黃慕蘭剛生下他們的兒子，取名昌傑，宛希儼就奉命趕奔贛南主持那裡的特委工作。豈料從此一去竟是夫妻永訣，宛希儼在領導吉安暴動中壯烈犧牲。黃慕蘭痛失愛侶和戰友，哭得死去活來。但她堅強地挺了過來，將孩子送到宛希儼父親身邊，自己又根據黨的安排來到上海從事地下工作。一九二九年夏天，黃慕蘭奉命在紗廠當女工，領導工廠的工人運動。一次以女工代表的身份在閘北民眾茶館發表演講，被反動軍警拘捕，關在龍華監獄。在獄中，她根據關在這裡的彭湃等中共領導人的指示，繼續堅持鬥爭，直到被黨組織營救出來。

後來，黃慕蘭與宛希儼的老戰友賀昌結婚。賀昌是山西人，也是我黨一位老資格的革命家，一九二七年調任共青團湖北省委書記，後參加南昌起義，此時正在上海黨中央機關工作。一九二九年十一月，賀昌調往香港擔任中共南方局書記，黃慕蘭隨同前往，擔任南方局秘書和交通。第二年開春，黃慕蘭又生下一個男孩，取名賀平。不久賀昌又調天津北方局任書記，黃慕蘭自然又隨夫上任，仍擔當秘書和交通職務。由於黨內立三左傾路線的影響，賀昌領導的唐山兵暴和永安兵暴都相繼失敗了。賀昌夫婦只好退回上海。在以左傾反左傾的中共六屆四中全會上，王明在共產國際代表米夫的支持下，撤銷了李立三和瞿秋白的領導職務，賀昌也被開除出黨中央。於是，賀昌和黃慕蘭夫婦開始了一段艱難痛苦的歲月，他們住在亞爾培路一家醬園店的小閣樓裡，整日無所事事，誰也不敢來看他們，日子非常苦悶。在這種情況下，賀昌提出去毛澤東領導的蘇區工作的要求，很快得到批准。黃慕蘭怕再會有夫妻分離即成永別的悲劇發生，這次死活要跟隨丈夫一起走。但賀昌擔心蘇區艱苦，妻子和孩子難以適應，堅持要他們留在上海，為此不得不求助於周恩來出面給黃慕蘭做工作。在周恩來的規勸下，黃慕蘭最後服從了組織安排，留下擔任上海互濟會特別營救部部長，同時參加中央特科的情報工作。在周恩來的關照下，由戚元德出面在霞飛路霞飛坊租了一套大房子，佈置得相當華美，也給黃慕蘭選購了不少時髦衣服，打扮成富家太太模樣。為了便於開展工作，組織讓她對外隱瞞與賀昌的夫妻關係，只以宛希儼遺孀的身份出現，改名叫黃淑儀，對外就說已經脫黨，迫於生計來上海尋找工作。中央特科重建後，她的工作關係又轉到潘漢年這裡。此時的黃慕蘭雖說已經二十四歲，生過兩個孩子，但天生麗質，看起來依然光彩照人，宛若二十歲不到的大姑娘。

潘漢年挑選黃慕蘭來爭取陳志皋是有的放矢，因為他從周恩來那裡已經知道二人早就接觸上了，並且在前些時營救關向應出獄一事上合作得很成功。關向應是中共中央政治局委員，早春時在上海被捕，同時抄走了很大一箱黨內文件。中央把營救任務交給了陳賡。陳賡兵分兩路，一路通過楊登瀛負責處理那一箱黨內文件，進行得很順利，這裡不再細表；另一路就是通過黃慕蘭做陳志皋的工作，想辦法放人。此事也辦得很成功。其具體經過是這樣的：如上文介紹，陳志皋本人原來也是一個傾向革命的進步青年，他那時已是黨的週邊組織《世界與中國》雜誌社的成員，該雜誌的審稿人就是中共黨員孫曉村，編輯部就設在霞飛路巴黎電影院隔壁陳家私宅的三樓上。有了這層關係，由孫曉村引薦黃慕蘭認識陳志皋就極為自然了。這天下午，三人來到麥琪路一家咖啡館，坐定以後，孫曉村就向陳志皋介紹說：「志皋，今天我給你領來一位新朋友，就是這位黃小姐。你們先認識一下吧。」

陳志皋有點發愣，因為他從來還沒有見過這麼漂亮的女子，不免多看了幾眼，聽孫曉村叫他才醒過神來，臉一紅說：

「好的，好的。我是陳志皋，請教黃小姐芳名？」

黃慕蘭說：「我叫黃淑儀。陳先生的大名，我可是久仰呀。」

陳志皋是見過世面的人，很快就定下神來，說：「哪裡，哪裡。久仰，久仰。」

孫曉村一笑說：「別酸了，你久仰黃小姐什麼呀。我說正經事吧，這位黃小姐也不是一般人，她父親是譚嗣同的朋友，如今在長沙嶽麓書院執掌教席。他家有位表親名叫李世珍（關向應在獄中用的化名，未暴露真實身份——筆者），前些天被誤抓了，關在租界監獄裡。這事想請你出一把力。」

黃慕蘭緊接著說：「真不好意思，頭一次見面就為難陳先生。」

陳志皋當然想不到這個表親是何許人物，以為不過小事一樁，便很痛快地說：「能為黃小姐效勞，不勝榮幸。待會你詳細說說情況，我回頭就辦。曉村兄，咱們是不是先說些高興的事？」

這位陳大律師不知是看在孫曉村的面子上，還是對黃慕蘭真有了好感，也許二者兼而有之？反正當天一回到家，就跟當刑庭庭長的老爸訴說此事，要他老人家無論如何得幫這個忙。

介卿公望著平日從未求過自己的兒子眨巴眨巴眼兒，逗著說：「喲，你多會看起我這個老朽庭長啦。」

兒子說：「爸，你別開玩笑。這是一位新朋友托辦的事，一定得當真辦。」

老子說：「什麼新朋友？男的還是女的？說清楚了。」

兒子說：「是老孫介紹的一位女朋友，她爸是譚嗣同的朋友呢，姓黃，也不知叫什麼名字。」

老子說：「姓黃？譚嗣同的朋友？哎呀，莫不是黃穎初？那可是「瀏陽三傑」之一，天下聞名呀！」

兒子說：「你見過？」

老子說：「我早想見，可沒那福氣。果真是他的女兒的話，你不妨領來我見見乍麼樣？」

也真算有緣份。一向古板嚴厲的介卿公，頭回見著黃慕蘭居然談興大發，琴棋書畫，詩詞歌賦，講古論今，無所不談，說到高興處，當下就要認下這個「過房女兒」，而且請黃慕蘭擔任他女兒們的家庭教師。至於放人那事，老人家一口應承，當下吩咐兒子說：「志皋，你給我馬上去找龍華監獄的典獄長，就說我晚上請他來家吃飯。快去，快去。」

有陳家父子出頭，巡捕房不得不給面子；再加上關向應一直沒有吐露真實身份，一口咬定就叫李世珍；而最要命的那一箱黨內文件經過楊登瀛大做手腳也已變成「一大堆學術研究資料」。於是一場天大的禍事煙消雲散，關向應從鬼門關上揀回了一條命。

也正是通過這場交往，黃慕蘭成了陳家的座上客，對陳志皋的認識也越來越深入，為進一步爭取他打下了很好的基礎。所以，在決策者潘漢年看來，再也沒有比黃慕蘭更合適、更得力的人選了。後來的事實證明，潘漢年的這一決策是非常成功的，通過陳志皋這條線，給地下黨辦了許多好事，獲取了大量的有用情報。比如關於中共總書記向忠發被捕和叛變的情報，就是通過陳志皋才得以掌握的。

向忠發何許人也？乃是中共「六大」選舉產生的總書記。他的當選，充分證明在中共建黨初期，極左思想在黨內就很有市場。向忠發工人出身，湖北漢川人，十四歲到漢陽兵工廠當學徒，後又在武漢造幣廠做工，還在一條輪船上幹過事。中國共產黨成立初期，湖北的中共黨員林育南、許白昊等創建了武漢工團聯合會，吸收他參加了工人運動。他進步很快，一九二二年就擔任了漢陽鋼鐵廠工會副委員長，同年又升任漢冶平公司總工會副委員長，也就在這一年加入了中國共產黨。第二年，參加了京漢鐵路工人大罷工，任武漢工人糾察隊總指揮。由於表現出色，一九二五年成為中共武漢區執委會委員，出席了中共第四次全國代表大會。第二年，一九二七年，對中國革命來說是個不吉利的年頭，但對向忠發來說，事情並不壞，先是擔任湖北省總工會委員長，在武漢三鎮創出點名氣；四月二十七日，中共第五次全國代表大會在武昌第一小學召開，他是參加大會的三十八位代表之一，並成為三十一位中央委員之一，開始躋身於中共領導圈內；八月七日，著名的「八七會議」在武漢召開，由李維漢主持會議並轉達共產國際代表羅明納的指示說：「我們可以說工人領袖的意識比中央的意識高百倍，他們的理論比中央的理論正確得多……」於是乎，工人出身的領袖忽然身價陡增，向忠發被大會列入中共新領導班子的侯選名單，選舉時竟得了全票，雖說最後沒有取代瞿秋白成為新領袖，但這也只是個時間問題了。「八七會議」結束不久，中共中央接到共產國際發來的通知，讓組織一個「中國工農代表團」，赴莫斯科參加蘇聯十月革命勝利十周年大慶活動，以體現共產國際重視工農幹部的新精神。於是，向忠發被推上了團長的寶座，來到了全世界革命的中心莫斯科。一見向忠發，正在忙著為中國革命物色工人出身的領袖的共產國際，不禁大為驚喜，面前這個四十七歲的老工人不就是最合適的人選嗎?!慶祝活動一結束，馬上派向忠發前往德國和比利時出席反對帝國主義大同盟理事擴大會議，以示培養。並精心安排向忠發在大會上作了發言，大講中國革命和反對帝國主義之類的問題，會後儼然以中共最高領導人的身份，與德共和比共領導人舉行了會談。好事還沒有完，一九二八年二月，向忠發又應邀前往莫斯科，出席共產國際執委會第九次全會，並受到史達林的接見，再以聯共代表團和中共代表團的名義，聯合起草了《關於中國問題決議案》，由大會通過。一夜之間，向忠發又鍍金成為具有國際聲望的大人物了。同年六月十八日至七月十一日，中共「六大」在莫斯科郊區茲維尼果鎮的銀光別墅召開。根據史達林為會議定下的調子，認為陳獨秀固然不行，瞿秋白也是不行，凡是知識份子做領袖都不行，必須從工人中選拔無產階級革命的領導人。結果，選出中央委員三十六人，工人出身者為二十一人，在這種情況下，向忠發自然而然地就成了中國無產階級革命的新領導人——中共中央總書記。

誰又能想到，這件事很快就成為命運跟中國革命開的一個天大的玩笑：堂堂中共最高領導人向忠發一經逮捕即刻叛變，根紅苗正的老工人其實是個稀鬆軟蛋。事情的經過是這樣的：顧順章叛變後，向忠發在周恩來的安排下已經安全轉移，只要多加小心，原本不會有什麼大危險。但這位總書記已然今非昔比，早學會玩花活了，與一個名叫楊秀珍的妓女打得火熱，雖在非常時期，也不稍收心。有一天，這位總書記的野夫人興致勃勃地前去裁縫鋪取回定做的新衣，被人盯稍，暴露了藏身之地。多虧發現得早，由周恩來親自料理，將向總書記接到自己與鄧穎超居住的小沙渡路居所，將楊秀珍轉移到靜安寺附近的靜安旅社，與任弼時的夫人陳琮英一起住下。這才使他躲過了一場滅頂之災。周恩來考慮到總書記的處境危險，經請示其他中央領導，決定將總書記護送到江西中央蘇區。但就在臨走前夕，這位中共中央最高領袖居然不顧大局，執意要與楊秀珍見面，誰勸也不行。周恩來怎麼能拗過總書記？無奈之下只好提醒他「見一面馬上就走，不能在外過夜，以免出危險」。可事實是，向忠發不但在外頭過了夜，而且從此踏上背叛之路。

幾天後的一個下午，黃慕蘭約陳志皋到東海咖啡館碰頭。兩人剛坐定要談工作，卻見有人走過來說：「喲，這不是陳大律師嗎？」

陳志皋抬頭一看，原來是自己一個很要好的老同學曹炳生，目下正在法租界巡捕房擔任翻譯。忙站起來打招呼，並介紹與黃慕蘭認識。

曹炳生兩隻眼睛不斷掃著黃慕蘭，嘴裡開著玩笑：「老同學真行呀，幾天不見，打哪兒認識這麼漂亮一位女友，什麼時候喝喜酒？」

陳志皋說：「你別胡說八道好不好。黃女士是來跟我商量一件案子的。來，坐下和我們一起喝咖啡吧。」

大凡男人都愛在漂亮女人面前賣弄自己，這位曹大翻譯也毛病不淺，隨口就說道：「說到案子，我可是知道一個天大的案子，想聽不想聽？」

陳志皋說：「說來聽聽。」

曹炳生立即壓低聲音說：「這可是絕密呀。幾天前，我們那兒抓到一個湖北人，聽說是共產黨的大頭頭，可看他那樣實在不怎麼的，五十多歲的人倒像是六十歲模樣，酒糟鼻子大金牙，還是個六指兒。你們猜怎麼樣，還沒用刑就什麼也瞎招，憑這也不像個共產黨，更別說是什麼大人物了。但是你說不是吧，南京方面馬上就要派大員過問了。」

說者無心，聽者有意。黃慕蘭聞言大吃一驚，心想這會是真的嗎？要是真的，那麼又會是誰呢？她穩定一下自己的情緒，裝著不大感興趣的樣子說：「這種事天天報上都有，誰知道是真是假呢。我才不信呢。」說著用手直掐自己的太陽穴。曹炳生認真地說：「黃女士，千真萬確，我怎麼敢瞎編這種事呀。」

黃慕蘭繼續掐太陽穴，似乎頭很痛。

陳志皋關切地問：「你怎麼啦，不舒服？」

黃慕蘭說：「是有點頭疼。真糟糕，恐怕不能陪你看電影了。」他們原來說好待會要去卡爾登電影院看電影的。

陳志皋說：「哪算什麼。走，我陪你看醫生。」

黃慕蘭說：「這你就見外了。我不要緊的，只要回家躺一會就好，經常這樣。你難得有空，既然出來了，就和曹先生去看一場電影吧。曹先生，不知你是否有空呢？」

曹炳生說：「既然黃女士有吩咐，在下願意代勞，只是要委屈陳先生了。」

黃慕蘭一進家門，立即就給潘漢年撥打電話，頭疼是假，趕緊給組織反映情況比什麼都重要。

潘漢年接到電話，覺得事態嚴重，馬上來到霞飛坊黃慕蘭家中。黃慕蘭將方才曹炳生的話再詳細複述一遍。潘漢年聽罷倒吸一口冷氣，自言自語道：「又是顧順章幹的好事！可是這個被捕者會是誰呢？現任中央領導人中，誰是湖北籍呢？五十多歲，酒糟鼻子，金牙，六指……這不就是向忠發嗎？難道是他？總書記？當了叛徒？」說到這裡，潘漢年猛地彈起身子去抓電話，想馬上給周恩來彙報情況，可轉念一想覺得不對，必須面見周恩來才行。於是他給黃慕蘭交代幾句要注意的話，便急匆匆地下樓去了。

求生怕死的可恥叛徒向忠發，不僅供出了周恩來、瞿秋白、博古等領導人的住處，連自己心愛的女人楊秀珍都出賣了。由於潘漢年行動快，使周恩來等人倖免於難，但寄宿在任弼時家的楊秀珍和任弼時的夫人陳琮英不幸被捕。陳琮英在敵人的嚴刑逼供下寧死不屈，連妓女楊秀珍也拒絕指認向忠發是中共黨員。可氣的是，此時向忠發自己倒跳出來進行勸降。所以後來周恩來曾說向忠發的節操還不如一個妓女！

這場災難化險為夷之後，周恩來對黃慕蘭的出色表現非常讚賞，又向潘漢年詳細詢問了黃慕蘭與陳志皋建立情報關係的情況，並指示要進一步做好曹炳生的工作，希望他也能像陳志皋一樣轉向革命，成為向我們提供各種情報的內線人物。後來在黃慕蘭的努力下，通過陳志皋的關係，還在法租界巡捕房發展了一個提供情報的耳目，名叫趙子柏，是個華人探長。

這裡需要多說幾句話的是，黃慕蘭的命運頗多坎坷，第二個丈夫賀昌奉命在紅軍長征後留在中央蘇區堅持鬥爭，一九三五年三月，不幸在突圍中壯烈犧牲。噩耗傳來，黃慕蘭哭得昏了過去。由於她與賀昌是秘密結婚，連她的母親都不知道，所以這巨大的悲痛只有她一個人默默承受。此時多虧有陳志皋在身邊照看，他與她幾年相處下來，互相之間逐漸瞭解，可以說陳志皋對黃慕蘭早已是一往情深。又過了一段時間，當黃慕蘭慢慢從悲痛中解脫出來之後，陳志皋正式向她求婚。在黨組織的關懷下，這對有情人終成眷屬。介紹人是柳亞子和歐陽予倩的妹妹；證婚人一個是沈鈞儒，一個是蔡元培；主婚人是黃慕蘭的母親和陳志皋的母親。婚禮在上海舉辦，十分隆重。在前去天目山度蜜月的路上，兩人沿途種下五百枝梅花，以寄託對革命烈士宛希儼和賀昌的無限哀思。

在潘漢年運籌的情報戰的總體用兵方略中，拿下租界巡捕房只是一個目標，還要拿下國民黨上海市黨部、上海社會局、上海淞滬司令部等等，總之敵人的每一個系統，每一個重要的情報部門，都要設法給它們打進釘子，安上我們的眼睛、耳朵和鼻子。潘漢年雄心勃勃，大顯身手。他先後在國民黨上海市黨部安排了內線人物「老槍」，在上海社會局安插了一個耳目吳漢祺，在上海淞滬司令部乃至青幫黑社會裡都撒下了情報網。這裡，我們只講一下「老槍」的故事。

「老槍」，是內部人對沈壽亞的一個稱呼。沈壽亞曾是早期中共嘉定縣的縣委書記，後來脫黨投向了國民黨營壘，在國民黨上海市黨部主任委員吳開先手下當文書。潘漢年經過精心策劃和艱苦工作，終於將此人爭取了過來，叫他千方百計取得吳開先的信任，以便長期隱蔽下來等待機會。一九三二年，「老槍」發揮作用的機會終於到來。

作為國民黨上海市黨部首腦的吳開先，也不是等閒之輩，他為了對付共產黨的地下組織，也想出了不少高招。比如，他通過叛徒掌握中共地下組織的詳細情況後，就組織力量將這些地下工作者一個一個地進行研究，以便發現新的動搖分子，作為拉攏收買的突破口。一旦選準目標，就不惜代價地進行威逼利誘，讓這些動搖分子秘密自首，然後酬以重金，叫這些變節分子依然不動聲色地潛伏在原地，成為一個個地雷式的臥底者，非常危險可怕，給中共地下黨的活動造成了極大的威脅，很多秘密制定的專項鬥爭計畫還沒有來得及實施，就莫名其妙地洩露出去了，造成了嚴重的後果。

面對這一被動局勢，潘漢年決心反擊，他覺得是該起用「老槍」的時侯了。時機也正好，「老槍」深得吳開先信任，最近剛剛把他調入組織部特別行政科，專門負責管理中共方面變節者的自首登記表。接到潘漢年的指令後，「老槍」很容易地就將自首分子的姓名報送上來，不過有個缺點，就是這些變節者大都使用化名，而且經常更換，也不透露在中共內部的職務，這就給儘快找出他們造成困難。潘漢年點子多，馬上給「老槍」出主意說，你可以用改進登記辦法作藉口，很自然地提出新的登記內容，比如要填出真實姓名、在中共內擔任何種職務、聯繫地址、電話號碼，以及必須附上免冠近照一張，等等。這對建檔工作來說都是很正常很普通的事兒，並不會引起任何懷疑。說來也巧，「老槍」的上司也正在考慮此事，因為日常工作中也常常出現這種化名真名混淆不清因而誤事的問題，一聽「老槍」的建議正中下懷，還直誇他能替上司分憂，遂叫他全權負責此事，不久還授予他直接與自首分子見面的權利，對他更加信任了。從此，吳開先費盡心機安插在上海地下黨裡的內奸一個也跑不掉，都牢牢掌握在潘漢年手中。舉例來說，有次中華全國總工會常委、兼全國海員工會書記林育英同志剛來到上海，就有一個內奸向國民黨當局報告了他的職務和住處。吳開先指令這個內奸要不動聲色，繼續與林育英保持接觸，進一步刺探與林來往的人，搞清後再一網打盡。這個陰謀自然逃不過「老槍」的眼睛，情報及時送達潘漢年手中，核對無誤後便將林育英同志先行護送出上海，同時派出「紅隊」戰士嚴厲制裁了那個自首變節者，使敵人的圖謀完全落空。

潘漢年接手中央特科情報工作一年多時間，便基本上重新建起了情報網絡，在對敵情報戰中不斷取得成功，雖說還未達輝煌，畢竟有了一個很好的開端。這裡值得一提的還有一件事，就是在營救牛蘭夫婦的過程中，潘漢年的情報網又立一功。牛蘭夫婦是一對蘇聯人。牛蘭本名叫亞可夫・馬特耶維奇・魯尼克，牛蘭是他在中國的化名。他於一八九四年出生於烏克蘭一個工人家庭，十歲時父母雙亡，自己一個人獨立謀生求學，最後畢業於基輔一所商業學院。第一次世界大戰中因為作戰有功，戰後被送入聖彼德堡軍事學院深造，一九一七年在推翻沙皇統治的鬥爭中投向革命，成為布爾什維克的一員，曾擔任紅軍「芬蘭團」的政委。一九一八年進入「契卡」工作，先後到歐洲數國執行特殊使命，曾在法國被捕服刑。

一九二四年調入共產國際聯絡部，曾擔任與奧地利、義大利、德國等國共產黨聯絡的秘密信使。一九二七年被共產國際派來中國，以私人身份出面，以開辦商業公司為掩護建立了秘密聯絡站。一九三〇年初，他的夫人達吉亞娜・尼柯賴維婭・瑪依仙柯帶著二歲的兒子吉米也來到上海。這位出生於聖彼德堡貴族世家的牛蘭夫人，受過良好的高等教育，從事教師職業，教的是數理邏輯，但對語言學很有研究，造詣極高，本人精通英、法、德、意、土耳其等多種外語。同時也是一位堅定的馬克思主義者，稱得上是牛蘭的革命伴侶。他們夫婦到上海後，利用其在租界區內的合法身份從事革命活動，負責共產國際執委會和遠東局、青年共產國際、赤色職工國際等國際組織與中國共產黨以及亞洲各國共產黨的聯絡工作：接收中轉信件、電報、郵包；建立秘密印刷點；租用公寓和會議使用的秘密場所；為赴蘇學習、開會或述職的共產黨人辦理各種必要的手續等。為安全起見，他們同時持有比利時、瑞士等國護照，使用多種假名，登記了八個信箱，辦了七個電報號，租用十處住所、兩個辦公室和一家商店，工作中頻繁更換聯絡地址，並盡可能不與中共聯絡人直接見面。

不過，正如中國老話所說，常在河邊走，哪能不濕鞋。一九三一年六月十五日，到底還是發生了意外事件：上海公共租界警務處將牛蘭一家三口及一名姓楊的保姆逮捕，罪名是共產黨嫌疑。此事的發生純屬偶然，一個名叫約瑟夫的共產國際信使在新加坡意外被捕，從他身上發現一個上海的電報掛號和一個郵政信箱。上海公共租界警務處接報後跟蹤追查，終於發現了牛蘭夫婦的住址。不過他們被捕後，一直沒有暴露真實身份，他們拒絕回答任何問題，指定德籍律師費舍爾博士出面為自己辯護。警方力圖從牛蘭夫婦所持的護照上打開缺口，但比利時領事館否認護照的真實性而不願合作，瑞士領事館則未置可否。警方又想從牛蘭一家的口語上查出其國籍，認定他們是蘇聯人，然而也不奏效，因為四歲的吉米說得一口流利的德語。這邊查不出樣子，那邊卻大起抗議，法國工會聯盟和國際反帝同盟發起了「保衛無罪的工會秘書」運動，鬧得租界當局十分被動。正在這時，又發生了一樁意外事件，使牛蘭夫婦的處境更加艱危。

什麼事件？又是那個該死的「顧順章叛變」！年初時，共產國際曾派遣兩名軍事人員到上海，由這裡進入中央蘇區擔任軍事顧問。此事當時就交由牛蘭負責辦理，中共方面的負責人則是顧順章。四月二十六日顧順章一叛變，牛蘭自然受到牽連。國民黨當局向租界警務處提出要引渡顧順章所交代的「中國聯絡站」負責人牛蘭，想以此破獲中共的上層領導機關。八月十四日，引渡成功，大批全副武裝的憲兵將牛蘭一家由上海押往南京。

從此，營救牛蘭夫婦就成為當務之急。國際紅色救濟會首先發起了聲勢浩大的營救運動，以十多種文字出版散發幾十種報刊雜誌和救援公告；宋慶齡發起成立「牛蘭營救會」並自任主席，親去南京找蔣介石、汪精衛等辦交涉。而社會上則謠言四起，哄傳牛蘭夫婦已承認是蘇聯間諜，已被南京政府當局處決了。在這種情況下，首先就要搞清牛蘭夫婦是否還活在人間，是否還關在南京監獄，不然的話，一切救援活動也就失去了意義。那麼，這個任務便落在潘漢年的肩上了。

潘漢年動用自己手中所有的情報關係，千方百計地打探牛蘭夫婦的下落，上海公共租界巡捕房的陳志皐、趙子柏，社會局的「老槍」沈壽亞，以及陳賡當時移交給他的老情報關係楊度、王紹鏊、章秋陽等社會名流等，都發動起來了。各種情報來源得到的結論是，牛蘭夫婦並沒有死，依然關在南京監獄。但這遠遠不夠呀，因為自從引渡以後，至今還沒有一個人看到過健在的牛蘭夫婦。這不行，還得繼續努力。潘漢年想，這該怎麼辦呢？看來必須在南京政府高層人物中找到一個關係才行。於是，潘漢年幾經周折，最後走通了當時很受蔣介石器重的張沖的門路，終於從獄中拿到了牛蘭的親筆信，證明他們一家確實還活著。宋慶齡根據這一情報，堅決要求探監。蔣介石再也無法搪塞，只好答應了宋慶齡的要求。宋慶齡先後多次入監探望牛蘭夫婦，並兩次書面具保他們保外就醫，最後受託將牛蘭夫婦的掌上明珠吉米帶回家中收養，於一九三六年才將小吉米送回蘇聯。

這裡再順便交代一下牛蘭事件的結局。一九三二年八月十九日，國民黨當局在內部分歧和世界輿論的譴責下，只好以「擾亂治安」的罪名判處牛蘭夫婦無期徒刑。一九三八年南京失陷於日軍之手時，牛蘭夫婦逃出監獄，在上海隱藏起來，於一九三九年返回蘇聯。分別於一九六三年和一九六四年先後去世。他們的兒子小吉米現在已經年逾古稀，正在撰寫關於父母的回憶錄，並準備重返中國看望他的第二故鄉。出現在這裡的神秘人物張沖，則命裡註定還要與潘漢年再打多年的交道。下面的章節裡自會詳細記述。

第九章　在「伍豪事件」中

水有多深

一九三二年二月二十一日晚上，中央特科的三位負責人陳雲、康生、潘漢年聚在一起召開緊急會議，議題只有一個：怎樣對付眼下突發的「伍豪事件」。

這裡，我們應該把陳雲和康生此前的經歷約略地介紹一番。陳雲在新中國的知名度相當高，老少皆知的毛、劉、周、朱、陳、林、鄧，這陳就是陳雲；但人們對他早期的革命生涯則知之不詳。他原名廖成雲，一九〇五年六月十三日出生在上海青浦縣章練塘，從事革命活動以後改名陳雲。一九一五年，年僅十歲的陳雲從小學畢業後就不再讀書了，到上海商務印書館當了一名小學徒、店員。一九二五年的「五卅」運動中，二十歲的陳雲血氣方剛，表現突出，隨後又參加領導了商務印書館的罷工鬥爭，不久便被吸收為中共黨員。一九二六年十月至一九二七年三月，陳雲親身參加了周恩來領導的上海三次武裝起義，並與周恩來結下了革命友誼。大革命失敗以後，陳雲返回青浦老家從事農民運動，歷任中共青浦縣委委員、淞浦特委組織部部長等職，並領導了當地的農民武裝暴動。一九二九年先後擔任了中共江蘇省委滬寧巡視員和中共江蘇省委常委兼農委書記、軍委委員。一九三〇年九月，在中共六屆三中全會上補選為候補中央委員。一九三一年一月，在中共六屆四中全會上補選為中央委員，擔任中共江蘇省委書記職務。同年六月，即被調任中央特科負責人，接著成為中共臨時中央成員。就在發生「伍豪事件」的前幾個月，他已經成為中共臨時中央常委和全國總工會黨團書記，主要精力已不在中央特科這邊了。康生這個名字，在文化大革命中可以說出盡了風頭，而最後變得臭不可聞。他本姓張，叫張宗可，一八九八年出生於山東膠縣大台莊。十六歲入青島禮賢中學讀書，這是一所由傳教士兼學者理查・衛立姆創辦的西式學校。畢業後返回家鄉，隨家遷居諸城縣，改名為張裕先。第二年在諸城縣高等小學執教，又改名為張叔平，此時認識了江青。一九二四年，二十六歲的張叔平考入上海大學，改名為張耘。一九二五年參加了中國共產黨，並擔任了上海總工會幹事，接著擔任上海大學特支委員會書記。一九二七年，調任中共滬東區區委書記，在「四一二」反革命政變中倖存了下來，不久擔任閘北區區委書記，並與上海大學學生曹軼歐結婚。一九二八年，改名為趙容，歷任中共滬西區區委書記、中共滬中區區委書記、中共江蘇省委組織部部長。一九二九年成為李立三的執鞭者，出任中共中央組織部秘書長，接著再轉向王明集團，在中共六屆四中全會上當選為中央委員，出任中共中央組織部部長之職。顧順章叛變後，調來中共中央特科任第二把手。至於康生之名，是他後來去莫斯科給王明當副手時才改的。

這次的中央特科三巨頭會議，沒有留下任何文字記錄，不過，據當事人陳雲和康生許多年以後的回憶看，那天大家一致同意，由潘漢年全權處理迫在眉睫的「伍豪事件」。

潘漢年當仁不讓，表示一定要處理好。但他同時心裡也十分明白，這個「伍豪事件」很有來頭，背後的水不知有多深。

那麼，究竟什麼是「伍豪事件」呢？

先來解釋一下「伍豪」二字。它是周恩來在三〇年代使用的一個化名，還有一個化名叫周少山。所以，「伍豪事件」也就可以當成是「周恩來事件」吧。

中共六屆四中全會後，王明左傾主義路線開始在黨內佔據主導地位，由他提名，經共產國際東方部批准，組建了新的中共中央臨時政治局，成員共有六人，是：博古、張聞天、盧福坦、李竹聲、康生、陳雲；常委三人，即：博古、張聞天、盧福坦；由博古負總責。而這個領導班子的實際操縱者王明，卻不願意與大家同甘共苦，他被顧順章、向忠發叛變後國民黨當局在上海製造的白色恐怖嚇壞了，早已於一九三一年十月十八日，帶著老婆孟慶樹跑到蘇聯，就任中國共產黨駐共產國際代表團團長去了。

要說危險，在上海的中共領導人中處境最危險的應該是周恩來。因為他在國共第一次合作時期就是非常著名的人物，上海工人三次武裝起義他又是主要指揮者之一，敵我友三方認識他的人都太多太多了。接著，他又長期在上海從事地下工作，兩次組建中共中央特科，給國民黨的特工部門以沉重打擊，成為國民黨當局最仇視的人物之一。而大叛徒顧順章和向忠發與他又曾同是中央特委三成員，平時朝夕相處，對他的生活習性和活動規律都瞭若指掌，成為反動當局搜捕他的活地圖。在這種情況下，周恩來經組織安排，也在一九三一年年底離開上海，經廣東汕頭、大埔，從福建永定轉往中央革命根據地，十二月下旬抵達中央蘇區的紅色首都——瑞金，擔任中共蘇區中央局書記、中國工農紅軍第一方面軍政治委員、中央革命軍事委員會副主席等職。這也就是說，一九三二年二月十六日「伍豪事件」在上海發生的時侯，事主伍豪也就是周恩來本人早已不在上海了。

下面，就讓我們來看看這起事主不在事發現場的非常奇特的「伍豪事件」吧。一九三二年二月十六日，上海《時報》忽然登出這麼一則啟事，名為〈伍豪等二四三人脫離共產黨啟事〉，內容如下：

> 敝人等深信中國共產黨目前所取之手段，所謂發展紅軍牽制現政府者，無異消殺中國抗日之力量，其結果必為日本之傀儡，而陷於中國民族於萬劫不回之境地，有違本人從事革命之初衷。況該黨所採之國際路線，乃蘇聯利己之政策。蘇聯聲聲口口之要反對帝國主義而自己卻與帝國主義妥協。試觀目前日本侵略中國，蘇聯不但不嚴守中立，而且將中東路借日運兵，且與日本訂立互不侵犯條約，以助長其侵略之氣焰。平時所謂扶助弱小民族者，皆為欺騙國人之口號。敝人本良心之覺悟，特此退出國際指導之中國共產黨。

同樣內容的這個啟事，在十七日的《時報》、《新聞報》、《時事新報》，和二十日、二十一日的《申報》上連續登出。

如上所述，伍豪即周恩來，已於兩個多月前離開上海抵達瑞金，怎麼會在上海又自登啟事呢？這顯然是不可能的。那麼只有一種解釋：有人借伍豪之名，行誣衊陷害伍豪之實，是一個居心險惡的政治大陰謀。

後來的史實證明的確如此：這個惡毒無比的陰謀，是由當時國民黨中央組織部調查科總幹事張沖，夥同共產黨的大叛徒顧順章，以及中統特務黃凱等人共同策劃的。但是要問他們為什麼會這樣做？為什麼偏偏要拿周恩來當作打擊陷害的目標？背後到底隱藏著怎樣的內幕情況？這水可就深了！

上一章裡，筆者曾留下尾巴說，潘漢年策劃刺殺王斌以後，對叛徒顧順章和國民黨特工部門震動之大，有點出乎人們意料。現在，就讓我們再從顧順章說起。

顧順章叛黨投敵，自然是他的內因所致，但一些外部因素也不容忽視。一九三〇年十二月中旬，共產國際東方部副部長、蘇聯人米夫秘密來到中國，貫徹國際路線，準備徹底改組中國共產黨的高層領導，讓滿腦子「洋教條」的王明上臺執政。他來到上海後，首先召見王明，向他透露共產國際的態度，然後這才與當時的中共領導人瞿秋白等人會面，斥責瞿秋白和周恩來主持召開的六屆三中全會是錯誤的，吹捧王明才是「國際路線忠實代表」，「反調和路線的英雄」。過了半個月，在米夫的一手策劃下，於一九三一年一月七日召開了中共六屆四中全會。會議只開了一天，卻長達十五個小時。為使王明等人上臺，米夫確定了王明等十五名非中央委員參加會議，既有發言權，又有與中央委員同等的表決權。新的中央委員會和政治局成員名單，也是由米夫一個人擬定的，在這份名單中，王明為新的中央委員和政治局委員侯選人。會後不久，王明又被提拔為政治局常委，一個原先連中央委員都不是的二十七歲青年，一夜之間成為中共中央實際上的領袖人物（總書記向忠發不掌實權——筆者），從此，左傾冒險主義路線在黨內又占了主導地位。

對於王明的政治路線和組織路線，顧順章也是非常不滿意的，他覺得這些號稱「二十八個半布爾什維克」中的人物，那麼年輕，一回國就成為黨內高級領導人，比自己的地位還要高，實在是沒有什麼道理，實在是太氣人！他現在看到從莫斯科回來的那幫人盛氣凌人的樣子，就渾身不自在。他們居然連總書記向忠發和周恩來都不放在眼裡了，對我顧順章還會有什麼好嗎？何孟雄、林育南他們不就是看不慣王明那一套，才要另立中央嗎？結果被人告密讓國民黨給逮去殺了，很可能就是王明搞的鬼。他今天能借刀殺他們，明天就不會要我顧順章的命？想我顧順章多年來替共產黨出生入死，吃苦受罪擔風險，功勞有目共睹，好不容易才熬到今天，還能聽任他們這幫洋學生擺佈？不行，我得另作打算，人無遠慮，必有近憂呀。顧順章正是懷著這樣不平衡的心理，加之其本質上的嚴重缺陷，方才開始走上墮落之路的。顧順章是在武漢被捕的。他於一九三一年三月三十一日從上海來到武漢，任務是護送中央政治局委員張國燾和少共中央委員陳昌浩前往鄂豫皖蘇區。按說這樣的事用不著顧順章親自出馬。但因為數月前中央和長江局在武漢的秘密機關均被敵人破獲，蘇立民、袁秉章、袁樹人等幾十位地下工作者慘遭殺害，武漢地區的地下黨組織面臨全線崩潰的危險。作為中央特科的實際負責人和周恩來的得力助手，顧順章要借護送張、陳之機，來武漢重建該地區的地下黨組織。可惜不等完成這個任務，他就於四月二十四日被捕了。

關於顧順章的被捕經過，至今六十多年過去也沒有一種定說。

《聶榮臻回憶錄》記載：「四月，顧順章由鄂豫皖返回，路過武漢時，竟登臺表演魔術，被叛徒發現逮捕。」

聶榮臻曾與顧順章同在中央特科共事，但事發時並不在武漢，當屬第二手資料。

《陳賡大將》一書記載：「一九三一年三月，沈澤民同志和張國燾從上海到鄂豫皖蘇區紅軍第四方面軍去工作的時侯，黨派顧順章護送他們前往。顧順章送到漢口與紅四方面軍派來的人接上頭，而後搬往漢口法租界德明飯店，進行個人活動。擅自用『魔術家化廣奇』的藝名，大登廣告，在新市場遊藝場公開表演魔術。這個時侯，武漢有個叫王竹樵的叛徒，由於特務機關給了他限期，要他必須多少天內抓住幾個共產黨員，否則就要槍斃他。過去和他接觸的共產黨員早已轉移。這個叛徒急得像一條瘋狗似的伸著鼻子到處搜索。此人原是武漢紗廠工人，曾經參加過武裝糾察隊，和顧順章相識。四月二十四日這天，眼看期限要到，王愁無法交帳，來到江邊徘徊，不料中午時分，在江漢關前撞見了顧順章。他便暗中與特務一起盯梢，一直盯到顧順章的住處。徐恩曾在漢口新建立的特務機關——武漢綏靖主任公署偵緝處，馬上逮捕了顧順章。」

第三種說法，出自解放後幾個叛徒周大烈、尤崇新、黃佑南、張崧生的供詞：一九三〇年三月，顧順章等從上海至南京下關，搭乘祥泰木材公司拖船至漢口，送張國燾去鄂豫皖邊區後返回武漢。顧化名黎明、李明，和特科成員張增謙以師徒相稱，住寶華街特務處附近怡園旁的世界大旅社。一九三一年四月二十五日，週末下午，六名稽查處緝務員分別跟隨叛徒尤崇新、周某身後，在漢口江漢關一帶，識別、指捕革命人士。到四、五點鐘，緝務員一無所獲，帶著尤、周回特務處。當他們路經三教街西二碼頭，來到三陽路口北面冷落的轉角阜昌街附近，和看完電影（一說是戲劇）出來的顧順章張崧生迎面相遇。張見尤崇新前後的便衣，知情不妙，神色有異，同時加快了腳步。……尤崇新點頭默認。緝務員便一擁而上將顧、張逮捕。……隨後，特務搜查了顧住的世界大旅社，搜到幾份文件。同時，和顧同來武漢的張增謙也在旅社二樓被捕。

還有第四種說法，出自一位宗教界人士：當時在漢口，我住在朋友家裡，顧順章單獨另住一個地方，兩人每天在公園碰頭。他每次來，常偕一個身著白衣、白帽、白高跟鞋的時髦女郎同來。說是在舞場認識的舞女，為了避免別人注目，每次約她一道散步。這個女人曾經問我姓什麼，我說姓王，她即付之一笑，不予置信。我就提醒他提高警惕，顧順章卻不以為意。後來我見顧順章到處招搖，怕生意外，便提出要回上海彙報工作，與他分手。他就為我買了一張建國輪的船票，準備第二天動身回滬。當天晚上，我向友人辭行的時侯，友人問我乘何輪船，我說乘建國輪。女主人說建國輪不及洛陽輪舒適，我家阿福（傭人）明晨乘洛陽輪去上海，你不如改乘洛陽輪，阿福沿途還可以對你照顧。遂要阿福給我退票，改買洛陽輪的船票。第二天我上船不久，顧順章就在被捕後叛變，把我也出賣了。建國輪到達上海碼頭的時侯，軍警登船挨個檢查，並要每個旅客全部取保。而我改乘的洛陽輪先到上海，未受任何檢查。事後黨組織派人前往漢口調查顧順章叛變經過，始悉穿白衣女郎係特務。

四種說法哪一種更符合歷史真實，看來一時也難以結論，只好暫先存疑。不過，顧順章確實在武漢叛變，這一點是應該毫無疑問的。

負責組織領導逮捕顧順章的是號稱「鏟共專家」的蔡孟堅。此人當時才二十四歲年紀，擔任中統武漢特派員，公開職務是國民黨武漢警備司令部稽查處副處長。他先是化裝成漁民潛入中共控制的洪湖地區，偷拍了不少偵查照片，立了一功；接著又連續破獲了中共湖北省委和中共長江局機關，殘害了湖北省委書記，收買了長江局負責人尤崇新，一時在國民黨特工系統裡名聲大噪。如今，又親自指揮抓住了大名鼎鼎的顧順章，叫他好不得意，心想我今天倒要見識一下你顧順章，看看你是三頭六臂不成。

不料顧順章一進門，連看也不看他蔡孟堅一眼，逕直走到沙發那兒坐下，這才盯著他說：「你就是蔡孟堅吧。」

蔡孟堅倒吃了一驚，說：「你怎麼知道我是誰？咱們沒見過面吧？」

顧順章不屑地一笑：「你是陳立夫派到漢口的特派員是不是？真人還不如照片體面。」

蔡孟堅有點來氣，心想你一個階下囚還神氣什麼！但又一想，現在可不是發火的時侯，得從他身上掏乾東西再收拾他。便很客氣地說：「顧先生，委屈你了。你看事情既然到了這一步，不知你想說些什麼嗎？」

顧順章仰靠在沙發上兩眼緊閉，一言不發。

蔡孟堅強壓心頭火氣，說：「顧先生，如覺得本人職務輕賤的話，是不是由我去請總司令部武漢行營主任何成濬將軍來？」

顧順章依然閉目不語，無動於衷，好像什麼也沒聽見。其實，他的心裡亂成了一團麻……半天前，自己還是擁有十萬黨員的中國共產黨的中央領導人之一，怎麼轉眼就成了階下囚，聽這麼一個小特務說三道四，這是怎麼回事呀？說老實話，自從那些從莫斯科回來的洋學生在米夫的支持下越來越氣勢逼人，把持了黨內領導權，他就與共產黨有了二心，想到過改換門庭，聯合一批人重新搞起一個共產黨；甚至想到過投奔蔣介石，如今在他上海威海衛路家裡就藏著一封不久前寫給蔣介石的密信，由他的愛妻張杏華鎖在她的首飾箱裡。可他做夢也沒想到居然會被蔣介石手下的一夥小嘍囉們打翻在地，太狼狽了，太丟人了，太掉價了。如今可怎麼辦？還有跟蔣介石討價還價的資本嗎？……還算好，錢壯飛、李克農、胡底、楊登瀛、董健吾、還有那對白俄鬼子牛蘭夫婦，都還有點份量；再不行還有陳賡、聶榮臻、趙容，對了，這個跟屁蟲趙容，先抱李立三的粗腿，如今又改抱王明的粗腿，先把他跟新主子王明扔給蔣介石算了；實在抗不過去的話，向忠發、瞿秋白，甚至周恩來都是好籌碼，雖然周恩來待自己不薄，可他也太正經太厲害了點，搞個把女人都不准……反正到了這一步，也顧不得許多了，看他蔣介石要怎麼著吧。想到這裡，他一下睜開眼睛，命令似地說：「蔡孟堅，你馬上與南京聯繫，我有對付共產黨的大計畫，必須面見你們總裁，別人誰也不見。」

蔡孟堅咬咬牙說：「好，可以辦。不過，怎麼來證明顧先生是誠心誠意歸順政府呢？我總得給南京……」

顧順章不耐煩地說：「你拿紙來。」接著他在遞過來的紙上揮手寫了兩個地址說，「這是中共長江局機關的新位址，另一個是中共中央交通局漢口站的位址。可以了吧？」

蔡孟堅拿著這個情報立即去見何成濬。何成濬這才相信真的抓住了顧順章，因為這種高等級的情報只有像顧順章這樣身份的人才會曉得。不過他還是感到有些奇怪：像顧順章這樣級別的中共高幹，又是出名的死硬派人物，怎麼剛被抓著，還未正式開審，更未使用刑罰，怎麼就如此輕易地進行背叛和出賣呢？實在令人困惑不解。不過他們也想不了這許多了，連忙包租一艘小貨輪，在大批特務和憲兵的監護下，將顧順章押送南京。他們曾經想過用飛機押解，但考慮到安全問題，覺得還是坐船比較保險。這裡輪船剛開，蔡孟堅就根據何成濬的指示，先給南京有關方面發出加急電報，報告顧順章已押送過去，接著他自己再乘當天航班親赴南京，提前面見蔣介石。

中共方面可真該感謝何成濬和蔡孟堅，多虧他們決定不用飛機而用輪船，一快一慢之間，給中共中央贏得了一個千載難逢、千金難買的自救機會。

前文書中我們已經介紹過打入南京政府高層的中共特工錢壯飛，正是他湊巧收到蔡孟堅發給陳立夫和徐恩曾的加急電報，預知了顧順章叛黨投敵、而且正在押送南京途中的消息。他將電報原樣封好後，連夜派自己的女婿劉杞夫趕奔上海找李克農，再由李克農向周恩來緊急彙報，採取緊急應變措施。錢壯飛知道自己也已暴露，處理完一些善後事宜，也隨即離開南京趕去上海，然後很快轉移到江西中央蘇區去了。

周恩來得知顧順章叛變消息之後的震驚與憤怒，前文書中已有表述，這裡不再重複。他當即讓陳賡通知中央特委的成員立刻到四馬路「福興字莊」開緊急會議。「福興字莊」在上海天蟾舞臺隔壁雲南路四七七號（今雲南中路一七一號——筆者），樓下是花柳病醫生周某的生黎醫院，樓上便是熊瑾玎和朱端綬開的「福興字莊」，其實乃是中共中央政治局的秘密機關。參加這次緊急會議的有：向忠發、盧福坦、羅登賢、康生、陳雲、陳賡、李強等，王明沒有來，卻派來個代表，就是博古。會議剛開始，不等周恩來把情況說完，博古就代表王明首先向周恩來發難：「我看顧順章叛變完全是你們執行立三路線的惡果！像顧順章這種人，吃喝嫖賭，五毒俱全，一副流氓無產者的樣子，根本就不配留在黨內，更不適合在中央工作。但是你們卻把這麼重要的工作都交付給他，現在他叛變了，這將給中國革命造成多麼重大的影響呀！這件事立三路線的執行者們要負責任。」

周恩來被嗆得一時無語。

向忠發說：「顧順章這個人，他對革命還是有貢獻的。五卅運動、三次武裝起義，他都衝鋒陷陣跑在前面。可那時侯你們在哪兒呢？現在事情才發生，基本情況還沒有搞清，就要叫別人先負責任，負什麼責任？」

周恩來也冷靜下來，說：「同志們，當務之急不是追究責任，是怎麼樣採取應急方略，保護我們的組織，保護我們的同志。現在，聽我的安排：第一，中央所有機關，包括江南省委機關，全部迅速轉移；中央政治局成員和中央各部負責人必須立即搬家；要記著通知共產國際遠東局的同志和瞿秋白同志，也必須立即搬家。這事由陳賡負責。第二，凡是顧順章熟悉的幹部，尤其是中央特科的同志，都要儘快撤離上海，一時不能撤離的也要轉移住所。第三，迅速調集力量，伺機捕殺叛徒顧順章。這事由陳養山和王竹友負責，聶榮臻同志從中央軍委抽調一些得力幹部予以協助。同時，要把顧順章在上海的所有親屬和重要社會關係迅速控制起來。」

一直沒說話的康生此時嚴厲地說：「全部殺掉，一個不留！」他新近投在王明的旗下，被提拔為中共中央組織部長，進入最高領導層。雖然分管中央特科工作，但受不到特科人們的重視，尤其這個顧順章根本就不把他看在眼裡，還罵他是跟屁蟲什麼的，真叫他恨得牙疼，現在報復的機會終於來了。

總書記向忠發說：「全部殺掉這也太過分了吧？」

大家都看著周恩來。

周恩來此時的心情最為複雜痛苦，而且有說不出的難處，重用顧順章畢竟是自己的極大失誤，黨內已嘖有煩言，再不從嚴從重處理此事會是什麼後果？可是要不分青紅皂白地一律趕盡殺絕也不是我黨的辦法呀。他遲疑了一會兒說：「他家裡都有些什麼人？」

向忠發說：「妻子張杏華，小姨子張愛寶，岳父張阿桃，岳母張陸氏，都是坐機關的。」

盧福坦說：「他哥哥顧維楨，在機關當廚師；嫂嫂吳韻蘭是跑交通的；吳韻蘭的弟弟吳克昌和弟媳也都是跑交通的。」

陳賡補充說：「張杏華的兄弟張長庚這幾天不在上海，但顧順章姨母的女兒葉小妹這幾天卻跟張杏華住在一起。」

大家陸續報出這麼多人，一想都要殺掉確實於心不忍，所以一時誰也不說話。康生依然神情冷峻地說：「同志們，現在不是講慈悲發善心的時侯，黨中央的安全最重要。這些人都是坐機關跑交通的，對我們的內情太瞭解了，只要顧順章一回上海，我敢肯定他們都得跟著叛變。那損失可就大了，誰能負起這個責任？」

大家也覺得康生的話不無道理。

最後周恩來說：「這樣吧，過一會我親自去顧家跑一趟，趙容（康生）跟我一塊去吧。」

後來的事實非常殘酷，顧順章一家幾乎所有的人，以及一些親朋好友全部被紅隊人員殺掉了，屍體分別埋在幾處空房子的地板下面。只有一個年歲很小的女兒被免去一死，寄養在浦東一家「關係戶」裡，最後也不知所終。此事肯定深深刺傷了周恩來，事情剛過他就懺悔似地說過這樣的話：「現在是非常時期，我們萬不得已採取這樣的極端措施，今後歷史又會怎樣看待我們呢？」最叫他揪心的是一個肯定冤殺卻又不得不殺的人，名叫斯勵，黃埔軍校學生，北伐時期在總政治部任秘書並加入了共產黨。一九二七年，國民黨二十六軍第二師師長斯烈將周恩來和顧順章拘捕後，正是這位斯勵面見兄長斯烈說項，救下他們二人的一條命。可是那天周恩來帶人去顧家時，這位斯勵也神使鬼差地坐在那裡打牌，看到和聽到了所有的一切，從而也命喪黃泉。他完全是無辜的，可又難逃此劫。看到救命恩人這樣可憐的下場，周恩來的良心恐怕一輩子也不會安寧的了。

且說身在南京的顧順章，對上海這邊發生的一切當然一無所知，還在一門心思地等著接見，要把自己像模像樣地送給蔣介石。

此時的蔣介石，幾天前才回到南京。他於這年三月調集二十萬大軍，以何應欽為總司令，對江西紅軍進行第二次大圍剿，限令要在五月五日國民大會召開之日完成「剿匪」大業。三月底，他親臨武漢督戰，看到各路人馬按計劃進展順利，不禁心下大喜，極有興致地帶著宋美齡回奉化過了個清明節，祭祖後又赴杭州西湖小住數日，四月十九日才回到南京官邸。這幾天真是喜訊頻傳，先是湘、鄂、贛三省「剿匪」節節勝利，報導「匪酋」朱德身負重傷，而毛澤東則下落不明。當這份電報在立法院一四一次會議上宣讀後，下面真是掌聲雷動，蔣總司令享盡殊榮。這邊的歡呼聲才剛平靜，武漢那邊又傳來驚人消息，說是周恩來的得力幹將、號稱中共「四大健將」之一的顧順章被捕投誠。這簡直比打了一個勝仗還叫人高興。聽彙報說顧順章執意要面見他本人，有什麼大計畫要獻出來，莫非將共黨中央機關一網打盡的機會就出在此人身上？真是這樣的話那可太好了。好吧，那就在他來到南京的當天接見他，給他一個驚喜，也是一個震懾，恩威相濟，效果一定會很不錯的，我倒要看看當年給我蔣某人難堪的那個工人糾察隊總指揮，今天會是一副怎樣的狼狽模樣。

這是顧、蔣之間一段舊話。一九二七年三月，蔣介石乘坐「楚謙」號軍艦抵達上海高昌廟碼頭，那時國共交好，他曾經與前來歡迎的中共首領周恩來等人相見，其中就有這個顧順章。那時共產黨可真厲害呀，周恩來手下擁有武裝工人八十多萬之眾，其精華部分的工人糾察隊就有三千多人，總指揮就是顧順章。那次，東路軍總指揮白崇禧根據蔣介石的命令要解除工人糾察隊的武裝，就是這個顧順章拒不服從，居然一面鼓動工人上街遊行示威，一面向武漢國民政府告了一狀。當時的武漢國民政府，還掌握在與蔣介石有矛盾的汪精衛集團手中，於是向蔣介石發出訓令：「在本黨未組織憲兵維持革命秩序時，承認糾察隊為維持革命秩序之合法武力。如軍政長官有任意解散者，即為反革命。」迫使蔣介石不得不忍辱讓步，裝模作樣地題寫了一塊「共同奮鬥」的匾額，派人送給顧順章，才算平息了一場風波。但心胸偏狹的蔣介石，從此對這一箭之仇耿耿於懷。今天，就要叫你顧順章有好看的了，看我怎麼羞辱你！

當汽車拉著顧順章朝黃埔路駛去時，才下輪船不久的他好奇地問：「蔡先生，這是要上哪兒？」

蔡孟堅說：「去總司令部呀，晉謁蔣總司令。」

顧順章驚訝地說：「現在就去？」

蔡孟堅說：「這不就是你顧先生的要求嗎？蔣總司令很忙，今天就接見你，是你顧先生有面子呀。」

顧順章不再言語，但顯出有幾分緊張。

說話間汽車開進總司令部。顧順章被領到會客室。等了不多一會，聽見樓上傳來腳步聲，只見蔣介石身著長衫緩步走下樓梯，臉上一副莫測高深的神氣。

顧順章急忙站起來，伸出手迎過去。

但是蔣介石卻裝作沒看見，一屁股坐在正位上，假裝糊塗地問道：「這位是……」

蔡孟堅趕緊趨前說：「這就是歸順了政府的顧順章顧先生。」

蔣介石「唔」了一聲沒再吭氣，用一種鑒賞玩物的目光打量著顧順章。

顧順章這才一下意識到自己現在可是階下囚，與眼前這位人物再也沒有平等可言了，一股從未有過的屈辱感溢滿心間，還夾雜著幾絲不該走這一步的自責和後悔之情。此時，他倒但願蔣介石真的忘記了自己。

然而，蔣介石卻問道：「顧總指揮，我們有幾年沒見面了？」

顧順章臉色頓時變得煞白，很快又騰地發紅，囁嚅著說：「大概……三、四年了吧。」

蔣介石揶揄地說：「不大準確吧，應該是四年零一個月，對不對？」顧順章忽然渾身發抖，他咬了咬牙穩住自己，準備接受更大的屈辱，內心悲歎道：「到了這一步，還有什麼好說的呢。」

蔣介石卻話鋒一轉，一臉誠懇地說：「顧先生，你既然歸順了中央，這個，很好。希望顧先生能很好地合作，有什麼好的方略就請講出來，啊？講出來好。」

可是顧順章此時卻一句話也說不出來了。

在返回的路上，已經完全被打垮了人格的顧順章一個勁地重複道：「安排得太倉促了，太倉促了，我有一個大計畫的呀。」

蔡孟堅用不屑的目光斜視著這個曾經讓他望而生畏的中共叛徒，輕薄地說：「不忙。只要顧先生真心歸順，可以先將上海中共機關的情況寫出來，呈報蔣總司令審閱。」

顧順章連忙說：「這個自然。只是怕時間一長，從錢壯飛和楊登瀛那兒走露了風聲。」

蔡孟堅一愣：「你說什麼？錢壯飛楊登瀛？這跟他們有什麼關係！」

顧順章說：「你不知道，他們都是我手下的人。」

蔡孟堅瞪大眼睛好半天說不上話來，最後連聲大吼道：「你怎麼不早說！你為什麼不早說！快說，還有什麼情況？

啊？」

顧順章說：「還有惲代英，化名王作林，關在你們的中央軍人監獄，至今沒有暴露真實身份，再有幾天就會開釋。還有鄧演達，與我們有特殊聯繫。還有蔡和森住在香港……」

蔡孟堅怒不可遏，破口大罵道：「王八蛋！你要誤了我們的大事！」

惲代英是中共早期非常優秀的領導人之一，江蘇武進人。「五四」運動時，在武漢組織學生罷課和示威，並創辦利群書社，團結教育青年，傳播革命思想。一九二〇年與蕭楚女等發起組織中國社會主義青年團。次年加入中國共產黨。一九二三年起參與中國社會主義青年團中央領導工作，曾任團中央宣傳部長及《中國青年》主編，上海大學教授。一九二六年任黃埔軍校政治總教官，並在廣州農民運動講習所任教。一九二七年春主持武漢軍事政治學校工作。同年當選為中共「五大」中央委員。第一次國內革命戰爭失敗後，參加八一南昌起義和廣州起義。一九二八年七月，任中共中央宣傳部秘書長。一九三〇年在上海任滬東行動委員會書記，五月六日被捕。先被關在漕河涇模範監獄，後來解送蘇州軍人監獄，最後又轉入南京中央軍人監獄。他因在被捕時機智地抓破自己的面皮，又使用化名王作林，所以被捕至今尚未暴露真實身份。周恩來親自策劃營救，不久前已由陳賡通過高等法院的特殊關係，走好門路提前釋放。不料功敗垂成，竟被顧順章出賣。蔣介石聞聽大驚失色，立即命令軍法司長王震南親去查明真相，再向他當面彙報。經查，果然正是大名鼎鼎的惲代英。蔣介石不禁惱羞成怒，下令於四月二十九日將惲代英殺害於監獄大操場。

鄧演達者，早期追隨孫中山先生，大革命時期又是孫先生「聯俄、聯共、扶助農工」三大政策的積極擁護者，北伐時任國民革命軍總政治部主任，後又任國民政府農運部長，積極支持農民運動，一貫反對蔣介石的反共賣國政策，成為著名的國民黨左派領袖人物。「四一二」反革命政變後，蔣介石下令在全國通緝鄧演達，意欲置之於死地而後快。面對蔣介石的瘋狂，鄧演達不為所懼，主張東征討蔣。「七一五」汪精衛叛變革命後，他悲憤地以〈告別中國國民黨的同志們〉這題，致函國民黨中央委員會，強烈譴責蔣介石、汪精衛的反革命罪行，辭職離開武漢，前去蘇聯莫斯科。一九二七年十一月一日，他與宋慶齡、陳友仁等在莫斯科以「中國國民黨臨時行動委員會」的名義，聯合發表《對中國及世界革命民眾宣言》，提出要繼承孫中山先生遺志，堅持反帝反封建鬥爭。一九三〇年五月，他毅然回國，八月即在上海領導正式成立了中國國民黨臨時行動委員會（即中國農工民主黨的前身——筆者），通過了由他親自起草的政治綱領，並當選為中央幹部會總幹事。在他的政治綱領中，既反對蔣介石的獨裁統治，也不同意中共的某些政策和作法，遂被稱作「第三黨」。他積極從事反蔣活動，並且策動軍事政變，成為蔣介石的眼中釘。也由於顧順章提供了居住情報，被蔣介石特工機關在上海抓獲，以「叛國罪」於一九三一年八月十九日殺害於南京麒麟門外沙子崗。

蔡和森，湖南雙峰縣人。早年在湖南長沙第一師範學校讀書，即與毛澤東同志一起從事革命活動，他們於一九一八年四月建立了革命團體新民學會。一九二〇年蔡和森赴法留學以後，經常與國內的毛澤東、陳獨秀等人書信往來，探討革命和救國的理論，有著自己的一套建黨理論、路線和方針。一九二一年十月，因故被法國政府強行遣返回國，年底即加入了中國共產黨，並在黨中央專門從事理論宣傳工作。一九二二年七月，當選為中共「二大」中央委員，負責主編中共中央機關報《嚮導》週報。中共「三大」、「四大」，他繼續當選為中央委員。一九二五年參與組織並領導了「五卅」運動。一九二七年參加中共「五大」，並在五屆一中全會上當選為政治局委員，出任中央宣傳部長，兼代理中央秘書長。一九二八年六月，參加了在莫斯科舉行的中共「六大」，在六屆一中全會上當選為政治局常委，仍繼續擔任中央宣傳部長。但只過了一個月，就被黨內的左傾領導人撤銷一切職務。年底因身體原因赴蘇治病，被指派為中共駐共產國際代表團成員。一九三一年初，蔡和森回到上海，不久即奉命去香港指導廣東省委的工作。由於顧順章的出賣，於同年六月十日被便衣特務抓獲。在獄中他堅貞不屈，被劊子手用鐵釘釘在牆上，最後壯烈犧牲於亂刀之下。

叛徒顧順章，轉眼間雙手沾滿了共產黨員和革命者的鮮血。

一九三一年四月二十八日，顧順章叛變後的第四天，在蔣介石的親自過問下，派出以國民黨中央調查科總幹事張沖、黨派組組長顧建中為首的大批特工人員抵達上海，開始了鋪天蓋地的大搜捕。顧順章原本也要來上海參加搜捕行動，後不知何故未能前來。那天，中共中央特科紅隊人員，在陳賡的親自帶領下，已作好在火車站截殺大叛徒顧順章的準備。他沒來算揀了一條命。

張沖和顧建中沒有料到的是，他們的大搜捕會失敗得那樣慘，中共中央的電臺被抄了，周恩來的住處被抄了，該抄的地方都抄遍了，然而到處都是人去樓空，幾乎是一無所獲。他們當時還不知道這都是錢壯飛一舉打破了他們的黃粱美夢，更想不到這是周恩來奇才應變，三天之內將蔣介石想要的一切化解得無影無蹤。他們做夢也不敢相信這樣的事實，反倒對顧順章的叛變投誠疑竇叢生。

更叫他們氣得發瘋的是，這邊箱大搜捕勞而無功，那邊箱卻又眼睜睜看到王斌暴死街頭，行刺者照樣蹤跡全無。中共中央機關的影子沒有找到，卻找到了顧順章一家人的屍體，所謂「愛棠村事件」一經各報披露，轟動了整個大上海，議論共產黨行動過分的人固然有，可輿論的主流都在嘲笑政府的無能和不得人心。這叫張沖們的臉上實在有點掛不住了，報復的心火呼地一下越燒越旺了，他們絞盡腦汁，他們搜腸刮肚，他們要不擇手段地與想像中的中共「元兇」周恩來決一死戰了。再說還有顧順章，當他從被捕的原紅隊隊員李龍章口中得知自己全家被殺的消息後，憤怒得完全失去了理智，除立即在《申報》上登出〈顧順章懸賞緝拿殺人兇手周恩來〉的啟事外，還有就是更死心踏地地為國民黨效勞了。他為張沖們出謀劃策，提供一切能夠想到的中共情報，把對付周恩來當成自己時下最大的生活目標。國民黨最精明強幹的特工小組與中共最大的叛徒相結合，那還有什麼事不會發生呢？

而這，正是「伍豪事件」發生的全部背景。

而這，潘漢年早就從陳雲那兒知之頗詳了。現在，肩負著處理「伍豪事件」的重任，回想著這些錯綜複雜的大小事情萬千細故，該從何下手呢？怎樣才能最有力地回擊敵人？怎樣才能最有效地保護周恩來同志？怎樣才能又快又好地完成任務呢？潘漢年陷入了長久的沉思……

四兩撥千斤

隔著「伍豪事件」，國民黨方面與潘漢年對陣的主要人物是張沖。這也是他們倆的第一次直接交手，潘漢年時年二十五歲，張沖二十九歲。

張沖，字淮南，別號御虛，一九〇三年生於浙江省樂清縣茗嶼鄉官頭村。因為此人後來在促成國共第二次合作中出過大力，並與周恩來、潘漢年等中共要人成為很不錯的朋友，所以這裡有必要將他比較詳細地介紹一下。少年張沖聰慧異常，五歲能給大人朗誦《詩經‧關雎》，讀小學時已將王安石、蘇軾、葉適等名家的文章背得爛熟於胸，且宣稱平生最喜范仲淹，將其「先天下之憂而憂，後天下之樂而樂」奉為座右銘。一次與同學結伴遊雁蕩山玉甑峰，興之所至，題詩一首：

萬方多難此登高，
一覽群山意氣豪。
四海生靈尚塗炭，
澄清天下敢辭勞。

詩雖平直，但少年意氣干雲，還是極有氣派的。「五四」運動爆發那一年秋天裡，十六歲的張沖考入溫州省立十中，很快成為校內學生運動的活躍人物，發起組織了「醒華學會」，醒華，醒華，要喚醒沉睡中之中華也。他被一致推為理事長，領導大家讀新書，研究新文化新思想，校內校外出壁報，走上街頭搞演講，還曾帶著會員和不少進步學生到溫州各大碼頭檢查、抵制日貨。一九二二年夏天，十九歲的張沖考入交通大學北平鐵道管理學院，不久加入了當時還比較革命的國民黨。三年後的一九二五年，張沖以官費生資格轉入哈爾濱中俄工業大學，次年再入哈爾濱政法大學，對俄語學有所成。

在東北期間，青年張沖仍不改革命志向，積極參加反對親日的奉系軍閥張作霖的秘密活動。一九二七年三月，軍閥當局以「赤嫌」罪名將張沖逮捕，直到一年多以後，張作霖在皇姑屯被炸死，張學良掌權宣佈東北易幟歸順南京政府，他才被釋放出獄。一九二九年，經歷過牢獄之苦的張沖年方二十六歲，意氣風發不減當年，攜著白俄妻子一路南下回到南京，被引薦認識了陳立夫、陳果夫兄弟，先後就任國民黨哈爾濱黨部特派員、天津市黨部委員、南京特別市黨部書記長等職。由於他才華出眾，精明強幹，又熟諳俄語，故在陳氏兄弟的大力推薦下，於一九三〇年春擔任了國民黨中央組織部調查科總幹事，主管情報事務，時年二十七歲。新上任的總幹事張沖躊躇滿志，決心要幹出轟轟烈烈的大事，以報答二陳的知遇之恩，以顯示自己年輕有為不負眾望的好形象。當此之際，黨國面臨的最大難題是什麼？無疑是「共匪」作亂。這也是蔣總統最大的心病。所以，要想報效黨國，得到蔣總統的賞識和重用，就得在「鏟共」方面創建奇功。張沖正是看清認準了這一層道理，所以一聽說顧順章叛變，他就敏感地意識到自己立功受獎的機會來了。當陳老闆親自給他派定赴上海徹底摧毀中共「老窩」的任務時，他不由得欣喜萬分地在心裡歡呼道「真是天助我也」！暗想：「只要我能抓住周恩來，那可就了卻了蔣總統的一樁大心事，接下來我還發愁什麼呢？」他甚至得意地想：「周恩來，周恩來，這次我倒要看看你是什麼模樣！」好像他已經把人家抓住了似的。誰知事與願違。張沖的上海之行，大致可以叫作竹籃打水一場空，一如前文所述。於是，年輕氣盛、邀功心切的張沖有點惱羞成怒、氣急敗壞，遂以突然襲擊的方式、泰山壓頂的氣勢，搞出了一個「伍豪事件」。他太想反敗為勝了。

面對從正面氣勢洶洶衝來而又成敗在此一舉的敵手張沖，潘漢年別看年輕幾歲，卻也一點不怯場，雖說還沒有完全想好應對方略，尤其還缺那麼一手制勝絕招，但看上去似乎成竹在胸的樣子。因為他從心理上先勝出一步：好你個張沖！你用來救命的伍豪先生兩個月前就跑到江西去了，你們國民黨龐大的特工網居然一無察覺；一無察覺倒也罷了，無能就無能吧，卻還要賣弄這點無能，炮製什麼「伍豪事件」之類，這不是天大的笑話嗎？這也太叫人小瞧你們了呀！好吧，看我怎麼樣讓你張沖丟人現眼，再來一次竹籃打水一場空吧。

〈伍豪等脫離共黨啟事〉在《時報》登出的當天，潘漢年就敏感地意識到「來者不善」，他當即去找陳雲商量。陳雲亦有同感，也正在考慮此事，並且，作為中共中央臨時政治局成員之一，他還代擬了一份〈伍豪啟事〉，想在上海最大的報紙《申報》上登出來，以否定那個〈伍豪等脫離共黨啟事〉。

潘漢年看過〈伍豪啟事〉，說：「陳雲同志，這事肯定來頭不小。《申報》館我去跑。你是不是要先給他們反映一下？」這裡的「他們」，當然是指留在上海的中央臨時政治局的成員們，依次是：博古、張聞天、盧福坦、李竹聲、康生、陳雲；前三人為政治局常委；總負責人是博古。這是掌實權的王明在離開上海赴莫斯科前匆匆忙忙搞起來的。

陳雲身為臨時政治局委員，當然知道更多內幕情況，他歎了口氣，沉思不語，好一會才說：「是呀，反映是得反映，可情況複雜得很。博古同志現在一有機會就要敲打周恩來，尤其發生了顧順章叛變事件以後更是這樣。那麼他能正確看待這個〈伍豪等脫離共黨啟事〉嗎？會認為這是國民黨的誣陷陰謀，目的正是要敗壞周恩來的人格和形象，造成黨內思想混亂嗎？萬一他感情用事，不作調查就下結論，那可怎麼辦？去年的東方旅社事件，給我們的教訓還不慘痛嗎？」

去年，中共六屆四中全會結束的第二天，以羅章龍、何孟雄等為首的一批中央領導人，由於政見不同，就召開了一個「反對四中全會」的緊急會議，會後散發了〈告同志書〉，要求共產國際免去米夫職務，另派代表來華指導中共工作，成立臨時中央，並在此基礎上召開中共「七大」。之後，何孟雄、林育南等反對派人士又多次開會商量此事，開會地點選在三馬路二二二號的東方旅社，這裡實際上是中共江蘇省委秘密機關。一九三一年一月十七日，他們又一次在該旅社三十一號聚會，研究反對王明集團的具體步驟，忽被公共租界巡捕房和國民黨上海市警察局的行動隊逮捕。二十天後即有二十四位同志被殺害於龍華監獄。這就是至今還難以定論的「東方旅社事件」。之所以難以定論，是因為至今搞不清是誰向反動派出賣了這些可愛的黨內持不同政見者。但多數人認為是王明集團一夥用借刀殺人之計清除異己。老黨員李沫英在《黨史資料》第七輯中回憶說，入獄後，親耳聽到敵人在審訊他時說，「你們黨內鬧宗派，有人告密出賣了你們」。連權威的中國通、美國著名學者費正清博士也持此論，他在《費正清對華回憶錄》一書中寫道：「一九三一年五位殉難的青年作家

（指胡也頻、柔石、馮鏗、李求實、殷夫五位左聯作家——筆者），連同英勇就義的十九位即將離去的共產黨領導人，他們實際上是一個較大集團的一部分。剛從莫斯科來繼任的共產黨領導集團，顯然將機密洩露給了國民黨，出賣跟他們抗衡的同志，這樣既可以把他們除掉，又可以藉殉難者進行煽動，真是一箭雙雕。」當然，這僅是一家之言，還不能以此斷定王明們就是那個可惡的猶大。不過，王明對何孟雄等人的犧牲表示幸災樂禍，則是有案可查的。據當時擔任江南省委秘書長的劉曉後來回憶：「記得有一次省委會議上（王明時任江南省委書記之職——筆者），王明以緊張的口氣提到，國民黨特務已經在東方旅社住下，隨時可能逮捕何孟雄等人。大家要求省委設法營救，至少先通知有關人員再也不要去東方旅社了。王說：他將與中央商量，叫省委不要管了。」再據老黨員陳修良寫書回憶：當聽到何孟雄等同志被捕的消息後，「王明卻冷漠地說，這批人是『反黨的右派分子』，是進行反黨活動才被捕的。這是咎由自取。」

潘漢年當然清楚「東方旅社事件」，何孟雄等人被捕後，就是他這個省委宣傳部長，親自給身為省委書記的王明報的信。王明緊張而曖昧的態度當時就令他感到某種不對勁。這些同志死得實在太慘了，也太冤了。現在見陳雲提到此事，他心裡也不由得打起鼓來。

陳雲看到潘漢年好半天不吭聲，說：「也別想得太多了。哎，對付這個所謂的伍豪啟事，你有什麼具體辦法沒有？」

潘漢年說：「沒怎麼想好，不過也有些打算。」

陳雲說：「快講講。」

潘漢年說：「當務之急是先去《時報》社摸情況，這個啟事是誰送來登的？有什麼背景？這些底細不搞清不行呀。至於怎樣反擊，視摸底情況而定。不過，先在《申報》上亮明我們的態度也很必要。另外，在我們機關刊物《實報》上是不是也可以發表一則闢謠聲明？」

陳雲點頭說：「是很必要。這事回頭我去安排。你還有什麼點子？」

潘漢年的確還有一個很具體很有效的點子，那就是儘快想辦法讓中央蘇區政府不管用什麼形式，比如由政府主席毛澤東，也發表一個聲明之類的東西，重點指出伍豪同志早就到了瑞金這一事實，譴責國民黨的無端造謠。但他想了想又把話嚥了回去，他知道眼下蘇區那面太複雜了，肯定不大好辦。

陳雲說：「還有什麼快說呀。我知道你點子最多。」

潘漢年看看藏不住，就說了自己的想法。

陳雲聽完說：「這一著當然管大用，只是毛澤東現在的處境……漢年，有些情況你也是知道的呀。」

是的，目下身為中華蘇維埃共和國臨時中央政府主席的毛澤東已經靠邊站了。這話說來有點長。六屆四中全會以後，王明為了把自己的「精神」貫徹到中央蘇區去，便專門組織了一個名叫「六屆四中全會代表團」的三人工作組，由中央政治局委員任弼時、顧作霖和候補委員王稼祥組成，於去年四月進入蘇區中央局和紅一方面軍所在地江西寧都青塘墟。下車伊始，便召開一個「蘇區中央局擴大會議的繼續會議」。聽這名字多拗口。一天的會議卻產生了五個決議：〈接受國際來信及四中全會決議的決議〉、〈關於土地問題決議〉、〈關於一、三軍團工作總結的決議〉、〈關於富田事變的決議〉、〈關於CY工作的決議〉。這些決議對中央蘇區和紅軍的工作大加指責，上綱上線說中央蘇區是「在三中全會的調和路線之下成立的，它的路線當然是對立三路線的調和路線」；「沒有堅決地去執行國際關於蘇區工作的指示，更沒有對黨過去工作中的立三路線做批評與糾正」；因此，對蘇區中央局要進行大刀闊斧的「改造」和「充實」。去年八月三十日，王明再以中共中央名義給蘇區中央局和紅軍總前委發出一封「指示信」，主要內容如下：

> 中央蘇區現時最嚴重的錯誤是：缺乏明確的階級路線與充分的群眾工作。一、黨還沒有用一切可能力量動員階級群眾來鞏固這個根據地，群眾自己的力量還很薄弱，環繞蘇區的白色統治區域的群眾工作完全沒有。二、對於消滅地主階級和抑制富農政策，還持著動搖的態度，沒有實行地主不分田、富農分壞田的辦法。三、蘇維埃改造運動至今很

> 少成績，黨委黨委包辦一切，全蘇代表大會一直沒開成。四、八小時工作制至今未能實現，工會一向無鬥爭，反帝同盟在蘇區沒有組織。五、對於AB團的鬥爭方法最缺乏的是思想鬥爭的深入與群眾的教育工作，一方面將它簡單化了，另一方面又擴大化了。總之，蘇區中央局和紅一方面軍總前委犯了左、右傾機會主義的錯誤，犯了調和路線的錯誤，還犯有富農路線的某些錯誤。

王明猶覺不過癮，於十月初又發出一個所謂第四號電，標題是〈蘇區工作的成績、錯誤及目前中心任務〉，電文內容除重申「指示信」中對蘇區工作的指責以外，最重要的新精神就是責成「六屆四中全會代表團」要嚴肅對待「他們的錯誤」。於是，十一月一日至五日，三人工作組在瑞金縣葉坪村主持召開了蘇區黨的第一次代表大會，史稱「贛南會議」。這次會議最突出的「成果」就是大批毛澤東和他代表的正確路線，扣上的大帽子計有：「狹隘經驗論」——「黨內的事務主義非常濃厚」；「富農路線」——對抗王明提出的「地主不分田、富農分壞田」的政策；「極嚴重的一貫右傾機會主義」——對抗王明關於「先法制人」、「積極的進攻路線」；等等。會議決定撤銷毛澤東的蘇區中央局代理書記職務，同時也擼掉了他的紅一方面軍總政委的權柄。雖說最後總算給毛澤東保留了一個中華蘇維埃共和國主席的職位，但在兩位副主席項英和張國燾的挾持下，他是有名無實，形同虛設了。

潘漢年對這種情況是知道的：「陳雲同志，聽說毛澤東最近病了，也不知道是什麼病？」

陳雲說：「這個，我也不太清楚。不過，你剛才提到的事咱們還得辦，這樣吧，也由我來想辦法。你現在要忙的，是趕快摸清刊登啟事者的全部詳細情況，順便去《申報》館跑一趟。」

潘漢年說：「好的。」

陳雲又說：「你通知康生，回頭我們三人先開個緊急會議，我們特科應該有個具體意見，然後再給他們彙報。另外，我有個想法，由你集中精力處理這件事，其他的都先放下。你要沒意見，等開會時我就提出來。」

潘漢年說：「具體事我來辦，但大事還得你和康生出面。」

陳雲說：「我現在還有全總那面一大攤子事（此時陳雲兼總工會黨團書記——筆者），特科這邊就康生和你了。這件事你就大膽幹吧。」

潘漢年先去跑《申報》館。該報創辦於一八七二年四月三十日，創辦者是英國商人美查。最初兩日一張，不久才改為日報。一九〇九年，大買辦席裕福借款接辦了它，但仍用外國人的名義發行。一九一二年，史量才先生將該報買下，從此改版變為一張大報，逐漸名聲顯赫，至目前發行量已經達到十五萬份。國民黨南京政府建立初期，《申報》的政治態度是擁護蔣介石的，但自從去年發生「九一八」事變後，它明顯地向左轉，批評國民黨政府的不抵抗政策，進而抨擊蔣介石的獨裁專制，要求停止「訓政」，實行「憲政」，還發表宋慶齡嚴厲批評國民黨的文章，登載有關人權保障同盟的文章和報導。而且，史量才先生聘請陶行知先生擔任顧問，另外還有李公樸、黃炎培等愛國人士，都受聘參加了《申報》工作。所以目前在上海灘，《申報》是與中共保持有一定關係的進步大報。不過，潘漢年此時與《申報》還不大熟悉，他直接跑到廣告部去聯繫。那裡的律師看過登載內容後，認為不好處理，原因是他們沒有登過〈伍豪等脫離共黨啟事〉，所以也就不好登闢謠啟事。但對方透露說，國民黨上海新聞檢查處已經派人來過，質問為何不登送來的〈伍豪等脫離共黨啟事〉，看來頂不住壓力，遲早得登。並說《新聞報》、《時事新報》這兩天就要見報。

潘漢年再去跑《時報》館。當時中國有兩大《時報》館：一是天津《時報》館，那是一份外國人辦的中文報紙，一八八六年由天津海關稅務司德璀琳和怡和洋行總理笳臣集股創辦。主編可是位著名人物，乃大英帝國傳教士李提摩太是也，他那本銷量很好的《時事新論》一書，便是該報所發評論文章的集大成者。另一個就是上海《時報》館，由清末改良派人物狄葆賢（楚青）於一九〇四年六月十二日創辦。他聘請陳冷為主筆，在版面體裁上有所革新，分正刊、副刊，並有插圖；對重要專電、新聞使用大字標題；設時評、教育、國粹等專欄，後又增實業、婦女、兒童、英文、圖書、文藝等週刊。辦報初期，曾因宣傳收回粵漢路利權和反美愛國運動而名噪一時。但後來在革命派與保皇派的大論戰中，卻站到了保皇派一邊，宣傳保皇和實行君主立憲的謬論，詆毀民主革命運動，遂使其名聲大受影響。一九二一年，狄葆賢經營困難，便將該報產權出售給黃承恩。不管怎麼說，它在上海還算一家比較有影響的報紙。潘漢年通過深入瞭解，終於搞清所謂〈伍豪等脫離共黨啟事〉，確實是由張沖親自執筆杜撰，由黃凱抄寫多份，派專人分送上海各大報館。由《時報・早晨號外》率先登出；接著是十八日《新聞報》登出；二十日《時事新報》登出；《申報》的確開始不登，理由是兩百四十三人聯名啟事為何只署一人姓名？是一大漏洞，故「決定十六日暫不刊出」，後來頂不住國民黨上海當局的壓力，才於二十日、二十一日連續登出。調查結果證明，〈伍豪等脫離共黨啟事〉實屬蔣介石南京政府直接插手製造的政治大陰謀。

正如本章開頭所寫，中央特科三巨頭陳雲、康生、潘漢年於二月二十一日晚上召開了緊急會議。在會上，潘漢年將自己這兩天的調查情況做了彙報。會議決定由潘漢年掛帥出征，向敵人發起全面反擊。

一九三二年二月二十七日，中共黨報《實報》第十一期，刊登了上海臨時中央以伍豪個人名義所寫的〈伍豪啟事〉，全文如下：

> 最近在各報上，伍豪等脫離共黨啟事一則，說了許多國民黨走狗所常說的話，這當然又是國民黨造謠誣衊的新把戲！國民黨的投降帝國主義，出賣中國民族利益的事實，這是全中國以至全世界勞苦大眾所共見，把東三省出賣給日本帝國主義的，把中俄合辦的中東路雙手奉給日本帝國主義的，使日本帝國主義以至一切帝國主義得以利用東三省與中東路以進攻蘇聯的是國民黨政府，在上海事變（指本年一月二十八日爆發的淞滬抗戰——筆者）中，在英勇的十九路軍士兵背後，同帝國主義做買賣的也是國民黨政府！所以，不打倒國民黨在中國的統治，不創造數萬萬中國工農群眾自己的蘇維埃政府與自己的武裝力量工農紅軍，打倒日本帝國主義與一切帝國主義，進行革命的民族戰爭，是不可能的。我們現在正在共產國際與中國共產黨領導之下，為了打倒帝國主義與國民黨，爭取中國民族獨立解放而鬥爭！一切國民黨對共產國際中國共產黨與我本人自己的造謠誣衊，絕對不能挽救國民黨於滅亡的！

同日的《實報》上，配合〈伍豪啟事〉，還發表了一篇題為〈國民黨造謠誣衊的又一標本〉的文章，指出：國民黨利用「瘋狂的白色恐怖，以卑鄙的造謠，……假借伍豪同志的名義來誣衊伍豪同志（共產黨的領袖之一）、誣衊中國共產黨。」對國民黨反動派的險惡陰謀和可恥伎倆進行了無情的揭露和批判。

時隔沒幾天，在江西中央革命根據地，中華蘇維埃中央政府以主席毛澤東的名義發佈佈告，主要內容如下：

上海《時事新報》、《時報》、《申報》等於一九三二年二月二十日左右連日登載「伍豪等兩百四十三人」的冒名啟事，宣稱脫離共產黨。而事實上伍豪同志正在蘇維埃中央政府擔任軍委會的職務，不但絕對沒有脫離共產黨的事實，而且更不會發表那個啟事裡的荒謬反動的言論。這顯然是屠殺工農兵士而出賣中國於帝國主義的國民黨黨徒的造謠誣衊。

以上所發的啟事、文章和佈告，當然起到了很大的作用，但它們的影響力基本上局限於中共黨內和中央革命根據地的範圍，這對於上海各大報在全社會乃至國內外所造成的影響來說，顯然還是非常不夠的；對於維護中國共產黨的威望，維護周恩來同志的名譽和威信，儘快給敵人以致命打擊，也是非常不夠的。潘漢年想：看來解鈴還須繫鈴人，不利用上海各大報這樣的輿論陣地是絕對不行的了。

但是，又怎樣來利用它們呢？組織一批大塊文章嗎？那麼這些文章怎麼寫？一嗎？一味地表白我們共產黨人絕不會幹這種事嗎？一味地論證國民黨這樣做只會是搬起石頭打自己的腳嗎？搬起石頭打自己的腳嗎？……這固然無不可，但顯得太被動，太費勁，太缺乏出奇致勝的效果；再說，政治色彩這樣濃厚的大塊文章，社會上這些報紙誰敢給你登呢？誰又捨得給你這麼大的版面呢？潘漢年想：不行。一定得在「巧」字上做文章。話不在多，要說到心坎上；力不在大，要使到點兒上。俗話講：四兩撥千斤，此之謂也。

潘漢年經過一番細思量，最後把目標定在《申報》館：第一，它的發行量最大，覆蓋面最廣，在全國的影響力最強；第二，它目前的政治態度很鮮明，總經理史量才先生和顧問陶行知先生都是愛國進步人士，與不少著名的左派文化人都是朋友，有事好商量，願意幫助我們；第三，已經就此事與他們打過交道，有了進一步合作的基礎。至於怎麼樣出巧出奇，也不妨去聽聽他們這些報人的意見，尤其是報業鉅子史量才先生，用報紙跟各種人打了幾十年交道，只要他樂意，一定會替你想出高招的。只是要想接近史量才，那得勞動陶行知先生的大駕。

陶行知先生因為創辦曉莊師範而名聲大振，又因為他支持該校革命師生參加「和記」工廠工人罷工鬥爭而被蔣介石下令通緝，不得不逃亡日本。他是去年回到上海的，被史量才特聘為《申報》總管理處顧問，非常倚重。最近，他倆正為國民黨蔣介石不積極支持十九路軍的抗日行動深感氣憤，要在報上大肆發揮一番。一聽潘漢年的請求，不禁對國民黨蔣介石的無恥下流義憤填膺，對他們一向敬重的伍豪先生深表同情，當下表示一定很好合作，以打擊反動派的囂張氣焰。史量才不愧經驗老到，即時出點子說：「兵不厭詐，智取可也。來，聽我的。」在他的授意下，潘漢年起草了一則小小廣告，內容如下：

伍豪先生鑒：承於本月十八日送來廣告一則，因福昌床公司否認擔保，手續不合，致未刊出。

史量才解釋說：「這幾句簡單的話說明，伍豪先生要在本報刊登的廣告因故並未見報，那麼本報二十日、二十一日所登〈伍豪等脫離共黨啟事〉則是另有伍豪其人，與本伍豪概無關係也。曲折是曲折了點，但明眼人一看就懂。回頭看看反映再走第二步不遲。」

過了幾天，史量才先生還惦著這事，又出點子說：「漢年小弟，你有沒有認識的大律師，很有點名氣的？」

潘漢年說：「有，有個陳志皋，不知怎麼樣？」

史量才說：「噢，你認識陳大公子，那他就行。你讓他以伍豪先生的特聘律師的名義，出面在敝報刊登一則啟事，思路就跟那天的廣告一樣，內容長一點，詞語也更明白有力一點，保管從此邪氣消散，風平浪靜。我知道你筆頭了得，就你親自擬定吧。」

潘漢年要找陳志皋那很容易，只要給黃慕蘭打過去一個電話就成。面對這樣的任務，陳志皋也勇於承擔，而且對計畫有所完善，他提出說：「老潘，在上海這個地面，要說想擴大影響加強效果的話，中國人出面不如洋人出面好。所以我想與其我出面，不如請出一位洋律師出面更好。你覺得怎麼樣？」

潘漢年大喜，說：「我怎麼想不到。那有沒有合適的人選？」

陳志皋說：「有呀，大名鼎鼎的巴和律師，法國人，《申報》常年法律顧問。怎麼樣？」

潘漢年說：「《申報》常年法律顧問，那史量才先生怎麼沒提呀？」

陳志皋笑笑說：「這就是史先生的聰明處呀。」

潘漢年說：「請得動嗎？」

陳志皋說：「只要我出面，不會有問題吧。只是此公出山費不低。」

潘漢年說：「什麼價？」

陳志皋說：「最低一百塊大洋。此公頗愛中國古字畫，如有一幅真跡送上那就萬無一失了。」

潘漢年果斷地說：「就這麼定了。」

一九三二年三月四日，《申報》在顯著位置刊出一則〈巴和律師代表周少山緊要啟事〉，全文如下：

茲據周少山君來所聲稱：渠撰投文稿曾用別名伍豪二字；近日報載伍豪等兩百四十三人脫離共產黨啟事一則，辱勞國內外親戚友好函電存問；惟渠伍豪之名除撰述文字外，絕未用作對外活動，是該伍豪君定係另有其人；所謂兩百四十三人同時脫離共黨之事，實與渠無關；事關個人名譽，多滋誤會，更恐有不肖之徒，顛倒是非，藉端生事；特委請貴律師代為聲明，並答謝親友之函電存問者云云前來。據此，合行代為登報如左。

事務所法大馬路四十一號六樓五號

潘漢年起草的這個緊急啟事非常巧妙高明，它明確向外界宣佈，平日只在撰述文字時使用伍豪一名的周少山（周恩來），與那個刊登脫黨啟事的伍豪風馬牛不相及，原本是兩個不同的人，僅名字巧合罷了。這樣，巧用四兩力，就毫不費事地將張沖們苦心營造的「黑雲壓城城欲摧」的局面打破推倒了。

後來李一氓在《模糊的螢屏》一書中回憶說：

這個啟事沒有用伍豪的名義而用周少山的名義，又說伍豪是周少山自己的筆名。這個小動作很妙，因為啟事登出後，國民黨曾派人去找巴和，問伍豪在哪裡。巴和說：我的當事人是周少山，僅僅筆名叫伍豪，你們要找的伍豪當然不是這個，而且他自己也登有啟事，你們可以直接去找他。這個啟事的內容，明顯地分辨出那個伍豪啟事是偽造的，因而我們沒有很瑣碎地去反駁他那些反蘇反共的言論。

這個緊急啟事在《申報》登出後，果然效果非凡，再也未見張沖們做出什麼新的反應。一九五三年六月，已經成為新中國階下囚的原國民黨中統特務黃凱，在追述當年跟隨張沖製造「伍豪事件」經過時供稱：我們偽造的那個〈伍豪等脫離共黨啟事〉，「絲毫未達到預期的效果」，「好久無人來向各機關秘密自首」。這也就從反面證明，潘漢年在整個「伍豪事件」中處置得當，成功地保護了周恩來，保護了中國共產黨。

我們這裡要囉嗦幾句的是，那個曾經聰明而有力地幫助過潘漢年、幫助過共產黨的史量才先生，因為思想傾向和社會活動越來越符合革命和人民的需要，而更叫國民黨當局感到惱怒和恐慌，於是在「伍豪事件」發生兩年多以後的一九三四年十一月十四日，被國民黨特務刺殺於滬抗公路上。

惡夢重溫

對周恩來來說，發生於一九三二年的「伍豪事件」無疑是一場惡夢。可以說多虧了潘漢年全力周旋方才轉危為安。然而誰又能料到國民黨垮臺、共產黨上臺近二十年以後，已經貴為中華人民共和國總理的周恩來，卻又惡夢重溫，再次飽受「伍豪事件」的打擊和煎熬。

一九六七年夏天，整個中國是紅衛兵的天下。熱衷於大抓叛徒的革命小將們上窮碧落下黃泉，終於把鐵拳對準了自己的周總理：他們從發黃的故紙堆裡發現了那個〈伍豪等脫離共黨啟事〉。以「紅衛兵之母」自居的江青接報大喜，心想這可抓住了你周公的尾巴，五月十二日看到白紙黑字的「鐵證」，十七日便將影本擺在林彪、康生和當事人周恩來的面前，所附短信曰：「他們查到一個反共啟事，為首的是伍豪（周某某），要求同我面談。」

已入古稀之年的周恩來，重見當年這個偽造的啟事，不禁百感交集，內心悲苦異常；而目睹那封暗藏殺機的短柬，卻又氣憤難平，怒目圓睜，當即在江青信上奮筆批道：「伍豪等脫離共黨啟事，純屬敵人偽造。只舉出兩百四十三人，無另一姓名一事，便知為偽造無疑。我當時已在中央蘇區，在上海的康生、陳雲等同志知為敵人所為，採取了措施。詳情另報。」這天夜裡，已勞累一天的老總理不得不調來當年上海各種舊報紙仔細翻閱，直至東方既白。七十歲的老人不得不為捍衛自己的名節而親自披掛上陣了。五月十九日，他將有關資料整理出來，寫好一封信，呈送給紅衛兵最信賴的人——毛澤東。他在信中說：

連日因忙於四川和內蒙問題，並同內蒙軍區請願戰士分批談話，直至今天才抽出一天功夫翻閱上海各報，……現在弄清楚了所謂「伍豪等啟事」，就是一九三二年二月十八日的偽造啟事，它是先在《新聞報》二月十八日登出的。登後，同天，上海臨時中央方面就向《申報》館設法，結果，《申報》二十日、二十一日登出偽造的啟事，二十二日登了廣告處給伍豪先生另一廣告啟事的拒絕回答，大概這是當時所能做到的公開否認偽造啟事的辦法。我在記憶中，有通過《申報》館設法否認的處置，但結果不明，十六日午已向主席這樣說了。……在我記憶中的偽造啟事和通過《申報》館設法的處置，在我到江西後發生的，所以我只能從電報和來信中知道，就不全了然了。現在，把四中全會後與此有關的編為大事記送閱，同時送上報導最詳的上海《時報》一九三一年十一月、十二月合訂本一冊，《申報》一九三二年一月、二月全訂本兩冊，請翻閱。

毛澤東看到周恩來的信和相關資料以後，筆墨簡潔地批道：

送林彪同志閱後，交文革小組各同志閱，存。

這一最高指示耐人尋味，值得後世歷史學家為此忙活一陣子。老人家為什麼不表態呢？當年為這個敵人偽造的啟事，他這位中華蘇維埃中央政府主席是簽發過佈告的呀！是他忘了還是假裝忘了？擬或是當初那個替周恩來辨誣洗冤的佈告乃別人借名而為，而他這個政府主席確實身處逆境，對此一無所知？真有意思。

直到第二年，即一九六八年一月十六日，他老人家好像忽然想起或者是忽然搞明白了這件事，在一份有關信件上二次批示道：

此事早已弄清，是國民黨造謠污蔑。

接著，又過了近四個月，即一九六八年五月八日，老人家更明白了，在一次與人談話中忽然說道：

像許世友這樣六十多歲的人，他都不知道這件事是敵人偽造的。可見瞭解當時的歷史情況很不容易。

周恩來畢竟是老練的政治家，他懂得把自己的命運交給任何人都是靠不住的，而不管表面看起來是多麼的靠得住。早在他將相關資料和給毛澤東的信發出去之前，就將它們全部拍照存檔，並把這一情況寫信通知江青。信中說：

此在一九三一年、一九三二年，凡熟悉上海政情和共運的，知其為偽造。我在一九四三年延安整風、下半年開的中央座談會上已原原本本談過，今年有暇，我當在小碰頭會上再談此事，並予錄音，記入中央檔案。

這就是告訴政敵說：你是不懂得當年政情和共運的；想在這上頭做文章，可惜我早就對黨有所交代了，你是什麼把柄也抓不到的啊！

周恩來的機警和謹慎沒有錯，儘快這段歷史已經非常清楚，連毛澤東都三番五次地予以剖白，可是到了四年後的一九七二年，中共中央批林整風彙報會剛開始之際，毛澤東還是要周恩來在會上將這件事「說清楚」。於是，六月二十三日，已身患絕症的七十五歲老人，不得不把折磨他達四十多年的〈伍豪等脫離共黨啟事〉這個魔鬼放出來，再狠狠地折磨自己一次。

當年的當事人之一陳雲也在會場，他不無悲憤地發言說：

> 我當時在上海臨時中央。知道這件事的是康生和我。對這樣歷史上的重要問題，共產黨員要負責任，需要對全黨、全世界共產主義運動負責的態度，講清楚。這件事完全記得是國民黨的隊謀。伍豪兩百四十三人的脫黨聲明，是在恩來同志已經到達中央蘇區之後。……我現在書面聲明，這件事我完全記得，這是國民黨的隊謀！

在這裡，作為最重要的當事人潘漢年，陳雲沒有提到，不是他忘了，而是他不敢提。因為此時的潘漢年正監禁在秦城監獄，他坐自己人製造的冤獄已經快二十年了。周恩來晦氣，難道潘漢年就不晦氣嗎？

事情並沒有完。周恩來六月二十三日剛就此事發完言，七月間，毛澤東的新接班人王洪文就叫人從上海檔案館繼續尋找「伍豪的材料」；有人果然發現新大陸，是一份叫做「伍豪等人啟事」的東西，王副主席立即批道：

> 此件先存敬標同志處，再等一個時期處理，可能中央有指示。

「再等一個時期」，再等一個什麼時期？等到一九七四年一月二十四日，有人寫道：「江青一夥未經中央批准，背著毛澤東主席，也不經政治局討論」（天知道這種說法是不是真的——筆者），擅自召開在京部隊、中直機關和國家機關上萬人參加的「批林批孔動員大會」，矛頭所向，不離「周公」，不離「宰相」，不離當代「大儒」，一句話，不離那個倒楣的「伍豪」。

這邊，周恩來已經病入膏肓。一九七五年九月二十日，在又一次切除大手術之前，這位一向儒雅十足的大國總理，突然有失體面地孩子般地大聲吼道：

我是忠於黨！忠於人民的！我不是投降派！

他一邊悲痛欲絕地喊著，一邊固執地要來自己三年前的「六・二三」講話記錄，雙手顫抖地簽上「周恩來」三個字，以示對自己說過的話的負責態度，儘管他的這個發言已經正式錄音，就存放在中央檔案館裡。

此時的周恩來總理，不知是否想到過潘漢年這個人？要是潘漢年這個人一直安安生生地活在中共高層領導圈裡，那麼他定然是替自己辨誣洗冤的鐵證人。可是他的政治生命過早地完結了，也連同他作為「鐵證人」的資格一起完結。難道周恩來先生對此沒有一點責任嗎？一九五五年當潘漢年面臨滅頂之災時，周恩來原本是有能力伸一援手的呀，可是不知道為什麼，在歷史檔案中查不出這一條。關於這一團迷霧，我們將在以後的篇章裡詳細涉及。

潘漢年，在處理「伍豪事件」中功不可沒！

第十章 中共談判代表

神秘消失在長征途中

兵荒馬亂期間，川滇地區老百姓的春節過得不成樣子，長征途中的紅軍就更別提了。正月十二這天，紅軍總政治部宣傳部長兼地方工作部部長潘漢年，正在審讀一份宣傳材料，忽然接到通知，說是張聞天書記叫他去談話。這多少有些意外，因為一般情況下，都是總政代部長李富春與他發生聯繫，而由新當選的中共中央總書記張聞天真接找他談話，確實是異乎尋常的。會是什麼事情呢？潘漢年不由得猜想著。

開始長征這短短三個月以來，不僅數萬紅軍將士的命運飽受著生死存亡的煎熬，而且黨內上層也一直鬥爭激烈、迭起驚濤。上個月召開的遵義會議，總算讓人們鬆了一口氣：追隨王明路線的「博古－李德體制」終於土崩瓦解，張聞天取代博古擔任了中共中央總書記，而自嘲過了三年「小媳婦生活」的毛澤東時來運轉，揚眉吐氣，接管了對紅軍的最高指揮權。在「毛－張體制」的問世中，聰明過人的周恩來投下了至關重要的一張贊成票。作為紅軍總政宣傳部長的潘漢年，對黨內這一歷史性大轉折自然是十分敏感的，而且從內心講，他也是非常贊同和欣喜的。他早料到，從此全黨全軍各個方面的工作都會別開生面，說不定自己的工作和命運也將面臨新的抉擇與挑戰。即將到來的這次與總書記張聞天的談話，會給自己帶來什麼樣的機遇呢？

張聞天後來被毛澤東稱為「開明君王」，是個書生氣十足的政治家。他最早從事的是文學創作和翻譯工作，參加過郭沫若、沈雁冰等組織的文學研究會和創造社，如果後來不踏入政界而成為中國那著名的「二十八個半」布爾什維克之一的話，中國當代文壇或許就會多一位文學大家。可命運常會捉弄人，他於一九二五年加入了共產黨，旋即赴蘇留學，國際紅都的五年深造，使他成了一個堅定的馬克思主義革命家，始而榮耀，終而悲慘，一生可歌可泣。這裡，筆者想藉此機會，為這位歷史性的悲劇人物多寫一段文字。一九三〇年，張聞天從莫斯科回國後，三十歲的他即就任中共臨時中央政治局常委，兼中共中央宣傳部部長。一九三三年一月，他進入中央蘇區後，任中央工農民主政府主席，緊跟忠實執行王明路線的中共臨時中央總書記博古，開始了「莫斯科的馬列主義」對以毛澤東為代表的「山溝裡的馬克思主義」的大討伐。揭開江西中央蘇區反毛運動序幕的，是發表在黨內通訊上的那篇號召「集中火力反右傾」的著名文章，而它正是張聞天的大手筆。王明路線在黨內作戰中將毛澤東打得進退失據，不得不去過「小媳婦生活」，但在對付蔣介石的軍事圍剿中卻一敗塗地。紅軍戰史上最重大的一次慘敗——廣昌戰役，一週內傷亡將士近三萬人。在很短的時間裡，左傾盲動主義者將革命老本幾乎拼光，不得不開始「戰略大轉移」，也就是後來彪炳史冊的「二萬五千里長征」。正是在這種血與死的洗禮中，不失文人良心的張聞天開始反思自己的政治信條，於廣昌戰役之後與人稱「鐵面木偶」的博古和洋教頭李德徹底決裂。也許是天賜良機，在一個叫作雲石山的寺院裡，毛澤東和張聞天這一對「政敵」，有幸同住在一間側廳，得到一個千載難逢的私下交談的機會。胸懷高闊的毛澤東不計前嫌，抓住機會直抒自己那「山溝裡的馬克思主義」，以淵博的學識和對中國革命透徹精闢的見解，完全征服了張聞天。事實上從這時起，張聞天已經與毛澤東站在了一起。所以後來的遵義會議開出那樣的結果，是一點也不奇怪的。從一九三五年到一九四三年，張聞天一直是中國共產黨的總負責人，這也是他一生事業的頂點，或者從另一個角度講，是他人生由通達榮耀走向坎坷悲涼的轉捩點。一九四二年延安整風運動中受到批判的張聞天，政治地位急劇下降，在第二年三月的中央機構調整中，毛澤東身兼中央政治局主席和中央書記處主席，權力核心的中央書記處只有三個人：毛澤東、劉少奇、任弼時。被排除在核心圈子之外的張聞天，只好請求中央允許他去做地方工作，「以鍛煉自己的實際工作能力」。一九四五年十一月，他攜夫人劉英奔赴冰天雪地的東北大地，歷任合江省委書記、東北局常委兼組織部長、東北財經委員會副主任、遼寧省委書記等職。建國後進入外交戰線，先擔任駐蘇大使，再擔任外交部副部長。一九五九年，張聞天由於在廬山會議上為彭德懷鳴不平，被打成「右傾機會主義分子」和「反黨集團成員」，下放到中國社會科學院經濟研究所當「特級研究員」。「文化大革命」中，張聞天自然在劫難逃，掛黑牌、戴高帽、大會批判，遊街示眾——直到一九六九年五月十六日被逮捕，叫作「隔離監護」，一監護就是五百二十三天。其間被遣送廣東肇慶，限三日內離京，勒令取消真名張聞天，改用化名「張普」。光榮、偉大、正確的中國共產黨四十五歲生日那一天，即一九七六年七月一日，「開明君王」張聞天在貧病鬱悶中身亡。「就地火化、繼續保密、不許開追悼會、骨灰存放無錫公墓——」禁令之下，其身後淒涼可知，只有老妻劉英獻上無名花一束，輓帶上寫著：「獻給老張同志！」……

一段閒話表過不提。還是回到要找潘漢年談話的張聞天吧，他要把一項重大使命交給精挑細選出來的潘漢年。這項使命，可是由他與毛澤東、王稼祥新組成的最高權力核心研究做出的。就是：「中央研究決定，讓你和陳雲同志一起離開部隊到白區去，在上海長期埋伏，並設法打通上海和共產國際的關係。我們現在和國際的聯繫電臺早已中斷了。——你們如在上海聯繫不上，就得設法到莫斯科去。總之，應當儘快地和國際打通聯絡線，向國際投告遵義會議的結果以及紅軍的近況。」

離開部隊去打通與共產國際的聯繫？這樣的任務，潘漢年確實始料未及。在中央蘇區一年多來的生活，特別是長征以來驚心動魄的戰鬥經歷，使他對紅軍這個革命大集體產生了深深的依戀之情；在他的感覺上，從前那種單打獨鬥的地下工作歷險，彷彿都已經是非常遙遠的事情了。然而，誰能想到，命運卻又一次做出了意外的安排。

潘漢年接受任務後，化裝成商人，取名楊濤，神秘地離開了紅軍隊伍，翻山越嶺，穿過敵人的層層封鎖線，來到貴陽。在貴陽，他按照中央領導人交代的聯絡辦法，首先與貴州工委的地下黨員秦天真接上頭，然後由秦天真指派的信使藍城，護送他出貴陽，經獨山、柳州、梧州、廣州，最後來到香港。

到達香港的第二天，潘漢年即向上海的潘渭年夫婦發信聯絡。潘渭年是他的堂弟，弟媳婦又是他少年時的好朋友、表妹呂鑒瑩。他這位堂弟潘渭年，是中央大學經濟系的畢業生，大革命失敗以後加入中國共產黨，一九三二年春「中大」地下黨遭到破壞後轉移到上海，調入中國工農通訊社工作，在堂兄潘漢年的直接領導下從事對敵隱蔽鬥爭，主要任務是編譯電稿、傳遞情報、掩護黨的領導人物。潘漢年當年離滬赴蘇區前，就指派他們夫婦繼續留在上海，成為黨的一個秘密聯絡點。現在，這個聯絡點終於派上了用場。

得到潘渭年夫婦的確切回信後，潘漢年乘船北上，回到離別了二年多的大上海。在潘渭年的安排下，他很快見到了臨時中央宣傳部負責人董維健和臨時中央上海局負責人浦化人。從他們這裡得到的消息令人沮喪：共產國際遠東情報局負責人華爾敦（又名勞文斯），已於今年五月被捕，所以上海方面與共產國際的聯繫通道已經中斷。既然如此，看來留在上海已無多大必要，於是，潘漢年又急忙折返香港設法。

在香港，潘漢年幾經曲折，找到了原先的情報關係梅龔彬、錢鐵如、柯麟和葉挺等人，從他們口中終於打聽到一個令人興奮的資訊：今年下半年，共產國際要在莫斯科召開代表大會。那麼，要想與共產國際聯繫上，直接去莫斯科就成為最有效可行的辦法了。潘漢年是個拿定主意就要立即付諸行動的人，他當下叫梅龔彬出面，約見前國民黨十九路軍負責人陳銘樞、蔣光鼐，請他們利用兩廣的關係，為自己打點出國門路。

此時，上海方面又傳來資訊，說陳雲已經到達上海，並且已得到指令，叫他與潘漢年急赴莫斯科，向共產國際直接彙報情況，同在那裡的中共代表團一起開展工作；而且去莫斯科的辦法也已確定，搭乘蘇聯商船由上海到海參威，再改走陸路去莫斯科。事不宜遲，叫潘漢年火速離港返滬。

潘漢年趕到上海，情況又有些變化，組織上考慮到安全問題，決定他和陳雲二人分開行動。於是，這年八月中旬，陳雲乘船先走一步。九月初，這艘蘇聯商船返回上海。潘漢年這才動身赴蘇，於月底到達莫斯科，使用化名「柏林」。從秘密脫離紅軍隊伍到置身現代都市莫斯科，從硝煙瀰漫、生活艱苦的戰場，來到美麗安寧的和平環境，前後也就是半年時間，這種充滿戲劇性的空間轉換，對第一次出國的潘漢年來說，不禁平添了幾多對人生的感慨。前面會有什麼樣的使命、挑戰和遭際呢？身處異國他鄉，潘漢年還真有幾分茫然。

流產的莫斯科談判

蘇聯首都莫斯科。

西元一九三六年元月十三日晚八時差五分，有兩個中國人幾乎不差前後地走進一座住宅小樓，一個是前中華蘇維埃共和國臨時中央政府外交人民委員會副委員長潘漢年，一個是中華民國駐蘇聯大使館武官鄧文儀。這所房子的主人也是中國人，名叫胡秋原，現在的身份是中華民族革命同盟駐莫斯科代表。中華民族革命同盟是原國民黨十九路軍流亡將領設在香港的抗日反蔣組織。今天晚上，國共兩黨歷史上的第二次合作談判，就要在這裡正式拉開序幕。

這次國共兩黨生死決鬥了將近十年之後的首次秘密接觸，到底是怎麼促成的呢？不妨從蔣介石說起。

一九三五年秋天，日本帝國主義在中國挑起種種嚴重事件，其目的就是要逼迫蔣介石放棄對華北數省的控制權，實現他們華北「自治」的侵略野心。至此，一直堅持「先安內後攘外」方略的蔣總統不得不有所反思，如果不首先解除日本人的致命威脅，蔣家王朝更是難以存活。但是，怎樣對付日本人呢？依靠英、美力量當然是他的首選目標；可是他的老盟友十分狡詐，哪裡會為中國去火中取栗？他們這會兒絲毫不想跟日本人起衝突。失望之餘的蔣介石，不得不把求助的目光轉向北方：也許蘇聯人能扼制住東洋鬼子？一九三五年十月，蔣介石政府正式放出試探氣球，向蘇聯駐華大使鮑格莫洛夫提出與蘇聯結盟的建議。

但是，蔣介石心中的「中共情結」太重了，他知道，與蘇聯實現結盟也許並不難，難的是中共問題怎麼辦？這個問題不解決好，與蘇聯結盟也就難以成功。此時的「剿共」形勢已極為不妙，紅軍經過萬里長征已經在陝北站定腳跟；這年十一月二十八日，毛澤東和朱德發表了著名的《抗日救國宣言》；十二月九日，共產黨一手發動的北平學生愛國運動震驚全國；——加之現在急於想與蘇聯結盟，這客觀形勢和主觀需要，都迫使蔣介石不能不從軍事圍剿的單行道上轉過身來，把「政治解決」中共問題的方案擺上議事日程。這年的十一月下旬，蔣介石經過在「小範圍」多次研討之後，終於定下了解決中共問題的四項基本原則：第一、取消蘇維埃政府，歸順南京；第二、取消紅軍，改編為國民革命軍；第三、共產黨可以存在，或者共產黨全部參加國民黨；第四、改編後的紅軍，全部開赴內蒙古前線地區駐防抗日。方針既定，下一步就是怎麼樣將這個談判方案通知給共產黨。這還真是個不小的難題呢，多年來雙方殘酷廝殺，可以說完全斷絕了一切交流管道，一下要接上關係談何容易！蔣介石動用所有秘密力量，在上海、南京等地尋尋覓覓，甚至不放過每一個從監獄裡放出來的共產黨人，然而十多天過去了，依然一無所獲。蔣介石傻眼了，沒想到這麼一個小小不言的細節問題，居然會叫他的戰略宏圖難以展開。

正當蔣介石急火攻心時，沒想到鄧文儀給他救了駕。鄧文儀，字雪冰，湖南人，畢業於黃埔軍校第一期。第一次國共合作時期，他被派往莫斯科中山大學學習，與王明等人都是同學。國共分裂後，他投靠蔣介石，歷任黃埔軍校政治部副主任、代主任及國民黨軍師、軍政治部主任等職。一九三一年，國民黨特務組織復興社成立，他是有名的十三太保之一。一九三二年，積極為蔣介石的「剿共」戰爭賣命，曾主編《剿匪文獻》。現在是駐蘇大使館武官。回國述職來見蔣介石，報告說他在莫斯科看到共產國際機關刊物上有一篇文章，寫的是主張聯合國民黨共同抗日，「兄弟鬩牆外禦其侮」什麼的，作者是中共駐莫斯科代表團團長王明。蔣介石聞聽大喜，忙叫鄧文儀把文章找出來，翻譯成中文交給他。他讀過文章之後，當下授意鄧文儀和國民黨中央委員、CC系頭子陳立夫，前去拜會蘇聯駐華大使鮑格莫洛夫，表示如下意向：強調南京政府聯蘇的決心；國民黨願意派一名中央委員，前往莫斯科與中共駐莫斯科代表團進行政治接觸。

一九三五年十二月十九日，蘇聯駐華大使鮑格莫洛夫正式拜會蔣介石，表示蘇聯政府同意與南京政府就軍事互助協定進行具體討論。至於蔣介石提出讓蘇聯政府幫助解決中共問題以便實現國家統一的請求，鮑大使回答說完全理解蔣先生的看法，沒有一個統一的中國，就不能有效地抵抗外國侵略。

得到蘇聯政府這樣的資訊，蔣介石非常興奮，下令鄧文儀中止述職提前返回莫斯科。於是，十二月二十一日，鄧文儀便急急忙忙乘船北上。三天之後，陳立夫也在蔣介石的催促之下，化名李融清，攜化名江淮南的俄文秘書張沖，以新任駐德大使程天放隨員的身份，悄悄地潛往柏林待命，準備一旦時機成熟即趕往莫斯科進行升格談判。

這就是鄧文儀於本文開頭能夠出現在胡秋原寓所的來龍去脈。

那麼，潘漢年又是怎麼成為中共方面的談判代表呢？

原來，潘漢年和陳雲先後來到莫斯科時，共產國際第七次代表大會已經結束。他們雖然沒能參加這個會議，但卻有幸趕上還未結束的少共國際代表會議。而這個會議的主旨正是要貫徹共產國際七大會議精神，那就是建立國際反法西斯統一戰線問題；王明作為中共代表團負責人，就中國建立抗日民族統一戰線問題也做了相關報告。通過參加少共國際會議，潘漢年等於對共產國際第七次代表大會的精神也基本掌握。接著，他又到列寧大學中國班進行了短期學習，學習期間又去蘇聯各地參觀遊覽，慢慢便對這兒的一切熟悉起來。

不久，以王明為首的中共代表團，根據共產國際新的策略方針，起草了〈為抗日救國告全體同胞書〉（即〈八一宣言〉），經共產國際同意後，以中華蘇維埃中央政府和中共中央的名義發出。這是中共闡述建立廣泛的民族統一戰線的第一個重要文件。它的經典段落說：「無論過去和現在有任何政見和利害不同，無論各界同胞有任何意見上或利益上的差異，無論各軍隊間過去和現在有任何敵對行動，大家都應當有『兄弟鬩於牆，以禦其侮』的真誠覺悟，首先大家都應當停止內戰，以便集中一切國力（人力、物力、財力、武力等）去為抗日救國的神聖事業而奮鬥。」這個宣言的發表，在全國各界產生了巨大的反響。

當蔣介石急於要和中共接觸的資訊通過蘇聯政府傳到中共代表團時，代表團的主要負責人王明、康生、陳雲等於一九三六年一月十一日召開專門會議，研究應對方略。鄧文儀要談的人是王明，但作為這裡的主要負責人，王明首先出馬顯然不太策略。那麼派誰最合適呢？經過討論，大家覺得新來乍到的潘漢年最合適。因為經過陳雲介紹，人們知道他不僅反應機敏、擅長詞令，而且近幾年有過兩次重大談判的實際經歷。第一次是一九三三年，潘漢年作為中華蘇維埃臨時中央政府及中國工農紅軍的全權代表，出使福建省，與當時的國民黨十九路軍談判「停止內戰，抗日反蔣」大計。第二次是一九三四年，潘漢年仍然以相同的身份出使廣東省，與號稱「南天王」的粵軍首領陳濟棠進行停戰談判。在蘇區紅色政權和工農紅軍面臨生死存亡的重大關頭，潘漢年不辱使命，充分發揮了處變不驚、折衝樽俎的膽識和能力，取得了公認的外交成果。現在大家一致同意他作為首談代表去會會鄧文儀，看來不失為最佳選擇。

如今讓我們再回到胡秋原寓所的潘、鄧談判。關於這次事關國共兩黨第二次合作成敗的首輪秘密談判，非常慶幸的是，莫斯科「俄羅斯當代文獻保管與研究中心」至今將王明和潘漢年的全部談判筆記保存完好。鑒於此前這一部分史料從未公佈於世，這裡有必要將其照錄在案，以為補缺，以為傳世。

潘：王明同志聽說你要找他談國共兩黨合作抗日救國問題，委託我先來瞭解一下，你找他談話，是以私人資格，還是正式代表南京政府？我們早在上海戰爭時，就公開宣佈願在三條件下與一切軍隊談判共同抗日救國問題，可惜除十九路軍曾與我們初步談判合作以外，南京、西南、四川等各方將領，都沒有作出積極反應。紅軍西征到雲南時，朱、毛兩同志已經注意到日本帝國主義進攻華北的明顯企圖。雖然南京軍仍還在不斷進攻紅軍，朱、毛兩位領導人始終相信，聯合起來抗日救國的主張，一定會得到全國同胞的擁護。所以朱、毛當時派我離開部隊，向各方表示我們抗日救國的主張。可惜我到上海時，日本帝國主義實際上已經佔領平津了。而蘇維埃中央政府與中共中央號召全國各黨各派團結一致共同救國的主張，不僅沒有得到國民黨的回應，而且國民黨還不斷地逮捕和槍殺抗日救國的同胞，更加殘酷地進攻紅軍。在這種情況下，我不僅沒有可能向各方具體表示我們蘇維埃政府與紅軍抗日救國的主張，就連人身安全都毫無保證，不得不離開祖國。

鄧：我這次來莫斯科，完全是受蔣先生的委託，要找到王明討論彼此間合作抗日問題。我們曾經在上海、南京等地找過共產黨的關係，但無結果。後來我們想在四川和陝北直接與紅軍進行談判，但事先毫無聯繫，恐怕進不去。最近蔣先生看到王明同志在共產國際七次大會上的講演，以及最近在《共產國際》雜志上的文章，立即決定派我來找王明談判彼此合作的問題。——可以說聯合共產黨的原則是已經決定了。因此，我可以代表蔣先生與你們談判合作的初步條件。潘：我們在你們五次大會之前，曾有過一個通電，蔣先生看了為什麼沒有提出討論？

鄧：在那種會議上根本無法討論這種問題。幾百人的會議，沒有人知道裡面會有多少漢奸。現在我們只是在內部有聯俄聯共共同抗日的討論，即使這樣日本人已經到處宣傳並向南京進行威脅了。因此，我們將來如果合作，具體實現合作的方式，仍是一個相當重要的問題。蔣先生主張，現在要抗日，首先是要集中八十個師的人馬，否則必然受日本所制。可現在這八十個師的人馬全都被紅軍牽制住了，所以我們兩黨需要合作。不過即使我們談判成功，國民黨的軍隊也不能一下子就撤離，非有三個月的時間準備不可。我們得到情報，知道日本今年一定要進攻外蒙，它對華北自然也會有新的動作。日本留給我們的時間很少了，可惜我們兩個主要的力量至今還沒有找到聯合的道路。

潘：有人誣衊我們統一戰線的口號是玩弄手腕毫無誠意。我想你一定注意到巴黎《救國時報》轉載的王明的文章，對這個問題已經有了明確的說明。在這裡我想強調說，全國民眾都知道，兩黨繼續內戰必將便利日本由北向南地併吞整個中國。紅軍是中國人民的軍隊，抗日救國是它一貫的主張。雖然過去我們政見不同，但遭受亡國之恥辱，我們大家是一樣的。所以我們認為，在內政問題上的歧見，彼此可以暫時放在一邊，首先來救國。假如你們誠心誠意地想與我們共同抗日，我們不會玩什麼手腕。只有那些不想抗日，企圖利用抗日口號欺騙民眾的人才會這樣做。

鄧：國內只有我們和你們兩種力量，假如能夠聯合起來，就像一九二五年的合作那樣，一定可以有辦法。過去是因為鮑羅廷的錯誤使得我們在一九二七年不得不分裂。我們的領導人常說，朱、毛那時對於分裂是沒有責任的。

潘：過去的不要說了。究竟誰對誰錯，歷史會回答的。現在我們唯一希望的，就是國民黨能夠按照孫中山先生的反帝主張，來制定政策制止日本帝國主義吞併中國的陰謀得逞。我可以代表中國蘇維埃與紅軍的領袖朱、毛兩同志和王明同志，向全體國民黨員以及南京軍隊的全體將士宣佈說：只要你們立即停止進攻紅軍，表示抗日，我們願意與你們談判合作問題。

鄧：我們最近召開的六中全會和五次大會，已經表達了團結對外的一致願望，這是國民黨有史以來所沒有過的團結現象。——我們不是不願意與你們合作，而是許多問題阻礙我們沒有辦法直接作出這樣的表示。今天我們能夠會面是很好的開端，希望我們能夠找到彼此意見接近的辦法。

潘：朱、毛的通電你們為什麼沒有討論呢？同時，上海、武漢等地也沒有停止逮捕抗日分子與共產黨員，你想朱、毛他們怎麼能夠知道你們想抗日呢？

鄧：我們曾兩次找過鮑格莫洛夫，向他說明我們要找你們談判，但他表示不願意過問我們國內的問題。因此不待過陰曆年我就匆匆來此，預備從《真理報》、《共產國際》雜誌轉信給王明，又怕沒有結果，又擔心日本特務會知道，所以我直接寫了一封信給共產國際秘書處轉王明。他不知收到沒有？

潘：沒有。可能還沒有寄到吧。——我們今天能見面，這很好。希望你能夠具體說明一下你們對於與我們合作的意見。如果你有什麼問題，也可以提出來。

鄧：要合作這一點是確定了。不過有三個問題比較難解決。一是聯合以後對日作戰非統一指揮不可；二是我們現在子彈和糧餉都只夠三個月的，如果要打持久戰，就非另想辦法不可；三是外交方面我們對英美是有辦法的，但英美離中國太遠，遠水不救近火，無論如何沒有蘇聯與我們那樣方便。最近我們得到消息，日本今年肯定要打外蒙，因此我們應當與蘇聯合作，讓他們幫助我們軍火與糧餉。這一點很重要。

潘：如果真心抗日，這三個問題應該都不難解決。統一指揮我們將來可以討論一個雙方都能接受的好辦法。抗日應當利用英美的幫助，這一點我們不會反對，並且我們近來一直有人研究英美日之間的衝突，將來也許在這方面可以貢獻一些具體的意見。關於找蘇聯說明，這確很重要，根據他們一貫說明被壓迫民族反抗帝國主義侵略的原則，只要南京政府堅決站在團結全體民眾反對日本的立場上，我個人相信蘇聯對中國的民族運動是會同情的。你們從外交方面去努力不會沒有結果的。至於說日本最近關於進攻外蒙和內蒙的宣傳，它很大程度也是故意吸引南京政府的視線到蒙古問題上去。因為蘇聯國防力量雄厚，全國團結一致，日本沒有歐美帝國主義的幫助實際上是不敢冒險進攻蘇聯的。最近外蒙古政府派人到蘇聯來，莫洛托夫等重要領導人都親自接見，這說明外蒙在外交上是很有辦法的，日本進攻外蒙恐怕不比進攻南京政府更容易。當然，我們沒有必要討論日本究竟是先進攻外蒙，還是先進攻中國。我們現在應當努力團結一致對付日本，這是刻不容緩的事情。問題是朱、毛和王明同志八月一日即發出宣言，最近紅軍又發通電，南京政府除因汪精衛被刺組織上略有變動以外，看不到有任何真正抗日的準備。

鄧：要抗日其實政府早有準備，不然的話日本為什麼總是要威脅蔣先生呢？關於我們的抗日準備問題，將來會有文件來證明的。現在情況非常迫切，日本可能只留給我們三個月的時間，而我們之間尚未停戰。但我敢說，我們與紅軍停戰之日，就是與日本宣戰之時。因此我希望能夠與你們早日談判成功。

潘漢年與鄧文儀的這次會面，一直持續到將近午夜時分，一個最具體的結果就是，雙方商定三天之後的元月十七日，由王明親自出面與鄧文儀進行第二次秘密談判。後來，元月二十二日，王、鄧還舉行了他們兩人之間的第二次談判。關於王、鄧會談的詳細資料，因為與潘漢年沒有直接關係，這裡就從略了。

在王、鄧第二次會談的最後，鄧文儀鄭重其事地表示：「我希望下次再到莫斯科來的時侯，我能夠直接和你見面，到你的寓所去。」

王明說：「那樣當然好。那個時侯大概我們的談判會接近一些了。」

鄧文儀甚至有點討好地說：「我相信，到那時侯我就會在你的領導下工作了。」

面對這樣令人充滿希望的首輪談判，中共代表團的要員們不免大受鼓舞，當下計議決定派潘漢年作為全權代表，隨同鄧文儀回國去面見蔣介石，然後再直接向陝北的中共中央進行彙報。

然而，完全出乎人們意料的是，這邊潘漢年整裝待發，那邊的鄧文儀第二天就變卦了。二月二十三日一大早，鄧文儀打電話緊急約見王明。剛一見面，鄧文儀簡單道歉之後便說，他不能和中共代表潘漢年一道回國了，因為蔣介石給他拍來急電，要他去柏林公幹，並拿出電報原稿以資證明。他最後信誓旦旦地說：「十一天以後我們再見面吧。到那時我們再來討論更具體的問題。」但後來的無情事實是，莫斯科談判就此流產了。

什麼內幕呢？

還得說蔣介石。最早，蔣介石為什麼急於和莫斯科的中共代表團接觸呢？僅僅因為無法與陝北的中共中央聯繫上嗎？不是這麼簡單。有一份珍貴史料也許能說明問題，它就是當時蘇聯駐華大使鮑格莫洛夫拍給國內上級的電報：

> 蔣介石說，他認為向他提出的問題中最重要的是最後一個，即關於紅軍的問題。如果我們能就這個問題達成協議，其他問題也就迎刃而解了。他十分明白，共產黨可以公開存在，但是任何一個國家都不允許一個政黨擁有自己的軍隊。蘇聯必須利用自己的威望勸說紅軍承認事實上的政府，那時中國政府就能抗日了。我回答說，蘇聯政府對中國紅軍沒有任何影響。——這應由中國人自己去完成。蔣介石又開始闡述他關於一國之內不允許有其他政黨擁有軍隊的觀點。談話有陷入僵局之虞，為打破僵局，我指出，不久前陳立夫同我談話時，說到希望派國民黨中央委員會的代表到莫斯科去進行各種會晤，我問這是否符合蔣介石的願望。蔣介石對我的話沒有反應，繼續熱情地論證蘇聯政府與中國政府和國民黨建立友好關係的必要性，說如果蘇聯政府就中國紅軍承認中央政府權威一事，向紅軍施加必要的壓力，那麼蘇聯政府就可以此表示對南京的真誠態度，並贏得南京政府這個忠實的同盟者。我看到談話繼續朝僵局發展，便斬釘截鐵地聲明，我們絕不能扮演他講話中說的任何居中調解人的角色，這是中國內政。蔣介石同孔

（祥熙）商量後說，他認為可以據以下原則同中國共產黨達成協議：紅軍承認中央政府和總指揮的權威，同時保留其現有人員參加抗日。我重申，按自己的意向同紅軍談判，這是他的內政。蔣介石說，儘管如此，他要求向蘇聯政府轉達這個想法。我回答說，我當然會把他的話報告我政府。歷時二小時的會談，有八十分鐘被用來談這個內容。

問題很明白：原來蔣介石以為只要蘇聯政府答應給中國紅軍施壓，那麼實施蘇聯政府意圖的肯定是中共駐莫斯科代表團；而只要能與中共代表團談判成功，那麼國內的紅軍也就只能執行照辦了。這就是蔣介石的最初思路。但事與願違，蘇聯政府在這個問題上拒絕合作，而且態度鮮明又堅定，這就使蔣介石清醒地認識到，指望通過莫斯科會談實現自己解決紅軍問題的意圖已根本不可能了。他是個非常聰明的現實主義者，所以便一刀斬斷莫斯科談判，把目光轉向雄踞陝北、擁兵自重、以毛澤東、張聞天、周恩來等人為首的中共中央了。

國共莫斯科談判流產了。但是，潘漢年作為中共談判代表的歷史使命並沒有就此告終，他註定要在國共實現第二次合作中繼續扮演重要角色，建樹光照史冊的驕人業績。

難進難出

當初，潘漢年北上莫斯科的主要任務，是為長征中的中共中央尋求與共產國際的聯繫。這個任務早已完成，他不僅讓共產國際和中共代表團瞭解了紅軍長征、遵義會議、上海和香港等國內情況，而且到共產國際有關部門學了一段無線電新編密碼技術，以保證日後中共中央再也不會失去與共產國際的聯繫。對他個人來說，充當了國共兩黨二次合作談判的首位中共代表，那是一次意外的經歷。他也不辱使命，做得很好。莫斯科會談儘管流產了，但這不是他的責任。做完以上這兩件大事，已經是一九三六年的初春了，屈指一算，離開紅軍出使北國整整一年時間。現在，他在莫斯科已無事可幹，是該接受新的任務了。

根據鄧文儀後來傳達的資訊，國共合作談判還是要繼續進行的，只是談判地點應該放在國內；並且說，中共應該選派一位代表在香港居留，以便接收國民黨方面的聯繫信號。駐莫斯科中共代表團據此決定：仍由潘漢年擔當重任，在香港一面等待國民黨的談判資訊，一面尋求與中共中央的聯繫管道，儘快將新編密電碼交上去，並能直接向中共中央彙報莫斯科這邊的一切情況。

怎麼回國呢？這是要精心安排的事。出於安全考慮，潘漢年由他當年在中央特科時的忠實助手歐陽新作陪，計畫從列寧格勒出境，乘船首途希臘，再從那裡繞道回國。可是計畫趕不上變化，正當他們的船離開列寧格勒的第二天，希臘國內發生政變，近期內很難登陸。沒辦法，他們只好掉轉船頭又回來，在莫斯科等待重新出發的機會。潘漢年是個一旦受命在身就再也坐不住的人，躺在莫斯科那柔軟舒服的床上，他卻難以合眼，不禁為特殊年代的這種事情感到好笑：要在正常的和平的日子裡，人們想去哪兒就去哪兒，多麼自然多麼容易的小事一樁呀，哪裡還會碰到這些個尷尬呢？想到這裡，他不由得又記起去年離開紅軍時那場驚險傳奇的經歷……。

當時紅軍集結在川滇邊界，四周是國民黨的層層包圍圈，作為一名共產黨的高級幹部，要想安全穿過險境奔赴貴陽，可不是一件容易的事，稍有不慎便性命難保。經過再三計畫，潘漢年化裝成一個商人，名叫楊濤，因為「違法犯罪」被捉，與一批販毒商人關押在一起。他很快就與這些人混得很熟，並且成了個頭兒式的人物。不久後的一天，由於看守戰士的「疏忽大意」，這批不法商人在「楊濤」的率領下逃掉了。在逃往貴陽的路上，這些商人對他們的救命恩人楊先生百般照顧和保護，一路順風直達貴陽，最後安抵目的地香港。——去年是難出，現在又面臨著一個難進的問題。

潘漢年羈留莫斯科，等待著再次動身的機會。這期間，卻意外地等來一位老朋友胡愈之。這位才名早著的上虞俊秀，當年在上海創辦過「上海世界語學會」，『五四』運動後又與沈雁冰等人發起成立「文學研究會」，是推進新文化的一員猛將。潘漢年在創造社編輯《幻洲》半月刊時，就與他結下了不深的情誼。大革命失敗後，胡愈之被國民黨通緝，不得不逃離中國，入巴黎大學法學院深造。後回國主編過《東方雜誌》，又協助鄒韜奮主編過《生活週刊》。加入中國共產黨後，他在上海從事上層人士的統戰工作。那麼，他現在又怎麼會從巴黎來到莫斯科呢？其中有個緣由。去年（一九三五年）五月，上海發生了轟動一時的「《新生》事件」，又叫「《新生》週刊事件」。起因是：《新生》雜誌主編鄒韜奮在本刊五月四日第二卷第十五期，發表了一篇署名易水的文章，題目叫作〈閒話皇帝〉。易水是韜奮的助手艾寒松的筆名。文章從學術角度泛論古今中外的君主制度，其中也涉及到日本天皇。日本駐上海總領事遂以「侮辱天皇，妨害邦交」為口實尋釁鬧事，向國民黨政府提出抗議。國民黨政府屈服於對方壓力，以「此文對友邦元首有誹謗之言詞」，犯了「誹謗罪」，將《新生》週刊封閉，判處主編鄒韜奮有期徒刑十四個月。胡愈之為了救鄒韜奮出獄，積極與黨組織聯繫。但此時上海的黨組織遭到嚴重破壞，與他直接聯繫的宣俠父已經去了香港。胡愈之急赴香港找到宣俠父，但對方覺得事關重大，應該求得共產國際的幫助。於是，胡愈之又趕奔法國，通過巴黎《救國時報》負責人吳玉章，與共產國際和中共駐莫斯科代表團取得了聯繫。現在來到莫斯科就是辦這件事。

潘漢年和胡愈之兩位分別多年的朋友在莫斯科相見，均感驚喜，互訴別後情形與近況，日日親近。轉眼到了四月，胡愈之在莫斯科也已無事可辦，遂由中共代表團決定，讓胡愈之陪同潘漢年一同回國。一個春光明媚的下午，他們倆以旅遊者的身份，登上西去法國的國際列車，抵巴黎後再赴馬賽，然後乘船直駛香港。

安全抵達上海後，潘漢年即按照與鄧文儀約定的聯絡辦法，給國民黨要員陳立夫發出密信，要他速派人來港會面。隨後讓胡愈之先行回滬，尋找地下黨，探聽中共中央的消息，安排赴陝北向黨中央彙報的門路。

一九三六年七月七日，香港《生活日報》登出如下一則啟事：「叔安弟鑒：遍訪未遇，速到九龍酒店一敘。兄黃毅。」潘漢年見報，知道國民黨方面派人來了。「叔安」是自己的化名，這次給陳立夫寫信，用的就是它。但這個「黃毅」是誰呢？潘漢年一時還真猜想不出。

其實這個人不是別個，正是潘漢年的老對手張沖，時為國民黨中央委員、中組部副部長。關於此人，筆者在第九章中已略有交代，這裡不妨再補充幾句。張沖是個比較複雜的人物，他既是陳氏兄弟的心腹、國民黨中統重要頭目，對蔣家王朝忠心耿耿；但又是國民黨政府中力主抗日、最早理解中共關於建立統一戰線政策的少數開明分子之一。中共《八一宣言》發表的當天晚上，是他第一個將自己手下香鋪營電臺接收的抄件報送蔣介石，並得到蔣介石下達的可以與共產黨疏通關係的「御旨」。這使他一躍成為南京政府「著手對蘇外交」、「著手中共問題的解決」的熱門人物之一。這次陳立夫能派他來香港會見潘漢年，應該說算是最合適的人選了。

這是潘漢年和張沖的初次謀面，免不了互相要仔細打量一番。尤其是張沖，他早聽說自己製造「伍豪事件」那一招，是敗在潘漢年手中，所以早想見識一下此人，今日一見，果然有些氣度，看上去要比自己年輕得多（實際上張比潘只大三歲——筆者）。他見潘漢年沒有更多寒暄的話，便開門見山地告訴對方說，他此次赴港是奉命而來，陳立夫和陳果夫邀請潘漢年去南京，直接向國民黨當局陳述中共關於建立抗日民族統一戰線的觀點和條件。並一再強調說，蔣先生對解決兩黨關係問題十分迫切，希望潘先生能隨他一同去南京。潘漢年的使命正是要接觸國民黨高層人物，以便開闢和談基礎，當下即表示願意跟張沖前往南京。

不過，南京之行並不成功。潘漢年隨張沖於七月中旬抵達南京後，二陳並沒有如期會見他，而是要他先將中共駐莫斯科代表團關於兩黨和談的意見寫成書面材料交出，然後再見面。等潘漢年將所要材料交上後，對方又變卦說，這個材料只能說明中共代表團的想法，並不是中共中央和朱、毛紅軍的態度，有鑑於此，他們還是不能會見潘漢年，什麼時侯潘先生取得陝北方面的談判代表資格，什麼時侯再會面不遲。說實在話，這樣的結果並未出乎潘漢年之所料，蔣介石在選擇談判對象上的變化，他在莫斯科會談流產之後就覺察到了。他對這次南京之行本來也就沒抱太大的希望，只要能與陳立夫們接上頭，任務也就算完成了。他心裡明白，眼下最重要的是如何進入陝北，向一年半以前派他出來的中共中央彙報情況、交出密電碼、領受新使命。在這一點上，他倒與國民黨政府的看法相同：真正解決國共二次合作問題的關鍵不在莫斯科，而在陝北那些土窯洞裡。

潘漢年進入陝北，還真是費了不小的周折。說到所走的那條經西安至陝北的秘密交通線，不能不提到一個人，他就是馮雪峰。潘漢年和馮雪峰的關係早多了，也深多了，可以追溯到左聯時期。這在本書第六章已經敘及。馮雪峰又是怎樣為潘漢年開闢出這條秘密交通線呢？這得從胡愈之回滬說起。胡愈之陪同潘漢年從莫斯科抵達香港後，沒多停留，根據潘漢年的安排，於五月下旬先行回到上海，住在兄弟胡仲持家。胡仲持時任《申報》主編，與沈鈞儒、沈雁冰們過從甚密，很快瞭解到馮雪峰新近從陝北抵滬，落腳在魯迅先生家裡。胡愈之獲知這一資訊，立即約見馮雪峰，告知潘漢年現在香港，急於向中共中央彙報重要情況，並交付與共產國際直接聯繫的密電碼，希望馮能速往香港與潘會面，商定赴陝事宜。

馮雪峰這次奉派來滬，幾項具體工作的共同目的，就是要宣傳貫徹中共中央的抗日民族統一戰線政策，現在聽胡愈之這麼一講，覺得安排潘漢年火速赴陝，與自己的工作任務不但不矛盾，而且是重中之重，於是放下手頭一切事務，在胡愈之的陪同下立即趕奔香港。與潘漢年見面後，馮雪峰也顧不上多敘私誼，只交底說赴陝的秘密交通線已經開通，而且上海地下黨與黨中央聯繫的秘密電臺也已建立，另外，能夠確保潘漢年安抵陝北的一位「保護神」如今正好在上海，希望潘在處理完香港方面的事務後儘快赴滬。之後，馮雪峰和胡愈之又很快回到上海，等侯著潘漢年的到來。

馮雪峰這裡所說的「保護神」是誰呢？是張學良。此時的張少帥，雖然依舊是西北「剿匪」副總司令，但在中共建立抗日民族統一戰線政策的感召下，已完全停止對紅軍作戰，尤其今年春天在延安天主堂與周恩來秘密會談後，聯共抗日的態度更加鮮明，與中共中央之間已然建立起正式、穩定、有效的聯繫。這一段，他因事一直住在上海。

七月上旬，潘漢年由南京赴滬，見過馮雪峰、胡愈之以後，又見到一位自己當年在中央特科時的老部下劉鼎。此時的劉鼎已今非昔比，所處位置極為重要，是中共派在東北軍的全權代表，深得張學良器重，是其不離左右的高參人物。潘漢年就是通過劉鼎的安排，很快與張學良在一家大飯店會晤。也是通過劉鼎，潘漢年對張學良已有深入瞭解，所以一見面也不用多繞圈子，將目前建立國際反法西斯統一戰線的形勢、中共《八一宣言》的精神等，該說的都侃侃道出。張學良聽得擊節叫好，感慨精明強幹的人物怎麼都跑到共產黨那面去了。他當下表示，潘先生赴陝一事不成問題，將由他的東北軍護送過境。

這年的八月初，潘漢年歷經4個多月的輾轉曲折，終於通過一條秘密交通線到達陝北，回到當時的中共中央所在地——保安。當他見到一年半以前令他出征的總書記張聞天時，不禁激動得熱淚盈盈。

滄州飯店的「夾生飯」

一九三六年十月十四日，中共中央正式任命潘漢年為中共談判代表。這就是國民黨方面所要求達到的代表陝北中共當局的那種談判資格。

發表這一任命時，潘漢年已經在赴滬途中。回到陝北這一段，潘漢年成了大忙人、大紅人。他到達保安的當天，張聞天親自接見。第三天，中共中央即召開政治局會議，會議中心就是與南京政府的和談問題。潘漢年特別列席，作了專題彙報。毛澤東分析時局變化，指出：「在今天我們應該承認南京是民族運動中一種大的力量。我們的方針過去是願意同南京談判，現在仍繼續這個方針。」周恩來總是善於將毛澤東的方針具體化、行動化，他強調同南京談判應該提出兩個實際問題，一個是停止內戰；一個是實行抗日民主，發動抗日戰爭。同時，他指出應該放棄「抗日必須反蔣」的口號。

八月十日，列席完政治局會議的潘漢年還沒喘口氣，即受中央派遣，去開展對張學良的統戰工作。八月二十五日，到西安剛剛半個月的潘漢年，又收到毛澤東的電報，全文如下：

> 致電潘漢年：同南京進行具體的進一步的談判，以期在短期內成立統一戰線，這是我們進行整個統一戰線的重心。應於接電後七天內回到保安，領受新的方針，再以七天至十天到達南京開始談判。

毛澤東的這份電報是個標誌，標誌著潘漢年從現在開始直接受毛澤東等中共中央領導人領導，進行與國民黨的聯合抗日談判。

九月二十四日，潘漢年在參加了中共中央政治局擴大會議以後，帶著〈中國共產黨致中國國民黨書〉、〈國共兩黨抗日救國協定草案〉兩份文件，毛澤東致宋慶齡和致章乃器、陶行知、沈鈞儒、鄒韜奮，以及周恩來致陳立夫、陳果夫等的三封信，束裝就道，先到西安，再赴上海。中共中央正式任命潘漢年為談判代表的十月十四日，他剛從西安登上南下的火車。

潘漢年與陳立夫的會見，安排在上海滄州飯店，準確時間是一九三六年十一月十日上午。從年初在莫斯科會見鄧文儀到今天會見陳立夫，談判規格總算提高了一級。潘漢年想，從陳立夫這兒應該更能把準蔣介石的脈膊吧。對這位比自己大七歲的蔣系中堅人物，搞情報出身的潘漢年自然要比一般人瞭解得更多。陳立夫是陳果夫的胞弟，性格要比乃兄活躍得多，因了是同盟會元老陳其美的親侄兒，所以他們兄弟在國民黨裡的背景很深。從北洋大學畢業後，留學美國匹茨堡大學，獲礦學碩士學位。一九二五年秋天回國不久，二十六歲的他即投奔在蔣介石麾下，出任黃埔軍校校長辦公室機要秘書。第二年提升為國民黨中央組織部黨務調查科科長。該科就是後來專以鎮壓和屠殺共產黨人和革命者為能事的特務組織——中央調查統計局（簡稱「中統」）前身。一九二八年，與其兄陳果夫成立中央俱樂部即CC特務組織。國民黨「三大」後，陳果夫出任國民黨中央組織部長，陳立夫也隨兄榮顯，由調查科長一躍而成為中央執行委員、中央黨部秘書長。一九三一年「九一八」事變以後，蔣介石和汪精衛再度合作，國民黨中央組織部改組為中央組織委員會。陳立夫接過其兄的全班人馬，成了該委員會主任，此後，直到國民黨敗走臺灣以前，國民黨的中央組織大權幾乎一直就在他的控制之下。現在，面對這位舉足輕重的「黨國要員」，潘漢年惦得出談判的份量。

會談是在一間大套間的會客廳裡進行。雙方一見面，幾句不冷不熱的寒暄之後，潘漢年首先取出周恩來寫給陳家兄弟的信遞過去。陳立夫看過信，不動聲色，一邊收起信，一邊隨口問道：「你是代表周個人或代表毛？」

潘漢年知道自己已經是中共中央任命的正式談判代表，所以理直氣壯地回答說：「我代表整個蘇維埃與紅軍來與南京政府及中央軍談判，並非代表任何個人。」

陳立夫抬眼打量一下潘漢年，輕輕「哦」了一聲，然後開始態度認真地問道：「那麼，貴黨關於合作的條件有哪些呢？」

潘漢年在沙發上坐坐舒服，然後根據中共中央制定的〈國共兩黨抗日救國協定〉（草案）的內容侃侃而談，主要幾條是：雙方共同努力，實行對日武裝鬥爭，保衛與恢復全中國的領土和主權；建立全國抗日救國聯合戰線，包括所有黨派、各軍各界，依據民主綱領建立中華民主共和國；國共兩黨立即停止軍事敵對行動，給紅軍劃分必須和適宜的駐區，供給軍費、糧食和一切軍用物資，不得變更共產黨在紅軍中的組織和領導；改革現行政治制度，釋放政治犯；不再破壞共產黨的組織，不再逮捕共產黨人員，共產黨停止以武力推翻現政府，召開抗日救國代表大會；建立全國統一的軍事機關，紅軍派人參加，中共承認國民黨在此種機關中占主要領導地位；與蘇聯訂立互助協定；雙方均保持政治上、組織上的獨立性。

聽完潘漢年的說法，陳立夫不易察覺地笑了笑，語氣強硬地發表意見說：貴黨既然願意合作，就不好先有任何前提條件。與中央對立的一切政權和軍隊都必須取消。至於紅軍，目前可以保留三千人的規模，師以上軍官一律解職出洋考察，半年後召回量才使用；中共黨政幹部可以量才分配到中央有關機關工作。紅軍如能接受上述原則，那麼其他各項政治要求都好談判。陳立夫說完這些話，又抬眼掃了潘漢年一眼，以挑戰的口吻反問道：「怎麼樣，這些條件不大好接受吧？」

潘漢年一點沒顯出對方想要看到的惱怒和急躁，相反，態度比對方還要平和從容，淡然一笑說道：「陳先生，這恐怕是蔣介石先生站在『剿共』立場上的一種收編辦法，而非是兩黨合作抗日的談判條件。蔣先生現在從莫斯科談判的態度後退，大概有兩個原因：一是誤認為紅軍已經沒有談判實力；二是屈服於日本人的政治壓力。陳先生，你以為如何呢？」

這幾句針鋒相對、綿裡藏針的話一出口，陳立夫頓時啞口無言，他沒料到對手反應這麼機敏，話鋒這麼銳利，一時不知該說什麼好。

潘漢年抓住時機展開反擊：「國共兩黨如此消耗國力的內戰，看來一時尚難停止，而日本滅我中華之野心只會越來越大。面對這樣的時局，蔣先生所標榜的共同抗日，不知將從何作起？請問陳先生，古來可有對內對外兩重戰爭同時進行而又能取勝的先例嗎？蔣先生以這樣毫無誠意的態度來與人談判，能成功嗎？」

陳立夫已經完全處於守勢，為了擺脫無言以對的尷尬，他只好順著對方的話題說道：「是呀是呀，這樣的談判一時恐難有所成就。但無論如何，依蔣先生的意旨，必須先行解決軍事問題。你我均非軍事當局，從旁談判，一時也無結果。你看這樣行不行？」陳立夫想撤身收場了，以攻為守地提問道：「潘先生，能否讓貴方的周恩來先生出面談判一次？」

潘漢年不容置疑地說：「這不可能。蔣先生既無談判之誠意，周恩來絕不會出來，因為根本沒有必要。」

陳立夫說：「周恩來如能出來，蔣先生願意與他面談。這是蔣先生的意思。我想到時侯他們談判起來，也許蔣先生的條件會不太苛刻。」

潘漢年仍然一口回絕。

至此，一方堅持要最高軍事負責人進行談判，一方堅持先無條件停止內戰然後平等談判，相持不下，談判陷入僵局。雙方一時相對無言。

為打破沉悶氣氛，潘漢年提議說：「兩黨合作談判既然不好再進行下去，可否先就一些陳先生所分管的政治問題交換看法，達成一致，作為以後整個談判的基礎？」

陳立夫思考良久，搖頭回絕：「這不可以。必須整個來談，並在唯一領袖的意志下進行工作。」他接著堅持提出要周恩來參加談判。

潘漢年知道再談下去已無意義，便答應可以向中共中央請示，周恩來是否能出來談判的問題。

第一次潘陳會談失敗後九天，即十一月十九日，雙方又安排了第二次會談。潘漢年堅持原則立場不變，而陳立夫僅答應紅軍保留人數可以由三千人增至三萬人。結果仍然是不歡而散。

還在第一次談判失敗後的第三天，即十一月十二日，潘漢年就給毛澤東、張聞天、周恩來、博古四人發出一封長達七千多字的電報，詳細彙報了談判經過等情況。二次談判失敗後，潘漢年只好坐等中央指示，以便決定去留。很快，他接到了上級指示，是毛澤東和張聞天聯名發來的一封密電：「對國民黨談判的方針是，我只能在保全紅軍全部組織力量、劃定抗日防線的基礎上與之談判。從各方面造成停止進攻紅軍的運動，以此迫蔣停止『剿共』。此是目前抗日統一戰線的中心關鍵。」有了中央指示，潘漢年心裡更有底了。

在國共二次合作談判中具有重要意義的「滄州飯店會談」就這樣煮成了「夾生飯」。

西湖會談

古話說得好：天下大局，合久必分，分久必合。面對外敵日本步步緊逼的入侵形勢，國共兩黨再度聯合抗日，也是一種歷史發展的必然結果。所以，儘管首輪高級別談判——滄州飯店會談煮成了「夾生飯」，但只要火侯一到，「夾生飯」也照樣可以煮熟。

一九三七年春天的杭州西湖分外妖嬈。南高峰下的著名勝景煙霞洞，翠岩鬥秀，峭壁凌空，登高舒嘯，有遠吸江海、近俯群山之美。三月下旬的一天，有幾輛高級小轎車神秘地開進煙霞寺。車裡坐的可不是尋常人物，報出他們的名字準會嚇人一大跳。分別是中共方面的周恩來、潘漢年，國民黨方面的蔣介石、張沖等。他們光臨煙霞洞，當然不是要欣賞倒懸的石鐘乳和古老的佛像羅漢像，而是要商談共同抗日的軍國大事，由他們幾個人製造的這個後來被稱作「西湖會談」成功事件，註定要在中國歷史上留下不可磨滅的篇章。

不過，在記述「西湖會談」之前，必得先從「西安會談」說起。而要說清「西安會談」，又必得先從「西安事變」說起。關於震驚中外的「西安事變」，世人大都耳熟能詳。現在的標準定義是：

西安事變，也叫「雙十二事變」。一九三六年，日本帝國主義不斷擴大對中國的侵略，蔣介石堅持不抵抗政策，繼續進行內戰。以張學良為首的東北軍和以楊虎城為首的十七路軍，被蔣調到陝甘一帶進攻中國工農紅軍。因受中國共產黨抗日民族統一戰線政策及人民抗日運動的影響，張楊認識到「剿共」沒有前途，與紅軍實現了停戰，並要求蔣介石聯共抗日。蔣不但拒絕張楊的要求，而且調集嫡系部隊至豫陝邊境，壓迫張楊繼續進攻紅軍。十二月上旬，蔣到西安督戰，並屠殺當地抗日青年，於是張楊於十二日發動了西安事變，在臨潼華清池扣留了蔣介石。事變發生後，南京國民黨政府中以汪精衛、何應欽為首的親日派主張進攻西安，擴大內戰，企圖乘機奪取蔣介石的統治權力，進一步和日本妥協。中國共產黨從民族利益出發，主張在有利於抗日的前提下和平解決這一事件，即派周恩來為全權代表到西安調停，爭取蔣介石抗日。經過周恩來向各方面耐心宣傳了黨的抗日民族統一戰線政策，並同蔣介石進行談判，迫使蔣接受如下條件：改組國民黨和國民政府，驅逐親日派，容納抗日分子；釋放上海愛國領袖和一切政治犯，保證人民自由；停止「剿共」，聯合紅軍抗日；召集各黨各派各界各軍的救國會議，決定抗日救亡方針；與同情中國抗日的國家建立合作關係等。二十五日，蔣被釋放回南京。西安事變的和平解決，粉碎了日本侵略者和國民黨親日派擴大中國內戰的陰謀，為抗日民族統一戰線的建立創造了條件。

西安事變發生的時侯，潘漢年還在上海。很快接到毛澤東親自打來的兩封急電。一封是十二月十九日的，內容為：「請向南京接洽和平解決西安事變之可能性，及其最低限度條件，避免亡國慘禍。」另一封是十二月二十一日的，內容為：「目前最大危機是日本與南京及各地親日派成立聯盟，借擁蔣旗幟造成內亂奴化中國。南京及各地左派應迅速行動起來，挽救危局。共產黨願意贊助左派，堅決主張在下列條件基礎上成立國內和平，一致對付日本和親日派。（甲）吸收幾個抗日運動之領袖人物加入南京政府，排斥親日派。（乙）停止軍事行動，承認西安之地位。（丙）停止『剿共』政策，並與紅軍聯合抗日。（丁）保障民主權利，與同情中國抗日運動之國家成立合作關係。（戊）在上述條件有相當保證時，勸告西安恢復蔣介石先生之自由，並贊助他團結全國一致對日。」

這天，潘漢年正在琢磨如何落實毛澤東的電報精神，向南京方面開展工作，忽然接到宋慶齡的電話，說有急事相商，要立即會面。原來西安事變一發生，南京城裡先是一片混亂，繼而風詭雲譎，國民黨各派明爭暗鬥，危機四伏。面對親日派汪精衛和何應欽的「殺蔣」陰謀，宋美齡、宋子文、孔祥熙等人窮於應付，不得不向共產黨人求助。按照宋美齡的決斷，由宋子文出面向上海的二姐宋慶齡打電話，請她與陝北方面聯絡，探聽中共立場，尋求救蔣的妥善辦法。宋慶齡接到電話，自然就想到了潘漢年。

潘漢年問清這些情況後，便將中央關於和平解決西安事變的決定報告給宋慶齡。二人一商量，確定由潘漢年火速趕往南京打點一切。

潘漢年的這次南京之行，有一首懷舊詩可證。詩曰：「西安事變震人心，狼狽南京宋氏閣。為促全域同抗日，飛車且繞堯化門。」作詩者是潘漢年的好友于伶先生，發表於一九八三年十二月二十七日的《解放日報》。詩並不難懂，唯有第四句「飛車且繞堯化門」，應該作些解釋。堯化門是南京邊上的一個小站。當年潘漢年由上海匆匆趕奔南京，原與宋子文約好在下關車站下車，但考慮到當時南京城裡情況複雜，怕親日派下什麼毒手，機警過人的潘漢年就改在堯化門下車，與宋子文順利地接上了頭，並且就下榻在宋公館裡。在這裡，他不僅與宋子文詳細交談，還會見了蔣夫人宋美齡。二宋尚不知中共態度，一個勁請求潘漢年電告中共中央，不要殺掉蔣介石。當潘漢年將中共方面力主和平解決西安事變的決定告知以後，他們方才長長地鬆了一口氣。

十二月二十二日，心裡有了底的宋美齡、宋子文等一行多人，乘專機飛往西安，直接與張楊和中共代表團舉行會談。經過兩天的秘密談判，三方終於達成了釋蔣抗日協議。二十四日晚，釋放蔣介石。老蔣一見前來看他的周恩來，不禁激動地說：「恩來，你來了，你還是黃埔的好同志。我以領袖人格擔保，決不再打內戰，以後你可來南京與我談。」話說得最動聽不過了，但當他於第二天飛回南京之後，馬上就自食其言，翻臉不認人，不僅扣留住張學良將軍不放，而且直接破壞了隨後的西安會談。

一九三七年二月九日，西安事變後不到兩個月，國共兩黨分別派出代表團，在西安舉行第一次正式會談。中共代表以周恩來、葉劍英為首，國民黨代表以顧祝同、賀衷寒為首。為了安排好這次會談，二月初，潘漢年應國民黨中央聯絡代表張沖之約，一起由上海飛往洛陽，見到了在此待命前往西安參加談判的國民黨代表顧、賀二人。二人對西安事變依然後怕不已，提出先由潘、張飛赴西安，要張、楊做出確保他們人身安全的許諾之後，方肯動身去西安。於是，潘漢年和張沖經潼關到西安，處理好談判前的一切具體事宜後，再由潘漢年隻身返回洛陽，陪同顧祝同、賀衷寒一行抵達談判地點。

西安會談，一開始還是比較順利的，達成了一些協定。但是，到了最後要簽署協議時，蔣介石出爾反爾，指使他的代表予以推翻。周恩來洞察其奸，給中央發出急電，主張「西安無可再談，要求見蔣解決。」中共中央很快同意了周恩來的意見，並決定由他直接與蔣介石設法進行會談。後經國共雙方多次秘密磋商，蔣介石終於同意與周恩來直接會談。他電約道：「恩來兄（三月）二十二日至二十五日到滬再約地相晤。」

這就拉開了杭州西湖煙霞洞的「西湖會談」的序幕。也就回到了這節文章的那個開頭。

且說周恩來在潘漢年的陪同下，腳踩石階青苔，耳聞鳥鳴鶯啼，如約來到談判地點煙霞洞，在張沖的迎引下與蔣介石見了面。

可能由於西安事變的緣故，蔣介石對他的黃埔老同事周恩來依然顯得格外客氣，握住對方的手熱情地寒暄著：「恩來，你來了，很好，很好。」

周恩來向蔣介石介紹了潘漢年。蔣又和潘漢年一番握手。然後說：「恩來呀，為了早日完成抗日大業，我們要好好談談。請！」

看來蔣介石今天的興致特別高，請客人入座後，忙叫下面上茶，並說道：「恩來，今天回到家鄉，就品嚐一下虎跑水龍井茶吧。」

坐在蔣介石一邊的張沖說：「這是委員長專門為恩來先生準備的。」

周恩來笑著點頭致意，啜了一口茶說：「果然是不錯。」

一番閒話過後，周恩來首先轉入正題：「委員長！關於兩黨共同抗日大計，你有何見教？我們很想聽聽。」

蔣介石沉吟一會，清清嗓子說道：「這個問題嘛，我們是得好好談談。中共有民族意識，革命精神，是新生力量，西安事變後全國的和平運動影響也很好。但是，」他掃了一眼周恩來，「你們也要檢討一下過去的決定，不必談與國民黨合作，而是與我合作，永遠合作，這個事情解決了，其他都好商量。」

蔣介石這裡的「與我合作」，周恩來一聽就明白其奧妙，他最關心、最在乎的是那個「領袖問題」，中共必須首先承認他是全國的唯一領袖。對此，中共中央已早有定見，所以周恩來不慌不忙地應對說：「我們擁護委員長的立場是民族解放、民主自由和民生改善的共同奮鬥的綱領上的，決不能容忍投降改編之誣衊。如果委員長決心抗日，中共一定竭誠合作，而決不謀取一黨之私利。」

蔣介石放心了，高興地說：「我知道中共是不會讓我失望的。」

周恩來看著情緒高漲的蔣介石，不失時機地補充道：「不過，委員長，我們承認你是全國抗日領袖，並不意味著我們要喪失作為一個政黨的獨立性，如果說抗日是合作的基礎，那獨立則是我們的原則。這一點，還請委員長賜教。」

蔣個石一愣，沉思了一會說：「這個問題嘛，是一些具體事情，回頭讓子文、立夫與你們再商談。」他想避開這個話題。

周恩來哪裡肯放過好機會，盯緊了問道：「委員長，昨天，我將中共中央提出的十五條意見交給了蔣夫人，請她轉交給你，想必你已經過目了吧？」

蔣介石躲不過，只好回答說：「看過了，看過了。這些具體問題，將由陳立夫與你們洽談，至於紅軍的改編和經費問題，將由宋子文負責洽談。總之嘛，只要願意與我合作，一切都好商量嘛。」

接下來的幾天，雙方又進行了多次會談，為了抗日大局，大家都有讓步的誠意，最後根據周恩來的提議，達成了這樣一個共識：國共兩黨一定要商量一個永久合作的辦法。所以總的來說，西湖會談是成功的。

會談期間，還發生了一個叫雙方均感興奮的小插曲，把融洽的會談氣氛推向高潮。有一天，潘漢年收到共產國際發來的一封急電，內容是：蘇聯內務部已經查到了蔣經國先生的下落，經史達林批准，允許他很快返回中國。當周恩來將這一消息告訴給蔣介石以後，思子心切的老蔣竟激動得幾乎落淚，以少見的真情說：「恩來呀，你是中共最有理智、也最有人情味的同志。好啦，關於釋放政治犯一事，請你馬上開一張名單給我，查實後分批釋放。」

一九三七年三月三十日，周恩來帶著西湖會談的有關文件返回陝北。潘漢年則奉命留在上海，與陳立夫、宋子文等就兩黨合作的具體問題進行磋商，力爭儘快達成協議。

在國共兩黨第二次合作的歷史上，西湖會談至關重要，意義深遠，是一個轉折性的里程碑。

從最早的莫斯科會談，到現在的西湖會談，潘漢年都是最重要的參與者之一，他北上南下，國裡國外，幾經寒暑，嘔心瀝血，貢獻傑出，居功至偉！

第十一章 與魔鬼共舞

諜海大對陣

「孤島」時期的上海，成了世界各國間諜雲集的地方之一，日本的，蘇聯的，英國的、法國的，美國的——這還不算國民黨的，汪偽政權的，共產黨的。這些特工精英們各為其主，大顯身手，鬥智、鬥謀、鬥勇、鬥狠，不惜代價，不擇手段，你中有我，我中有你，互相利用，互相殘殺——譜寫了現代情報史上絕難抹殺的重要篇章。

潘漢年，作為當時中共情報第一線的高層主管，在這場歷史性的諜海大對陣中不辱使命，做出了無人替代的傑出貢獻。詳細表述之前，有必要將當年上海情報界的對陣大局略作介紹。

所謂上海「孤島」時期，是指從一九三七年十一月十二日上海除租界外全部淪陷之日起，至一九四一年十二月八日太平洋戰爭爆發，日軍佔領上海全部租界為止這一段大約四年的時間。這其間的上海租界地區，北自蘇州河，南至肇嘉濱，東臨黃浦江，西靠法華路（今新華路）、大西路（今延安西路），成為日偽統治下的上海的一個「國中之國」，被人形象地稱作「孤島」。

在上海，實力最強的情報勢力當數日本的特務機關「梅機關」，因其辦公地點設在虹口區一座叫梅花堂的樓房裡而得名。它實際上是日本在華的最高特務機關，其成員包括了日本陸軍、海軍和外務省的代表三十多人，直接受日本內閣和陸軍總部指揮。首任機關長影佐禎昭，一八九三年生於日本廣島，畢業於陸軍士官學校和陸軍大學。歷任日本駐中國屯軍司令部副官、參謀本部中國班班長、日本駐中國大使館武官等職。他因為長期研究三民主義和中國國情，成為日本軍界最著名的「中國通」之一。一八三八年調任日本陸軍省軍務課課長，開始在中國進行情報活動，並積極策動汪精衛叛變，於這一年的十一月，在上海與汪精衛的代表進行秘密談判，最後簽訂了《日華協定記錄》。第二年即一九三九年四月，他親自出馬將汪精衛從河內接到上海，為成立汪偽政機做好了最後的人事準備。汪偽政權成立後，他以中將軍銜出任該政權的最高軍事顧問，實際上是「太上皇」一類的角色。

另外，日本外務省在上海還有一個情報機構，座落在閘北區的寶山路，由日本駐上海總領事館副總領事岩井英一直接領導，人稱「岩井公館」。岩井英一其人，很早就從事對華情報工作，當過日本駐華使館的情報主任，是一個以文職人員身份出現、以收集戰略情報為主的高級特務。關於他和「岩井公館」，我們將在後面詳細寫出。

在上海，汪偽政權的特務機構不容忽視，這就是臭名昭著的汪偽七十六號特工總部，全稱是「國民黨中央執行委員會特務委員會特工總部」，因其座落在極司非爾路七十六號（今萬航渡路四三五號），故而人們習慣上稱之為「七十六號特工總部」。這個特務機構是在日本侵略者一手扶植下建立的，萌芽階段在一九三八年秋冬之間。那時侯，國民黨軍統特務骨幹人物李士群、丁默村因內部傾軋，先後從國民黨統治區潛赴上海投靠敵人，當了漢奸。由於他們曾在上海從事過多年的特務活動，對上海情況和國、共各方特工組織情況都比較熟悉，因此頗受日本主子的賞識，隨即安排在日本駐滬大使館裡從事特務活動。作為在特工界有著一定影響的職業特務，李士群和丁默村當然不會滿足於充當情報員的小角色，他們有著更大的政治野心。腳跟一站穩，便馬上求見日本特務頭子土肥原賢二，提出要組建自己的特工組織。他們的進見禮有二，一是〈上海抗日團體一覽表〉，一是〈上海特工計畫〉。前者包括：一、國民黨上海特別市黨部及其下屬十個黨部和各學校、各團體、各工會中的特別黨部；二、青年抗日會、婦女抗日會、抗日除奸團和共產黨系統的抗日救國會、人民陣線等；三、指揮上海周圍游擊隊的機關江南游擊總司令部；四、國民黨的主要特工組織藍衣社、CC團以及三民主義青年團等。在這份材料中，對上述各組織的負責人員、力量配備、經費來源、隸屬關係等，都做了詳細說明，特別對「軍統」在上海的情報網交代得更清楚，什麼以法租界為中心延伸至南京、杭州等地，什麼已有多少特工打入到「維新政府」、上海特別市政府、租界工部局、電話局等要害部門，什麼日、華要人的種種動向，等等等等。後一份進見禮更豐厚，在這個《上海特工計畫》裡，李士群、葉吉卿夫婦下了大心血，它以獲取日本經費、武器等援助為前提，詳細編制了所要組建的特工組織的組織大綱、工作要領、機構設置、工作據點的設置、行動隊的組成、經費使用、兵器保管與修理、反諜報方法等內容。為了給日本人獻媚，並取得信任，這一對漢奸夫婦在封面上這樣寫道：「呈晴氣（晴氣慶胤是土肥原賢二的助手，後來實際上是七十六號特工總部的直接後臺——筆者）先生，乞斧正。二月五日李士群、葉吉卿寫。」而且提出可以將自己的親生兒子押在日本人手中作人質。

如此忠心能幹的漢奸，日本主子豈能不動心？土肥原賢二當天晚上就派晴氣慶胤飛回東京，直接向大本營請求批准。此時在大本營主持工作的是陸軍部軍務課長影佐禎昭，他正在精心策劃成立汪偽政權，想辦法要首先穩定上海局勢，鎮壓各界人民的抗日風潮，制止國民黨特工的恐怖活動，現在有人把自己精心打扮送上門來，要幫這個忙，真是天大的好事。他當即將李士群和丁默村的特務計畫作為整個「汪工作」的一部分，報送大本營參謀總長審批。僅過了三天，參謀總長即正式下達了〈援助丁默村一派特務工作的訓令〉，提出要求如下：一、制止在租界進行的反日活動，但注意不要與工部局發生磨擦；二、不得逮捕和日方有關係的中國人；三、和汪兆銘和平運動合流；四、三月份以後，每月給予經費三十萬日元，並給予彼等手槍五百支、子彈五萬發及五百公斤炸藥。至此，丁、李經營的這個漢奸特工組織，在一九三九年二月間就宣告成立了，雖然此時還沒有正式取得「七十六號特工總部」這個稱號。成立一個月後，土肥原賢二調任他職，這個組織便由晴氣慶胤主管，直屬日本大本營。這年八月，影佐禎昭的「梅機關」開張，這個組織又劃歸影佐禎昭直接指揮。

早在一九三八年十二月二十二日，日本首相近衛發表了第三次對華聲明，提出所謂「相互善鄰友好、共同防共和經濟提攜」的「三原則」，鼓吹「日、滿、華三國應以建設東亞新秩序為共同目標而聯合起來」。這實際上是一份招降書。七天之後的二十九日，潛逃至越南河內的原國民黨副總裁、國防最高會議副主席、國民參政會議長汪精衛，根據事先與日方達成的賣國協定，發表了臭名遠著的「豔電」予以回應，公開投向了日本帝國主義的懷抱。一九三九年五月，汪精衛一夥在日本特務的精心策劃下，由河內潛赴上海。一九四〇年三月，汪偽政權在一番緊鑼密鼓的準備之後，終於粉墨登場了。根據原先的安排，丁、李的特務組織與汪精衛合流，正式掛起了汪偽「國民黨中央執行委員會特務委員會特工總部」的招牌。

「七十六號特工總部」以丁默村為主任，李士群、唐惠民為副主任，秘書主任先後為茅子明和莊瀅，秘書有應瀅、曹慎修，外事秘書夏仲明，會計主任葉耀先，總務科長蕭一誠，交際科長丁時俊，警衛大隊長吳四寶，直屬警衛大隊長張魯，第一行動隊長張之江，第二行動隊長楊傑，第三行動隊長張勁廬（女），租界警衛隊長潘序東，直屬行動組長王佩文等。它的週邊組織有：以李士群為社長、胡均鶴為書記長的「海社」；夏仲明負責的「上海法院同仁會」；以葉耀先、孫時霖任正副經理的「立泰錢莊」；以黃敬齋為經理、蔣曉光為總編輯、胡蘭成為主筆的《國民新聞》社；以尤菊蓀為經理的「東南貿易公司」等等。通過這些組織，「七十六號特工總部」將自己的觸角就伸向了文教、司法、新聞、金融、貿易等各界。所以一時聲勢顯赫，耀武揚威，在日本人的卵翼下橫衝直撞。

國民黨在上海的特務力量，歷來就非常雄厚。它的兩大特務機關「軍統」和「中統」，原本就有相當的基礎，而在抗戰開始後，又不斷增派新的特工力量潛入上海，以加強與日本、汪偽以及其他漢奸組織之間的對抗。計有：「軍統」上海區所轄十個部門、八個行動大隊、五個情報組，共約一百四十多人；區長陳恭樹、書記齊慶斌。「中統」蘇滬區，是「中統」留在淪陷區最大的特務組織，特工人員四十多人，區長徐兆麟、副區長胡均鶴。另外的地下組織還有國民黨江蘇省黨部和三民主義青年團上海團部等。總之，國民黨在上海的特工力量可謂兵多將廣，實力強大。

面對上海已經成為一個情報戰場和各路特工力量雲集於此的客觀形勢，中共方面不能不無動於衷。要說中共情報戰線在上海也是有相當基礎的，當年的「中央特科」威震敵膽，業績輝煌，讓國民黨的「軍統」、「中統」傷透了腦筋。可惜由於左傾路線的干擾，中共地下組織在一九三三年至一九三五年間遭到了災難性的打擊。從一九三六年開始，雖然逐步有所恢復和發展，但就新形勢下的情報工作力量而言，還是非常薄弱的，面對各路強敵，也僅有劉少文領導下的南方局情報部在上海的據點有些作為。這是遠遠不能適應新形勢需要的。

說不能適應新形勢，還不在特工人數的缺少，更在於所獲情報的價值。為什麼呢？因為自從抗日戰爭爆發後，隨著國共兩黨的再度合作，中共已經從長期被圍困的逆境中走出來，成為中國第二大政黨，並且擁有一支久經磨練、英勇善戰的武裝力量以及若干個抗日根據地，它將對中國的前途具有更大的發言權，將在抗日戰爭中發揮更大的作用。為此，中共中央就需要在更大的範圍和更高的層次上獲取更多的情報，特別是具有重要價值的戰略情報，以便滿足中樞決策之需要。而獲取這樣的情報，原來那些依託在地下黨內、軍隊政工部門內的特工組織是難以勝任的。所以，建立強大而獨立的情報系統，已經成為當務之急。

這樣的任務，沒有潘漢年的參與當然是不行的。一九三八年，為國共和談辛苦奔走六年之後的潘漢年，受命重返情報戰線，在上海這場諜海大對陣中再建奇功。

潘漢年此次在秘密戰線大顯身手，是從香港開始的。中共中央指示他，以中共中央社會部副部長的身份，組建華南情報局，統一領導和指揮原在香港的各系統情報班子。當時，中共在香港的情報網站主要有三處：由李少石負責的八路軍、新四軍駐香港辦事處所屬情報點；由董麟閣主持的東北抗聯駐港辦事處所屬情報點；由朱伯生負責的蘇聯派駐香港的情報點。潘漢年將上述三股力量統一起來，搭成華南情報局的基本班底。從廖承志的八路軍駐港辦事處將張唯一同志調過來，專管內勤和機要，相當於秘書長的職務。之後，又不斷吸收了陳曼雲、梅黎、高志昂、張建良、劉人壽、黃景荷、董慧、華克之、簡竹堅等。這裡應該提一下，董慧就是後來陪伴潘漢年走完悲劇人生的患難妻子。我們在以後還要詳細敘及。

隨著國內外形勢的發展，職業敏感性很高的潘漢年意識到，上海才是搞好情報工作的最重要的戰略據點，作為黨在情報戰線的最高前敵指揮官，只有在上海與魔鬼共舞，與友鄰呼應，方能獲取最有價值的戰略情報。一九三九年九月，他安排好香港方面的情報工作後，化名蕭叔安，帶著妻子董慧和劉人壽、黃景荷夫婦直奔上海，下決心重組上海情報網站，在這裡大幹一場。順便交代一下，蕭叔安這個化名，潘漢年這是第一次起用。他做夢都想不到，四十多年以後他蒙冤而死，妻子董慧正是用這個化名為他立了一通墓碑，無人知道墓主就是他潘漢年。

潘漢年抵滬後，通過于伶很快與上海地下黨接上了關係。對此，于伶許多年後回憶說：「一九三九年秋，汪偽傀儡登場，上海敵特倡狂。某晚，劇社女演員藍蘭到璇宮劇院，向我耳語：接到小Ｋ電話，約我到ＤＤＳ咖啡店見面。他說，報上有上海劇藝社的演出廣告，這是黨未遭大破壞、你未被波及的信號視窗。給了我密件，只說往上交。我托文委書記孫治方同志上交了。以後他每次潛來，先要我上交信件，通過我與省委書記劉曉、宣傳部長沙文漢、八路軍辦事處劉少文同志等約時約地見面。」

正是在地下黨的幫助下，潘漢年順利建起幾處情報據點，並在貝勒路（今黃陂南路）和拉斐德路（今復興西路）兩處建立起秘密電臺，開通了與延安、重慶、香港等地的直接聯繫，再也沒有中斷過。很快，一個由四十人左右組成的情報班子便全速運轉起來，編制緊湊，功能齊全，短小精幹，戰鬥力極強。它就要在潘漢年的親自領導下與敵特對陣，作出一番驚天動地的事業。

鑽進鐵扇公主肚子

齊天大聖孫悟空的拿手好戲，就是鑽到對手的肚子裡折騰，往往出奇制勝。這一條對搞情報工作最有啟發了，古今中外情報史的實踐已經證明，沒有打入敵人心臟的內線關係，要想獲取最有價值的情報是非常之難的。對此，潘漢年當然比誰都清楚了，中央特科時期的經驗和教訓足以叫他記憶猶新。現在的問題是，新形勢下怎樣才能用好孫悟空的看家本領。經過一番認真的考察和思索，最後潘漢年把首選目標定在日本人的「岩井公館」上。這是因為「岩井公館」與另一個日特機關「梅機關」相比，它不直接參與政治、軍事以及其他諸多方面的具體策劃，不搞偵察、搜捕、關押、暗殺等實際行動，其主要職責是搜集和研究戰略情報。而這正是我方最需要的東西。另外，岩井英一這個人可資利用，他是日本外務省系統的人，政治野心很大，對扶植汪精衛的日本陸軍系統在佔領區的既得利益深為不滿，極想在中國搞出自己的一套，作為與政敵鬥法的資本。這就給我方製造了可乘之機。但是，最關鍵的還有一條，我方有一個打入敵人內部的最佳人物，這就是三面間諜袁殊。

袁殊是個性格複雜、經歷非凡的傳奇人物。他是湖北人，打小隨母親遷來上海浦東定居，家境十分貧寒。人長得矮矮胖胖，但機靈過人。曾在夏丏尊、豐子愷等執教的立達學院讀書，接受了進步思想的薰陶。因為喜愛文藝，成為「狂飆社」的一員，參加戲劇表演。不久，留學日本，攻讀新聞專業，提出了自己的新聞理論，所謂「集納主義」。為實踐這個「集納主義」，他由日本回到上海，創辦《文藝新聞》報。辦報期間的最大成績，就是率先披露了國民黨當局殘殺柔石、胡也頻等左翼五作家的消息，震驚了全國。他由此躋身於中共領導的「左聯」和「文總」。很快，在潘漢年和王之春的介紹下，加入了中國共產黨，並很快成為「中央特科」的一名情報人員。可以這麼下結論說，袁殊在一九三五年被捕以前，是一個相當單純、忠實、能幹的革命者。

一九三五年，頗具特工天賦的袁殊，在潘漢年的派遣下，打入國民黨上海社會局長、中統頭子吳醒亞主持的特務組織——幹社，以灰色面孔出任新聲通訊社、《華美晚報》社記者和外論編譯社負責人，利用合法身份為中共收集情報。正是在這種情報活動中，他與共產國際遠東情報局代局長華爾敦交往密切起來。但災難也就因為華爾敦而發生。不久後的一天，華爾敦不幸被捕，他在審訊中一言不發，連姓名、國籍都拒絕回答。成為上海轟動一時的「怪西人案」。糟糕的是，華爾敦的筆記本被查獲，上面記有袁殊的名字和電話號碼，因此也被牽連入獄，最後被判刑二年半。不過，袁殊在獄中僅僅關了八個多月就獲釋了。據潘漢年分析，原因有三：其一、他經不起考驗，自首有功，被從輕發落；其二、國民黨特務機關對他有所期望，因而網開一面；其三、他與岩井英一早在日本時期就是朋友，所以岩井伸一援手搭救。不管出於哪種原因，不爭的事實是袁殊從此政治生命不再清白，為他後來不得不成為尷尬的三面間諜種下了根苗。

袁殊出獄後，再次赴日留學。留學期間受到岩井英一等日方情報界、政治界、學界重要人物的會見和關照，連留學費用都是日方提供。西安事變後回國，在夏衍領導下主持時事新聞社，編輯日本問題書刊。此時，中日關係已經相當緊張而微妙，日方要搞清中國各派政治力量的準確動向，而國共兩黨面臨即將實現合作的前景，也都急於想掌握日方動態。袁殊的地位一下子變得十分重要。國民黨的「軍統」和「中統」都想拉其入夥，尤其是「軍統」頭目戴笠，不惜親自登門拜訪求助。但袁殊本人則一再對潘漢年表示，希望歸隊繼續為中共服務，為證明其誠意，交上一份有關日本各重要城市狀況的機密資料，同時還把戴笠等人的意圖也和盤托出。潘漢年審時度勢，最後指令他去參加「軍統」組織。於是，袁殊除繼續為中共效力外，又成為國民黨「軍統」上海區國際情報組少將組長。三年後的一九三九年，由於軍統特務王天木投靠了汪偽「七十六號總部」，袁殊的「軍統」面目暴露，面臨殺身之禍。此時，岩井英一再次出面搭救，條件是要求他公開充當漢奸。袁殊再來請示潘漢年。

對這樣一個已經變得非常複雜的人物，究竟應該怎麼辦？大家的意見是很有分歧的。包括像馮雪峰、夏衍等一些對情報界情況都比較瞭解的人物，均對使用袁殊持有不同看法。就是潘漢年本人，也並不是沒有疑慮：此人現在到底變得怎麼樣？與岩井英一的關係到底有多深？與戴笠的交往到底有多深？對我們到底能忠誠到什麼程度？岩井英一第二次將他從「七十六號總部」救出來這件事，他為什麼對我秘而不宣？——等等，都是叫人不放心的地方，都是需要進一步考察的問題。可是，不用袁殊又怎麼樣？他那無人代替的巨大的情報價值，又是那樣的不容忽視，那樣的於革命至關重要，棄之不用太可惜了！再者說，黨中央在這方面也已有了明確精神：「大膽地吸收各界各類人員」，「即便是脫離過黨或自首叛變的人，只要他今後願意為我黨工作，亦可利用」。去年在延安時，中央社會部領導還曾就袁殊的問題作過專題研究，結論是可以爭取利用袁殊的特殊關係，在敵人營壘中建立我們的情報網。潘漢年經過反覆思考，最後下了決心，拍板定案，起用袁殊。他正式答覆袁殊說：「你可以滿足岩井英一的要求，公開當『漢奸』，將計就計，建立一個親日的團體，和汪精衛唱對臺戲，既可以干擾汪偽政權的建立，又可以為我們黨所利用。」

於是，袁殊便以「嚴軍光」的假名發表了親日文章〈興亞建國論〉，公開鼓吹「中日親善」之類的漢奸論調，並組建了「興亞建國運動總部」，自任總幹事。不久，即在寶山路堂而皇之地成立了特務機構「岩井公館」。

這樣，我黨總算在敵人內部有了一個立足點。對此，潘漢年並沒有感到一點輕鬆，他深深懂得，單靠袁殊一個人是絕對支撐不住這個橋頭堡的，必須繼續增派得力人物進去，得形成一個領導集體，一個能攥在一起的鐵拳頭。可是，該派誰呢？這個人一定要與袁殊非常熟悉，不熟悉難以很快配合默契；這個人還應該在政治上非常強，不強不足以幫助袁殊克服弱點；最重要的，這個人還必須有長期的特工經歷，精通業務，是個一流的情報專家——潘漢年不得不慎重地選擇，一遍一遍地搜索自己長期營建的人才庫。最後，他選中了一個人，就是惲逸群。

潘漢年清楚地記得，他認識惲逸群是一九三二年，在上海。那時，「中央特科」上海負責人徐強，化名「老金」，在蒲石路許家弄開一家五金店作掩護。潘漢年有時就住在徐家背後的一幢房子裡，以便就近上徐家接收秘密電臺傳過來的中央文件或重要指示。有一次，他聽徐強和另一位化名「老趙」的負責人高原，陸續介紹了惲逸群的情況：一九〇五年出生於武進縣廟橋鄉一個儒醫世家，早年就投身革命，一九二六年加入共產黨，曾將全家七十畝田賣了一千大洋，開辦培養革命人才的「逸仙中學」，從而轟動一時；二十二歲出任武進縣地下縣委常委兼宣傳部長，二十三歲升任縣委書記，二十四歲擔任中共浙東特委秘書長；一九三一年一月，中共六屆三中全會召開，剛從蘇聯回國的王明被任命為中共江蘇省委書記，接著又成為中共中央總書記，推行一條比「立三路線」還要左的錯誤路線，而惲逸群因為贊同何孟雄等人反對王明錯誤路線的觀點，從而連帶遭到殘酷打擊，不但丟掉了工作，還被中斷了組織關係；其後他只好隻身來到上海，進入新聞界謀生，目前已經成為上海新聞界少數幾個核心人物之一，故而前不久已經將他吸收為「特科」成員。他們問潘漢年要不要見他一下。

潘漢年一見面就發現，惲逸群是個非常坦誠、機敏、富有才華的人。也許都是文人的緣故，他們很快就談得輕鬆又愉快。記得最先是從惲姓的來歷說起。潘漢年一開口就好奇地問道：「你們這個惲姓，怎麼《百家姓》上就沒有呢？什麼來歷？」氣氛一下就活潑起來。惲逸群笑笑說：「來歷不明唄。」

潘漢年說：「怎麼個不明法？」

惲逸群說：「要說其實很明白，乃太史公外孫楊惲之後是也。只因楊惲他老人家牢騷太盛，在致友人的信中大罵『皇上也不過是一丘之貉』，遂被視為大逆不道而腰斬於市。後人為了避禍，不但舉家南遷於常州，而且改楊為惲，以父名為姓。這就是我們惲家的來歷，說它來歷不明，是指它有這種難言之隱。」

潘漢年說：「原來是楊惲之後。他的那篇〈報孫會宗書〉，千古流傳，我是背過的。再加上與司馬公的血緣，你們是來歷不凡呀。請問常州畫派的創始人惲南田是否貴族先人？」

惲逸群說：「我們惲姓到了明代才進了吳沈的《千家姓》，確實是個小姓，不但人數少，而且分佈地域也不廣，可以講全國惲姓子孫大都集中在常州武進縣一帶，分兩支：一支居常州城北靠近長江的孟河鎮，一支居常州城南興隆河畔的上店鎮，兩支各有以惲姓為主的村鎮五、六個，共有人口約一萬多人。其他地方的惲姓人，也大都是從這裡出去的。所以，你問的惲南田先生，正是我族先人。明清兩代我族有著作問世者不下五十多人，文風還算興盛。」

潘漢年說：「那是名門望族了。」

惲逸群說：「名門望族怕算不上吧。」

潘漢年說：「怎麼算不上？有一個惲南田足矣。我有幸見過他四幅名畫，《出水芙蓉圖》、《落花游魚圖》、《五清圖》、《林居高士圖》，是不是真跡我不大懂，但看上去確實出手不凡。尤其那幅《出水芙蓉圖》，一莖新荷從水中沖污泥凌空而出，展開盛放的花瓣，鮮紅嬌豔無比。水面上，一片凋殘半枯的黃葉和一根落英已盡的蓮蓬，寫足了秋風蕭殺，愈顯出紅荷的壯碩遒勁，分明昭示著一種人生境況。右方題詩曰：『沖泥抽柄曲，貼水鑄錢肥。西風吹不入，長護美人衣。』詩畫雙絕，令人百看不厭。」

惲逸群說：「這正是惲先生沒骨花卉的代表作之一。」

潘漢年說：「何謂沒骨花卉？」

惲逸群說：「傳統花卉以線描為主，先用筆墨勾勒出輪廓而後填色。惲先生則純用色彩直接點染而成，不用墨線去先搭骨架，故而稱作沒骨花卉，成了常州畫派的創始人。其實惲老一早是畫山水的，師從他的伯父惲向，取法於元四大家，上溯董、巨，也已出名。豈料中年以後卻一改所學，轉攻花卉，據說原因嘛，是自覺敵不過王翬而又恥為天下第二。他的花卉，吸取沈周、陸治、孫隆等人的技法，看重對花事的觀察體驗，長期對花臨寫，創出一種名為『仿北宋徐崇嗣沒骨法』的新風格，獨樹一幟，自成一家。——哎呀扯遠了扯遠了。在方家面前怎敢賣弄。」

潘漢年說：「家珍可數，家珍可數。」

雙方哈哈大笑起來。

他們就是這樣認識的。要說潘漢年真正瞭解惲逸群是個有肝膽、可倚重的鐵血志士，那是去年在香港一起共事的結果。那時，他見到老友夏衍新寫的一個劇本《心防》，反映上海新聞界、文化界人士在日偽統治下堅持英勇鬥爭的現實生活。主人公劉浩如是個文弱書生，攜妻女奮戰在上海「孤島」，一支筆縱橫捭闔，了無畏懼，撰寫出大量鋒芒畢露的抗日救國文章，日偽特務寫恐嚇信不怕，扔炸彈不怕，懷揣遺囑，在日偽特務的追殺中堅持戰鬥。劇本寫得非常真實生動，形象感人。一打聽，才知道這個劉浩如的生活原型不是別人，正是惲逸群。接著進一步得知，根據組織安排，惲逸群很快就要來香港工作，接替鄭森禹擔任中共對外宣傳機構——國際新聞社香港分社的社長。潘漢年十分高興，為自己工作班子中即將新添一員大將而熱切期待著。

潘漢年和惲逸群重逢於香港，兩人都非常興奮，潘沒把惲看成是大一歲的兄長，惲也沒把潘看成是自己的頂頭上司，只是像多年沒見面的老朋友一樣無拘無束，有說不完的話。那時潘漢年已奉命兼管上海的情報工作，所以為了就近聽取有關上海的情況，他乾脆在惲逸群家搭伙吃飯，幾個月下來，他們已經無話不談了。潘漢年當時就曾想：一旦革命需要，惲逸群絕對可以派到最艱險的戰鬥崗位上去。現在好了，打入岩井公館配合袁殊開展工作，惲逸群是最佳人選無疑。

很快，惲逸群由香港應召返滬，一下車即與潘漢年在霞飛路（今淮海中路）一家咖啡館會面。潘漢年在介紹了岩井公館的情況之後說：「聽說你跟袁殊早就認識，而且是磕過頭的把兄弟，你有多久沒見到他了？你對他又瞭解多少？能不能先說說。」

惲逸群說：「當初我進入新聲通訊社不到一年吧，就認識了袁殊。他來新聲當記者，精明強幹，給我的印象不錯。

但有一天，有人告訴我，說這傢伙是國民黨上海市社會局長吳醒亞的得力幹將，你要防著他。後來我才知道，他是你派進去的人。至於他的出身經歷，你當然比我還要瞭解。下面我主要講一下〈記者座談〉的事。大約是在一九三三年冬天的一個晚上，我、袁殊、陸詒等人在一家名叫『文藝復興』的俄國大餐館聚會，一時興之所至，大家覺得既然都對新聞界現狀不滿，都有『把新聞事業從泥淖中拯救出來』，『拿出新聞記者的良心來』，『要作合格的新聞記者』——的強烈願望，何不聯合起來、行動起來呢？於是初步決定，每月舉行一次記者座談會，費用由大家分攤，每次每人交一元錢，由陸詒負責召集開會、聯繫餐館、計算人數、使用經費，全權安排一切。此事一經發起，沒想到反響異常強烈，參加人數很快增至二、三十人之多，記得主要有劉祖澄、吳半農、傅玉琛、季步飛、楊潮、朱明、戴湘雲、邵宗漢、范長江、夏衍、石西民等，袁殊自然是活躍分子之一。座談會的議題非常廣泛，分析國內外形勢，評說各報品質優劣，指砭時弊，引經據典借古諷今——總之各抒己見，談笑風生，邊吃邊喝邊說。記者座談的名氣傳出去，竟吸引來復旦大學、滬江大學等許多大學新聞系的青年學子，一來就是幾十人，擠滿了聚會之所，進一步擴大了影響。於是大家又覺得，與其受聚會空間的限制，難以再擴大規模，何不在報上開一個〈記者座談〉的專欄，叫更多的人參與進來？眾皆然之。這樣很快就在《大美晚報》上出現了〈記者座談〉，週三出版，由我和陸詒、劉祖澄負責編輯。當時，袁殊也是非常積極的撰稿者之一，雖然此時他已經奉命離開新聲通訊社，打入CC派辦的中國聯合新聞社出任副社長，披上了反動外衣，但他仍不斷用化名寫文章，投給〈記者座談〉刊用。他的文章理論性強，見解深刻，敢於大膽揭露社會醜惡，比如他的〈時代的解剖〉一文，當時就影響極大。我們一直配合得很默契，直到發生了『怪西人案』，他暴露了共產黨員身份，遭到國民黨政府逮捕。我與他便失去了聯繫。後來聽說他於一九三六年五月被釋放，旋即又二次東渡日本留學，一九三七年四月再返回上海。這都是朋友間的傳說。至於這其間他都幹了些什麼，政治信仰上有何變化，等等，我就不得而知了。前年，要成立中國青年記者協會時，袁殊也名在總幹事之列，我才又重新見到了他。但各忙各的，沒時間深談，不久我又去了香港，這就連面也見不上了，情況就更不瞭解了。」

聽完惲逸群的話，潘漢年說：「好，你不瞭解的我來講。日後你要與他在一個非常特殊的環境中共事，有必要吃透他的全部情況。你仔細聽我說。正如你所聽到的，袁殊在被捕以後情況有很大的變化，他不僅自首叛變，而且還出賣了王瑩同志，夏衍同志也差點因他而落入敵手。他的被釋放，主要是日本人起了關鍵作用。我們現在最吃不透的一點也就在這裡：他到底與岩井英一有多深的關係？而他與岩井的這種關係，恰恰又是目前對我們最為有用的一種情報關係。」

潘漢年見惲逸群聽得很專注，啜了一口咖啡接著說道：「現在，我們已經決定，要在「岩井公館」裡建立我黨的地下組織，考慮到袁殊的政治軟弱性和孤掌難鳴的實際情況，決定派你也打進去。我對袁殊講了，『你今後政治上要多依賴惲逸群』。他會與你很好合作的。另外，還從桂林夏衍的《救亡日報》調來一個翁從六，你們三人就形成了一個情報核心。組織上還會陸續選派一些可靠的同志給你們。這樣，袁殊的公開身份就是「岩井公館」負責人、「興亞建國運動本部」總幹事、《新中國報》社長；你和翁從六都是他的副手。惲逸群同志，你覺得怎麼樣？」

惲逸群聽完潘漢年這一番話，沉默了許久許久，內心顯得波動很大，末了語氣沉重地反問道：「這樣一來，我們不都變成大漢奸了嗎？」

潘漢年點點頭說：「是的，對外界來說，你們都是臭名昭著的大漢奸。你有什麼想法，有什麼困難，就說出來吧。」

惲逸群笑了笑，又搖了搖頭說：「沒說的。既然是組織的決定，我堅決服從。」

前面提到過，「岩井公館」座落在上海寶山路。這裡是中國近代史上一塊有名的地方，不但有遠東最大的圖書館——東方圖書館，有全國最大的出版企業——商務印書館印刷廠，而且還曾是一九二七年大革命時，上海工人三次舉行武裝起義的發源地。可惜在「一．二八」抗戰和「八．一三」抗戰中，這裡被戰火夷為平地。後來，新華儲蓄銀行在這裡蓋起四幢二層小洋房，作為自己的高級職員宿舍，上海淪陷後即被日本人作為「敵產」佔領，不久就變成了「岩井公館」的大本營所在。現在奇妙的是，日本人的特務機關，卻由三個中共黨員在暗中坐陣主持。政治、情報、文化、武裝四個工作部門，分別各占一幢樓房。政治活動主要由袁殊的「興亞建國運動本部」負責，主要任務是與汪精衛勢力唱對臺戲，什麼

「中日親善」、「共存共榮」之類的調子，比汪派還要唱得高。這裡有個原因：汪精衛雖然是日本人一手扶植起來的，但主子又怕形成「奴大欺主」之勢，所以要有意培植另一股親日勢予以牽制，達到分而治之的目的。這也就是「岩井公館」得以產生的大背景。再加上日本外務省方面的派系欲望，所以無形中給「興亞建國運動本部」以極大的行動自由和活動空間。惲逸群主持的「上海編譯社」另占一幢樓房，業務涉及到新聞、文化、教育和出版等方面。還要組織社外的作家為「岩井公館」所屬的報刊供稿。這些報刊有《新中國報》、《小報》、《中國週報》、《雜誌》、《政治月刊》、《鍛煉》、《中學生》等，還建立了相應的出版公司和印刷廠。此外還成立了自修大學，為社會失學青年提供入學機會。再一攤是「自強學院」，實際上是個軍事組織，專門負責培訓特工人員。有幾十名學員，大都是從青紅幫等黑社會組織中挑選出來的，主要任務除保衛「岩井公館」本部外，還要執行一些特種任務。善於理財的翁從六，則掌管著人事和經營那一攤，每月都要從「岩井公館」的經費中切出一大塊交給潘漢年，作為整個上海情報機構活動的補充經費。從此，一個比孫悟空還要有本事的「三套馬車」式的情報小組，終於成功地鑽進了「鐵扇公主」的肚子，創造了情報史上一個奇蹟。

周旋在七十六號特工總部

潘漢年在日特機關「岩井公館」裡安插好自己的「三駕馬車」後，就把目光轉向了下一個目標——汪偽「七十六號特工總部」，他要在李士群身邊同樣放上自己的人。這個人不是別人，就是女詩人關露。

我們在前面第七章裡，已經講過關露是怎樣接受了這一特殊使命的，並且發出了「我不辯護」這足以留傳千古的悲壯誓言。現在，就來看她是怎樣周旋在「七十六號特工總部」這個虎穴狼窩。

一九三九年冬末的一天，關露在香港接受任務之後，乘船返回上海。躺在鋪位上她難以平靜，心潮起伏：從今往後，自己再也不能以左翼女詩人的身份活躍在革命文壇上了，而要公開當一名女漢奸招搖過市，這會帶來一種什麼樣的前景呢？真是不敢想下去。她努力克制自己不要多往這方面想，強迫自己去想肩負的使命，去想那個即將面對的特務頭子李士群——

關露最早與李士群交往，還是在「左聯」時期，那時聶紺弩正在主編《中華日報》的文藝副刊，每期的詩稿由關露所在的「左聯」詩歌組負責組織。年輕多才的李士群每星期都要寫出一組宣傳抗日的詩篇，由關露來編輯出版。兩人就在這種文事交往中認識了。最讓關露感動並記憶深刻的一件事，是那次國民黨當局在《中華日報》社周圍已經佈滿了特務，準備抓關露，是李士群不知怎麼探得消息，及時通風報信，才免除了一場牢獄之災。所以，關露當時對這個相貌堂堂的革命者還是滿懷感激之情的。一九三七年上海「八・一三」抗戰以後，已經面目不清的李士群曾找過關露，想請她作他的英文秘書。關露警惕性很高，予以婉言謝絕。此後再未見面。兩人的交往也僅此而已。與李士群交情深的是關露的妹妹胡繡鳳及其丈夫李劍華。當年，李士群根據「中央特科」紅隊的部署，要幹掉上海市警察局督察長陳晴，結果失手，被國民黨「中統」抓去，性命難保。他的妻子葉吉卿情急之下，來求復旦大學的同學胡繡鳳，因為她知道胡的丈夫李劍華在國民黨上層有不少的關係，希望能救丈夫一命。李劍華沒有推辭，通過各種關係很快將李士群救了出來。就為這件事，李士群銜恩不忘，時時都想報答李家夫婦，連帶著對關露也是殷勤有加。他們的友情也就這麼延續了下來。

不過，如今的李士群已不是當年的李士群。關於此人，我們有必要介紹得比較詳細一些。李士群是浙江遂昌人，生於一九〇五年四月二十四日，比潘漢年還大一歲，但他加入中國共產黨的時間和地點又與潘漢年相同，都是一九二五年在上海。說到他的出身及少年經歷，也很可憐，家境不富裕，經歷很坎坷，少年喪父之後，與妹妹二人全靠母親種田養活，只在本鄉讀過幾天私塾。多虧生性聰敏機靈，居然無師自通，十七、八歲獨闖上海灘，考上了上海美術專科學校。眼看因經濟問題混不下去的時侯，卻意外地認識了上海復旦大學的女學生葉吉卿。這位時髦女郎不但慷慨資助他完成學業，而且還以身相許，作了他的結髮之妻。青年李士群十分活躍，又正處在大革命的高潮中，正所謂「好風送我上青雲」，不僅參加了共產黨，還被選派赴莫斯科東方大學留學深造。蔣介石發動「四・一二」反革命政變前後，他以「蜀聞通訊社」記者的身份從事地下活動，不久被公共租界工部局巡捕房逮捕。為了不引渡給國民黨政府，李士群急中出歪招，居然托人走通上海青幫「通」字輩大流氓季雲卿的門路，投了門生帖子，讓人家把他保釋出來。這是李士群劣根性初現、開始發生政治蛻變之始。一九三二年，「中統」前身國民黨中央組織部調查科將李士群捕獲。他旋即自首叛變，反過來當上調查科上海區直屬情報員，很快又與大特務丁默村、唐惠民等人合夥，在公共租界白克路同春坊新光書店編輯特務刊物《社會新聞》，由國民黨CC系頭子陳立夫直接控制，成為當時國內有名的反共造謠刊物。可怕的是，李士群此時還故意隱瞞叛變事實，要求共產黨允許他歸隊，企圖成為國民黨的臥底內線。中共情報機關自然警覺，答覆說歸隊可以，條件是必須參與消滅同樣是中共叛徒的大特務丁默村的行動。李士群假意應允，私下卻又給丁默村通風報信，為了蒙混過關，二人設下「李代桃僵」之計，決定將與他們有私怨的頂頭上司、國民黨調查科上海區區長馬紹武幹掉，取一石二鳥之功。不料事與願違，馬紹武是幹掉了，但他倆也很快被國民黨「中統」特務當局逮捕。後因證據不足，丁默村被他的老友、國民黨上海市黨部常委兼上海社會局局長吳醒亞保出；而李士群則由其神通廣大的老婆葉吉卿出面，以大量金銀珠寶走通調查科長徐恩曾的門路，也出了監房，成為調查科編譯股編譯員兼南京區偵察員。

一九三七年底，南京陷於日軍之手。國民黨撤離前，令李士群和石林森、夏仲高等人「潛伏」待命。他們在南京中央路大樹根七十六號租好房子，雇了兩個年輕女傭，隱蔽下來。不久，一直鬱鬱不得志的李士群耽於聲色犬馬，與其中一女傭滾作一團。豈知這個女傭大有來歷，乃日本國女間諜也。沒過多久就把李士群拉下了水。此時的李士群，對中共已不抱幻想，對國民黨也深懷怨恨，遂死心踏地地投靠日寇、賣國求榮了。他來到上海，開始為日本駐滬領事館收集情報，在大西路六十七號建起據點，又先後將「中統」上海區情報員唐惠民、國民黨中宣部駐上海特派員章正范、國民黨上海市黨部的劉坦公等人拉下水，一起成為日本特務頭子清水董三手下的幹將。最後，竟將自己的「患難之交」、時任國民黨「軍統」三處處長、地位已與戴笠、徐恩曾相差無幾的丁默村挖了過來，為日後建立臭名昭著的「七十六號特工總部」搭好了首腦班底。

李士群野心勃勃，自然絕非甘居丁默村之下的人物，當初拉丁過來並擺放在自己前頭，完全是為借對方的名頭和影響網羅特務隊伍，是一種策略手段和權宜之計。後來，「七十六號特工總部」一經成立，李士群馬上與丁默村拼命爭權，勾心鬥角。經過四、五個回合的激烈較量，李士群在日本主子和汪偽政權中實力派人物周佛海的支持下，終於占了上風，先是取代丁默村特工總部主任一職，後來乾脆把丁擠出了該總部；接著又當上丁默村想當而終未當上的警政部長；不久再兼任「清鄉委員會」秘書長和江蘇省主席等要職，一時成為汪偽政權中紅得發紫、不可一世的人物。

但李士群又是個絕頂狡詐的主兒，深諳「狡兔三窟」和「腳踩兩隻船」等生存三昧，為了給自己留好後路，他不但不想太得罪共產黨人，而且有心要與中共方面暗中往來，並設法做些好事。他通過一個關係放出風來說，希望共產黨方面能派胡繡鳳出來，充當兩方面的聯絡人。

對李士群的動向，中共方面是知道的。一九三九年四月，潘漢年臨離開延安之前，就曾與中央社會部諸位領導人討論過李士群問題，達到的一致意見是：這是一個政治上充滿投機取巧心理的複雜人物，只要有條件和可能，不妨與他有所接觸，建立某種聯繫，儘量爭取和利用他的情報價值。關於派胡繡鳳擔任聯絡員，大家認為是可行的，但此時胡繡鳳和丈夫李劍華正遠在湖北宜昌執行另一項重要任務，根本不能抽身。怎麼辦？幾經研究，這才提出讓關露出馬，代替妹妹打入「七十六號特工總部」，這也才有了關露接受任務的香港之行，和現在的心潮起伏——回到上海之後，該怎樣去找這個已經幾年不見的李士群呢？關露不得不認真地考慮著這個問題……。

一九四〇年的元旦剛過，關露做了充分的思想準備之後，有天晚上撥通了李士群住宅的電話。李士群不在，他妻子葉吉卿接的電話。這正是關露最希望遇到的機會。一番女人家的熱鬧寒暄過後，關露終於說起了「正事」。她告訴對方說：自己現在失業了，生活很困難，原先李先生需要一個英文秘書的話還算數嗎？希望李先生能看在老朋友的份上，無論如何都要幫助找一個養家糊口的差事。這樣，球算是踢出去了，對方會有什麼反應呢？關露只有耐心地等待了。

然而，出乎關露意料的是，李士群的反應是出奇的快、出奇的熱烈。第二天，關露剛吃完早飯，一輛掛著黑牌的豪華小汽車就停在了門外，這是李士群的座車。當時在上海灘，擁有這種所謂黑牌汽車是特殊階層的標誌。車上下來的雖然不是李士群本人，但也是個相當夠規格的人物，乃李的第一大紅人、警衛大隊長吳四寶。這位兇神惡煞一般的無賴班頭，今天卻顯得畢恭畢敬一派斯文，說他們李主任有請關小姐。

汪偽「七十六號特工總部」位於滬西極司非爾路中段。它原是國民黨安徽省主席陳調元的別墅，上海淪陷後，陳一家逃到香港，這座花園洋房便落在日本侵略者手中，現在成了汪偽特務機關所在地。關於它的整個構造，黃姜石先生這樣如實記錄道：「七十六號」本身的構造，十分適合於特工活動，裡面院子很大，四周築有高大的圍牆，不容易遭受外人侵襲。但門外的馬路，卻處在工部局巡捕房控制之下，無法設崗（因為極司非爾路屬於越界築路，是公共租界工部局在租界外強行修建起來的。馬路治安由工部局巡捕房管理，而馬路兩側治安則由中國警察管理——筆者）。於是，根據丁默村的設計，又改造一番。全部戒備都從二道門開始，原來的洋式二道門，被改為牌樓式，牆上開了兩個洞，用於架設兩挺輕機槍。二道門內東首，新蓋起二十多間平房，作為「警衛總隊」的辦公室、審訊室和駐地；西首添造了兩開間的樓房，用於安裝特工總部的電臺。花園裡的大花棚，改成了臨時看守所，專門關押、刑訊被抓進來的人。中間有兩幢主樓，東面一座主稱為「高洋房」，是丁默村、李士群等大頭目活動的地方，一樓有會客室、貯藏室、電話接線室、會議室等，二樓則是丁默村、李士群的寢室兼辦公室。……三樓上的兩個房間，是「犯人優待室」，專關一些被軟禁的「高級人員」。西面一幢主樓是三開間、兩進的石庫門樓房。在走馬樓中間的天井上新搭了一個玻璃棚，把樓下前後兩廂與客堂打通，改為一個大廳，再搭上一個講臺，算是大禮堂。汪偽國民黨第六次全國代表大會，就在這裡舉行。其餘的房間，就作為各處室的辦公室。東首主樓的側面，另有一幢三開間的平洋房，駐紮日本憲兵分隊。——七十六號的戒備十分嚴密。警衛隊長吳四寶在七十六號西鄰華村的西盡頭牆沿下，搭了一間木房，派幾個小特務，開了一家白鐵店，又在華村東首康家橋口樂安坊附近租了一個店面，開了一家雜貨店，作為兩個固定的週邊「望風哨」。從曹家渡到新康里起，到地豐路（今烏魯木齊北路）秋園附近，派小特務設置了各式各樣的零星攤位，作為週邊的流動崗哨。隨時可與「望風哨」取得聯繫。七十六號的大門，除了汽車進出，平時是不開的，人都從旁邊的小鐵門出入。它的門警層層加設，共有四道：第一道是大門，駐守大門的警衛經常是一個班，遇有外出行動時，還要臨時增加兵力。凡是與七十六號有來往的人，必須持有通行證才可出入。證件是淡藍色的，一面印著「昌始中學」與持有人的姓名、號碼，另一面貼有持有人的照片。但這一道關的活動範圍很小，僅僅是大門南首幾間平房，其他地方是不許走動的。第二道是警衛總隊宿舍附近的鐵門，進了這道門，就可以直達丁默村、李士群的辦公處，以及最機密的辦公室。因此這一道門控制特別嚴，門口設有專門警衛，備有一本貼滿相片的簿子，凡是有資格經常出入二道門的人，相片都貼在簿子上，並編好號碼。出入時要報出號碼，警衛便依據相片簿驗明後，再給予放行。如果帶有武器，一律暫存傳達室，出來時再行發還。第三道門是通往華村的邊門，因為華村裡住的都是中級以上人員及家屬，門禁也很森嚴，也是採用相片簿查驗的辦法。第四道門是最重要的一道，那裡是丁默村、李士群居住的主樓，樓梯口有一道鐵柵欄門，派有便衣特務警戒，未經丁、李的特許，任何人不許上樓。

今天，關露要來的就是這麼一個森嚴恐怖的地方，別說是一個喝墨水長大的女詩人，便是一個久經殺場的老兵，來到此地也會有些發怵。不過，今天她是李士群請來的「貴客」，有吳四寶一路精心護送，叫人還好受些。很快，關露就被引入第四道門，來到李士群辦公的二樓。此時，李士群和葉吉卿夫婦早已笑容可掬地站在門口等著，那一番熱乎勁倒也不失真誠。

關露假裝不懂地說：「哎呀呀，你們這是什麼地方，不是槍就是炮，怪嚇人的。」

李士群只笑不接話茬兒，對妻子說：「我知道關大姐喜歡喝濃咖啡，你親自料理一下吧。」

不一會，葉吉卿端來熱氣騰騰的咖啡，遞在關露手裡，並依著關露坐下來說：「大姐，多少日子沒見面了，真想你呀，接到你的電話我們好高興。還在啟秀中學教書嗎？」

關露說：「要是還有書教，我也不會打攪你們呀。唉，如今失業了，連個混飯吃的地方也沒有，所以……」

葉吉卿說：「大姐放心，有我們吃的，就餓不著你。你們一家於我們有救命之恩呀。士群，大姐的事你可要快辦。」

李士群說：「大姐，你要是願意在我這兒屈就的話，馬上就能定。你忘了，我不是早就求你做英文秘書嗎？」

關露心中暗喜，但嘴上卻說：「倒也不一定非在你們這大衙門裡做事，在外面隨便找一個差事，有口飯吃就行了。」

李士群說：「大姐，咱們今天先不談工作，你先隨我到處去看一看，叫吉卿回家檢點一下飯，回頭我們邊吃邊談。」關露正要推辭，葉吉卿說：「大姐，你一定要賞我們這個臉。咱們也不請別的客人，就我們三個人好好聚聚。」

李士群陪著關露將「七十六號特工總部」大致轉了一遍，特意叫關露看了「優待室」、審訊室、關押女犯人的地方，實際上是叫關露看看關押在這些地方的犯人的，他大有深意地強調說：「他們都是國民黨的『中統』、『軍統』分子。」

晚上，李士群夫婦在自己愚園路一一三六弄的豪宅裡，擺盛宴款待關露，別的客人真的一個沒請。席間，李士群借著酒勁一再表白說：「關大姐呀，你都看到了吧，我是專門要整整國民黨那幫特工的，尤其是『軍統』，我與他們不共戴天。我是反蔣不反共，共產黨也是反蔣的，我們是殊途同歸。我原希望你妹妹能來我這裡，瞭解我的苦衷，說說一塊兒反蔣的事。不過你來了也好，都一樣……」

關露說：「李先生，你說你不反共，那茅麗英怎麼死的？」

茅麗英是關露在啟秀中學的同事和朋友，更是共同奮鬥在隱蔽戰線的戰友。她是杭州人，幼年喪父，隨著在啟秀中學做勤雜工的母親來到該校讀書。一九三〇年考入東吳大學法學系，因經濟原因輟學入上海海關當打字員。抗日戰爭爆發後，她毅然辭去待遇優厚的工作，參加了「海關救亡長征團」，赴廣東一帶進行抗日宣傳工作。一九三八年五月入共產黨，潛回啟秀中學以英文教員身份為掩護，從事抗日救亡活動，出任中共職業婦女支部委員、職業婦女俱樂部主席等職。一九三九年七月，為了救濟戰區難民和支援游擊區軍民，茅麗英發起舉辦「物品慈善義賣會」，動員了永安、先施、國貨公司等五十六家大小廠商參與，捐助出大批日用品。這一愛國行動引起日方的惱怒，由七十六號特工總部出面，向茅麗英投寄附有子彈的恐嚇信。但茅麗英不為所動，繼續進行義賣活動。七十六號惱羞成怒，派女特務頭子金光楣混入職業婦女俱樂部，對茅麗英的政治面貌、居住位址、行動規律等進行偵查，然後於十二月十二日將茅麗英暗殺。茅麗英之死，激起了上海人民對汪偽特務的痛恨，人們自動集合去萬國殯儀館參加弔唁儀式，形成了對汪偽政權的一次群眾示威活動。這一事件對關露刺激很大，並成為她日後一部長篇小說的創作素材。

李士群見提到了茅麗英事件，連忙解釋說：「關大姐，這件事確實是我手下人幹的，不過，我事前也確實不知道，我可以對天發誓！」

關露說：「希望你們以後再不要幹這種壞良心的事。」

李士群說：「你放心，我剛才不是說了，我是反蔣不反共，我不會跟共產黨過不去的，相反，我還真想幫幫忙。」

關露忙打住話題說；「這不管我的事，我現在還是個失業者呢。」

李士群說：「大姐的事我包了。你看這樣行不行，具體幹啥慢慢說，你經常過來轉一轉也就行了，我每月發給大姐兩百元生活費，不夠再說，怎麼樣？」

關露說：「這可不行，哪有不幹事光拿薪水的？我不能無功受祿呀。」

李士群意味深長地說：「大姐，你能來看我們就不容易。吉卿，把這個月的薪水拿給大姐。」

葉吉卿取出一個裝好錢的信封，不管關露怎樣推辭，硬是裝進她的手提包裡。並且十分懇切地說：「關大姐！要不是繡鳳夫婦救了士群的命，他哪會有今天！所以今天我們給你一點小幫助，實在算不上什麼。患難之交金不換呀。說不定什麼時侯我們還要仰仗大姐呢。」

關露覺得，自己既是一個走投無路的「失業者」，那也不能再拒絕幫助了，否則就會露底。於是她就恰到好處地說：「既然弟妹把話說到這個份上，我也就恭敬不如從命了。不過找一份工作的事，還得請李先生多多在心。」

李士群說：「一定，一定。」

通向「七十六號特工總部」的大門就這麼打開了。從此，關露就每個月去那裡跑一、二次，有時她還沒去，葉吉卿的電話倒打過來了，還派車過來接她。過去了也沒什麼事，陪他們夫婦聊聊天、打打牌、吃吃飯，更多的時侯是與葉吉卿上街逛商店，進理髮店美容美髮，或者去看場電影看場戲什麼的。而每個月，都要由葉吉卿出面，送給關露兩百元錢，年節什麼的還要加倍奉送，給四百元或更多。對關露這樣一個從小自立自強的女詩人來說，接受這樣的施捨該是一種怎樣的精神折磨、人格羞辱。然而，為了那個「我不辯護」的誓言，她只好默默地承受著。折磨人的還遠不止這些，舊日文友們的不理解，詩壇的擯棄，做人又做鬼的無奈——常叫關露痛苦不已，長夜之中她曾不止一次地哀歎：再這樣幹下去，會弄得我臭名遠揚、身敗名裂的呀！想到絕望處，她便失聲痛哭起來。可是天一亮，她又打扮停當，義無反顧地朝著「七十六號」魔窟走去。這樣的日子，關露一氣過了兩年多時間。

當然，業績是巨大的。兩年之中，關露將有關「七十六號特工總部」、尤其是李士群的第一手情報，源源不斷地通過指定關係送到潘漢年手中，它們的價值是巨大而又無以取代的。後來，潘漢年與李士群的直接會面，汪偽「清鄉」計畫的被掌握，通往蘇北根據地的秘密交通線的開通——等等許多情報戰線上的重大成果，可以毫不誇張地說，都有關露的一份功勞。

然而，這些忍辱負重所換取的歷史性功績，會給關露帶來什麼樣的回報呢？後文書中自有分曉。

第十二章　致命的敗筆

私會汪精衛

在人的一生中，總有那麼成功的一搏，使他從此步入輝煌並走向生命巔峰；但是，也總有那麼致命的一次敗筆，使他一下由風光無限的頂峰跌落下來，從此一蹶不振，甚至滑入黑暗的深淵。這樣一個充滿神秘色彩的人生規律，在我們本書這三位主人公潘漢年、揚帆、關露身上再一次應驗不爽。

現在，我們先說潘漢年。

如上一章所述，從一九三九年到一九四三年，潘漢年以中共中央社會部副部長身份，先在香港，後在上海，指揮領導了近三年的秘密情報戰，組建「三駕馬車」打入日特「岩井公館」，在「七十六號特工總部」安插內線人物關露，獲取不少高品質的戰略情報——真是大刀闊斧，戰果輝煌，創造了驕人的業績。一九四三年一月，雖說他根據中共中央指示撤離上海來到淮南新四軍根據地，但仍以華中局情報部長的身份，繼續領導著上海、南京等敵後地區的情報工作。對潘漢年來說，生活在革命根據地，生活在自己同志們中間，雖說也有這樣那樣的磨擦與煩惱，可畢竟要比周旋在敵佔區上海那樣的狼窩虎穴輕鬆得多，他在工作之餘又可以讀自己喜歡的書，寫自己喜歡的詩，過上了一段難得的平靜日子。幾十首舊體詩的問世，使他重溫文學五彩舊夢，再現書生憂患心腸：「默默觀史變，蕭蕭壯士心。」；「萬里關山夢，一囊李杜詩。有家歸不得，明月照鬢絲。」；「辛酸世味應嚐遍，榮辱何妨一笑中。」……

然而，這樣的日子十分短暫，幾乎是一晃而過。潘漢年畢竟已不是擁有自由身的文人騷客，他是獻身革命的戰士，而且是肩負特殊使命的革命者，他的命運得由黨和革命來安排。再說，當時充滿血與火的戰爭環境又是多麼的殘酷和變化多端。就在這年的春天，淮南根據地得到消息，日偽政權可能又要進行新的一輪「清鄉」和「掃蕩」。這樣的消息是否屬實？事關整個根據地安危大局，一定得有最可靠的情報才行。為此，新四軍和華中局的領導人物心裡著急。時任新四軍政委兼華中局書記的饒漱石，自然想到了情報部長潘漢年，於是叫來問計。潘漢年是個責任心很強的人，再說搞到這樣的情報也是自己義不容辭的職責，他主動請求說，應該由他親自前往敵佔區一趟，搞到日偽是否要「清鄉」和「掃蕩」的第一手情報。三月下旬的一天，潘漢年帶著交通員何犖離開根據地，前去完成這一目的單純而又明確的任務。沒有想到的是，此一去神使鬼差，千變萬化，雲詭波譎，艱險四伏，叫聰明一世的潘漢年終於「敗走麥城」，為後半生的悲劇人生種下禍根！

這裡，先得交代清楚兩個坑害了潘漢年的大冤家：李士群和胡均鶴。關於李士群，上文書中已有介紹，這裡只說胡均鶴。

胡均鶴，江蘇蘇州人。說來也巧，他也是一九二五年參加中國共產黨，也去蘇聯留過學，同樣是革命陣營的一員。而且，他的革命本錢比李士群還要大些：曾任過共青團中央局書記職務呢。也是在一九三二年，他被國民黨當局逮捕後立即叛變投敵，出任國民黨中央組織部調查科南京區副區長兼情報股股長，抗戰爆發後調任國民黨中統局蘇滬區副區長兼情報科科長。不久，被汪偽「七十六號特工總部」逮捕，他再次改換門庭，投靠在李士群麾下，並且成為左膀右臂，是「七十六號特工總部」後期的重要骨幹人物之一。

潘漢年此次赴上海打探情報，就是衝著這兩位敵偽特工而來。

一九四一年底，潘漢年由香港來到上海，從關露那兒，進一步掌握了李士群的最新動向，知道李士群為了給自己留後路，急於想跟我方建立聯繫。便決定親自對李士群開展工作。此前，他已經以一個主張中日親善和平並且反蔣的民主人士的身份，化名胡越明，與日本在上海的特務機關有所交往，於是就利用這層關係會見了日本在華最高情報首腦影佐禎昭，當場提出要會見李士群的要求，理由是為了聯合起來共同推動中日親善的和平運動。影佐表示同意。李士群從日本主子那兒得知消息後，也表示願意會見，地點定在愚園路他自己的家裡。會見時，陪潘漢年的是袁殊，陪李士群的就是胡均鶴，還有李士群的老婆葉吉卿。其實，潘漢年與李士群是認識的，過去都在上海搞中共的情報工作，曾是一家人的。見面後，李士群當即對潘漢年表示：中共和新四軍方面有什麼要求，他將儘量提供幫助；同時也希望中共和新四軍方面能儘量幫助他。潘漢年表示歡迎他的這種態度，以後的聯繫工作由袁殊出面。李士群則向潘漢年介紹了他的得力助手胡均鶴，說他現任特工總部副廳長兼江蘇實驗區區長，以後的聯繫事宜均由他出面負責。這次會見後不久，李士群又主動發出邀請，希望再次會見潘漢年，地點仍在他家。正是在這次會見中，李士群透露了他所主持進行的「清鄉」與「掃蕩」的某些內情。

一九四一年元旦，影佐禎昭特邀李士群飛赴臺北一家溫泉旅館，名為共度新年，實則要向這個忠實走狗安排一項機密任務。影佐說：「我們預備從江蘇省開始『清鄉』。你是皇軍大大信任的，又掌握著特工力量，你的來做一定很好。你願意不願意？」李士群受寵若驚，豈有不願意之理？只是他還不大理解皇軍的具體意圖，連忙仔細探問。

所謂「清鄉」和「掃蕩」，是日本侵華戰略計畫的重要組成部分。自從一九四〇年三月汪偽「國民政府」「還都」南京後，它實際上是個政令不出南京城門的小朝廷，別說統管華北等地的漢奸政權，就是它所在的江浙地區，也只能憑藉日軍武力掌管幾個城市和幾條交通幹線，而廣大農村、包括上海、南京的郊區，都在新四軍和抗日游擊隊的控制之下。這樣以來，汪偽政權不僅政治上虛弱，更要命的是缺乏賦稅來源，沒錢花。這叫日本侵略者也萬分頭疼，因為他們此時正加緊準備發動太平洋戰爭，以便奪取東南亞地區的豐富資源，急於從中國戰場抽出身來。為此，只好一面加緊對蔣介石集團的誘降活動，一面將進攻的主要矛頭指向中共領導的敵後抗日根據地和游擊區，在華北實行大「掃蕩」，在華中則進行大「清鄉」。通過所謂「三分軍事，七分政治」的「清鄉」活動，使日軍對於淪陷區的軍事佔領能夠由點、線擴展到面，使汪偽政權的「政令」能夠貫徹到下層，從而增加稅收，穩固後方，以便集中兵力、財力、物力投入到太平洋戰爭。

影佐禎昭將這一重大舉措透露給李士群之後，方才正式向汪精衛提出來。汪精衛原想讓周佛海的心腹人物、時任汪偽「邊疆委員會」委員長、並負責財政部稅警團的羅君強來主管「清鄉」，但遭到主子的否決，只好乖乖將這一肥缺讓給李士群。不過，日本人滿意的李士群，其資歷和聲望卻難以服眾，勢必要影響「清鄉」的效果。於是，又在日本主子的授意下，由汪精衛以行政院長和軍事委員會委員長的雙重身份，兼任清鄉委員會委員長，由立法院長陳公博、行政院副院長周佛海兼任清鄉委員會副委員長，而李士群則擔任秘書長，執掌實際權力。這樣一搞，清鄉委員會的規格很高，成了與行政院和軍委會平起平坐的機構。李士群也隨之身價頓增，權勢更大，不久後又攫取到江蘇省主席一職，終於走向他一生的權力頂峰。

正是鑒於李士群手握「清鄉」實權的現狀，和與我方已經建立的情報關係，潘漢年這才主動提出親赴上海，瞭解落實日偽要再次進行「清鄉」和「掃蕩」的資訊。他覺得辦成這件事不算太難，還是很有把握的。

然而，智者千慮，必有一失。對李士群狡詐陰狠、反覆無常的本性及其所處客觀環境的複雜而微妙的變化，潘漢年還是大大的估計不足，有些輕敵了。

一九四三年的李士群，已不是三年前的李士群了。

一九四二年底，太平洋戰爭已經進行了一年。強大的美軍開始反攻。日本侵略者難以達到預期目的，前景不妙，內外交困，出現了空前的危機。在這樣的情況下，日本政府不得不檢討和調整自己的政策，當然包括對華政策。十二月二十一日，日本御前會議制定了《為完成大東亞戰爭而決定的處理中國問題的根本方針》。根據這一方針，日本政府與汪偽政權於一九四三年一月九日簽定了《共同宣言》和《關於交還租界及撤廢治外法權之協議》，同時向汪偽方面移交英、美在租界的產業，停止發行「軍用票」，穩定偽「中儲券」的幣值，把日本在華特務機關改名為「聯絡部」……很顯然，這一系列所謂「對華新政策」的目的，無非是想通過加強汪偽政權的一元化統治，更有效地榨取他們佔領區的物資和人力，將中國大陸變為他們應付戰爭困難局面的糧倉和武庫。在圍繞這一總目標的一系列舉措中，日本侵略者還有一條，就是不惜代價地設法與中國大資產階級、尤其是上海的大資產階級搞好關係，他們主動發還了一部分被「軍管理」的資本家的工廠，再通過偽中央儲備銀行的巨額貸款收買一些資本家，使其買辦化，死心踏地地替他們發展工業。日本有名的「皇室中心主義」者大川周明，還專門被派來上海，拜見一些資本家，遊說這些資本家與日、汪加強合作。面對日方的迫切需求，上海資本家開始並不積極回應，直接的理由是：你們日本人所豢養、支持和庇護的李士群等一夥特務頭子，在上海為禍太烈，綁架殺害資本家，持槍衝擊交易市場，實在叫人難以與你們合作共事。這一始料未及的問題，引起日本政府的極大關注，首相東條英機親自聽取了大川周明的彙報後，特派日本駐華總司令部第四科科長政信專門處理這個問題。這樣，為了叫上海資本家滿意，日本當局決心掃除一切於實行「對華新政策」不利的障礙，自然包括除掉已經有點坐大、不如以前那麼俯首貼耳、有些礙手礙腳的李士群。

一九四三年初的李士群，勢力膨脹，頭腦也膨脹，已經到了讓日本人難以容忍的地步。主要表現在他與日軍爭奪淪陷區的棉花、糧食等戰略物資上。最早，蘇浙皖三省和滬、寧兩市的經濟物資，統由侵華日軍「登部隊」（十三軍）控制。李士群當上清鄉委員會秘書長之後，實權在握，覺得這麼一塊大肥肉不能叫別人獨吞，便藉口「繁榮清鄉地區市場」，搞起一個「永興隆公司」，他自任董事長，任用葉耀先為總經理，在蘇州觀前街設起總公司，在常熟、昆山、太倉、無錫、常州等地均建起分公司，聲稱「清鄉地區任何物資的移動」，永興隆都可以插手，「得到優先和便利」。於是他們通過各種手法、各種管道，在淪陷區搶購一切戰略物資，尤其是糧食，轉手倒賣，大發橫財。這樣一來，被搶斷了生意的「登部隊」大為惱怒，與李士群的矛盾日益尖銳起來。這年夏天，日軍在蘇州地區連軍糧也收不足，責成汪偽政府糧食部代為收購，要保證於秋後繳上軍糧五萬噸。但蘇南產米區的糧食完全控制在時任江蘇省長的李士群手中，他不但不積極籌集，反而夥同江蘇省糧食局長后大椿、汪偽政府糧食部蘇州辦事處處長胡政，勾結日本浪人，將大量糧食運到蘇北高價出售，謀取暴利。到了秋天，眼看日本軍方的限期已到，但所得軍糧才僅有一．三萬噸。日本侵略者大怒，逼令汪偽政府徹查此案，最後將后大椿和胡政公開槍斃。李士群雖然暫逃一死，但從此在日本主子跟前完全失寵，被處理掉只是個時間問題了。

李士群不但搞砸了跟日本主子的關係，而且在汪偽政權內部也四處樹敵，面臨危險境地。這個政治暴發戶目空一切，先後與汪偽監察院副院長顧忠琛、考試院副院長繆斌、監察使陳則民等許多有勢力的人物鬧反，更為關鍵的是，他得罪了汪偽政權中的實力派人物周佛海。前文書中交代過，當初李士群在與丁默村爭奪「七十六號特工總部」的領導權時，周佛海曾助他一臂之力，並且把警政部長的肥缺也轉讓給他。周佛海的目的是：要把李士群這支龐大的特工隊伍拉在自己麾下，擴充對抗以陳璧君和陳春圃為首的「公館派」的力量，以便在汪偽政權內部錯綜複雜的爭鬥中穩操勝劵。不料李士群得勢後，不但不買周佛海的帳，反而隨著政治地位的飛速爬升，處處與周佛海及其心腹人物羅君強、熊劍東等作對，一點面子也不留。這就徹底惹翻了周佛海一派。周佛海親自出馬，聯絡各方反李人物，甚至包括被冷落多年的、李士群的死對頭丁默村在內。決心要置李士群於死地。

到了這般地步，李士群也發覺不妙，為了打破四面楚歌的處境，他認為只有向「公館派」靠攏，「公館派」的後臺是一號人物汪精衛，投身在這棵大樹下，自然可以避風躲雨，確保平安。於是，李士群開始向汪偽政權的第一夫人、「公館派」的首領陳璧君大獻殷勤，利用江蘇省長的職權，每月孝敬陳璧君三十萬元，名為「公館建築費」；同時不斷請陳璧君去他在蘇州的家裡玩，私下裡又怎麼孝敬就不得而知了。另外，陳璧君的堂內侄、「公館派」的第二號人物陳春圃，也是李士群下功夫拉攏的一個，照樣也是不惜血本地時時打點。然而，黨內有黨，派中有派，「公館派」也不例外。陳璧君、陳春圃自詡是「公館派」的正宗，視本派內的林柏生等為假冒偽劣而不屑一顧。身為汪偽政權宣傳部長的林柏生，反過來也看不起二陳一夥，認為靠裙帶關係走紅算什麼本事！你們想收羅李士群嗎？那好，我偏要打這條落水狗。此時正好出了個蘇成德，這個原「七十六號特工總部」的重要角色，不知因為什麼與李士群鬧反了。林柏生看準機會就把蘇成德挖了過來，當上自己的特務機關——東方通訊社的社長，意在與李士群對著幹。一看事情這麼複雜，李士群也感到有點出乎意外，琢磨下來，他認定眼下的關鍵人物不是別人，還是一號人物汪精衛，只要能叫他知道自己多麼有能耐，神通廣大，無所不能，舉足輕重，從而取得他的信任和倚重，那就能立於不敗之地，什麼也不怕了。

潘漢年此次來上海要找的李士群，就正處在這樣一種環境和心境之中。李士群為了在汪精衛跟前爭寵自保，心裡早已打上了潘漢年的主意，不惜戕害對方名節，也要為自己換取爭權奪利的政治資本。

自然，對李士群預先做好的這個套兒，已經離開上海近半年的潘漢年事前一無所知。

去年十一月，潘漢年和江蘇省委書記劉曉、省委組織部長王堯山等人從上海往淮南根據地撤退時，曾通過李士群的關係，建立了一條秘密交通線。他這次奉命潛入上海，與交通員何犖還是走的這條路。所以，他人還沒到上海，消息卻早已為李士群所掌握。

潘漢年到上海後，先與在這裡堅持地下工作的張唯一、劉人壽等部屬見了面，叫他們設法給胡均鶴傳話，提出要約見李士群，而且是越快越好。

過了幾天，胡均鶴跑來見潘漢年。問他跟李士群會面的事安排得如何，他抱歉地說：「潘先生，實在對不起。李主席目下不在上海，而是住在蘇州家裡。你看……是再等幾天，還是屈駕上蘇州一趟？」

潘漢年重任在身，心急如火，也顧不上多想，當即表示說：「不能等。這樣吧，你能不能陪我上蘇州跑一趟，明天就動身？」

胡均鶴慨然允諾：「這沒問題。只是讓潘先生辛苦了。」

第二天，胡均鶴陪著潘漢年來到蘇州李士群家，沒想到還是撲了空。李家的人說，他們主人因為有要事，昨天去了南京，留下話說，客人如果事急，可以上南京家裡去找他。

胡均鶴頓足叫苦：「真不巧，真不巧。真沒想到，真沒想到。潘先生，對不起，對不起，實在對不起……」

事情到這一步，潘漢年陡然起疑，感到不大對勁，心想：「這李士群在搞什麼名堂？莫不是在……使計？有什麼目的呢？……」想是這麼想了，可眼下該怎麼辦呢？這倒叫一向富有決斷力的潘漢年進退兩難：打道回上海吧，任務怎麼完成？在此坐等吧？等到何時為了？追去南京吧，一是顯得求他，有失份量，二是不明就裡，敢保內中無詐？……

胡均鶴的眼珠兒滴溜溜轉：「潘先生，太為難您了。要不……我看咱們還是返回上海吧？去南京……安全嗎？我是替潘先生……您看這事弄的……」

潘漢年也許是從對方眼睛裡看出了一種挑戰？也許是從對方話語裡聽出了一種戲弄？反正這位詩人政治家受了點刺激，熱血上臉，英雄氣短，當下拿出果敢無畏的慣常派頭，說：「胡先生，請您陪我上南京，行嗎？」那潛臺詞分明是說：「別給我來這一套！你們就是擺下刀山火海在前面，我潘漢年莫非還怕了不成！」

來到南京，潘漢年的懷疑得到證實，李士群果然還不在家，又一次撲了空。他分明是有意不見！這一切絕對是早有安排！但所為何來呢？潘漢年一時也還猜測不透。不過，這倒也激起了他的一種戰鬥意識和熱情，心想：「我倒要看看你們能怎麼樣！」

到南京的當天，李士群雖然不在家，但他手下的另一員大將楊傑奉命坐等客人的光臨，熱情接待，殷勤有加，一再向潘漢年解釋說：「李主席確有緊要事體，是汪先生請他去談話了。李主席說，請潘先生多多包涵，多多包涵。令在下專此恭候，略備水酒，為潘先生接風洗塵，不成敬意，敬請入席。」飯後，楊傑又親送潘漢年住進一家高級旅館，還派人來陪著打牌宵夜，極盡地主之誼。但潘漢年知道，方才吃的是鴻門宴！明天，就會有好戲開場了。會是那一出呢？……

第二天早飯後不久，李士群終於露面了。他在說過許多抱歉的話之後，突然開門見山地說道：「潘先生！汪先生知道您到了南京，很高興。他目前心情不太好，打算搞議會政治，想和您談談。」

圖窮匕首現。原來是要挾持潘漢年來見漢奸首腦汪精衛！

對此，潘漢年確實未曾料到。

李士群為什麼要如此安排呢？汪精衛又為什麼願意會見潘漢年呢？

李士群的目的也許很簡單，無非是要向汪精衛表現自己的神通：你瞧，我連中共方面的情報首腦人物都能信手調來，誰還有此能耐？我李士群絕對能呼風喚雨撒豆成兵沒有辦不到的事，你汪先生就儘管信任我重用我吧。

汪精衛的城府可就深得多了。這位祖籍浙江山陰、生於廣東番禺的老派政客，大名兆銘，表字季新，博學多才，丰姿俊雅。一九〇四年官費留學日本，入東京法政大學速成科。即追隨孫中山先生，投身革命，第二年七月加入同盟會，並擔任評議部長。同年又擔任《民報》主編，在其後不到一年時間裡，根據孫中山先生的意圖，以「精衛」為筆名，發表了〈民族的國民〉、〈論革命之趨勢〉、〈駁革命可以召瓜分說〉、〈駁革命可以生內亂說〉、〈再駁「新民叢報」之政治革命論〉等一系列文章，筆鋒銳利，愛恨分明，對康有為、梁啟超等人的保皇謬論大加痛斥，「精衛」之名鵲起，兆銘二字反倒失色。一九一〇年，二十八歲的汪精衛又幹出一件驚天動地的事：他不忍看到同盟會屢遭敗績的局面，力主採取激烈行為推進革命，遂會同另一位革命黨人黃復生，化妝後潛回北京，以開設「守真照相館」作為掩護，於三月八日在銀錠橋用炸藥暗殺攝政王載灃，不幸事敗被捕。他在獄中堅貞不屈，曾作五言詩明志，詩曰：「慷慨歌燕市，從容作楚囚；引刀成一快，不負少年頭。」不久後，辛亥革命爆發，他被釋放出獄，繼續奔走革命。一九二四年一月，國民黨「一大」時當選為中央執行委員。同年十一月，隨孫中山先生北上擔任聯絡工作。第二年孫先生病逝北京前，由他代為起草政治遺囑，在國民黨內與胡漢民、廖仲愷並稱三雄。一九二五年五月，汪精衛回到廣州，出任廣州國民政府主席、軍事委員會主席和國民黨中央政治委員會主席。從此，與蔣介石為爭奪國民黨的領袖地位，開始了長期的勾心鬥角，分分合合，談談打打，至一九四三年時，已然經過了三合三分的曲折，正處在生死存亡的關鍵時期。先是一九二五年，汪精衛與手握兵權的黃埔軍校校長蔣介石聯手出擊，借廖仲愷被刺案將黨內最強勁的對手胡漢民趕到蘇俄去「考察」。然而，汪、蔣聯盟很快破裂，因為野心勃勃的蔣介石一鳴驚人，因兩次東征有功而成為國民黨「二大」上的風光人物，以比汪精衛僅少一票的二四八票，當選為國民黨中央執行委員，大有後來居上、取而代之的趨勢。果然不久後，蔣介石便利用「中山艦事件」向汪精衛發難。「中山艦事件」又稱「三二〇事件」，發生在一九二六年三月二十日。三月十八日，黃埔軍校駐省辦事處通知海軍局，說奉蔣介石命令，調派軍艦到黃埔候用。海軍局代理局長、共產黨員李之龍即派出中山艦和寶壁二艦前往。當軍艦開到黃埔時，蔣介石卻聲稱他並沒有下達調動命令，誣為汪精衛和共產黨，還有蘇聯顧問季山嘉共同策劃的「倒蔣陰謀」。遂於三月二十日調動軍隊實行戒嚴，逮捕了共產黨員李之龍，扣留了中山艦及其它海軍艦隻，包圍省港罷工委員會和蘇聯顧問住所，驅逐黃埔軍校和國民革命軍第一軍的共產黨員，篡奪了第一軍的軍權。面對擁兵自重的蔣介石的強梁行為，汪精衛百口莫辯，雖貴為黨內頭號人物，卻也束手無策，只好退避三舍，一走了之。汪、蔣第二次攜手是在六年之後的一九二七年，蔣介石發動「四・一二」反革命政變在前，汪精衛發動「七・一五」反革命政變在後，一呼一應，終於實現了「寧漢合流」。不過這一次的合作依然十分短暫，很快就又反臉成仇，分道揚鑣了。這是因為蔣介石北伐失利，李宗仁和白崇禧為首的桂系軍閥前來逼宮，迫使蔣介石宣佈下野。汪精衛看準機會，想與桂系和西山會議派聯合成立中央特別委員會，作為黨政最高機關。對此，蔣介石氣得發昏，恨得咬牙。可是過了沒幾天，由於他最信任的兩個人陳公博和陳璧君的勸阻，他又改變主意，出爾反爾地發表〈引退通電〉，拒絕與桂系合作，並秘密地回到廣州，聯合李濟深形成了粵派勢力。蔣介石又看準這個機會，要報復一下，便故意打出「聯汪反桂」牌，叫姻兄宋子文攜其親筆信前去廣州作說客，大施離間計，向汪精衛鼓吹說，李濟深是廣西人，與桂系李宗仁等久有來往，淵源很深，不能信任，最好能將他趕出廣州，不就形成汪姓一家之天下了嗎？汪精衛果然上當，背信棄義地趕走了李濟深。這下惹惱了李濟深和桂系人物李宗仁、白崇禧、黃紹竑等，他們或發通電，或發演講，群起攻擊汪精衛；白崇禧甚至要雇黑道人物綁架汪精衛。李濟深圖報復，居然不顧丟面子而寫信請求蔣介石出兵討伐汪精衛。蔣介石也真陰損，又故意把李濟深的信轉給汪精衛看。汪精衛已經知道上了蔣介石的當，見信又羞又氣，恨死了蔣介石。這就是他們倆的第二次分合恩怨。一九三二年一月中旬，由於各自的利益驅使，汪精衛和蔣介石在杭州煙霞洞經過一番密談之後達成協議，由汪精衛出任行政院長，兼任內政部長，還兼任中央政治會議主席，主政。而蔣介石則只擔任軍事委員會委員長一職，專管軍事。這就形成了汪、蔣第三次合作的局面。表面看來，兩家平分秋色，應該相安無事。但事實上從一開始就各懷鬼胎，暗藏危機。在主政的汪精衛看來，我身為行政院長，要管外交你老蔣的外長羅鈞任不聽話，要管財政你老蔣的財政部長宋子文不聽話，至於軍事你老蔣更是不讓管，一個行政院長管不了外交、財政、軍事，還有什麼當頭？叫我給你當坐守門戶的老奴才嗎？可在蔣介石看來，娘希匹！我給了你姓汪的半壁江山，你還要怎麼著？惹惱我時再趕你滾一邊去！……兩人就這麼面和心不和地較著勁，一直到一九三八年時終於第三次、也是最後一次徹底鬧反了。

一九三七年十二月十三日，南京陷入日軍之手。轉年的一月十六日，日本首相近衛文麿發表第一次對華聲明，迫使南京政府接受日方所謂「和平」條件。同年十月，武漢、廣州相繼失守。十一月，日本政府發表第二次近衛聲明，繼續向南京政府提出迫降要求。這時，國民黨內的親日派首領汪精衛認為抗戰必亡，力主與日謀和。蔣介石沒有接受他的意見。他便在日本人的秘密策劃下潛出重慶抵達河內，為投敵叛國作準備。十二月二十二日，日本政府發表第三次近衛聲明，還是繼續迫降。這期間，蔣介石雖也不斷派人與日方舉行秘密談判，但畢竟沒有汪精衛在投降路上跑得快。十二月二十八日，汪精衛在河內發表致蔣介石等人的通電，對第三次近衛聲明提出的「三原則」表示贊同，公開為日本帝國主義辯護，並勸告蔣介石也接受這些條件，與日本妥協，以「實現和平」。這就是作為汪精衛公開投敵標誌的那封臭名昭著的「豔電」。從此，汪精衛沿著漢奸之路越走越遠：一九三九年八月二十八日至二十九日，在上海召開所謂的「中國國民黨第六次全國代表大會」，兩百四十多個漢奸代表推舉汪精衛為黨中央主席。一九四〇年一月二十一日，高宗武、陶希聖揭發汪精衛與日本政府簽有《日支新關係調整要綱》賣國秘約，引發舉國討汪怒潮。同年一月二十三日，汪精衛和梁鴻志、王克敏等在青島開會，策劃成立偽中央政府，被稱為「南北漢奸青島會議」。同年三月三十日，以汪精衛為首的漢奸政府在南京成立，汪本人代理國民政府主席兼行政院長……。

可惜好景不長。日本政府發動太平洋戰爭的第二年、即一九四二年冬天，日軍在整個戰場上的敗跡就顯露出來。到了今年、即一九四三年，中國戰場上的日軍也處境狼狽，光被八路軍和新四軍殲滅的日偽軍就有二十多萬人。日本政府為了挽救自己垂危的命運，只有一方面加強對蔣介石重慶政府的誘降活動，另一方面「強化」汪精衛的南京漢奸政權。面對日本主子江河日下、危機四伏的嚴重局勢，汪精衛傀儡集團不能不心驚肉跳，一看末日就要來到，他們不能不給自己準備後路。汪精衛早就看出，十五年前自己與蔣介石聯手剿殺的那個中國共產黨，不但沒有被消滅乾淨，反而在抗日戰爭的烽火中發展壯大，越來越強盛無比，已經成為爭奪未來天下的一支難以對付的力量，將來鹿死誰手，真也難以預料。所以，作為政治家的汪精衛覺得，不論將來是與蔣介石爭高低，還是與共產黨鬥勝負；不論是依然聯蔣反共，還是聯共抗蔣，首先都得認真做好一件事，就是儘快接觸已經大大改觀了的共產黨，瞭解它，熟悉它，盡可能多地掌握它。汪精衛正是在這樣一種很大的心理背景下，決定抓住李士群送上門來的機會，見一見據說是共黨內最負盛名的高級情報首腦之一的潘漢年，或許有意想不到的收益，也未可知。

面對汪精衛要求會見的意外變故，潘漢年感到有些左右為難。要知道，汪精衛可不是一般人物，與這個當代頭號大漢奸去見面，不請示黨中央是絕對不行的，是要觸犯黨內紀律的。可是眼下已經身在虎穴之中，如何能夠去請示？拒絕見面，一走了之？能走掉嗎？他們既然早就作成圈套，豈能叫你輕易走脫？再者說，臨陣退縮，遇險露怯，知難而退，也不是我潘漢年之所為！如此看來……就會他一會又何妨？事後立即彙報也是說得過去的。

於是，潘漢年用目光看定李士群，很沉穩自信地說：「好吧，我可以跟你們的汪先生會面，你去安排吧。」

李士群自然得意，心想到了這時侯，看來你也只好聽我的。便說：「這樣吧，如果潘先生覺得方便，就定在今天下午，怎麼樣？」

當天下午，潘漢年由胡均鶴陪同，驅車前往位於法租界的汪公館。

潘漢年的心裡很不平靜，畢竟是一次未經批准的重大行動，他不能不想到事情的各種嚴重後果，對自己是福是禍倒可不計，萬一給黨和整個抗日事業造成危害可就不堪設想了呀……對於自己這次輕率的南京之行，他開始感到深深的後悔起來；然而事已至此，也就只能通往直前了。想到這裡，潘漢年強制自己收回紛亂的思緒，集中思考即將到來的這場吉凶未卜的會面，思考著這個即將出現的大漢奸頭子汪精衛……

潘漢年從未見過汪精衛，但他對他並不陌生，而且是與他打過一次交道的，一次針鋒相對、劍拔弩張的文字交道。

那是汪精衛發動「七‧一五」反革命政變的一九二七年，九月十日，汪精衛得意地在駐上海海陸空歡迎他的宴會上發表演說：「……自民十一來，同志有以為共產黨假我國民黨之名，而為其共產黨之宣傳，有危於我黨矣，諸同志誠有先見之明，然我黨之分裂，於此見矣，厥後我黨即處於『容共』與『反共』之懷疑中，寧方同志，因是而大舉清黨，漢方則處於困難之環境中，清黨之舉，今方實現，反共雖在時間上有遲有早，而愛國之心則一，……數月之隔別，望吾人忘卻過去，……今者寧漢合作，吾人對於悲痛之過去，惟有深懇之懺悔與責備，尚望各同志之原恕，使黨國有一條生路。」這篇演說詞登在第二天的《申報》上。當時，作為《幻洲》主編的潘漢年，正是年輕氣盛、文名大振的時侯，一支革命之筆，怎能放過雙手沾滿共產黨人鮮血的劊子手？他當即發表一篇雜文〈汪先生悔不當初〉以迎頭痛擊，文章說：「汪先生對於遲遲實行反共清黨之舉，表示十二分的抱歉，演辭頗為淒切動人！想汪先生四月一日到了上海，十日就一人秘密到漢口，登岸之第一筆，即為『革命的向左邊來，不革命的滾開』，多麼慷慨激昂！在漢陽兵工廠演講，有『反共即反革命』數萬言之悲痛憤慨之演詞，當時東南雖已實行反共清黨，而汪先生因不知吳稚暉先生所說『受共產黨包圍，甚而至於還做那雙簧裡面畫眼睛戴小帽的人物』，連忙到了要反共清黨的時侯，『反共即反革命』一語已出，駟馬難追，所以來到上海，會看東南『有先見之明』諸同志，實在無限愧感，只得說『望吾人忘卻過去』。總言之，汪先生四月一日到了上海，加入反共就好，不該到漢口去上共產黨之當，說出來『反共即反革命』的話，正是汪先生早知今日，悔不當初。」

潘漢年想：十五年前的這篇雜文，當時汪精衛也不知看到了沒有？誰又能想到十五年後的今天，雜文的作者已經不是文壇書生，而是一名職業革命家，一名職業特殊的情報專家；雜文所抨擊的對象也已經不是國民黨政府首腦，而是比之更叫國人厭惡的賣國賊，二人卻要頭一次見面了……真是世事滄桑人莫測呀！當年那個投機革命的反共老手，今天又會是一副什麼模樣呢？……

關於這次潘、汪會面的經過，至今少見歷史記載，目下四處傳抄的一點公開資料，都出自尹騏先生的《潘漢年傳》。這點資料又來自何處？是否完全？是否可靠？尹先生未作交代，一般傳抄者自然也就只好照傳照抄。筆者更是接觸不到高層機密的平民百姓，如今也老老實實依葫蘆畫瓢。

據說潘漢年一行進得汪公館，先由汪偽政權的秘書長、汪精衛的堂小舅子、「公館派」的二號人物陳春圃出面接待，在客廳裡互相客氣了一會兒，便見汪精衛從樓上下來，與潘漢年握手之後，坐下就說：「我認識你們的毛澤東先生。過去我是主張聯共的，以後發生誤會了。你們和蔣介石聯合是沒有什麼搞頭的。蔣是獨裁的，我是要搞民主的。我要搞議會政治，成立聯合政府，吸收各黨派參加。也請共產黨參加。」

潘漢年說：「共產黨是不會來參加你的議會政治的。來的也是假的。上海的共產黨不會代表延安來參加的。但我可以把汪先生的話轉達給延安。我認為延安方面是不會退出重慶參政會來南京參加你們的議會的。」

汪精衛又說：「現在是個好機會。我們合作起來可以異途同歸。希望共產黨不要同蔣介石搞在一起。只有同我們合作才能救中國。」最後又說：「你回去聯絡一下，以後的聯繫仍找李士群。」

潘漢年最後說；「新四軍的發展是肯定的。如果將來你感到與日本人合作有困難，要另找出路時，新四軍不會對你過不去的，會給你一個轉身的餘地。」

這就是今天人們所能看到的潘、汪會面。

會面後的第二天，潘漢年仍由胡均鶴陪同返回上海。李士群隨後也回到上海，並向潘漢年透露了日偽軍近期不會有大的「清鄉」和「掃蕩」的情報。對李士群此人已徹底失去興趣和耐心的潘漢年，在對上海地下情報人員做出工作安排以後，即匆匆返回淮南根據地。可以斷定，他的思緒是煩亂的，心情是沉重的，不得不認真考慮，就會見汪精衛一事該怎樣向黨組織作出彙報。

假如，當時淮南革命根據地的黨組織非常團結和諧，不存在華中局書記兼新四軍政委饒漱石與新四軍代軍長陳毅鬧矛盾的複雜局面；假如，雖然兩人不和，但實權掌握在對潘漢年非常瞭解和信任的陳毅手裡，而不是掌握在野心勃勃而又胸襟狹窄的饒漱石手裡；假如，當時在延安並沒有發生那場叫人膽顫心驚、至今仍然後遺症不絕的所謂「搶救失足者運動」，或者雖然發生了卻並沒有波及到遙遠的淮南根據地；假如，也沒有發生什麼「揚帆事件」；假如……總之，假如潘漢年回到淮南根據地所面臨的並不是當時的情形，那麼他或許會輕鬆愉快地如實彙報私會汪精衛一事，而絕不會對黨組織隱瞞不說。然而……不能然而，因為歷史常常不是息事寧人的好好先生，反而是唯恐天下不亂的是非精。

或許也是潘漢年合該倒楣、鬼迷心竅！私會汪精衛的事，他居然未能向黨組織及時彙報。其中原因何在？至今歷史學家說法很多，但皆不得要領，還是個天大的謎。然而，對潘漢年本人來說，這件事成了他一塊去不掉的心病，一個可怕的惡夢。也是後來鑄成他二十七年冤獄的致命的敗筆。

干預第一婚姻

揚帆寫出自己生命史上致命的「敗筆」，是一九三九年在皖南。不過，揚帆的這個「敗筆」得打上引號，為什麼？看完就知道了。

前面第七章寫到，揚帆於一九三九年初由上海來到皖南新四軍總部，在副軍長項英和政治部主任袁國平的一再挽留下留下工作。一開始擔任文化隊指導員兼黨支部書記。文化隊的任務是為前方部隊培養政工人員。學員來源有兩部分：一部分是從戲劇訓練班轉過來的；一部分則是從部隊中的青年士兵中挑選出來的。這年十月，文化隊頭一期結業後，項英軍長調揚帆回新四軍軍部任秘書，軍銜是中校。主要任務是瞭解軍部駐地周圍的地方情況，負責聯繫和協調與地方的各種關係。也就是在這段時間裡，揚帆與項英開始熟悉起來。別看項英身為中共中央政治局委員兼東南分局書記，但百忙之中非常重視學習，為了更好地保管書籍和瞭解幹部的讀書情況，他要求自兼軍部圖書館館長。作為一名工農出身的幹部而如此好學，這真叫揚帆佩服。兩人日漸接近，慢慢變得無話不談了。

一個星期天下午，項英派人將揚帆叫去。忽然問起有關上海文化界的事。他說：「聽說你在上海搞過多年的文化救亡工作？」

揚帆說：「對呀，這都給組織上講過了。」

項英一笑說：「別緊張，不是問你的事。上海演藝圈裡有個叫藍蘋的女演員，你認識嗎？」

揚帆說：「當然認識，還看過她的戲，對她的情況也瞭解一些。」

項英說：「那她脫黨的事你知道嗎？」

揚帆說：「知道。怎麼啦？」

項英說：「你看看這個。」說著遞過一份國民黨小報，那上面有一篇消息，標題是〈藍蘋小姐棄藝從政，江青活躍延安舞臺〉。

揚帆看完說：「有這種事？國民黨造謠吧。」

項英搖搖頭說：「不會。這個女人不尋常。揚帆，你給我說說她的情況。」

於是，揚帆講了下面的情況：一九三七年年底，由於南京國民黨當局已經注意到南京「劇專」有共產黨地下組織在活動，加緊了監視和搜捕。揚帆在那兒已經暴露，只好奉命向上海轉移。春節剛過，便以記者身份化名殷揚，進入上海文化界從事抗日救亡工作。當時，話劇《大雷雨》正在卡爾登大劇院上演，很轟動。有天晚上，地下黨的兩位同志陪他去看《大雷雨》。在這齣戲中，藍蘋出演女主角。揚帆是行家，覺得她的形象和演技還不錯，只是演得有些過火。演出結束後，揚帆上後臺會見演員，這才第一次見到了藍蘋。揚帆對她講了些讚揚和鼓勵的話，也說了自己對她不足之處的意見。第二天，揚帆在瞭解這個劇社的基本情況時，才掌握了藍蘋脫黨的事實。藍蘋，也就是後來鼎鼎有名的江青，山東諸城人，原名李雲鶴，祖父是地主，父親李德文既是地主又是商人。後來家道敗落，父親變得性情古怪，經常打罵妻子女兒。母女倆不堪忍受，逃到一家姓張的大戶做女傭。十四歲的李雲鶴已經發育得像個大姑娘，而且很有藝術天分。早就在注意她的張家大少爺張耘即後來的康生，介紹她進入山東省實驗劇院學戲。不久即與劇院院長俞啟威同居，併入青島大學做旁聽生，同時在校圖書館工作。一九三三年，在俞啟威的介紹下加入了共產黨。俞啟威被捕後，經組織安排，李雲鶴到了上海，在共產主義青年團工作。但是時間不長，她便進入無名劇社當演員，取藝名藍蘋，同時參加了許多革命活動，終於在一九三四年十月被國民黨上海當局逮捕。在獄中，藍蘋經不住考驗，寫了自首書，聲明說「共產主義不適合中國國情」，「以後決不參加共產黨。」云云。為了討好上海市公安局訓導股審訊組頭頭趙耀珊，她不惜獻媚將自己的劇照送給對方。從此，她一頭倒向國民黨，不僅出演了國民黨當局讚賞的電影《狼山喋血記》，而且還擔綱演出了為蔣介石祝壽的獨幕劇《求婚》。

聽完揚帆的話，項英氣憤地說：「變節分子！我們不能同意她與毛澤東結婚。」

揚帆說：「怎麼，她要嫁給毛澤東同志？」

項英說：「是的。最近延安為這事鬧得沸沸揚揚，黨內上上下下都反對這個改名江青的壞女人。你知道王世英吧，他最近聯絡了十多個知道江青底細的同志，聯名給毛澤東同志寫了信，簽名按手印的有王世英、陳雷、南漢宸、謝祥蔭、申伯純、蕭明、邱吉夫、劉子華、閻揆要、王超北、梁明德、鄒大鵬、朱大鵬、余宗彥等。信中說：『你同賀子珍合不來，離婚，大家沒有意見，再結婚也是應該的。但是否同江青結婚，望你考慮，因為江青在上海是演員，影響較大，這樣做對黨對你都不好。』據說他們把信已經交給了中共中央總書記張聞天同志。但他們寫得還不透徹，不能說因為是演員就不能與領袖結婚，得指出她是一個變節者，一個政治上有嚴重問題的可疑分子。這樣的人怎麼能嫁給毛澤東？」

揚帆也激動起來：「是的，我也反對。」

項英說：「我叫你來就為這事。你看你能不能將江青在上海的那些事寫一個東西出來，我們要向中央趕快反映。」

揚帆絕對是個感情用事的熱血漢子，何況這事又關係到黨的利益，所以想都沒想便一口應承下來，用半天時間就寫出一份詳細的彙報材料，最後的一句結語是：「此人不宜與主席結婚」！

項英接到報告，又叫來軍部秘書長李一氓一起商量，決定以個人署名的秘密等級的急電形式上報黨中央。這份電報的署名者雖然不是揚帆，但作為材料提供者，他的大名自然也不可或缺。正是這份電報，成為他整個命運的轉捩點，悲劇序幕由此拉開。

也許是神使鬼差，這份拍給中共中央總書記張聞天的至關重要的電報，卻落在了最不該見到它的人手中，這個人不是別人，就是康生。這位幾年前活躍在上海、「伍豪事件」中力主將顧順章親友一律斬盡殺絕的狠主兒，何時又到延安大顯身手的呢？有點說頭。王明路線當道沒幾年，便給中國革命帶來了嚴重的後果，表現在上海，就是連中共中央機關都無法存身了，只好轉移到江西蘇區。臨走前，決定成立一個中共中央上海局看守攤子，由康生負責。此時的上海一片白色恐怖，被捕坐牢殺頭那是隨時可能發生的事。康生對落到自己頭上的這個倒楣差事大有想法，可能送命是一方面，另外鬧不好將來還得為白區工作失敗負最高責任，那樣政治生命也就完蛋了。思來想去怎麼辦？三十六計走為上計，你們都能走掉，我康生為什麼得當冤大頭？於是，他給「最親愛的王明同志」寫了一封言詞懇切的信，希望能關照一下他這個最忠實的好幫手。王明還真夠意思，很快批准他來莫斯科團聚。康生好不高興，即於一九三三年七月攜夫人曹軼歐和小姨子蘇枚乘船離開上海，直奔莫斯科。「康生」這個名字就是從這時叫起，上海時期的那個「趙容」便被拋進了黃埔江。

康生一家到達莫斯科的第二天晚上，王明在「留斯科」招待所設宴接風洗塵。此處是沙俄時代一位權貴的公館，非常豪華氣派，高檔地毯和硬木家俱十分考究，健身房、花園、小餐廳應有盡有。從白色恐怖的環境中來到這樣的神仙居所，這叫康生感激不已。他即席表態道：「這次如果沒有王明同志的關照和愛護，我們是來不到莫斯科的。今後，就要在王明同志的直接領導下工作了，這是我一生中最大的夙願，也是最大的幸福。從今而後，我要為王明同志制定的路線奮鬥終生，王明同志指到哪裡，我就奔向哪裡，赴湯蹈火，雖死不辭！」王明被拍得渾身三萬六千個毛孔無一處不舒服，不久便任命康生為中共中央駐共產國際代表團副團長，名副其實的副領袖了。康生也確實賣力，他看準《兩條路線——為中共更加布林塞維克化而奮鬥》是王明的命根子和理論基礎，於是就不遺餘力地宣傳鼓吹，還把王明送他的這本小冊子當作寶貝一樣珍藏起來，就像後來林彪手中的紅寶書。

一九三七年十一月二十九日，對康生來說是個難以忘卻的日子。這一天，他隨同王明從莫斯科回到中國，頭一次踏上延安這塊陌生的土地。他剛出機艙門往迎接的人群一看，馬上就感到一股巨大的壓力撲面而來，因為在毛澤東身邊竟然聚集著那麼多文臣武將，那麼一個強大的陣營，那麼一股先聲奪人的氣勢。他立即就預感到，一個決定自己命運新走向的歷史時刻又來到了，在一場勢所難免的兩個中心的黨內爭奪戰中，自己又得來個何去何從的大抉擇，或者忠於原主，或者改換門庭，第三條路是沒有的。對於這種事關自己命運的選擇，康生不但絕頂聰明，而且極富魄力，從不憂柔寡斷拖泥帶水。長期研究康生的外國人約翰·拜倫和羅伯特·派克對此寫道：「——一九三八年康生四十歲，那是他回到中國的頭一年，他不久決定進行一次重要的政治轉變；這成為他一生的轉捩點。一月，他看著王明離開延安奔赴漢口；八月，他被任命為共產黨安全情報機關的負責人。這個有教養且老於世故的、山東士紳的後裔康生，和湖南農民的笨拙兒子、游擊戰的指揮員毛澤東，為達成一致的共同利益而結合起來。正如他七年前從危險而不切實際的冒險家李立三，轉向受過蘇聯訓練的王明那樣，康生決定討好毛澤東，這反映了他極端的機會主義以及對中國共產主義運動的政治動力的敏銳洞察力。」

這裡的「討好毛澤東」，康生主要幹了兩件事：一是對王明反戈一擊，一是促成毛、江聯姻。當初表示要為王明「赴湯蹈火、雖死不辭」的康生，現在卻說：「早在莫斯科的時侯，我就看出王明的路線是錯誤的。我同他進行過鬥爭，但那時他手握大權，我又單槍匹馬，孤掌難鳴。所以，在莫斯科的四年裡，我忍氣吞聲，足足受了四年的氣。王明總是不放過機會來壓制、排斥和打擊我。」康生反王的人證雖說找不出來，但他有「物證」，就是那本王明送他的小冊子《兩條路線——為中共更加布林塞維克化》，他事後巧妙地在「兩條路線」四個字旁邊批註道：「實際是一條路線，即都是左傾機會主義路線」；再將「布」字改為「孟」字，旁批道：「應該是為中共更加孟爾塞維克化而鬥爭，那就真正名副其實了」。這就是康生式的物證！

光靠反戈一擊還是不夠的，還得「再立新功」，這就是鼎力促成毛、江結婚。關於這一點，還是那兩個外國人說得透徹。他們寫道：當延安的人們對毛、江聯姻紛紛責難之際，「康生決定性的行動是保護毛澤東，並且駁斥對江青的指控，康生利用他作為組織部部長和安全情報事務專家的背景來為江青作證。他宣稱，江青是個有良好名聲的共產黨員，任何人都無法阻礙她同毛澤東的婚姻。康生對江青過去的瞭解是片斷的，肯定不足以使他證明她不是國民黨特務，但是他修改她的紀錄，銷毀有害的資料，責難對她不利的證詞，並且指點她如何回答那些希望能使毛澤東喪失名譽的高級審訊者的探問。在這場爭論中，康生的干涉很快使毛澤東在政治上的對手和批評者閉口消音。——從這段插曲開始延伸出來的關係對康生今後的成功至關重要。毛澤東和江青都受到康生的恩惠，他因而成為這對夫婦的知己和盟友。毛澤東逐漸在相當多的事務中依賴康生的建議，並且委以檢查和修訂許多重要報告草稿的重任。在毛澤東的婚姻問題解決後的幾個月中，康生被任命為中國共產黨秘密機構的最高領導人。——到一九三九年，他進入了總是站在主席一邊的領導人核心圈。」

所以，來自皖南項英那兒的電報落入康生之手，想一想也在必然之中。

在接下來的皖南事變中，項英不幸犧牲。而僥倖活下來的揚帆，雖然沒有死在國民黨手中，但轉眼就鋃鐺入獄，入了自己人的監獄。現在各種資料表明，他的這場牢獄之災絕對與那封電報有關，絕對與康生和江青有關。

那是一九四三年十月。正在鹽阜新四軍三師保衛部任職的揚帆，忽然接到新四軍軍部的緊急通知，讓他火速去軍部和華中局所在地黃花塘開會。揚帆不及多想，跳上一匹戰馬就走。剛進入華中局書記饒漱石的辦公室，就宣佈被逮捕，一副冰冷的手銬戴在手上。要求說明原因嗎？當然有。康生以中央保衛部的名義親自給華中局打來電報，說是在延安「搶救失足者運動」中，有人揭發揚帆早在南京國立劇專工作時就已經是國民黨的特務了。於是，一次一次的提審，一遍一遍的寫「交代材料」，戒備之森嚴有如看管一個死囚；更有意思的是，組織上還派進一個政工幹部，化裝成漢奸要犯全天侯偵察揚帆的言行，然後每天向上彙報。這樣的日子一直過了十個月，直到潘漢年出面解救。

潘漢年出面處理揚帆一案，是中社部康生的指示，還是饒漱石的意思，現在已說不清楚。潘漢年一開始就認定揚帆是冤枉的，因為他對南京方面地下工作的情況是非常熟悉的，揚帆是黨組織派去戲專通過搞「救國會」進行秘密工作的，上下線的連絡人潘漢年也都認識，都是非常忠誠可靠的同志，怎麼會只有揚帆一個人變成特務呢？潘漢年不僅叫看守先將揚帆的鐐銬打開，還決心要徹底推翻冤案。為此，他作詩述懷道：「面壁高歌字字真，江郎豈肯作狂僧。無端屈辱無端恨，巨眼何人識書生？」、「細雨寒風憶楚囚，相煎何必數恩仇。無權拆獄空歎息，咫尺天涯幾許愁。」最後，在潘漢年的努力下，揚帆終於被釋放了。為此，揚帆後來回憶說：「幸好潘漢年同志從敵佔區回來，還在華中局任情報部長，由於他對抗戰前的敵情和在黨支援下組織起來的救國會組織的背景等情況瞭若指掌，在他的親自過問下（也由於延安康生搞的『搶救失足者運動』中用逼供信的手段所得的所謂證據被推翻了），對我的懷疑才得以消除。」

書生氣十足的揚帆根本想不到，黃花塘冤獄只不過是一個小小的預演，他一生中更大的冤獄還在後面等著他，只要康生和江青還在臺上，「干預第一婚姻」這筆帳就別想抹掉。這次潘漢年能救你揚帆一把，可下一次呢？他潘漢年恐怕連自己都救不成了。

《女聲》與日本之行

一九四一年冬天，艱難奔走於「七十六號特工總部」的關露，給遠在重慶的妹妹胡繡鳳寫了一封信，主要內容就是訴說自己倍感孤獨無助的心情，說活得很累很累，多麼想回到母親身邊無憂無慮地生活啊！這裡的母親，自然是指黨組織或自己人的意思。讀罷姐姐充滿悲苦況味的來信，胡繡鳳心情沉重，在她的內心深處總有一種抱愧感，因為她覺得那個任務本來是應該由自己去完成的，像姐姐這樣一個多愁善感的著名女詩人，怎麼能到那種虎狼窩裡獨當一面呢？太難為她了，太委屈她了。經過再三考慮，她決定去找一下鄧穎超，讓她給周恩來同志說一說，最好能派人換一換姐姐。於是，她帶著姐姐的信去了曾家岩周公館。

鄧穎超看完關露的信，也深表同情，對胡繡鳳說：「你姐姐一個獨身女子戰鬥在那樣一個地方，也真是太難了。這樣吧，我最近就要回延安一趟，回去跟家裡人商量一下吧。」

過了一段日子，胡繡鳳果然收到鄧穎超從延安寄來的一封信，但內容卻大出意外。信中說：「我非常理解你們姐妹倆的心情，據瞭解你姐姐工作得很好，很有成績，家裡對她非常滿意。現在家裡人很多，而在國統區、敵佔區的人卻很少，你和你姐姐都要安心工作——。」

對關露來說，可怕的孤獨感固然折磨人，但最折磨她的還不是這個；是什麼呢？是對「女漢奸」這個名頭的懼怕！像她這樣一個歷來最重氣節和情操的青年知識份子，現在每天要與一群臭名昭著的漢奸特務唱和應酬拉拉扯扯，這算怎麼一回事？誰知個中真情？誰能理解同情？將來誰又能為自己的清白作證？弄不好會遺臭萬年的啊！她多麼想立即跳出這個火坑，再去自由自在地寫詩、憑一支筆在抗日前線大顯身手。

然而，關露的個人願望是一回事，革命和黨的需要又是一回事。一九四二年春天，剛從「七十六號特工總部」脫身出來的關露，很快又接到上級通知，派她去日本人辦的《女聲》雜誌當編輯。這個任務更艱難：打入「七十六號特工總部」畢竟還是秘密工作狀態，誤解、疏遠、仇視自己的人僅限於一個很小的圈子，一小批詩壇文友而已；現在到一家在社會上影響很大的日本雜誌社任職，這「女漢奸」的名聲可就一下傳遍海內外了，真正的臭名遠揚啊！關露的內心翻江倒海，思緒萬千——不去行嗎？一個已經向黨發誓說「我不辯護」的革命者，能不服從組織安排嗎？顯然這是沒有商量餘地的！

《女聲》雜誌，最早是由上海滬江大學校長劉湛恩的夫人王立明於一九三二年十月出資創辦的，主旨是反映中國婦女問題，半月刊，主編是王伊蔚。這位王伊蔚也有來歷，乃原北洋政府海軍部高級官員王崇文的女兒。《女聲》在當時名氣很大，還因為有不少社會名流給它撰稿，像章乃器、薛暮橋、李平心、何香凝等。它紅火了三年多，終因經濟原因停刊。日本人佔領上海以後，一下看中了《女聲》這塊金字招牌，便由日本海軍部出資將它盤下，出任主編的是日本著名女作家佐藤俊子。這位佐藤俊子又名佐藤露英、田村俊子、中國名字叫左俊芝。她是日本明治時期有名的女作家，出版過全集，同時又是一個名氣不小的話劇演員。一九二三年，魯迅和周作人兄弟為商務印書館翻譯《現代日本小說集》，在序文中就曾提及這位佐藤俊子。她思想激進，一般認為她屬於左翼作家，甚到有人認定她是一名日本共產黨黨員。那麼她又怎麼會出任侵華日軍的雜誌主編呢？倒也是件怪事。不過最近又有人撰文說她是蘇共著名間諜佐爾格的人，出任《女聲》主編只是掩護身份，其實另有秘密使命，云云。這些也先不去管它。

組織上派關露打入《女聲》，無非也是看到它那深厚的日本背景，便於收集各種情報的意思吧。當然還有另一個作用：當時上海已經完全淪入日本侵略軍之手，原先還能在「孤島」上活躍一下的抗日文人們，大多都撤退到了解放區。但是，抗日救亡工作不能因此而中斷呀，怎麼辦？根據黨的「隱蔽精幹、長期埋伏、積蓄力量、以待時機」的敵佔區工作方針，地下黨認為自己不能辦刊物，但可以利用敵偽刊物為我們間接服務。關露在《女聲》期間，到底為黨收集過什麼重要情報，不得而知；但她利用副刊編輯的公開身份，卻真的發表了不少共產黨人和進步人士的作品，能舉出名字的比如董樂山、丁景唐、楊志誠、鍾恕、鮑士用、杜淑貞、陳新華、李祖良、陳嬗沈、陳琳等。同時她自己也在《女聲》發表了不少好作品，比如：長篇自傳體小說《黎明》，以及〈海的夢〉、〈關於米價〉、〈端午節〉、〈閒談菊花〉、〈一個牛郎的故事〉、〈訪問梅蘭芳先生〉等一百多篇短篇小說、散文、譯文、劇評、影評、雜文。尤其值得一提的是關露對於中國話劇的特別關注，大凡當時上海演出的話劇，如《日出》、《原野》、《清宮怨》、《大馬戲團》、《結婚進行曲》、《樑上君子》、《文天祥》、《林沖》、《風雪夜歸人》等，她都為之寫過劇評；諸如那些著名的演員，如：孫景璐、黃宗英、蔣天流、唐若青、夏霞、陸露明、劉瓊、白沉、白文等，她都為他們寫過專文。

但是，《女聲》畢竟是一份日本海軍出資主辦的刊物，所以在大多數不明就裡的愛國者眼裡，關露是一個可惡的「文化漢奸」，「卑鄙無恥地夥著侵略者掛起羊頭，賣著狗肉」！每當關露看到這樣的文字，聽到這樣的話，心裡比針扎還難受，她多麼期望這樣的惡夢快點結束啊！

然而，惡夢還遠遠沒有結束。一九四三年初的一天，主編佐藤俊子將關露找去，問道：「關小姐，第二屆『大東亞文學者代表大會』今年秋天將在東京召開，你有興趣參加嗎？」

所謂的「大東亞文學者代表大會」，不過是日本帝國主義實行文化侵略的招法之一，參加這種會議的中國代表，全是死心踏地的漢奸分子。關露對此非常清醒，所以她堅決地說：「不，我不想參加。」

佐藤主編望著關露的眼睛，意味深長地說：「你是搞文學的，應該多出去走走；即使你不是搞文學的，難道就不值得去東京跑一跑嗎？」

關露有點猶豫起來。

佐藤笑了笑說：「你可以回去找人商量一下嘛。」

第二天晚上，關露就緊急約見了潘漢年，她要趕快請示一下。在貝當路（今衡山路）的一家咖啡館裡，他們談了起來。關露將事情說了一遍。潘漢年沒有立即回答，反問道：「你覺得怎麼樣？」

關露直率地說：「我是不想去。在《女聲》工作這二年，多少人罵我是女漢奸呀！再去日本東京參加那樣的會議，國人還不把我罵死？我真受不了。」

潘漢年好半天沒吭聲，啜了一口咖啡慢慢品咂著，最後歎口氣說：「對，是我也不想去。可是關露同志，你想過沒有，這樣的一個赴日機會，對我們難道沒有一點好處嗎？」

關露說：「組織上有任務？」

潘漢年一笑說：「看你，張口就是任務。你這麼忽然找我，我還沒顧上跟組織上聯繫呢。不過，你想呀，自從抗戰開始以後，我們在日本的同志大都回國，與日本共產黨的聯繫也中斷好長時間了，如果你有機會去東京一趟，不會沒有事做的。這樣吧，你就下定決心去一趟，至於具體任務，我過幾天會通知你的。」

有了組織的同意，又有了秘密任務，關露這才定下心來，回答佐藤俊子說可以去日本參加會議。一九四三年八月，關露作為《女聲》雜誌社的代表，參加了「第二屆大東亞文學者代表大會」。在日期間，她完成了什麼樣的秘密任務？怎樣完成的？未見記載。不過在公開參加會議期間，她的言行表現是很得體的。這次會議規定，每一位與會者都要作一次廣播發言，發言題目由大會指定。分配給關露的題目是〈大東亞共榮〉。這對關露來說，真是個大難題，即便是為了抗日大局來當女漢奸，但要在國際講臺上大講侵略理論，她的心理也是絕對承受不了的，這樣的廣播講話要對全世界廣播的呀！關露思忖再三，最後堅決地對領隊說道：「請你轉告大會，我是搞文學的，現在又是婦女刊物的代表，所以講政治題目不合適。如果一定要講，我就講講婦女問題。」會議主持者總算同意了。於是，關露在大會上作了題為〈中日婦女文化之交流〉的發言。

儘管如此，當關露的廣播講話傳到中國、傳到上海時，充滿抗日激情的人們還是義憤填膺，怒不可遏，對這個「女漢奸」恨之入骨，詛咒說：「那位寫過《太平洋上的歌聲》的關露，已經永遠地死去了！」

然而，這一段經歷帶給關露的更大的傷害和災難，還在後頭，還在自己人坐了江山之後。

第十三章 春日苦短

黃金搭檔

如果將中國國民黨政府的統治比作冬天，那麼一進入西元一九四九年，它就早早地被中國共產黨的春天取代了。中共的這政治第一春，要比自然界的春天來得早，而且春意分外盎然。最主要的標誌就是南京解放和解放上海。

到一九四九年四月，國共兩黨的龍虎鬥已進入最後階段，經過遼瀋、平津和淮海三大戰役，南京政府已然危在旦夕。美國人為讓國民黨取得喘息機會，從各方面策動重開兩黨和平談判，並逼迫蔣介石下野，以桂系首領李宗仁出面與中共和談。毛澤東發表〈關於時局的聲明〉，表明中共為迅速結束戰爭，減少人民痛苦，實現真正的和平，願意在「八項條件」的基礎上與國民黨政府談判。四月五日，以邵力子、張治中、黃紹閎、彭昭賢、鍾天心五人為代表的國民黨一方，與以周恩來為首席代表的中共一方，在北平開始了面對面的和平談判。

十二日，雙方擬定了《國內和平協議草案》。

十三日至十五日，舉行正式會談。

中共代表團將《國內和平協議》（最後修正案）八款二十四條，交給國民黨政府代表團，並以四月二十日為協定的最後簽字日期。

四月二十日，國民黨中常委第一八五次會議在廣州通過了《中國國民黨對於中國共產黨所謂國內和平協議之聲明》，內稱：「二十年來，我國同胞因中國共產黨變亂而受之損害，實不下於日本入寇所予吾國家人民之損害，或且尤有過之」。並一再強調國民政府對中共的「容忍寬大」，「忍辱負重」，指責中共破壞了抗戰勝利後的和平局面，以致「我全國人民八年抗戰犧牲無數生命財產所獲勝利之戰果，中國光榮之地位，人民自由之生活，以及五十年來國父領導國民革命之成果，一一遭受無情的斲喪」。聲明指責中共所提條款，按其內容，完全失去協定和平條款的性質，真是對我中華民族全國人民與政府為殘酷之處分與宰割。堅決表示：本黨為正義計，為天下後世歷史計，決不能接受一個完全違反事實真相的責任。

至此，國共和談宣告破裂。

隨即，毛澤東、朱德發佈命令，人民解放軍發起渡江戰役，以第二野戰軍九個軍組成西突擊集團，以第三野戰軍七個軍組成中突擊集團，以另外八個軍組成東突擊集團，在西起九江東北的湖口、東至江陰長達千里的戰線上全面出擊，強渡長江，一舉摧毀國民黨苦心經營了三個半月的長江防線，於四月二十三日直搗南京城，徹底粉碎了國民黨政府企圖劃江而治的夢想。

南京解放的第四天，當百萬大軍的統帥陳毅偕同鄧小平，大踏步地進入「總統辦公室」的時侯，就強烈意識到解放上海的重擔必將落在他們身上。尤其是戰爭年代一直走在革命最前線的陳毅，更感到責任重大，從與朱德一起帶領南昌起義部隊走上井崗山到參與制定紅四軍的無產階級建軍路線，從與項英一起堅持三年游擊戰爭到抗日東進開闢大江南北好形勢，一直到今天在華北、中原進行「收京入滬」的偉大戰爭，以及即將面對的佔領大城市、開展經濟建設的新考驗，他這位傳奇式的「儒將」都特別引人注目。

其實，陳毅出任中國和亞洲最大城市上海的中共第一任市長的決定，早在三月五日就已經作出。那是在西柏坡召開的中共七屆二中全會上，由毛澤東親自主持敲定的事情。具體的人事安排如下：中共上海市委由十一名委員組成，饒漱石、陳毅、劉曉、劉長勝、曾山、劉少文、陳賡、潘漢年、宋時輪、郭化若、李士英，饒漱石任書記；上海市政府市長陳毅，副市長曾山、潘漢年、盛丕華。

對於上述高層任命，當時遠在香港的潘漢年自然一無所知，他只在四月二十五日接到上級一份急電，要求務必在三日內動身趕回北京，同時奉召的還有他的老戰友夏衍和許滌新。至於要接受什麼樣的任務，他們則不得而知。

四月二十八日，潘漢年一行四人（除夏衍、許滌新外，還有夏衍的女兒阿咪）登上一艘掛著巴拿馬國旗的「東方號」貨輪渡海北上，經過七天七夜的海上顛簸，於五月六日抵達天津港口，由從北京特地趕來的馮鉉接待，當晚在天津住了一宿。五月七日，乘火車來到北京。當天晚上，潘漢年三人顧不上洗去一路風塵，直接跑去見中央社會部領導人李克農。李克農既是他們在白區並肩戰鬥過的戰友，又是他們現在的主管領導，大家相見甚歡。據同時又是文藝家的夏衍先生後來在《懶尋舊夢錄》中回憶，當他們一進弓弦胡同十五號李克農住處，李克農即叫來攝影師要拍照留念，說：「我們這些人大難不死，居然在皇帝老爺所住的北平見面了，應該攝影留念。」並招待大家吃晚飯。席間，暢敘闊別之情，感慨革命生涯之酸甜苦辣，對飲幾杯老酒，也算「不亦樂乎」之一例。最後李克農轉告說，前幾天陳毅來電，通報上海戰役已經打響，一鼓破城指日可待，叫你們抓緊休整，很快就又要沒日沒夜的幹了。飯後，他們又歡談至深夜。當晚三人就留宿在李家。第二天，五月八日，他們被安排住進了有名的北京飯店三樓（現在的中樓）。潘漢年住三〇一號房間。此時，這是一間吉祥屋，給潘漢年帶來多少驚喜與榮耀！叫他怎麼也想不到的是，六年後也是在這個三〇一房間，他遇到的卻是一場滅頂之災。此話按下再表。

五月九日，德高望重的朱德總司令在李克農的陪同下，親自來到北京飯店看望潘漢年他們，並請他們吃了一頓西餐。朱總司令已經六十三歲，平易近人，生活儉樸，從不居功自傲，不愛出頭露面……種種美德飲譽中外，連美國四星上將史迪威將軍都欽佩地說：「我多麼渴望……到那邊去，扛起一支步槍，與朱德站在一起。」朱總司令請人吃飯，也的確難得一遇。

五月十一日晚，日理萬機的周恩來總理派人來到三〇一號房間，請潘漢年三人去位於後恩寺胡同的華北局見面。這是一次極為重要的工作會見。據對這方面資料非常熟悉的張雲先生記述，會見開始，先「由潘漢年報告了三年來在香港的工作，主要是各民主黨派在香港的活動情況，以及大批民主人士先後離港進入解放區的經過情況。聽了彙報後，周恩來對他們在香港的工作表示了充分的肯定。隨後，就對接管上海的工作，做了具體的指示，強調要在思想上有準備，準備停在黃浦江上的英美艦隊向我們開炮；準備國民黨的破壞，上海全面斷水、斷電；準備各種意料之外的困難。一面要準備最艱難的處境，一面要爭取良好的局面。並要潘漢年將這一意見告訴陳毅。接著，周恩來向他們宣佈：中央決定潘漢年任上海市常務副市長，分管政法、統戰工作；許滌新任上海市委委員，協助曾山接管財經，負責民族資產階級的統戰工作；夏衍任市委常委兼文化局長，負責文教系統的接管工作。周恩來指示潘漢年，要當好陳毅市長的助手，做好各方面的工作，使中國這座第一大城市能夠正常運轉下去。」會見之後，周恩來用他的座車親自送潘漢年三人回到北京飯店。這時，夜已經很深了。

第二天，五月十二日，晚上十時。毛澤東在香山雙清別墅接見了潘漢年、夏衍和許滌新。毛澤東自從這年三月從河北平山遷來北平後，就一直住在這號稱香山「園中園」的雙清別墅，在此指揮了渡江作戰，又忙著籌建中華人民共和國的種種大事，能專門拿出一個晚上接見潘漢年一行，委實規格不低。

潘漢年三人都是頭一次進雙清別墅，不禁為這裡的景色大大吸引。它位於香山公園內香山寺下，有兩股清泉，被金章宗稱為夢感泉，後來清代乾隆皇帝還在泉旁石崖上題刻了「雙清」二字。一九一七年，北京國民政府總理熊希齡在此修建別墅，便起名叫雙清別墅。這裡淡雅幽靜，山水樹石順其自然。清泉彙聚一池，池邊有亭，亭後有屋，屋旁有竹，竹影扶疏，因材借景，秀麗非凡。在此可以春日賞花，酷夏避暑，秋觀紅葉，寒冬踏雪，四季皆有美景賞心悅目。當然，這些美景在夜色中是看不到的，再說潘漢年他們也無心觀賞，毛澤東的接見勝過一切。

接見開始，仍由潘漢年給毛澤東彙報在香港的工作情況。毛澤東聽得津津有味，不時插話詢問。夏衍後來在《懶尋舊夢錄》中回憶說：「毛澤東情緒很好，一直面帶微笑，在潘漢年彙報時，他有幾次很有風趣的插話。使我感到意外的是，他也把漢年叫作『小開』。」聽完彙報，毛澤東指示說：總的方針中央已經給陳毅、饒漱石發了電報，重要的一點是盡可能完好地保存這個工業城市，不要叫國民黨實行焦土政策；至於具體作法，可以按恩來同志給你們的指示辦理。接見完畢，已經是第二天凌晨三時多了。三人便在香山住下，準備就近等待劉少奇的接見。但是早飯後情況有變，通知說劉少奇的接見推遲，要他們三人今晚八時先去中南海出席一個文化界和新聞界著名人士的大聚會。

五月十三日晚八時，潘漢年三人赴會中南海，頭一次踏進從前只屬於皇帝涉足的森森禁地。到會的知名人士有茅盾、薩空了、胡愈之、周揚、袁牧之、錢杏村、鄭振鐸、沙可夫等。主要議題之一是關於上海解放後的文化工作問題。在這裡，潘漢年再次見到周恩來，並被他點將發言，介紹上海的一般情況和在香港時對這一工作的設想。之後，周恩來總結說：上海是我們的半壁江山，接管工作一定要謙虛謹慎，用心學會我們原先不懂的東西；接管每一個機關之前，都要先作周密細緻的調查研究，摸清各種情況，等大局穩定下來再著手改組改造工作……。

五月十四日，中共中央的另一位高級領導人劉少奇接見潘漢年三人，中心話題自然還是上海問題。席間有問有答，圍繞著政治和經濟方面的線索展開。據夏衍在《懶尋舊夢錄》中記載，劉少奇問道：「青紅幫會不會像一九二七年那樣搗亂呢？（他顯然是指蔣介石當年搞『四一二』政變時的情況——作者）」潘漢年回答說：「我和杜月笙的兒子杜維屏有聯繫，一九四八在香港時，我和夏衍同志還去看望過杜月笙，我們離開香港之前，杜月笙曾向我們作了保證，一定安分守己。據我瞭解，黃金榮那幫人也不會鬧事。」劉少奇放心地點了點頭。接著，他對潘漢年說：「請你告訴陳毅、漱石，先不要動他們（指黃金榮等幫會頭子），觀察一個時期再說。」潘漢年心領神會。

在不到一週的時間裡，潘漢年三人受到中共四巨頭的隆重接見，破例又破格，禮遇非比尋常。當然實質是反映中共高層對接管上海的特別重視。

五月十六日，在京緊張盤桓十天的潘漢年們，根據周恩來的親自安排離京南下，直奔目的地江蘇丹陽。那裡如今駐有中共中央華東局和第三野戰軍指揮部，並集中著從全國各地調來的數以千計的幹部隊伍，成為準備最後解放並接管上海的一個大本營。

與潘漢年三人同時南下的，還有後來擔任上海市副市長的盛丕華和他的兒子盛康年、還有周而復以及化名「楊秘書」的毛澤東的長子毛岸英等十多人。路經濟南，時任山東省省長的康生在車站迎接，並設盛宴和京劇晚會款待。作短暫停留後，一行人繼續趕路，於五月二十三日到達丹陽，在車站受到以華東局情報部副部長、未來的上海市公安局長揚帆為首的一批華東局幹部的熱烈歡迎。

潘漢年和揚帆自從淮南一別，轉眼已經五年，此時再見，緊緊握手，二人都很激動，當年那段共度的不同尋常的歲月，叫他們百感交集，感慨萬千，想到很快又要並肩進入上海，在新的工作崗位上再次共事，又覺得非常高興。揚帆告訴潘漢年說：「咱們的老領導陳毅同志正盼著你們來呢！」

未來的上海市市長陳毅，那時住在丹陽城一家有錢人的別墅裡，他就在住處接見了潘漢年、夏衍和許滌新三人。據夏衍在《懶尋舊夢錄》記載，陳毅身穿黃褐色軍裝，剃著個大光頭，從內室出來，一邊用慣常的大嗓門豪爽地笑著，一邊跟三人握手，說：「等你們好幾天了！」搖著扇子又說：「好在你們都是老上海，不需要再介紹上海情況。你們從北平來，接管上海的方針政策、人事安排，你們該已經知道了，我們印了一個小冊子，主要是入城紀律和黨員守則，可以看看。中央對你們有什麼新的指示，倒想聽你們講一講。」

潘漢年隨即向陳毅彙報了毛澤東、周恩來、劉少奇等對他們所作的有關指示以及要他們給陳毅捎的話。

陳毅聽完後對三人說：我軍已經包圍了吳淞，國民黨在上海只有幾個軍的殘兵敗將，已經沒有什麼仗可打了，我們隨時可以拿下上海。我們在這裡踏步不動，主要是對接管幹部做好思想準備工作。上海是個好地方，又是一個爛泥坑，花花世界，是冒險家的樂園。鄉下人進城，會眼花繚亂的。你們得分出點時間來，分別對你們分管的幹部講講上海情況，凡是要注意、要提防的事情，你們講比我去講好，你們有感性知識。

五月二十四日，潘漢年出任上海市常務副市長的命令，由陳毅同志正式公佈於眾。那是在進駐上海前的最後一次重要會議上，參加會的人員是接管上海的各條戰線的負責人，地點在第三野戰軍指揮所裡。陳毅在重申了入城紀律和有關規定之後鄭重宣佈：接管方面的事一律聽潘副市長的指示！

就在這天晚上，潘副市長和接管隊伍一起，隨同華東局機關，乘火車從丹陽出發，於次日中午到達上海城外的南翔車站，旋即登上上海地下黨派來接應的大汽車，浩浩蕩蕩地開進了上海市區。

五月二十六日晚上，陳毅和潘漢年這對黃金搭擋，同時出現在三井花園上海市軍事管制委員會會議上，共同聽取各系統的彙報和接管方案。

五月二十七日，中國人民解放軍攻佔了蘇州河以北國民黨守敵的最後一個據點——楊樹浦發電站，至此，上海市區全部解放。上海，這顆東方明珠，終於回到了中國人民自己的懷抱。

五月二十八日，在陳毅和潘漢年的帶領下，新任命的上海市黨政軍各界領導人，來到福州路外灘的市政府大樓，舉行隆重的交接儀式。這一令人難忘的歷史畫面，夏衍先生根據時任市府秘書長周林的回憶，這樣記錄在他的《懶尋舊夢錄》裡：「這天下午，在約有八十平方米的市長辦公室內，陳毅市長坐在辦公的座位上，周圍坐著潘漢年副市長、淞滬警備區司令員宋時輪和我，以及沙千里、周而復、劉丹等；由熊中節引進趙祖康代市長，面對著陳毅市長坐下，陳毅市長既爽朗又輕快地宣佈接收舊市政府，趙祖康代市長將舊市政府的印信上交給陳毅市長。陳毅市長簡短地致詞說：趙祖康先生率領舊市政府人員懸掛白旗，向人民解放軍交出了舊市政府的關防印信，保存了文書檔案，這種行動深堪嘉許。希望今後努力配合，做好市政府的接管工作，並請趙先生在工務局擔任領導。」

當天夜晚，潘漢年難以入睡，他站在窗前，看著外面大上海的萬家燈火，不禁思緒萬千……百年以來，上海這座中國最大最重要的工商業中心城市，一直成為各帝國主義壓迫和掠奪中國人民的罪惡基地；成為蔣家王朝二十多年來殘酷統治上海人民的人間地獄。如今上海解放了，宣告了帝國主義列強侵華勢力的徹底破產，也宣告了國民黨在軍事上、政治上和經濟上的大失敗和總崩潰……而自己這半生中，又與這座城市有過怎樣的交往！一九二五年初，自己十九歲頭一次闖進上海，讀書、編刊物、寫小說、參加革命、入黨，直到一九三三年夏天因為面臨被國民黨特務機關逮捕的危險，不得不奉命撤離上海，轉移到了江西蘇區；一九三七年冬天，因為日本侵略者攻佔上海，自己第二次奉命離開上海，又轉移到香港；

一九四二年冬天，面對太平洋戰爭爆發後的新形勢，自己第三次離開上海，去了淮南根據地；一九四六年秋天，國民黨政府發動全面內戰，自己第四次從上海赴香港工作。屈指算來，從十九歲到如今的四十三歲，自己竟四次離開長期生活戰鬥的上海，然而又都再次返回，眼下這可是第四次了……自己與上海也真算有緣啊！前三次回來，是悄然而歸，那是從事地下工作；這第四次回歸上海可就大大不同了，變成了一個堂堂正正的勝利者，成了一個肩負重任的常務副市長，前面是一條嶄新的路……自己能做好新上海的一個主人公嗎？能給黨和上海人民交出一份滿意的答卷嗎？不過，令人感到欣慰的是，能給老上級陳毅當助手，能與患難之交的揚帆一起工作，這是一件多麼難得而又舒心的事！相信會配合默契，合作愉快，幹出一番新事業。

這幾天，新上海的公安局長揚帆，也一直處在興奮狀態，自從見到潘漢年以後，一想就要在他的主管下開展自己的公安工作，不禁信心倍增，而且感到非常輕鬆愉快，因為此前他還正為怎樣當好這個大城市的公安局長發愁呢，這下可好了，有潘漢年同志做主管政法工作的副市長，自己只要埋頭實幹就行了。想到黃花塘那場牢獄之災，想到那兩首〈慰揚帆於獄中〉和〈懷揚帆〉的真情詩作，揚帆對潘漢年的感激、敬佩之情就油然而生，他常常想，要是當時沒有潘漢年，哪有自己的今天？

揚帆是一九四四年九月才從那場冤獄中擺脫出來的。那時救命恩人潘漢年已經離開了淮南根據地。他因為身體很虛弱，又患著肺病，便留在新四軍軍部休養了一個多月。這年冬天，世界反法西斯戰爭形勢和中國抗戰局面都發生了重大變化。中共華中局根據中央的指示精神，成立了一個新的工作機構叫敵區工作部，任命揚帆為部長。也許是命運之神的有意補償，這期間揚帆雙喜臨門，一是在工作上，幹出了一件非比尋常的功績，一是在個人生活上，得到了一位才貌雙全的終身伴侶。

先講頭一喜。

揚帆剛就任敵工部長不久的一天，中共華中局書記饒漱石將他召去，交代說有一個名叫紀綱的人，自稱是我方的一名情報工作者，剛從日本人的南京監獄放出來，帶有特殊使命，是日軍「華中派遣軍總司令部」首腦岡村寧次派他來的，有重要資訊傳遞，叫揚帆親自接觸一下這個紀綱，弄清日本人想搞什麼名堂。

揚帆便著手辦這件事。經過與紀綱深入談話和多方面的調查瞭解，認定此人確實是我黨有關部門派在南京領導情報工作的負責幹部，其公開身份是一名中醫，開一間不大的診所作掩護。他手下有三名重要特工，已經打入日偽要害部門：一個名叫汪錦元，留日學生，任大漢奸汪精衛的貼身秘書之一，很得汪妻陳璧君的賞識，日偽秘密簽定的《日支新關係調整綱要》等不少絕密材料都是他給我黨傳遞出來的，對此周恩來大加讚賞。另一名叫陳一峰（又名陳汝周），已經做到汪偽中央通訊社採訪主任的位置。還有一個叫鄭文道。這個情報小組經常與一個日本左派記者中西功交換日偽情報。但不久這位日本記者中西功暴露了身份，被日本軍方逮捕，重刑之下，供出了紀綱、汪錦元、陳一峰和鄭文道。於是四人也一起被捕，鄭文道拒捕中壯烈犧牲，其餘三人被日本東京戰時法庭判處死刑。汪精衛夫人陳璧君不知出於何種目的，與日方一再交涉之後，改判為無期徒刑。此次岡村寧次總司令部將紀綱從獄中放出，前來華中局聯絡，顯得很不尋常。

揚帆很快就摸清了日方的目的。這與當時的世界戰局大有關連，進入一九四一年，德、意、日三個法西斯國家發動的侵略戰爭達到頂峰時期，德、意兩國佔領了西歐，德國又發動了侵蘇戰爭，日本悍然偷襲珍珠港，發動了向美國宣戰的太平洋戰爭……但很快就發現力不從心，難以將全世界一口吞掉，並且在全世界人民的抵抗反擊下，很快轉入守勢，開始走向敗亡。最早，一九四三年九月，義大利首先宣佈無條件投降；一九四四年，前蘇聯已將德軍趕出國門並把戰線推向德國本土；同年六月，英美聯軍在法國諾曼地登陸，成功地開闢了第二戰場；一九四五年五月，前蘇聯軍隊直搗德國首都柏林，德國無條件投降；美國則全面加緊對日軍的反攻，並且不斷轟炸日本本土；在中國戰場上，八路軍和新四軍自從一九四二年粉碎了日軍對我根據地的殘酷掃蕩後，已經成為中國的抗戰主力，並一九四四年初開始了局部反攻，恢復並擴大了抗日民主根據地；還有一點，此時的蘇軍已騰出手來，準備揮師東進與日本關東軍進行決戰。面對這樣的總形勢，日本侵略者當然已經感到滅頂之災即將來臨，於是就千方百計地尋求緩兵之計以便苟延殘喘。這就是戰犯岡村寧次派紀綱出行的大背景。

揚帆將日方的企圖搞清後，給華中局領導做了彙報。華中局再請示中共中央，得到批准，可以與日本人進行秘密接觸，但不與其談判具體事項。

一九四五年六月間，雙方開始進一步接觸，會面地點選在我方六合縣竹鎮附近的一個村莊。紀綱從南京領來三個日方代表，為首者名叫立花，據說是日本天皇的乾兒子，曾當過憲兵隊長，現任岡村寧次司令部參謀處二科對共工作組組長；一個叫原；一個叫梅澤。三個人都穿著中國便裝，一副畢恭畢敬的模樣。我方的首席談判代表是華中局宣傳部長彭康，還有兩位是軍保衛部長梁國斌和揚帆。會談開始，日方的態度既謙恭又迫切，甚至表示只要能與中共方面達成「局部和平」，將他們三人留作人質都可以。我方態度很明確，對所謂「局部和平」一概拒絕。日方代表看看難有進展，便提出新建議，讓我方派人赴南京與岡村寧次直接會談。

不入虎穴，焉得虎子。中共華中局經過研究，決定派人深入南京會見日軍高層官員，徹底搞清他們的意圖，以便向中共中央提供第一手敵情資料。這個任務落在了揚帆頭上。

因為這次南京之行既重要又具有一定的風險，所以華中局負責人一再叮嚀揚帆要大膽謹慎，隨機應變，行前還專門為揚帆開了一個歡送會。揚帆在會上表示說：「這次是日本人乞求於我，估計日本人不敢對我下毒手；但萬一他們翻臉不守信義，我也做好了準備，無非一死而已，請同志們放心。」

歡送會後的第二天，揚帆就慨然上路，隨行的除那三個日本談判代表外，還有紀綱夫婦。一行人渡江到鎮江，再改坐火車直奔南京。

揚帆上次來南京，已經是將近十年前的一九三五年八月，那是去南京國立戲劇學校任教，大約有兩年的時間。如今再次踏上這座十朝古都，接待他的卻是日軍「華中派遣軍總司令部」參謀處的軍官們，又是設宴款待，又是陪著瀏覽市容，這真叫揚帆感慨無限。過了一天，日軍華中派遣軍主管情報工作的副總參謀長今井武夫與揚帆會面，地點在中山路原國民黨政府鐵道部大樓。日方提出，希望在華中與新四軍達成「局部和平」，將來與他們合作共同對付美英軍隊和蔣介石，當下願意讓出八個縣城給新四軍。為了表示誠意，還說他們監獄中關著一個新四軍的政治幹部，這次可以放他出來。

經過一段時間的會談，揚帆終於徹底摸清了日本軍方的意圖，那就是怕我軍與即將在我國登陸的美軍進行合作，先行一步予以拉攏。日本人清楚，美軍將來要登陸和空降的地區一定是在黃海和東海沿岸，這裡的廣大農村一直都是我們的抗日根據地，在新四軍的絕對控制之下，只要我們不與美軍配合，他們的登陸行動就難以實施。日本人還清楚，近期以來，中共與美方的關係大有改善，前不久新四軍三師師長黃克誠和張愛萍親自接見了美軍轟炸機的五名飛行員，他們在赴日本本土執行轟炸任務返回途中失事，被我根據地軍民救出送還。這件事影響很大，使美軍駐華代表史迪威將軍等一批美軍開明軍人，認識到中共抗日根據地戰略地位的重要性及抗日軍民的良好善意，提出在裝備蔣介石軍隊的同時，也應該裝備活躍於太平洋沿岸的八路軍、新四軍。這個主張很快得到美國總統羅斯福的支持，並派以包瑞德為首的美軍觀察組親赴延安進行考察，從而與解放區軍民建立了友好關係。這無疑成了日本人的一塊心病，總想在這中間插上一槓子，來阻止這種友好關係的發展。

對此，揚帆自然心明眼亮，他堅定表示：我是奉新四軍軍長命令前來談判的代表，對你們的具體建議不能一下表態，要回去進行彙報以後再作答覆。至於那個被你們關押的人，我也無權將他帶回。關於這一點，揚帆更清楚，因為這個所謂新四軍的政治幹部，早就是投降敵人的民族敗類了。

至此，日本人並未甘心，還要做最後的努力，居然派出日本天皇的親弟弟、華中派遣軍總參謀長小林淺三親自出面，代表他們的總司令岡村寧次設西餐宴會招待揚帆，謙恭地說：「既然我們雙方都有友好的意向，具體問題可以先不去談，但希望一定要保持聯繫。」

揚帆的南京之行，不辱使命，勝利完成了任務，受到華中局領導和同志們的高度評價和贊揚。

再說第二喜。

這一年，三十四歲的揚帆結束了單身漢生活，與年輕活潑的李瓊姑娘喜結良緣。李瓊出身貧苦，少年喪父，兄弟姐妹七個由身單力薄的母親拉扯，其艱難境況可想而知。無奈之下，她投奔在舅父家裡。舅父在上海開一個綢緞莊，日子還算過得去。「七・七」事變爆發，全國掀起抗日高潮。充滿愛國之心的李瓊不顧舅父反對，跑到閘北的難民收容所為孩子們服務，因為是有點文化的初中畢業生，還當上了義務教員。她剪掉大辮子，穿上士林藍旗袍，吃著救濟糧，精力充沛地活躍在難民中間，時間長了，人們稱她為「穿士林藍的姑娘」。一九四〇年四月，二十歲的李瓊因為表現出眾，被吸收入黨，並很快調到滬西周家橋一家日商豐田紗廠做地下工作。她混雜於一千多名女工中，積極開展各項活動，為童工撐腰說話，與拿摩溫和資本家鬥爭，發展組織革命力量。一九四二年太平洋戰爭爆發後，她又奉調離開工廠，轉移到城郊農村開闢工作。一九四三年，再次調回市區曹家渡，以當小學教員為掩護，從事日華紗廠的女工工運工作，直到一九四四年八月離開上海，被調到淮北解放區新的工作崗位。

李瓊清楚地記得離開上海時的情景，那是一個炎熱的夏日上午，她被秘密交通員帶著上了火車，坐到鎮江下車，再改乘渡船到仙女廟，三天後便來到了新四軍軍部所在地黃花塘。初到陽光明媚的解放區，呼吸著自由清新的空氣，李瓊感到又輕鬆又高興。她按指示上華中局城工部報到，經過短期學習培訓之後，被分配到華中局情報部工作。部長就是大名鼎鼎的情報專家潘漢年，雖說潘部長正在延安開會沒能親自接見她，但她還是高興得像隻小鳥兒，對分配的機要員工作非常滿意。

她的本稱工作是什麼呢？每天就是把交通員從敵佔區帶回來的各種情報資料，具體說就是一些被密寫過的紙條、布條，塗上顯影藥水，叫它們完好地顯現出來，再將上面的東西照抄下來，是密碼書寫的還要先行解密翻譯出來，最後交到有關領導那裡。還有另外一項工作內容，就是把新四軍軍部的各種指令用米湯或藥水寫在紙頭上、布條上，然後夾在書本裡，或縫進鞋底裡，有的還捲成小捲嵌在挖空的肥皂中間，總之要便於交通員將它們安全帶到敵佔區，平安交到地下黨手裡。對於這一切細碎平凡的工作，李瓊卻幹得津津有味。由於表現出色，很快於一九四五年七月被調到籌建中的華中局聯絡部，除繼續從事情報機要工作外，還參與聯絡部的籌建事務。正是在這裡，她認識了未來的丈夫揚帆同志。

聯絡部成立後，設在淮陰縣城一座天主教堂裡。李瓊這天一上班，迎頭碰上一位氣宇不凡的中年漢子，不由心裡一動，一問才知道他就是新任部長揚帆同志。就在那一剎那間，揚帆給她留下了難忘的印象。從此，她的目光開始時時注視著他，心裡關心著他，自己也不知道為什麼。

新建立的聯絡部工作很忙，正值日本侵略者投降不久，每天都有大批的偽軍前來聯繫投誠的事，也有國民黨的軍政人員聯繫工作，這就得接待、談話、辦手續……忙得一塌糊塗。但精明強幹的揚帆卻應付自如，遊刃有餘，哪些投誠者是真心的，哪些是前來試探以便投機的，哪些人可以留下使用，哪些人得進行進一步考察，都能當機立斷，處置得當。

對於這一切，多心多情的李瓊全看在眼裡，她甚至將揚帆的各種生活習性包括一些缺點，也都看了個清清楚楚。有人這樣記述李瓊當時的觀察結果和深切感受：「在頻繁的工作接觸中李瓊的印象裡，揚帆是一位精明能幹的政治工作幹部，而且李瓊也知道，在新四軍裡揚帆又是一位有名的有著怪癖的才子。從表面上看，他瘦骨嶙嶙，衣冠不整，煙不離手，有時還愛喝上點酒，遇到不順眼的事，以白眼視之也是有的，頗有點像魯迅先生筆下的范愛農。然而，他又與范愛農不同。他是一位無產階級戰士，勇於實踐，所擔負的又是階級鬥爭第一線的工作;他又思維敏捷，能寫一手好字，有詩詞的功底，還具有一般文人少有的馬克思主義修養，分析問題一針見血，是李瓊深感自己不如的。」

於是，二十四歲的李瓊就愛上了大她十歲的上級領導揚帆部長。而揚帆也不是少心少情之人，他早對身邊這位年輕、熱烈、朝氣蓬勃而又埋頭實幹的下級動心了，一九四六年七月，正是由他勇敢地將他們的愛情關係公開了。秋天，部隊向山東方面行動前，他們在行軍途中的一間農家小院裡喜結連理，成為一對有名的戰地夫妻。

此後，揚帆帶著新婚妻子，在山東就任華東區社會部副部長，不久又改任渤海區黨委委員兼社會部長。黨中央遷到河北平山西柏坡時，中央社會部副部長李克農出面，調揚帆專搞情報工作。一九四八年冬，隨著解放戰爭形勢的新發展，揚帆跟著部隊先抵青州，再到淮陰，上海解放前夕奉派抵達丹陽，準備接管上海後在公安局擔任新職。

現在，身為上海市公安局長的揚帆，想到要在自己敬重的陳毅和潘漢年手下工作，一種「士為知己者死」的沖天豪情油然而生。

帝國主義和國民黨反動派曾經預言：「共產黨人只會管農村，管城市一無人材，二無效率。上海就是共產黨的墳墓，共產黨下了『海』就會淹死……」這既是一種詛咒，也是一種自認為得計的判斷，因為他們覺得，他們留給共產黨的困難太多了，那是無論如何不能逾越的，就等著看熱鬧吧。

那麼，面對這種險惡預言，陳毅、潘漢年和揚帆們究竟做出了怎樣的回答呢？黃金搭檔真的名不虛傳嗎？

出奇制勝

具體點說，國民黨上海當局給人民政府留下來的是一個什麼樣的攤子呢？有人這樣做過記載：

一萬兩千多家工廠，維持開工的只有百分之三十不到；機器製造業停工者占百分之八十以上；與民生直接相關的麵粉業，產量是原來的百分之十不到；而一直占上海工業總產值百分之七十四左右的輕紡工業，缺原料，無銷路，陷入半癱瘓狀態……

全市糧食儲備，所有大米和麵粉的總數量，只夠全市人民吃十五天。

全部儲煤只夠全市燒七天。

國民黨潛伏特務組織八個，各種特務共三萬多人。

流散在上海各處的國民黨軍政人員兩萬多人。

難民、乞丐、小偷、妓女、遊民和流氓共約六十萬人。

解放頭七天中，共發生強盜案七百三十七起，盜竊案一萬一千四百三十起，搶劫案五百三十起……

陳毅為首的上海市政府一班領導人處亂不驚，他們冷靜地分析局勢，研討對策，認定當務之急是穩定人心、恢復生產、解決全市人民的生活實際問題。為此，使出共產黨人的看家本領，以求出奇制勝。

首一招，群眾路線，陳毅率領潘漢年等市府領導直接與上海八十三萬產業工人見面。在上海工人紀念「五卅」運動的大會上，誰也沒有料到陳毅市長等「大人物」會親臨會場，出現在普通工人面前。這樣的舉動，國民黨的市府首腦想也不敢想，那得嚇死他們。陳毅登上講臺第一句話就說：「上海的工人老大哥老大姐們，我們是歸隊來了！首先，讓我代表人民解放軍和人民政府，向保護大上海的人民群眾，致以熱忱的感謝！」說完他向台下兩千多工人深深地、畢恭畢敬地鞠了一躬。他誠實地告訴工人兄弟說：「不要以為解放了，今後就是一帆風順，大吉大利，老天爺從此不鬧災荒，我們自己也從此不犯錯誤。那不可能。前途光明，但道路還會是很曲折的。還要準備勒緊腰帶，甚至要準備流血犧牲！」

通過這次群眾大會，有著光榮革命傳統的上海產業工人隊伍首先穩定下來了，他們是革命的中堅力量，對於穩定整個上海大局有著不可估量的作用。

要說出奇制勝，最典型的就是上資本家的家裡吃宴請了。

在上海市，私營企業產值占全市工業總產值的百分之七十六，較大的工商資本家及其代理人有一萬七千多人。他們數量集中，國內外經濟聯繫廣，政治影響大。解放前夕因為國民黨搜刮太甚，他們有的瀕於破產，有的抽取資金逃往國外，大多數則停產觀望。由於國民黨的反動宣傳，如今他們對共產黨心裡沒底，只怕共產黨要沒收他們的廠店資產，革他們的命。

對他們怎麼辦呢？陳毅於一九四九年六月二日發出大紅請柬，請來九十多位最有名的產業界人士，聚會在中國銀行四樓大廳，開誠佈公地交代政策。陳毅身穿褪色布軍裝，腳登線襪布鞋，開口就稱呼道：「工商界的朋友們！」「朋友」二字一出口，猶如石破天驚，叫在場的所有資本家們都不敢相信自己的耳朵了。

當時親臨現場的榮毅仁先生後來回憶說：「……陳毅市長在上海中國銀行四樓會議室召開了工商界人士座談會。會議開始前，在座的盛康年同志領我到陳毅市長和潘漢年副市長面前，介紹我認識他們。只見陳毅市長氣宇軒昂，豪爽幽默；

而漢年同志文質彬彬，一副學者模樣。會議間，陳市長和潘副市長都作了重要講話，大意是闡說了解放和建設大上海的偉大意義，宣傳解釋了共產黨的『發展生產、恢復市場、公私兼顧、勞資兩利』的工商經濟政策，要求工商界人士把惶恐、忐忑的心情安定下來，和人民政府積極配合，發展生產，恢復市場。初次見面時雖未深談，但兩位領導同志給我留下了深刻的印象。過了幾天，盛康年對我說，潘副市長希望約個機會同我碰碰面，一起談談，彼此熟悉一下。我心裡思忖：雖然聽過陳市長和潘副市長的講話，但對共產黨的經濟政策到底如何具體化，他們到底會怎樣對待工商界，還不是很放心，能有機會當面談談再好不過。特別是得知漢年同志把約見的地點安排在盛康年的岳家周府，心裡很高興，因為對我來說這樣的環境是適宜的。那天見面之後，大家海闊天空地聊了起來，既談正事，也說閒話。漢年同志閱歷豐富，才思敏捷，說起話來不緊不慢，引人入勝。我拘謹的感覺很快消失，精神上輕鬆自如起來，大家的話也就越來越多。不覺已時近黃昏，盛康年就順便請吃晚飯。席間，漢年同志像和熟人談家常一樣，隨和而又實事求是地講了國家的困難，上海的困難，鼓勵工商業界儘快消除疑慮，恢復生產，恢復經營，為建設新上海多起作用。和漢年同志的初步深入接觸、交談，使我相信共產黨決不會像謠言傳聞那樣對待工商界，也使我體會到，漢年同志以一個共產黨副市長的身份，能用促膝談心的方式，和我們這些工商界人士坐在一起，宣傳政策，傾聽意見，這在舊中國是無法想像的。從漢年同志的身上我看到了共產黨員的胸懷和品質，看到了共產黨建設新中國的抱負，我的心向黨靠近了一步。

一九四九年「八一」前夕，上海各界人民組織籌備慰勞解放軍的工作，工商界也於七月十五日組織了上海工商界慰勞總會，此事市裡是由漢年同志負責的，我和盛丕華等其他幾位同志也參與其事，……「八一」犒軍之後，我和盛康年商量，想請陳毅市長到我家吃頓便飯。盛講此事先要問潘。我就向漢年同志提出，他說，要請示陳老總自己，並答應由他自己去和陳老總說。兩天後，傳來回音，陳市長同意來，但叮囑人不要多，可以隨便一點。八月的一個夜晚，陳市長和夫人張茜同志、漢年同志和夫人董慧同志光臨我家，同來的還有幾個人，我還約了盛丕華和盛康年父子。大家便裝而來，在我家中樹蔭下乘涼，天南地北地聊著。陳市長間或問問我企業的生產情況，對黨的工商界政策的意見。我坦誠相告，聚晤氣氛始終親切融洽。」

這頓便飯已載入史冊。共產黨在上海市最大的官們去吃資本家的宴請，別說在當時有著怎樣的振聾發聵的作用，就在半個多世紀以後的今天，這神來一筆也照樣令人歎絕。前些年有一部電影叫《陳毅市長》，它最成功最精彩最叫座的一幕也就是這頓著名的便飯。這頓飯，一下拉近了共產黨與民族資產階級之間的關係，將共產黨的一整套工商政策宣傳到了對方的心裡，效果是立竿見影而又意義深遠的。擁有中新系統九個紗廠的榮毅仁先生，不僅最早帶頭發出了「明天就開工」的號召，而且帶頭認購公債，成為工商界最接近共產黨的一個領頭人物。號稱中國「味精大王」的著名化工企業大資本家吳蘊初從美國回來了。前國民黨招商局局長、企業遍及半個中國的大資本家劉鴻生從香港回來了。上海紡織業鉅子、永安紗廠創始人郭棣活，決定將解放前向國外訂購的包括瑞士製造的七千千瓦發電機、一萬綻紡紗機和成套設備、以及六千多包美國棉花等價值兩百五十多萬美元的紡織機械和原料運回上海，並情深意長地說：「我做了一個中國人應該作的事，……這是與黨對我的團結、教育和幫助分不開的，與我的好朋友、統戰工作的好領導潘漢年同志的具體指導和幫助分不開的。」

產業工人穩定下來了，工商界人士穩定下來了，很多棘手的難題就好辦了，比如特別困擾人的「勞資糾紛」問題。進入上海不到兩個月，重大的勞資糾紛就發生了兩千多起，嚴重干擾著社會穩定和經濟復甦。陳毅說：「解決這問題好比救火，不能用紙去包火，要從起火根源上去控制這火。」他的意思是說，要用新的思路和方法去對待資本家多年來剝削工人所造成的階級對立。舉一個例子，紗廠工人要求廢除過去的「抄身制」，而紗廠經理們想不通，認為不抄身就無法杜絕偷竊事件。這個基本矛盾怎辦辦？陳毅和潘漢年採取的辦法是決不強行下命令壓服，他們分別親自跑到紗廠對勞資雙方做思想工作。他們對資方說：過去把工人當奴隸，工資太少無法養家糊口，工廠賺了錢也不為工人謀福利，被逼無奈，工人不偷怎麼活？現在是新中國了，工人是國家的主人，作為資方，你們得尊重他們的人格和人權，那種侮辱人的「抄身制」就必須廢除，怎麼解決應該與工人們平等地進行協商討論，總會有辦法解決的。同時，也對工人們講道理，要他們看到眼前國家的大局，顧及一下資方的實際困難，不要不管不顧地一味緊逼，逼得資方關門停業反而對誰都不好，有什麼意見和想法，可以向資方心平氣和地提出來，進行對話，尋求最好的解決辦法。一種新生的職能機構「勞資協商委員會」，一種新型的工人與企業主的和諧關係，就是在這樣的背景下出現的。

榮毅仁的申新系統紗廠的勞資糾紛就解決得非常好。當時，榮家企業由於開工不足，銀根吃緊，經濟效益很差，有一度連工人的工資都發不出去，勞資間頓起糾紛，不少工人坐在榮家不肯甘休，局面很僵。潘漢年就親自出馬，通過「勞資協商委員會」做工作，「從公私關係、勞資關係到原料供應、成品收購，以及銀行貸款等等，做了綜合部署，終於很快使事態平息了下來，恢復了正常生產。」

當然，民族資本家和共產黨這對朋友之間的關係是很複雜很微妙的，從經濟利益、經營方式到意識形態，都存在著嚴重矛盾的一面，必須堅持團結中有鬥爭、扶持中有限制的方針。對於那些不法工商業者，新的市府領導也有出奇制勝的法寶。當年的七、八月間，上海市大米供應非常緊張，投機商趁機大搶大囤，一些工商業家也借款搶購，一時米價暴漲，一石賣到六萬五千元（舊人民幣，下同）。陳毅和潘漢年等領導人利用各種場合給他們打招呼，勸他們不要投機倒把。但這些利慾薰心的資本家就是不聽，愈演愈烈，米價居然漲到三十萬元一石。於是，陳毅們開始回擊，通過中央從東北源源不斷地調運大米進滬，平價銷售，平均每天上市一千萬斤。轉眼間米價大跌，囤積居奇者有米賣不出去，只好壓價處理，折本一半以上，損失極為慘重。從此領教了國營經濟力量的強大而不可抗拒，懂得想跟人民政府搞小動作那要大吃苦頭的。

這樣的例子還有「白銀之戰」。一九四八年，國民黨大太子蔣經國坐鎮上海，嚴令市民交兌金銀外匯，連普通女工的銀耳環也不能倖免，結果收走黃金一百多萬兩，白銀無數，美鈔還有三千萬元之多；反過來，卻把一錢不值的金元券塞給老百姓。於是造成物價飛漲，一隻大餅賣到三萬元。上海市新政府為了扭轉這一局面，入城之初便採取得力措施，以十萬元金元券兌換一元人民幣的比價大量收兌金元券。市民們如遇大赦，高興得紛紛兌換。但他們吃夠了鈔票貶值之苦，對人民幣也不敢相信，又用到手的人民幣趕緊調換銀元和糧食。一些不法工商業者趁風揚沙，哄抬銀元價格，原本一塊銀元值人民幣一百元，幾天之內便漲到一千四百元。物價飛漲，工廠難以經營，許多產業資本就很快轉化為投機資本，反過來更加劇了通貨膨脹。這樣的形勢再繼續發展下去，用不了一個月，人民幣就會被趕出上海，共產黨就真會在『海』中活活淹死。

六月五日，上海財委向市場拋出十萬銀元，欲使價格回跌，但它像滴入沙漠的一滴水，眨眼功夫就被吸收得無影無蹤，兩天後銀元繼續漲到一千八百元。

眼看著局勢難以控制，不由人心裡發慌。但陳毅市長、潘漢年副市長與他的一班人未亂方寸，當機立斷，再出奇招，於六月十日上午十時，派出兩營部隊和四百名便衣公安分五路出擊，合圍從事白銀投機交易的證券大樓，當場對在那裡從事非法白銀買賣的兩千多人進行盤查。僅在「厚生證券號」經紀人的辦公室裡就搜出操縱行情的秘密電話二十五部，夾牆裡搜出黃金幾十塊。最後，共清理出投機主犯兩百五十多名，全部收審。這場乾淨俐落的突擊戰，當天便震動上海，傳遍全國，「袁大頭」從兩千元猛跌到一千兩百元，大米跌價一成，食油跌價一成半。別提普通市民有多高興了！

統一戰線，是中共成功的三大法寶之一。身兼華東局統戰部正副部長的陳毅、潘漢年，在運用這一傳統法寶中也奇招屢出，比如對待趙祖康問題。尤其是潘漢年，由於多年來在這方面積累了豐富的實踐經驗，工作起來更是得心應手，在重新起用趙祖康一事中有著非常出色的表現。

前文已經提到，趙祖康是國民黨上海市代市長，就是他將上海市的領導權力親手移交給陳毅市長的。其實他本不是一個舊官僚，而是一位著名的工程技術專家。國民黨從上海撤退之前，原代理市長陳良執意要將時任工務局長的他推上前臺作替身。而他也早就對國民黨失去信心，所以人民解放軍一進城，他就主動令人在市府大樓豎起一面白旗，歡迎共產黨接收上海。交接事務完成後，他認為自己的使命已經結束，便請求返回交通大學執教。出乎他的意料，也出乎大多數人的意料，陳毅和潘漢年當場表示，希望他能繼續留任，在新政府中擔任工務局長要職。從此，他就在潘漢年的直接領導下進行工作，兩人的接觸日益增多，互相瞭解逐步加深。潘漢年對這位既是工程技術專家，又是行政部門領導的非黨人士，一直非常關心和尊重，工作上大膽放手，從善如流。比如，趙祖康提出應該適當安排原上海市警察局代局長陸大公的工作，因為他在解放前夕曾做過不少有益於人民的事情。潘漢年聽後馬上表示同意。留用信任了一個趙祖康，影響卻是一大片，這無疑是統戰工作中的光輝新範例。

刺殺陳毅的未遂陰謀

一九四九年十月三十日，一夥來自海上的糧商在浙江乍浦登陸，他們休整了幾天，於十一月二日進入上海。進城後，他們分散開去。為首一人名叫劉全德的，投奔在山西南路七號的朋友史曉峰家住下。

其實，這夥人不是什麼糧商，而是肩負特殊使命的國民黨派遣特務，任務只有一個，就是刺殺中共上海市長陳毅。這是一個龐大的暗殺計畫的第一部分：早在中共佔領上海之初，臺灣國民黨國防部保密局局長毛人鳳就開始策劃，選派該局直屬行動組上校組長劉全德擔綱，組成一個最精幹出色的特務暗殺小組，潛赴大陸執行特別使命，即刺殺一批中共黨政要人，而「第一打擊目標，為共軍軍事領袖陳毅」。

擔綱如此重任的劉全德自然不是尋常人物，說來好笑，此人原是中共紅軍時期的中央保衛人員，參加過共產主義青年團，有名的神槍手，一九三四年奉派去武漢執行任務時不慎失手被捕，經不住國民黨軍統特務機關的威逼利誘而最終叛變投敵，反而成為危害紅色政權的一名職業殺手。自從投靠國民黨特務組織後，歷任軍統江西站行動組副組長、軍統海外交通站站長、東南特區中校警衛隊長等要職，抗日戰爭期間在特務頭子陳恭澍、毛森的指揮下，在上海曾多次執行過暗殺任務，在軍統特務系統已有些名氣。這次被特選為首席殺手後，攜帶活動經費、電臺和暗殺小組其他成員從臺灣飛到舟山，又從舟山乘汽船到登陸點，然後潛入上海，準備大幹一場。他潛伏了幾天後，覺得一切平安，便開始了暗殺前的準備工作，首先是踩點，觀察陳毅市長的行蹤。有一天，他竟在光天化日之下，混入市政府辦公大樓，居然在陳老總的辦公室門外轉悠了一圈。他自以為得計，不免有點洋洋得意。但他高興得有點太早了，他的暗殺計畫早就被我方上海當局準確地掌握了。

預先得知劉全德的暗殺行動，這要歸功於「情報委員會」和「逆用台」。「情報委員會」是怎麼回事？什麼又叫「逆用台」？這得詳細說一下，因為它們事關重大，後來成為迫害潘楊二人的殺手鐗。

在講清「情報委員會」和「逆用台」之前，又得先交代清楚一個特殊人物胡均鶴。其實這個名字在前文書中已經出現，上一章裡還列出過他的簡歷，不過沒有全面介紹罷了。

潘漢年在宜興出生的第二年夏天，胡均鶴降生在蘇州城外一個小鎮上，二人命裡註定似的要打一輩子交道，而且下場都很悲慘。胡均鶴的父親是個老實農民，而且早早地就過世了。他是由孤苦可憐的母親一手帶大的，賴以存活的手段就是靠母親給有錢人當女傭。有個叔叔還不錯，看到胡均鶴聰明好學，便資助他上完小學。小學畢業後，十四歲的胡均鶴隻身來到上海，在一家小醬油店當學徒，還在專賣舊衣服的小店裡當過店員，總之是在社會最底層苦度著青春年華。十七歲是個轉機，他有幸認識了中國工人運動早期領導人劉華，並在劉華辦的滬西工友俱樂部參加各種活動，從而早早地接受了革命啟蒙。一九二五年「五卅」運動爆發後，胡均鶴自然而然地成了積極分子，在「罷工、罷市、罷課」的三罷運動中表現不俗。就在這一年，經瞿秋白之弟瞿景白和李強兩人介紹，胡均鶴加入了中國共產黨，時年僅十九歲。入黨以後，胡均鶴成了一個職業革命家，加之有點文化，人又聰明，所以進步很快，二十一歲就成了共青團中央的組織部長，第二年以少共國際支部代表的身份，赴莫斯科參加了少共國際代表大會，見到了偉人史達林，感到非常榮耀。回國以後，先在江西中央蘇區工作了一陣子，隨即來到白區上海，與當時在中央特科工作的潘漢年接上關係，不久就秘密擔任了團中央書記。就在他官運亨通之際，桃花運也大開，將自己主辦的團中央訓練班中最漂亮的姑娘趙尚芸娶為妻子。這個趙尚芸的哥哥，就是後來名震中外的抗日英雄趙尚志。

人生多變，命運無常。一九三二年秋天，一向順遂的胡均鶴突然惡運降臨，被國民黨上海當局逮捕入獄。據國民黨中統特務頭子陳蔚如在他的《我的特務生涯》一書中透露，是他們中統上海區破獲了共青團中央機關，抓到了負責人胡大海、陳慶齋、胡均鶴、姜子雲、袁炳輝等人，還繳獲了一只保險箱。

命運陡轉，胡均鶴面臨著嚴峻考驗。開初，胡均鶴經受住了各種酷刑，也想以自殺方式了斷生命以保守機密，被劃入「共黨死硬派」一列。但當敵人改用「攻心」的軟辦法以後，胡均鶴卻失身落水了。據說具體過程是這樣的：一天中午，中統上海區區長史濟美走進胡均鶴的牢房，出示了幾本共產黨的刊物說，你坐在牢裡還要為共產主義信仰拼死奮鬥，可你看看你們的刊物，早就把你視為叛徒而開除黨籍了。胡均鶴接過來一看，果然白字黑字赫然入目，他的頭嗡地一下就變大了，頓時心亂如麻。此時，史濟美又開口了，胡先生，你太太馬上就要給你生兒子了，你總不至於想叫孩子生下來就沒有父親吧！……胡均鶴沉思良久，終於低頭變節。

叛變之後的胡均鶴先後擔任國民黨中統南京區的副區長兼情報股長、國民黨平綏鐵路特別黨部特務室主任等職。由於他對上海地下黨的情況瞭若指掌，所以破壞性極大。中共黨組織下決心要清理門戶，嚴懲叛徒特務，於一九三三年七月的一個夜晚，將史濟美和幾個叛徒一舉暗殺。胡均鶴僥倖脫逃，但聞風喪膽，連忙帶著妻子和兒子轉移到北平活動。抗日戰爭爆發後，胡均鶴受命南下，被委任為國民黨中統蘇滬區副區長兼情報股長，與區長徐兆麟搭班。不久上海即淪為「孤島」，而胡均鶴則奉命在「孤島」長期工作，全家在跑馬場附近租了一套公寓住了下來。

正如前文書中交代，「孤島」時期的上海非常複雜，是一個國際情報活動中心，國民黨特務、日本特務、蘇聯特務、英美特務、汪偽特務，以及以潘漢年為首腦人物的中共特工人員，都在上海灘大肆活動，鬥智鬥勇。這其中，以李士群和丁默村為首的汪偽特務組織「七十六號」，因有佔領者日本帝國主義做後臺，所以一時勢力很大，他們首先將國民黨中統蘇滬區另一名副區長蘇成德拉下水，又通過蘇成德做工作，將胡均鶴也拉下水。胡均鶴再次落水後，先後被汪偽政權任命為特工總部南京區副區長兼情報科長，後又調回上海擔任特工總部第二處處長，專門對付國民黨中統和中共地下黨，同時還兼任由李士群任社長的「海社」的書記，從事破壞學生運動的勾當。

但是，胡均鶴又是一個內心世界十分複雜的人，他一邊為汪偽政權賣力效命，一邊又暗中為國民黨中統服務，另外為給自己留後路，還想為中共地下黨也做貢獻。正巧此時潘漢年奉延安中共中央之命要策反李士群，胡均鶴便積極向潘漢年靠攏，一時成為潘、李之間的連絡人。這一段往事在本書前兩章中已詳細交代過。現在需要補充的只有一個「鎮江事件」。

所謂「鎮江事件」，那是解放後迫害潘漢年時的一個說法，一條「罪狀」，實際上在事發的一九四二年十一月，不過是由胡均鶴安排一批中共高幹安全通過敵偽封鎖線的往事。一九四二年七月，中共中央指示上海地下黨領導機關撤退到新四軍地區。劉長勝等第一批撤離的黨政要人在瓜州遇險，被日偽軍扣押，差一點釀成大禍。這一條交通線從此不能再使用了。那麼，劉曉、王堯山等其他高級領導人怎麼撤退呢？肯定得另行安排。時任中共江蘇省委書記的劉曉對潘漢年說，能不能通過李士群、胡均鶴的關係，開闢一條新的更為安全便捷的交通線呢？於是，潘漢年通過胡均鶴與李士群見面，說他自己要帶幾個助手上新四軍根據地跑一趟，希望能提供幫助。此時的李士群急於給自己留後路，便滿口答應可以辦到，並當即拍板定案，要胡均鶴親自安排護送。

胡均鶴很樂意效勞，回到家裡就對妻子趙尚芸說出這件事。趙尚芸自然也想讓丈夫辦好這件事，在中共方面多儲存些功勞，但又擔心風險太大，一再問丈夫：「老胡，你有多大把握呀？」胡均鶴胸有成竹：「鎮江站的劉毅是我的好朋友，叫他親自護送潘老闆他們萬無一失。」

相反，倒是被護送的人們很不放心，他們認為胡均鶴是中央通報過的大叛徒，叫他安排撤離路線不是自投羅網嗎？潘漢年已經吃透了情況，所以就勸大家說：「胡均鶴、劉毅雖然都是我黨的叛徒，但他們都是被國民黨抓去後嚴刑拷打下自首變節的，對國民黨不會有好感，現在又落水當了漢奸，明知已經沒有前途，因而想為我們效力，爭取以後得到寬大處理。」大家這才略微放心。

關於這次秘密撤退，王堯山的夫人趙先後來以當事人的身份，做過詳盡的記述，有必要轉載於下，因為只有知道了這一切事實真相，才會認定強加在潘漢年、胡均鶴等人身上的所謂「鎮江事件」的罪名，完全是無端陷害。

趙先女士寫道：「……約十一月初，劉曉通知王堯山和我，晚飯後到南京路四川路一家旅館集中。我們如約來到旅館後，劉曉已開了兩個房間，不多一會，張本也拎了只皮箱來了。次日黎明，我們四人分乘兩輛三輪車到廣東路一家商號，店堂裡不見有什麼貨物，像是做轉手生意，上海人稱之為「申莊」的地方。天未大亮，電燈還亮著，由兩個商人模樣的人招待我們，說「小開」（指潘漢年）就要來的。不一會，潘從店堂後面出來，似乎住在商號裡過夜的，穿一身時髦而合身的西裝，外加秋季大衣，派頭很大，儼然是個洋派經理的樣子。……談話間，已經有人叫來了兩輛計程車，直駛北火車站，大家的行李都交給送行的商人代辦托運手續。另一個穿長衫的商人模樣的人，把我們引進餐室。早餐後，乘上二等車箱去鎮江。

「車到鎮江時，有穿西裝和長衫的兩個人到車站接我們。

「第三天一早，我們乘上一隻去儀徵的機帆船，船上各色人等都有，也有幾個年輕的偽軍。從這些偽軍的和氣態度來猜想，他們是當時鎮江特工站負責人派來的。下午，到了儀徵縣城，住在一個很簡陋的客棧裡。儀徵在敵偽時期是很蕭條的，街上行人稀少。次日天濛濛亮，這個特工人員改穿了中裝短衫，帶來幾個青年挑夫，到客棧挑著行李，陪同我們離開客棧。到城門口，只見城門還緊閉著，特工人員和守門的偽軍交涉後，開了城門讓我們一行十幾人（連幾個挑夫在內）出城。剛走出幾步，城牆上的偽軍就大聲喊叫「站住」！大家停下來，轉身抬頭看城牆上的偽軍。潘對偽軍大聲喊道：「和你們上邊講過了，還不知道嗎？混蛋！」經這一訓，偽軍只好放下端著的步槍，不響了。潘的這一喊話，確使人相信他的神通廣大。大家繼續在泥土公路上前進，走了十幾華里，向著一條小岔路上走，走不多遠，迎面一排小山崗，兩個小男孩探出頭來叫「站住，不准動！」我們都一齊停步，服從命令，只派一個人上去講話。看著這兩個威嚴而又認真得可笑的孩子，大家都會心地微笑。潘上去對小孩說：你們羅炳輝師長的客人到了。於是他們同意我們爬上小山崗，另外兩個孩子奔向村莊報信去了。我們走向一眼就能看清的第一個村莊，休息以後，由鄉長招待吃了午飯。飯後特工人員帶著挑夫匆匆忙轉回去了。

「我們一行由鄉長和兩個農民挑著行李去找區公所。路上劉曉一直在和鄉長談話，我們緊跟著走。走著走著，我發現潘掉隊了，在後面步履艱難的樣子，我停下來等他，他說：「真糟！皮鞋把腳磨出了血泡。」於是我陪著他慢慢地走，凡是有岔道的地方，堯山在等著，指引方向。到一個小鎮，找到了區公所，已是夕陽西下了。區公所鐵將軍把門，吃了個閉門羹。鄉長把我們帶到一處小飯鋪裡，要我們第二天再去找區公所。他就帶著兩個農民告辭了。

「小飯鋪的主人給我們做了晚餐。飯後，主人夫婦把兩張方桌向土灶一邊靠攏，空出一塊地方，弄來些稻草，鋪在地上。我把這地鋪分成兩塊，大些的給、劉、王睡，我和張本合睡一塊小的。在昏暗的菜油燈光下，一隻狗在方桌下監視著我們……。晚上天氣突然變冷，我只穿一件單旗袍，一條短褲，冷得受不了，只得坐在被窩裡不起來。潘笑著對我說：「冷，是嗎？」我不作聲，心裡在嘀咕，不是說一到邊區就可換上軍裝的嗎？現在進入邊區已經有幾十里了，卻連一個穿軍裝的新四軍戰士還沒遇到，他從手提皮箱裡拿出條薄呢西裝褲說：「穿這褲子吧！」我還扭扭捏捏地不肯穿。大家說：「穿吧，穿吧，在這鄉下興許人們還以為這是城裡人的時興打扮哩！」我無可奈何地穿了，褲腳太長，潘還彎腰幫著把褲腳卷些起來。這時，他真像是大哥一樣。

我們在新四軍二師淮南駐地步行了三天，吃飯是有一頓沒一頓的。有天夜裡說是有敵情，一連換了兩處房子，沒睡好，但誰也不覺得苦。我們先找到當時的儀徵縣委書記李代耕，他把我們送到淮南區黨委，找到了區委書記劉順元，然後到上海撤退幹部集中的顧家圩子。省委負責同志劉長勝、張登（即沙文漢）、劉寧一和許多同志都跑來歡迎我們，祝賀我們撤退的勝利，熱烈情景頗為激動人心。這是一九四二年十一月六日。為什麼我記得這樣清楚呢？因為第二天是十月革命節，顧家圩子開了慶祝會，主持會議的是大王同志（學生方面的），開頭用俄語叫了聲同志們，然後慶祝斯大林格勒反攻的勝利……」

公正地說，在這次上海領導幹部大撤退中，胡均鶴功不可沒。抗戰勝利後，胡均鶴被國民黨當局以漢奸罪判處十年徒刑，於一九四九年初國民黨逃離大陸前夕提前出獄，回到蘇州老家居住。面對即將解放的大好革命形勢，回想自己既是叛徒又是漢奸的可恥經歷，胡均鶴不勝愧悔之至！同時內心深處又閃動著再為共產黨效命以求贖罪的希望火花，於是一下就想到了潘漢年，決定找他試一試。可巧這時他又遇到老朋友劉毅，也是賦閒在家，難耐寂寞，一對難兄難弟一拍即合，商定由劉毅出馬赴香港尋找潘漢年求助。劉毅在香港很快見到了潘漢年，說明來意。潘漢年考慮一番，要他和胡均鶴到丹陽找饒漱石和揚帆請示。劉毅走後，潘漢年又將這一情況通過內部管道提前通知了饒漱石和揚帆，希望華東局領導班子能認真研究一下這個問題。潘漢年辦事一向謹慎小心，他覺得能否起用胡均鶴這樣的人事關重大，遂又兩次給延安的中共中央社會部發出請示報告。

一九四九年四月，就在中國人民解放軍橫渡長江之際，胡均鶴鼓足勇氣來到丹陽城，尋找饒漱石和揚帆。說起來，胡均鶴與饒漱石並非不相識，他們早在二、三十年代就在一起共過事，有過一些交往。

對於和胡均鶴會面，饒漱石頗動過一番腦子，自己現在身為華東局第一把手，怎麼能隨便去見胡均鶴這麼一個危險人物？弄不好是要受連累的！但是既然中共中央社會部已經知道這事，且局黨委也已做過研究，不見也不合適，再說見一見還能落個「不忘故人」的好印象。然而怎樣見呢？也得好好安排一下才是，於是他讓揚帆先去會見胡均鶴，他自己則假裝路經此處，碰巧見上了胡均鶴。不管怎麼說，中共中央華東局總算有了個統一意見，同意接受胡均鶴這一類投誠人員，充分利用他們掌握的敵情資訊，為新生的紅色政權服務。為了便於管理，專門成立了一個機構，這就是「情報委員會」，隸屬於上海市公安局，主任即由胡均鶴擔任。後來的事實證明，這個「情報委員會」的成立非常有用，所有成員積極提供各種敵情線索，配合公安部門打擊國民黨潛伏特務和其他反革命分子，對穩定解放初期上海的局勢，對上海的鎮反、肅反運動都起到了不可替代的作用。據統計，胡均鶴與情報委員會的其他成員前後共提供敵情線索一千多條，捕獲潛伏特務四百多名，繳獲潛伏電臺八十多部。著名的中統潛伏特務蘇麟國，就是胡均鶴送給人民的第一份見面禮。

說到國民黨特務的潛伏電臺，就引出了「逆用台」問題。在所有繳獲的敵臺中，有十部是最重要的，那就是國民黨保密局長毛人鳳和電訊處長楊振裔親自掌握的潛伏台。潘漢年何等敏銳，他馬上想到，這些電臺對敵人既然如此重要，那麼反過來為我所用，其作用不是也要大得多嗎？經請示上海市委並轉呈中共中央情報部批准，決定逆用其中兩部電臺，保留國民黨的番號、呼號、人員、密碼，甚至發報手法等，以達到接收敵方情報為我所有的目的，同時也可以將經過我方處理的一些假情報發送給敵方，擾亂他們的陣線。這就是所謂的「逆用台」。應該說它們作用特殊，無可挑剔。事實上也發揮了難以想像的作用，預知刺殺陳毅計畫就是利用「逆用台」的傑出一例。

現在再回到捕獲殺手劉全德的話題。雖說利用「逆用台」已基本掌握了劉全德的暗殺計畫，但要具體實施抓捕行動還是要大費周章。這就還要歸功於「情報委員會」，因為它的成員高激雲發現了劉全德的行蹤，這是十一月九日的事。潘漢年和揚帆親自分析案情，佈置偵察，叫高激雲去史曉峰家深知虛實。高激雲與劉全德是多年的好朋友，彼此一直十分信任。高激雲來到史曉峰家，果然發現劉全德藏匿在此，少事周旋後，高激雲抽空將情報傳了出來。坐鎮指揮的揚帆當即調兵遣將，把史曉峰家團團圍定，來了個甕中捉鱉，將劉全德生擒活拿，立即押送北京。

至此，國民黨特務機關策劃已久的暗殺陳毅及其他黨政領導人的罪惡陰謀徹底破產。

黑色大轟炸

經過進城半年多來的艱苦努力，上海這個被殘害得千瘡百孔的爛攤子得到了初步整治，工業生產日趨正常，市場物價穩定，財經情況明顯好轉，尤其是上海人民對共產黨的信任與日俱增。對此，陳毅、潘漢年、揚帆們深感欣慰。

但是，有人不高興，這就是退居臺灣的國民黨反動派及其後臺老闆美帝國主義，上海居然沒有將共產黨「淹」死，反而搞得轟轟烈烈，日見起色，既令人難以置信，又叫人難以容忍，氣極敗壞之下，只好不擇手段地加以破壞。一九五〇年二月六日，就在上海人民歡度新春佳節之際，他們派出美製飛機十七架，分四批在午間十二時二十五分至十三時五十三分，輪番轟炸了上海電力公司、法電、滬南及閘北水電公司等處，共投下重磅炸彈七十多枚。一剎時，千百間民房廠房煙火沖天，五百多名無辜平民當場死難，當時供應著上海百分之八十電力的楊樹浦發電廠遭到毀滅性打擊，機器炸壞，工人死傷慘重，造成全市性停電。這就是有名的「二六」轟炸，一場罪惡的黑色大轟炸。

事發時，市長陳毅正在參加上海工人首屆代表大會，他立刻宣佈休會，急忙趕回市政府自己的辦公室，指示全市各單位的領導必須趕赴工作崗位待命。副市長潘漢年那時正在江寧路南京西路口參加一個公務約會，聞訊火速趕到陳毅同志的辦公室，共同研究應急之策，同時與揚帆聯繫，叫揚帆立即部署公安幹警全體出動，維護社會治安。

緊急會議在市政府會議大廳召開。陳毅和潘漢年等領導一邊聽取有關情況的彙報，一邊指示衛生局通知各公立醫院準備汽燈，全夜值班，搶救傷患；公用局調度電力，儘量使路燈、自來水、下水道和公安局等處的供電迅速恢復；民政局通知各區對被轟炸地帶，迅速妥善進行安置工作；市軍管會緊急通知各機關及全體人員動員起來佈置防空，組建消防小組。同時，將上海發生的這一切情況報告黨中央，報告中最有力的一句話就是：「……我們正集中力量應付目前上海空前的困難！」當時，毛主席和周總理都遠在莫斯科，他們密切關注著上海所發生的一切。

第二天天剛放亮，潘漢年陪同陳毅冒著刺耳的空襲警報和陣陣寒氣，乘敞篷吉普車來到楊樹浦發電廠。轟炸現場一片狼藉，到處是瓦礫、斷裂的鋼管、扭曲的鋼樑和熏人的煙火味。他們慰問了現場的工人師傅以後，即同技術人員一起沿著炸歪的扶梯攀爬到數丈高的鍋爐頂，親自察看輸送帶的破壞程度，以便準確估算出恢復發電的時間。陳毅以他那慣常的樂觀口吻問道：「爭取四十八小時恢復部分發電行不行？」現場的工人和技術人員早被市政府領導們的言行所感動，大家拍著胸脯保證說：「他們有本事炸，我們就有本事修！」

作為陳毅市長得力助手的常務副市長潘漢年，在這種特殊時刻就更辛苦得多了，連日來，他按照陳毅市長的統一部署，又親自到嵩山區、盧家灣區、吳淞鎮等被炸地區進和視察，慰問居民，慰問傷患，聽取意見，就地解決各種具體問題。比如，大轟炸後，上海市場物價又出現很大波動，市民紛紛搶購大米和煤球，儘管人民政府已經從外地調運大量物資上市，滿足供應，平抑物價，但搶購之風還是難以控制，尤其是大米，私營糧食代銷店門前依然排滿爭購的長龍。潘漢年與工商部門一碰頭，當機立斷，迅即開設一批國營零售糧店，把大米按規定牌價直接售在市民手中。於是兩天之後大見成效，全市新開的五十多家國營糧店敞開供應大米，排長龍的現象立即消失不見。

作為分管公安工作的副市長，潘漢年另一個最急迫的問題，就是要儘快查出暗藏的敵特分子，因為這次大轟炸來得如此突然，轟炸目標又如此準確，沒有敵特通風報信是絕對不可能的。他和公安局長揚帆分析認定，雖然前一段已經破獲了不少敵特潛伏電臺，但肯定還有漏網之魚，再有新近派遣的敵特組織也是可能的。為此，必須加大工作力度，斬斷臺灣當局伸向上海的黑手。

經過緊張細緻的工作，很快有了突破，時任市公安局技研組長的厲培明同志，提供出一條非常有用的線索，說在一九四九年八月間，臺灣國民黨保密局曾派出一個「獨立台」，經舟山潛入上海，台長兼情報員名叫羅炳乾，至今尚未能加以偵破。厲培明原在舊政府任過職，但在上海解放前夕主動與我地下黨聯繫起義，解放後被留用以來，工作積極肯幹，在對敵鬥爭中屢立功勞。他的線索應該得到充分關注。於是，在潘漢年和揚帆的親自指揮下，搜捕羅炳乾的戰鬥打響了。

派遣特務羅炳乾是個訓練有素的電訊專家，他於一九四九年八月受國民黨特務機關的指派，以「獨立台」台長兼情報員的身份，從臺灣經舟山潛入上海，任務是調查上海重要工廠的生產情況，為蔣介石的臺灣空軍提供轟炸目標和轟炸結果。他來到上海後，蟄伏了很長一段，大致摸清了周圍的環境以後，便有步驟地展開了活動，先為自己找了一位上海姑娘做妻子，建立起一個普普通通的家庭；再借用妻子娘家的名義，在福佑路開起一家瓷器店做掩護；自認一切都安排妥當之後，便開始了一系列的特務活動。經過短短幾個月時間，他居然搞到了江南造船廠、英聯船廠、上海電力公司、閘北水電公司等許多重要生產部門的有關情報，並通過自己的「獨立台」一一發送給臺灣當局。「六一二」黑色大轟炸正是他特務活動的直接犯罪結果。

潘漢年和揚帆充分調動「情報委員會」成員的積極性，發動他們大膽提供各種線索，立功者受獎。經過艱苦細緻的工作，羅炳乾其人終於浮出水面，有人證明他確實受過電子技術訓練，有人能勾劃出他的外貌特徵，有人甚至最近在上海看見過他，並能大致指出他的居住方位。

抓捕羅炳乾的行動開始了，精挑細選出來的行動隊員們，以迅雷不及掩耳之勢包圍了羅炳乾的福佑路據點。當時，羅炳乾一無所知，還正鑽在閣樓上戴著耳機發報呢，被逮了個正著。這個雙手沾滿上海人民鮮血的潛伏特務，很快就被判處死刑公開槍決了。

唯一的歸隊者

在潘漢年、揚帆和關露這三個二十世紀三十年代的著名詩人中，關露是後來又回歸到文藝隊伍中的唯一一個人，其餘二位則至死也沒能重返文壇。

然而，關露的歸隊卻充滿著一種令人心酸的無奈。

這要從一九四五年八月起。八月十四日，日本天皇宣佈無條件投降。九月二日，日本政府代表於東京灣美艦密蘇里號上簽署投降書。九月九日，南京舉行「中國戰區」日軍投降儀式，岡村寧次代表日軍簽署投降書。九月中旬，國民黨第三方面軍開進上海接防，總部設在百老匯大樓。首批抵達上海的國民黨大員有：上海市長錢大鈞、警備司令湯恩伯等。有意思的是，與他們同機抵達的還有共產黨員李劍華，當然他的公開身份是國民黨社會部勞工處處長。

李劍華離開重慶前，細心的周恩來曾特別關照他說：你要轉告關露同志，叫她一定注意安全，國民黨可能會以「漢奸」的罪名陷害她，讓她最好離開上海，轉移到新四軍去。

作為關露的妹夫，李劍華對姐姐的安危自然也十分在心，在錢大鈞主持的一次會議上，他果然獲悉即將懲辦的漢奸名單上列有關露的名字。他不敢怠慢，當天晚上便將這一消息轉告地下黨，請組織上立刻安排營救事宜。

一向單純如孩童的關露，此時還完全沉浸在慶祝抗戰勝利的喜悅中，根本沒去想什麼新的苦難和考驗。直到夏衍同志代表黨組織將這一消息告訴她時，她才感到事情的嚴重性，連忙做起下鄉的準備。據曾參與其事的梅益先生後來回憶說：「一九四五年八月，日帝投降，我從新四軍地區回到上海。不久，夏衍同志也從重慶到上海來。有一天我們約定見面，他說關露同志（當時還提到別的幾個同志）處境險惡，國民黨到處抓她。他讓我趕快設法把她送到江北解放區去。這時，我才明白，關露同志原來是接受黨組織的指示，打進敵人營壘的。過了兩三天，一位叫戴善的交通員護送她過了江。不久，我們接到軍部來電說，她已安抵淮安。」

還有一位關露的老同學、老朋友鍾潛九回憶此事說：「我於一九四五年九月隨國民黨第三方面軍總部到達上海，負責接收日軍軍品工作。有一天，關露突然來找我，我大為驚奇。原來她是通過孫師毅（三十年代著名的戲劇工作者）的妻子藍蘭才知道我已到上海的。她向我透露，她在抗日戰爭時期之所以待在上海是受黨的派遣的，於是我恍然大悟，原來她和我一樣，也負有黨的秘密使命的。大約不到一個月，我得到消息，國民黨要抓漢奸，就趕緊通知關露想辦法離開上海。她當時住在一幢五層樓屋頂上的一間只能容一張床、一張書桌和衣櫃的小屋子裡。她對我說，組織上已經知道這個消息，要安排她到蘇北去。她說，她走後，所有的書籍都交給我代為保存。胡繡鳳來了，所有的其他東西和衣物都交給她。最後她又說，她馬上要搬到鄉下去住。我要她告訴我她在鄉下的詳細地址和離滬的準確時間，以便我去送她。她告訴我那裡靠近江邊，從那兒過江就可以找到新四軍了。又說，如送她，要晚上來，以免被人發現。第二天晚上，我按她所說的地址，找到了她。她穿上了農婦的衣服，完全變成了另一個人。我相信她這樣就可以渡江找到新四軍的。」

關於關露的離開上海，還有另外一種說法。有人這樣記述道：「……組織上派夏衍同志負責安排關露的撤退，於是她先被帶到浦東鄉下隱蔽了一段日子，不久正巧有一名美國軍官要去蘇北新四軍根據地，夏衍便親自安排交通員小高將關露護送到蘇北。」具體過程是一種小說筆法的描寫：「一九四五年十月十五日清晨，晨光曦微，上海還未從沉睡中醒來，大街小巷瀰漫著一陣淡淡的神秘的薄霧，偶爾才見幾個早起的行人在濕漉漉的街道上匆匆地走過。靜安寺百樂門舞廳，閃爍了一夜的霓虹燈才剛剛關熄。一個年輕的女子悄悄地出現在舞廳門口，她身上穿著一件藍色薄絨旗袍，外面罩了一件白色的細絨毛衣，顯得十分精神，腳上著一雙軟底坡跟鞋，手上提只小皮箱，一副出遠門的模樣。她鎮定地站在臺階上，四處張望了一下，然後習慣地看了一下手錶。五點敲過，一輛美製軍用吉普車疾駛而來，嘎然而止，車上跳下來兩個高鼻子藍眼睛的美國人，跟著他們下來的是一個穿著美軍制服的中國人，他一見那女子，輕輕喚了一聲『關小姐』，說罷快步上前，接過她手中的皮箱把它放在車後。那關小姐用流利的英文和美國人打了個招呼，然後坐上吉普車，那車子便向上海西郊疾駛而去。她就是關露，這時由夏衍親自安排、交通員小高護送到蘇北新四軍根據地去。」

以上兩種說法，哪一種準確呢？如今也不好搞清，但關露由上海轉移去了新四軍地區，這一點卻是毫無疑問的。

關露這年還不到四十歲。她是心裡唱著「解放區的天是明朗的天……」這首歌踏入新四軍根據地的，但迎接她的是什麼呢？

關露投奔解放區，一路坐車乘船來到白鶴港。這裡是新四軍浙東縱隊的駐地。司令員是何克希。文教處處長是樓適夷，副處長是黃源。樓、黃二人都來自上海文藝界，與關露是早就認識的。這叫關露像看見親人一樣高興。還有一件事也叫關露十分高興，在從白鶴港赴清江的途中，又意外地遇到了老朋友袁殊、李清風和袁殊的交通員黃薇等人，原來都是奉命從上海轉移出來的，大家在解放區相見，感慨萬千，整整說了一夜的知心話。船到清江，在碼頭迎接他們的不是別人，是新四軍的聯絡部長揚帆。大家又是一番欣喜熱鬧。關露就在這裡正式參加了新四軍。

意想不到的是，不等關露投入親人懷抱的喜悅散盡，一瓢冷水便兜頭澆下來：有人揪住她的「漢奸」問題大作文章，竟通過組織對她實行隔離審查。關露怎麼能接受這樣的現實？自己打入敵人營壘開展工作，分明是黨組織的指派，難道這裡的黨組織不知道嗎？國民黨政府要將我當漢奸來抓，是黨組織大力營救，精心安排，才得以來到解放區，難道自己人也要將我視為漢奸嗎？……她頓時陷入極度的迷惘和氣憤之中而不能自拔，兩天兩夜不吃不睡，患了嚴重的精神分裂症。

消息傳出，遠在香港的潘漢年拍案大怒：這簡直是瞎胡鬧！他親自趕到新四軍總部找陳毅同志商量。陳毅同志聽了也覺得太不像話，當即表態說：關露絕對沒有什麼「漢奸」問題，必須立即予以釋放。於是，華中局組織部長曾山特派幹部科長尹阿根趕赴清江處理這件事，並護送關露回軍區衛生部住院治病。

這裡應該提到的是，關露在新四軍根據地不僅遭到政治上的沉重打擊，在愛情生活上也遇到了難以承受的挫折。關於這一節，我們將在後文書中詳細記述。

一九四六年春天，經過一段治療和休養，關露的身體基本上得到恢復。怎麼安排她的工作呢？組織上經過認真研究，決定叫她重返文藝戰線，去蘇北建設大學文學系任教，教她熟悉的文藝理論課。

蘇北建設大學的校長是李亞農，副校長是夏征農。關露上班不久，就遇到國民黨湯恩伯部進犯蘇北解放區，她只好隨學校遷移到清江鄉下。八月，內戰全面爆發。建設大學又在戰火紛飛中搬遷到山東，先在魯西南住了幾個月，冬天裡又再次搬遷到膠東，在此住了半年之久。一九四七年中秋節前夕，建設大學最後落腳在大連市。

關露到大連後，工作有些變動，先調入蘇聯新聞局任翻譯工作，很快又調入《關東日報》文藝副刊當編輯，後來還在關東區黨委財經委員會編譯室當過一段主任。

儘管工作有變動，但關露被重新喚起的創作熱情和決心卻再也雷打不動了。她深入到大連勸業工廠的流浪兒學校，深入到金縣紡織廠的工人之中，認真地進行採訪，細心地體驗生活，完全進入了文學創作的良好狀態。這時，一個流浪兒闖進了她的視野，與她結下了不解之緣。她將他送入流浪兒學校進行培養，並跟蹤採訪他，瞭解他，關愛他。這個流浪兒後來成了一個光榮的勞動模範，也成了關露中篇小說《蘋果園》中主人公的一個原型人物。

《蘋果園》是關露重返文壇後的第一部文學作品。小說以女性作家特有的細膩委婉、生動流暢的筆法，真實細緻地描寫了流浪兒王貴德為生活所迫，學會了撒謊、偷竊，被人民政府收容後，在艱難的思想改造中歷經種種痛苦考驗，最終成長為一個有用人材。圍繞這條主線，作者成功地刻劃了一群具有時代特色和個性特點的流浪兒形象，豐富了現代文學史的人物畫廊。特別應該稱道的是，作家非常善於捕捉兒童的心理特徵，展現兒童的內心世界，將自然景物的描繪和人物心理活動的刻畫融合得恰到好處，表現了作家深厚的文學造詣和語言技巧。是一部相當成功的兒童文學作品。

中華人民共和國成立前夕的北京，已經充滿著陽光和歡樂。一九四九年三月，當關露從大連來到北京，立刻被那裡的熱烈氣氛所感染。她跑去找當年派他打入敵人營壘的領導者之一廖承志，請求他介紹自己正式回歸到文學主流圈子裡來。廖承志一口答應，當下就給周揚修書一封。周揚對關露自然早就瞭解，便將她調入華北大學三部任文學創作組組長。三部的主任是張光年和艾青。這裡還聚集著賀敬之、臧克家、黃碧野、魯煤等一批頗有名氣的詩人和作家。

一九四九年秋天，華北大學解散。關露被調到鐵道部總工會文學創作組工作。組長是散文家楊朔。另一名創作員是黃碧野。關於關露這一階段的許多情況，碧野先生後來有過追述：「一九四九年春，我們在華北大學第三部口字樓前合影，有一個半遮容顏含羞躲在後面的女同志，她就是關露。……一九四九年秋，華北大學第三部分別建立了中央戲劇學院、中央音樂學院和中央美術學院。關露和我被分配到中國鐵路總工會工作（加上楊朔，是『三人創作組』）。同年冬，我去豐台鐵路交叉網工作，而關露在風雪中遠離北京，到湖南汨羅江鐵路大橋工地去深入生活。汨羅江，是我國偉大詩人屈原投水的地方。在古代，屈原遭遇不幸，而今天，作為新中國的女詩人，關露是抱著幸福感投入社會主義建設沸騰生活的。……關露，一個文弱女子，竟然在冰天雪地與艱險環境中和建橋戰士生活在一起。長期以來，她搞的是地下工作，壓抑個性，現在，她像鳥兒回到了大自然，心胸爽朗，在新的生活中重放歌喉。一九五〇年夏天，我和關露去北戴河鐵路醫院採訪，醫生好心拉我們檢查身體，發現關露患過肺結核，但已鈣化。關露為工作奔波忙錄，並不知道自己患過肺病。醫生勸她不要過累。她坦然一笑。接著，我們又坐著火車出山海關，到興城鐵路療養院繼續採訪。這裡近海，日出早，凌晨三點就天亮。關露工作認真、細緻，四、五點鐘，她就拉我出門採訪。」「關露生活樸素，住在東單三條一條小胡同的鐵道部宿舍後院的一個角落裡。房間很小，看樣子，這是過去大戶人家雜役住的。她把土炕改成檯子，赤腳坐在檯子上寫作。一張桌子，一盞電燈，一張小床，兩把椅子，這就是她的全部家當。」

一九五一年秋天，關露的中篇小說《蘋果園》被負責電影局工作的陳波兒看中，認為可以改成一部很好看的電影，於是將關露調入電影局的劇本創作所工作。但報到後，一時分不上宿舍，只好借住在碧野家裡。碧野回憶關露的生活說：「我家是個四合院，她住西屋。每天，朝陽照亮紙窗的時侯，她已經起床梳洗完畢，坐在院子裡讀書；夜晚，明亮的燈光把她的身影投落在窗紙上，她一直工作到深宵。從少年時代起，她就參加革命，幾十年的磨練，使她不懂得什麼是休息。她不嫌我家的粗茶淡飯，早餐一碗小米粥，中餐一碗麵，晚餐一碗大米乾飯，飯菜簡單。她沒有家，喜歡家庭風味。傍晚，她經常抽空走到北屋和我的岳父岳母閒談，和我的妻子兒女說說笑笑，藉此分享一點我家的天倫之樂。我家的院子裡種有兩棵小白果樹，枝葉潔淨、青翠。白果樹分公母，長大了，雌樹結白果，可以剝食，雄樹隨風千里傳花粉，可以讓遠地的白果雌樹受粉結果。這種佳木給大自然帶來了繁綠，給人們帶來了口福，關露很喜愛它們。每天，日落後，她都要給院子裡的兩棵小白果樹澆水，盼望它們快快地長成大樹。……」

在關露一生中這段難得的「生命春天」裡，還有一件叫她十分激動的事情，那就是有幸參加了第一次全國文代會。一九四九年七月，會議在北京召開。期間，周恩來總理舉行盛大宴會，宴請出席大會的全體代表。宴會結束後，周恩來站在北京飯店門口歡送代表。當關露出現時，周恩來向她伸出手並熱情地說：「啊，你就是關露？你還在克農那兒嗎？」

關露回答說：「我不在李克農同志那兒了，我在華大三部。」

這一刻，她是那樣的心存感激，領袖人物周恩來能如此善待自己，這是怎樣的一份榮耀！可她絕對沒有想到，三年前也是這位偉大人物的一句話，斷送了她平生頭一份真愛。

巴爾維哈寒流

春天是美麗的，但常有寒流。

揚帆在一九五三年春天遇到的寒流與眾不同，可以叫作「巴爾維哈寒流」。

巴爾維哈座落在莫斯科和彼得格勒之間，很早以來就是一個著名的旅遊勝地。前蘇聯時代，這裡最好的療養院叫作蘇聯部長會議療養院，顧名思義，這是專供政界高層人物療養休息的地方。事實也是如此，從住房、伙食、設備到工作人員，全是全蘇第一流的。能來這裡療養的人，除過蘇聯部長會議和最高蘇維埃的頭面人物外，便是各國兄弟黨的首腦、各國領導人，以及少數建有特殊功勳的英模人物。

揚帆能來這裡療養，完全是一種意想不到的殊榮。

一九五二年冬，日夜操勞的上海市公安局長揚帆突然發病，視力急劇減弱，經華山醫院檢查，認為患了腦垂體瘤，怎麼醫治該院沒有把握。陳毅和潘漢年兩位市長拍板，立即申報衛生部，由衛生部向中央請示去蘇聯治療。中央很快批示同意。於是，一九五三年元旦剛過，揚帆即動身到北京做出國前的準備，月底起程，坐了七天七夜火車來到莫斯科，住進莫斯科神經外科研究院附屬醫院，經診斷確係腦垂體瘤，必須立即動手術。但手術時醫生看到是個良性腫瘤，裡頭充滿液體，便決定不做摘除術，而改用針筒將液體吸出。手術基本成功，術後恢復得也不錯。為了鞏固療效，組織上便將他送進了巴爾維哈部長會議療養院。對於揚帆這種級別的中國官員來說，不能不算是一個意外的驚喜。

然而，世界上的事情真也玄奧，這麼一件明顯的好事，後來卻生發出一場滅頂的災難。

一天下午，揚帆剛剛從一場酣暢的午睡中醒過來，美麗的值班護士跑來告訴他，有位中國客人在等著見他。會是誰呢？揚帆一邊猜想著，一邊走向會議室，抬頭一看，不禁喜出望外，原來是敬愛的蔡暢蔡大姐前來看他。他激動地迎上去，緊緊握住蔡大姐的手不放。

蔡暢時任全國婦女聯合會主席之職，是中華人民共和國的第一任婦聯主席，她早在二十世紀二〇年代就參加革命，隨著哥哥蔡和森從事黨的地下工作，三〇年代又輔佐丈夫李富春，在中共江蘇省委書記任上埋頭苦幹，從事艱苦卓絕的地下鬥爭，多有建樹，是黨內幾位受人尊敬的革命老大姐之一。

揚帆早在上海工作期間，就認識了李富春和蔡暢大姐，後來由於工作關係來往更多，建立了相當的友誼。這次能專程來看望揚帆便是明證。

蔡暢說：她剛來到莫斯科，受富春同志之託，前來看看你。

揚帆說：謝謝富春同志和蔡暢大姐。

兩人拉起了家常話，說說笑笑很愉快。

不料蔡暢大姐此時卻無意間把話題一轉說：揚帆，江青同志也在這裡療養，你知道嗎？我們應該去看看她。

說者無意，聽者卻就大犯其難了。

說到江青，揚帆幾天前就看到她了，那也是一個下午，揚帆正在院子裡散步，忽見迎面過來兩個盛裝的女人，一個是蘇聯人，一個是中國人。這位中國女人一身黑，黑皮鞋、黑襪子、黑帽子、黑呢大衣，襯出一張白淨臉面和一副金絲眼鏡。這不是主演《大雷雨》那個藍蘋嗎?!雖然是迎面一剎那，但揚帆相信自己不會看錯。於是，從前那些叫人難忘的畫面，一幅幅地閃回在他的腦際……

十六年前的一九三七年暮春的一個傍晚，揚帆與地下黨的兩位同志相約在上海國際飯店門口見面，然後一起去卡爾登大戲院看話劇《大雷雨》。當時揚帆化名殷楊，明面上專搞文化救亡工作，實際上還肩負著地下黨的重託。一邊看戲，一邊打聽一些有關情況，因為他畢竟才來上海不久，對文化界的基本情況並不太瞭解。同來的同志介紹到主演藍蘋時，講了她的出身歷史，又講了她在上海演藝界的表現，認為她經歷比較複雜，現實表現也忽左忽右，既演激進的《放下你的鞭子》等革命劇碼，也演替蔣介石塗脂抹粉的《求婚》之類，甚至在被國民黨《中央日報》大肆吹捧的《狼山喋血記》中擔任角色。揚帆一邊聽著介紹，一邊認真地看藍蘋演戲，覺得她的演技還不錯，只是有些賣弄之嫌。

第二天，揚帆隻身再來卡爾登大劇院，找到劇團地下黨的負責人，請他再仔細地談談有關情況。揚帆無意間發現藍蘋還曾經是個中共黨員，現在卻脫黨了，便進一步追問起來。這位熟知藍蘋的同志說：藍蘋是山東諸城人，本名李雲鶴，小名李進孩，出身富家，後來家道中落，隨母親逃到一張姓大戶家作女傭。她本人十五歲離家出走，先在青島，後到上海，以拍電影、演話劇為生，思想進步，言辭激烈，加入了中國共產黨。一九三四年十月被國民黨特務機關逮捕，後自首出獄。

揚帆聽說藍蘋有自首情節，立即加以追問。

這位劇團地下黨負責人說：她在獄中表現不好，不但暴露了自己的黨員身份，還寫了自首書，表示「共產主義不適合中國國情」、「以後決不參加共產黨」等等。出獄時，還將自己的劇照贈送給國民黨特務以示留念。只是最近經過我們的幫助，她表示願意重新回到進步陣營中來，才與我們合作演出了這部《大雷雨》。

揚帆當即指出說：幫助她回到進步陣營，參加抗日救亡工作是對的，但要防止她起消極破壞作用。

揚帆萬萬沒有想到的是，就是這個變節分子藍蘋，兩年後搖身一變，成了延安窯洞裡的江青，成了毛澤東主席的夫人。為此，他起草了那份著名的「此人不宜與主席結婚」的電報，以新四軍政委項英的名義發往黨中央（詳見本書第十二章第三十七節〈干預第一婚姻〉）。事實上，這份電報沒能發揮它的作用，相反，倒給當事人埋下一顆定時炸彈。

揚帆想到這裡，心裡不禁倒吸一口冷氣，如今這位地位顯赫的貴夫人江青，能忘掉這件事嗎？能不懷恨在心伺機報復嗎？那麼前去見她不就等於自投羅網嗎？於是他對蔡大姐說：我就不去了吧。你們可以多談談。

蔡大姐對揚帆與江青的這一段瓜葛一無所知，還是堅持讓他一起去，說：你們都在這兒療養，應該去見見，出於禮節嘛。我也沒多少話與她說，也只是禮節性拜訪一下而已。

揚帆再也不便推辭，便隨蔡大姐去見江青。

關於這次會面，張重天先生有過詳細記述，這裡轉載如下：

「這時，江青午休沒有起床，值班護士請兩位客人稍等。

蔡暢大姐與揚帆等了好長一會兒，江青才懶懶散散地從樓上下來，一邊走，一邊還問：『誰呀？』當她見到蔡暢大姐時也不敢怠慢，忙說『您好！大姐！』江青忸怩地走了過來與蔡大姐握手。但是，當她轉過身來與揚帆同志照面時，她幾乎愣住了。

「『江青同志，您好！』揚帆同志主動禮貌地招呼。

「江青笑笑，道：『你好，您好。』然後伸出手來與揚帆握手。

「蔡大姐問道：『你們認識？』

「江青搖搖頭說：『不認識。』

「心直口快的蔡暢大姐往沙發上坐下來，一邊端起茶杯，一邊指指揚帆說：『你們應該認識，揚帆同志三〇年代在上海搞過文化救亡工作。』

「像觸了電似的，江青叫了起來：『喔，三〇年代你在上海搞過文化救亡工作？』

「揚帆點了點頭。

「江青又問道：『那我們應該見過？』

「憨厚正直的揚帆直言道：『對，見過，一起開過會，印象最深的是在上海卡爾登大戲院，我在那裡看過您演出的話劇《大雷雨》，您演女主角。以後，我們又在後臺交談過。』

「江青不斷地點點頭，是的，這一切她似乎都想起來了。少頃，呷了一口茶，打斷道：『您當時用的名字是……』

「揚帆道：『當時叫殷揚，殷勤的殷，飛揚的揚。有時也用筆名揚帆。』

「『殷揚，揚帆，殷揚，揚帆。』江青將茶杯往桌上一放，輕聲念叨著。她現在一切都想起來了，她尤其想到了那筆埋在心頭的老帳：『莫非就是這個殷揚，當年在新四軍總部用電報告我的刁狀？』於是，她臉色陰冷地說：『以後，你到了新四軍軍部？』

「揚帆忙答道：『是的，一九三九年初，新四軍皖南軍部要求上海地下黨動員一批青年去參加新四軍，以慰問三戰區將士演劇團的名義去雲嶺。』

「蔡暢同志瞭解揚帆，補充說：『揚帆同志是演劇團臨時黨支部的支部書記。』

「江青點點頭，輕聲地說了聲『喔！』，然後又扶了扶金絲眼鏡，對揚帆說：『要是我沒有記錯的話，後來你給新四軍政委項英當了秘書，是項英的好幫手！』她話中有話。

「揚帆聽出弦外有音，但還是沒有明白江青問話的真實意圖，點點頭說：『對，開始我在軍政治部所屬文化隊任政治指導員，後來調任軍政治部秘書。』

「江青半陰半陽地：『項英很器重你嘛！』

「揚帆這時才聽出話中的真意，但他一時也不知道怎麼回答江青才好。

「蔡暢同志也是位聰明人，這時也注意到江青的話中有些味道，忙給尷尬的揚帆打圓場道：『揚帆同志積勞成疾，腦子裡長了瘤，這次是來蘇聯治療的。』

「但是，對揚帆的病情，江青一點也沒有興趣，她煩躁地聽蔡大姐講完揚帆的病情，又問揚帆道：『在新四軍你當秘書，用的是筆名殷揚？』

「揚帆答道：『那是戰爭年代的需要，從上海地下黨到了部隊，將名字改了過來。』

「江青點點頭又問道：『你現在在什麼地方工作？用的是什麼名字？』

「揚帆是個耿直的漢子，他不想在別人面前講假話，隱瞞自己的身份，便說：『上海市公安局局長，現在叫揚帆。』

「江青介面又說：『喔，上海市公安局局長，揚帆，三〇年代領導上海文化救亡工作的殷揚，新四軍時的秘書揚帆，』她念念有詞，輕輕地說著，彷彿演員在排練場念臺詞。」

這次會面，使揚帆的情緒變得很糟，一種莫名的陰影籠罩心田，他再也無意留在這突降「寒流」的巴爾維哈了。於是，他在春末即打道回府，回到上海家中繼續休養。此時，他還沒有意識到事情的嚴重後果，本來榮幸的巴爾維哈之行，將給他引爆多麼致命的政治氫彈。

第十四章 逮捕的藝術

北京飯店的失蹤者

西元一九五五年四月三日，位於首都北京心臟地帶的北京飯店有位中共高幹神祕失蹤了。

這年的三月二十一日至三十一日，一次非例行的中共全國代表大會在北京召開。

上海代表團下榻於北京飯店。該團由六位代表組成，他們是：團長陳毅，上海市長；團員柯慶施，上海市委書記；團員陳丕顯，上海市委第二書記；團員潘漢年，上海常務副市長；團員許建國，上海市公安局長；團員夏衍，上海市委常委兼文化局長。

神秘失蹤事件就發生在上海代表團。

失蹤者不是別人，正是一向充滿神秘傳奇色彩的潘漢年。

在北京飯店半個多世紀的歷史上，還從來沒發生過這種住客突然失蹤的怪事，何況失蹤者又是這麼一個潘漢年，真正是「史無前例」！

說到北京飯店的歷史，這裡不妨捎帶幾句閒話，以減輕失蹤事件給讀者諸君的衝擊力。

旅館古稱「逆旅」，肇始於唐堯時代。到了殷周之際，旅館業已然相當繁榮。在古代，旅館的名稱也有很多：商代有「驛傳」，專供傳遞公文者和來往官員居住；周代有「客舍」；春秋戰國有「客館」；西漢有「群郗」、「蠻夷郗」；南北朝時有「邸店」；隋朝有「典客署」；唐朝有「邸第」、「驛站」；宋代有「四方館」、「都亭驛」；元代有「站赤」；明朝有「四夷館」、「客棧」；清代的旅館名稱更是五花八門，有「駱駝店」、「貨棧」、「雞毛小店」之類。但真正近現代意義上的旅館業在中國出現，還是清末民初的事。

鴉片戰爭以後，西方列強紛紛打入中國，隨著侵略勢力的擴張，旅館業首先在各通商口岸城市興起。比如：上海的卡雷大飯店、匯中皇宮飯店、維多利亞飯店、華懋飯店、大陸飯店、爵祿飯店，以及「三東一品」——大東飯店、東亞飯店、遠東飯店、一品香飯店；天津的阿斯特豪斯飯店、帝國飯店；北京的六國飯店、東華飯店、扶桑館；青島的德國飯店；南京的德商帝國旅館等。這些旅館飯店建築規模宏大，多為高層大樓，外表裝潢華麗，內部設備齊全，大都裝有電梯、電話和暖氣設備，有餐廳、酒吧、舞廳、理髮室、會客室和小賣部等，而且衛生間二十四小時供有冷熱水，客房家俱陳設也十分豪華。更重要的是，經營者大都是受過旅館專業高等教育的西方人才，把一種全新的先進的西方旅館經營理論和管理方法帶到了中國。到了本世紀三〇年代，一大批仿效外國旅館模式的中國旅館應運而生。僅在北京一地就有：一九一二年興建的長安春飯店、一九一八年興建的東方飯店、一九二〇年興建的西山飯店、一九二六年興建的華安飯店、一九三〇年興建的利通飯店等等。在北京由西人開設的旅館中，北京飯店算不上是最早的。一九〇〇年冬天，隨著八國聯軍打進北京城，大大刺激了旅館和娛樂業。在中外眾多妓女的招搖中，法國人傍扎和白來地腦瓜一轉，在崇文門大街蘇州胡同以南路東開了一家三間門面的小酒館，這就是北京飯店的最早前身。第二年，小店生意興隆，便遷到東單菜市西隔壁，並且正式掛出北京飯店的招牌。不過這時白來地已經退出，由一名叫作貝郎特的義大利人參與進來經營。很快傍扎也撤股退出。代替他的也是一個義大利人，名叫盧蘇，獨眼龍，在一次擦槍時走火，傷了一隻眼睛，得到一筆賠償，入股的資本便是這筆錢。不久貝郎特患神經病死去，北京飯店便一下落入盧蘇手中。

這時的北京飯店還不是樓房，是一座中國式舊院落。前院是三合房，東廂房是酒櫃，西廂房是客廳，北上房是大餐廳，後院有二十多間客房。那時還沒有電燈，點的是石油燈。也沒有自來水，吃的是大門口一口井裡的水。但是生意極好，利潤極大。光是賣瓶裝的紅白葡萄酒，就有十倍的利。於是獨眼龍盧蘇大發起來。兩年後，他把北京飯店遷往東長安街鐵路局以西的一座紅磚樓裡，開設客房四十八間，做起了大生意。一九〇七年，賺足了錢的盧蘇把北京飯店全部盤給了中法實業銀行經營。於是採用有限公司的經營方式，董事長由羅非擔任，總經理由麥義擔任，他們都是法國人。轉手後的北京飯店依然走紅，每天大致可以賺到兩千六百多元。

再經過十年的經營，到了一九一七年的時侯，北京飯店又大大地發展了一步，蓋了五層大樓，每層客房二十一間，共一百零五間，加上原來的四十八間，計有客房一百五十三間，已經很有些規模了。房間裡也用上了電燈，開設了電話中繼線，建起了供暖系統，電梯可以直達樓頂花園，那上面設有舞廳、花廳、餐廳，週末舉辦舞會，能容千多人參加。在北京城裡也有點名氣了。

民國初年，是北京飯店最興盛的時期，各派政治勢力爭鬥激烈，亂哄哄你方唱罷他登臺，政局走馬燈也似地變化。每當發生兵變和政局易手，有錢人都紛紛擁向外國人經營的各大飯店，因為有條約規定這些地方連警察和偵緝隊都不能隨意進來捕人。北京飯店當然也不例外，此時更是大為爆滿，有時連走廊都住上了客人。

一九四〇年，中法實業銀行把北京飯店的股票按美金出售。美國日僑跑來紛紛搶購，於是百分之六十二的股票都轉入日本人手中，由法文股票改為日文股票，董事長也換成了日本人猶橋渡，副董事長是石井。太平洋戰爭爆發前，日軍還把北京飯店改為日本俱樂部。

日本投降後，北京飯店由國民黨政府接收，北平市長熊斌派行政院會計前往監視帳房薄記和一切財產，由臨時委任的經理邵寶元全面負責。接下來國共舉行和平談判，軍事調處執行部就設在北京飯店。以葉劍英參謀長為首的中共代表團，是北京飯店員工第一次看到的共產黨人。後來和談破裂，軍調部撤銷。北京飯店又先後由何思源和劉瑤章為市長的國民黨政府管轄。直到北京和平解放，它才真正回到人民手中，成為建國初期北京城裡最高級的大飯店之一，許多具有重大歷史意義的會議和活動都在這裡舉行過。

然而，就在這麼有名的北京飯店，眼下卻發生了稀奇古怪的的失蹤事件，失蹤者又是一位享有特殊聲譽的中共高級幹部潘漢年，這就愈發令人震驚不已！

要說起來，潘漢年失蹤的實際經過倒是波瀾不驚。

四月三日晚八時許，潘漢年赴朋友飯局，剛剛從東單新開路康樂小飯館回到北京飯店三〇一房間，一面想著應該給上海家裡掛一個長途電話，給愛妻董慧報個歸期，一面換上拖鞋，走進衛生間先擦把臉。

打完長途電話，他不僅發了一會愣，之後輕輕搖頭一笑，自言自語道：「也倒真巧，又是三〇一。」妻子在電話裡一句「你還住在三〇一呀」，使他不由想起剛才飯局上的情形，幾位朋友圍著他所下榻的這間三〇一室，也是不無驚訝地議論說：「老潘，你跟這三〇一可真有緣哪！」

可不，六年前，自己和夏衍、許滌新奉命來京接受毛澤東、劉少奇、周恩來、朱德的接見，就下榻在北京飯店三〇一室，不料六年後的今日，又住在這同一間房子裡，你說巧也不巧？莫非這裡頭有些什麼奧秘？

「純屬巧合！一個唯物主義者不信這個……」他點煙猛吸一口，用手揮揮臉前的煙霧，像是要揮走方才的可笑想法。

「叮鈴鈴——！」正當潘漢年還沉浸在六年前那段往事的美妙回憶之中，旁邊茶几上的電話機忽然鈴聲大作，把潘漢年嚇了一跳。他順手取下耳機，裡頭發出一個陌生但很親切的女聲：「請問您是三〇一號的潘漢年同志嗎？」在得到肯定的答覆後又說；「我是飯店大堂。潘同志，有人找您，請您速來大堂客廳。」

「會是誰呢？」潘漢年沒有顧上多想，他一向交遊甚廣，朋友眾多，不約而來者往往都是熟人。他就穿著拖鞋匆匆來到一樓客廳。猛抬頭一看，想不到出現在眼前的竟是中央公安部部長羅瑞卿。頓時，一股涼氣直透腦門兒。

羅瑞卿與潘漢年同齡，四川南充人，原名其榮。十七歲入南充中學，二十歲就讀於成都實業專修學校，但四個月後即考取黃埔軍校武漢分校，編在六期第一大隊四分隊。一九二八年由中國共產主義青年團員轉為中共黨員，第二年即正式參加紅軍。長征時就追隨在毛澤東左右。他當時是紅一軍團保衛局長，而毛澤東經常和紅一軍團一起行動，因此，他把保衛毛澤東的安全視為自己的重要職責，不管是行軍途中，還是作戰前線和臨時住地，他都形影不離地守護在毛澤東的身邊，深得毛澤東的喜歡和信任。延安時期歷任抗日軍政大學教育長、副校長等重要職務。中華人民共和國成立後，他又歷任北京市公安局長、政法委員會副主任、國務院政法辦公室主任、現在是公安部長兼公安軍司令員和政委，仍然是毛澤東身邊的得力人物之一。聽說他為了確保毛澤東的安全保衛工作萬無一失，寧肯多次放棄攜帶妻女上天安門觀看焰火的特權，雖迭遭家人抱怨而不改堅守崗位的忠誠；雖已年近五旬，但前不久還硬是學會了游泳，以便在毛澤東下水時自己能做到不離左右，他知道毛澤東愛游泳的習慣是誰也改變不了的。……那麼，現在這樣一位大有背景的人物出現在潘漢年面前，他能不緊張麼？

羅瑞卿板著臉坐在沙發上，見到潘漢年也不問好，也不讓坐，當即宣佈了中央逮捕審查潘漢年的決定，之後冷冷地說：「請吧。」這時，立刻上來幾個便衣幹警，擁著潘漢年就出了北京飯店大門。這裡，早就停著幾輛拉下窗簾的小車。潘漢年被送上其中一輛，車子立即發動，轉眼間就消失得無影無蹤了。

秘密逮捕非常成功。

最先發現潘漢年失蹤的是他的警衛員相其珍。下午五點多鐘時，首長對他說：「小相，我一會要和朋友們出去吃晚飯，這裡沒你的事了。給你放個假，晚上去看看京戲吧。」相其珍也看到幾位來訪的客人和首長談笑得很熱鬧，確實沒有什麼可操心的事了，就高高興興地走開了。看完戲回來已經十二點多，相其珍責任心強，過來看首長是否已經安睡，推門進去，卻發覺房間無人，床鋪很整潔，顯然還沒人睡過，首長的禮服和皮鞋都在，衛生間裡的洗漱用具也都好好地放著……根據這些情況，相其珍判斷首長走不遠，可能去別的房間聊天了，他知道首長是個喜歡交際的活躍人物，說不定正在老朋友夏衍局長那裡呢。於是，他拿起了電話，想問個究竟。然而，首長沒有在那邊。這下相其珍可真正慌了，又連著給幾個可能去的房間打電話，結果都一樣，都說一晚上沒見過自己的首長。這時夏衍局長又打來電話介紹情況說，他和潘市長一起去赴吳祖光的晚宴，因為另有約會，他早走一步，所以潘市長何時回飯店就不知道了。相其珍一聽傻了，好半天作聲不得。夏局長只好安慰說，小相，你別急，好像聽有人講，晚上八點鐘左右有電話找過潘市長，會不會是周總理找他？周總理經常找他的。所以你別急，先去睡覺，由我來安排這件事。但不管夏局長怎麼安慰，也難叫相其珍放心，你說把自己的首長丟了，作警衛員的這算幹啥麼！他坐在那裡發了一夜呆。

一夜沒闔眼的還有夏衍。要在平時，他對這種事不會太在心，因為他跟潘漢年相交相知幾十年來，曉得這位神通廣大的戰友經常行蹤不定，猶如天馬行空，不知在何時何處就給你幹出轟轟烈烈的事情來。但這一次不一樣，不知為什麼，使他有一種不祥的預感：老朋友要出事，而且要出什麼大事！這次來北京開會的頭一天晚上，他就有了這種預感。

這次非例行的中共全國代表大會，計有三項議程：第一，關於發展國民經濟的第一個五年計劃和這個計畫的報告；第二，關於高崗、饒漱石反黨聯盟的報告；第三，關於成立中央監察委員會。無疑，對與會者最有震撼力的是「高饒反黨聯盟」問題。為了說明潘漢年失蹤的歷史政治大背景，有必要講清建國初期中共上層這次你死我活的權力之爭。

先說高崗其人。比潘漢年大一歲的高崗，生於陝西横山縣。一九二六年加入中共。但他在二十七歲之前並不引人注意，一直協助劉志丹和謝子長等人在甘肅、寧夏一帶搞兵運，同時擔任劉、謝與陝西省委之間的通訊聯絡工作。這一年在陝甘游擊隊強襲宜川臨鎮之敵的作戰中，他因臨陣脫逃而差點被劉志丹下令槍斃。三十歲時又因為肅反擴大化而鋃鐺入獄，多虧毛澤東率領長征紅軍到達陝北，才救了他一命。他大難不死，從此時來運轉。一九三六年，高崗被任命為陝北省委書記兼內蒙古二路騎兵總指揮，還兼著內蒙古工作委員會主任。一九三七年，陝甘寧邊區成立，高崗成為邊區政府七名領導成員之一，此後還先後擔任保安司令、中共中央西北局書記、中共中央東北局書記等職。一九四五年中共第七次全國代表大會上，高崗躍升為十三人政治局成員之一，躋身於中共最高決策集團。這一年他才四十歲。

高崗的脫穎而出，自有種種道理；但他與毛澤東關係不錯肯定是其中一條重要原因。權威研究者、美國哈佛大學費正清教授就此寫道：「早在延安時期，高崗就和毛主席關係甚好。高崗作為西北地方革命根據地創始人受到了毛澤東的尊敬。毛澤東還認為他是對基層情況瞭解透徹的地方幹部。他們倆人很合得來。一九四九年後，毛澤東對高崗在東北地區所取得的成就印象極深，並且覺得高崗是個能夠加強中央委員會工作的富有才能的領導幹部。」

這一點成全了高崗，但也毀滅了高崗。

一九五二年，年富力強、雄心勃勃的高崗奉調回京，出任國家計劃委員會主任要職。顯然，這是毛澤東的一種懷有深意的安排。因為有以下事實作證：在一九五三年上半年毛澤東與高崗的幾次私人交談中，毛澤東有意無意間流露出對劉少奇和周恩來的工作懷有某種不滿，尤其對他們在經濟建設和農業合作化運動中的保守不前很是惱火。此時，不管一向高深莫測的毛澤東是何真意，但在高崗看來，認定這是毛澤東的一種暗示，一種鼓勵，一種繼續向權力頂峰攀援的機會。也許是他領錯了情，會錯了意，但欲望已經燃燒，野心再難收回。恰在這時，年輕的馬林科夫在蘇聯當權，擊敗老資格的莫洛托夫和卡岡諾維奇而填補了史達林消失後的政治真空。無疑，這助長了高崗的奪權奢望。他開始了巧妙而瘋狂的行動。

中共中央中南局第二書記鄧子恢，就工會問題給中共中央有一個報告。身為中共第二號人物的劉少奇在這個報告上批示道：「這個報告很好」，望「照鄧子恢同志的作法，在最近三個月內認真檢討一次工會工作並向中央做一次報告」。高崗看準這個機會，來了一篇〈論公營工廠中行政與工會立場的一致性〉，並寫信請毛澤東審改該文，要求作為社論文章發表。這篇文章後來雖然在劉少奇和全國總工會主席李立三的反對下沒有發表，但毛澤東卻明確表態支持高崗的意見，他在一個文件上批示道：「工會工作中有嚴重錯誤。」

關於農業合作化運動，山西省委給中央有一個報告，題為〈把老區互助組織提高一步〉。中共中央華北局書記薄一波對此報告持批評態度。劉少奇支持薄一波的觀點，認為山西省委的報告體現了「一種錯誤的、危險的、空想的農業社會主義思想」。高崗又看準了這個機會，針鋒相對地搞出一個《關於東北農村的生產合作互助運動》。果然，毛澤東不僅明確肯定了山西省委的意見，而且對高崗的報告大加讚賞，批轉給劉少奇、周恩來、朱德、陳雲、彭真、陳伯達、胡喬木、楊尚昆，並囑楊尚昆將此件儘快「印成一個小冊子，分送各中央局、分局、各省市區黨委。同時發給中央各部門、中央政府各黨組、此次到中央會議各同志及到全國委員會的各共產黨員。」另外，毛澤東還為中共中央專門起草了一個肯定高崗報告的批語，那批語說：「中央認為高崗同志在這個報告中所提出的方針是正確的。……」

一九五二年十二月三十一日，政務院財經委員會頒佈了新稅制《關於稅制若干修正及實行日期的通告》和《商品流通稅試行辦法》。在不久後召開的全國財經會議上，高崗率先發難，對「劉少奇派」人物薄一波所搞的這個新稅制大張撻伐，攻擊這一政策與蘇聯布哈林的和平過渡理論是一回事。最後，「毛澤東似乎對高崗這種理論上的牽強附會印象很深，並且也加入了對薄一波的批判」（費正清語）。毛澤東認為：新稅制有利於資本主義，不利於社會主義，違背了七屆二中全會的決議。是政務院在組織上犯了分散主義的錯誤。根據他的提議，中共中央作出《關於加強中央人民政府系統各部門向中央請示報告制度及加強中央對於政府工作領導的決定》（草案）。決定尖銳地指出：

為了使政府工作避免脫離黨中央領導的危險，今後政府工作中一切主要和重要的方針、政策、計畫和重大事項，必須經過黨中央的討論和決定或批准。為此決定：第一、政府各部門對於中央的決議和指示的執行情況及工作中的重大問題，均須定期地和及時地向中央報告或請示，以便能取得中央經常的、直接的領導。第二、為了加強中央對於政府工作的領導，以及便於政府各部門中的黨的領導人員能夠有組織地、統一地領導其所在部門的黨員，貫徹中央的各項政策、決議和指示的執行，今後政府各部門的黨組工作必須加強，並應直接接受中央的領導。因此，現在的中央人民政府黨組幹事會（一九五〇年一月九日建立，周恩來任書記——作者）已無存在的必要，應即撤銷。第三、今後政務院各委和不屬各委的其他政府部門一切主要的和重要的工作均應分別向中央直接請示報告，如屬兩個部門以上而又不同隸於一委的事項，則經由政務院負責同志向中央請示報告。如系主席直接交辦的事項，應直接向主席請示報告。如應向中央請示報告的事項而竟未向中央提出，則最後經手的政府負責同志應負主要責任。為了更好地做到現在政府工作中的各領導同志直接向中央負責，並加重其責任，特規定明確的分工如下：

國家計畫工作，由高崗負責；

政法工作（包括公安、檢察和法院工作），由董必武、彭真、羅瑞卿負責；

財經工作，由陳雲、薄一波、鄧子恢、李富春、曾山、賈拓夫、葉季壯負責；文教工作，由習仲勳負責；

外交工作（包括對外貿易、對外經濟、文化聯絡和僑務工作），由周恩來負責；

其他不屬於前述五個範圍的工作（包括監察、民族、人事工作等），由鄧小平負責。

一九五三年五月十五日，政務院根據中共中央的決定，發出了《關於中央人民政府所屬各財政經濟部門的工作領導的通知》，重新分工如下：

（一）所屬的重工業部、一機部、二機部、燃料工業部、建築工業部、地質部、輕工部和紡織部，劃歸國家計委主任高崗領導；

（二）所屬的鐵道、交通和郵電部，劃歸政務院副總理鄧小平領導；

（三）所屬的農業、林業和水利部，劃歸財委副主任鄧子恢領導；

（四）所屬的勞動部，劃歸計委委員饒漱石領導；

（五）所屬的財政、糧食、商業、對外貿易和人民銀行，仍屬財委主任陳雲領導，在陳雲養病期間，由副主任薄一波代理。

很顯然，這一系列「決定」和「通知」的結果，高崗的職權範圍和實權急劇增大，而作為政務院總理的周恩來的權力則大為縮減，實際上就只留下一個外事口了。

高崗得到毛澤東的信任和重用，這已是不爭的事實。那麼，高崗認為自己至少已經組織起了「經濟內閣」，下一步就是怎樣完全取代劉少奇和周恩來，也就不能視作是癡心妄想了。

高崗加快了奪權的步伐。

高崗最早也是最忠實的同盟者，便是饒漱石。

饒漱石是江西臨川人，與他的老同鄉王安石相比，他的才能自然不能同日而語，但一股不安分的勁頭也還有點相似。一九二五年加入中共以後，長期從事地下工作。大革命失敗後，曾先後留學英國、法國和蘇聯，回國後主要參與工會方面的領導工作。一九三五年再次赴蘇，任中華全國總工會駐赤色職工國際代表。抗日戰爭爆發後，回國任中共中央東南局副書記。皖南事變中大難不死，又先後任華中局副書記兼宣傳部長、新四軍政治部主任、新四軍代理政委等職。從一九四三年開始，他任中共中央華中局書記兼新四軍政委，成為淮南根據地黨政軍一把手。自我感覺良好，留著小鬍子，號稱「小毛澤東」，把新四軍軍長陳毅根本不放在眼裡，極盡排斥打擊之能事。當時潘漢年就在他的手下任情報部長，由於看不慣他對陳毅同志的作法而同樣遭到打擊（這一點後面將要詳細敘述）。建國以後，饒漱石的地位還在看漲。當時全國分為六大行政區：東北地區、西北地方、華北地區、華東地區、中南地區、西南地區。饒漱石則是華東地區的最高領導人，六大「諸侯」之一。問鼎共和國最高領導層，顯然已是他的當務之急，儘管他才五十歲出頭。所以，當如日中天的高崗找到他時，他是一拍即合。他向高崗表態說，華東方面沒問題，隨時聽侯差遣。高崗在與饒漱石結成鐵盟後，便放手大幹，以求進一步擴大聯盟。對於他這一時期的非組織活動，費正清教授有詳細的研究可供參考，他寫道：

（高崗）為了贏得對他的事業的支持，他許諾高級領導幹部在新的「高氏政體」中獲得職位，煽動主要在紅軍或農村根據地從事革命工作的領導人對劉、周這樣的在敵後白區工作的行家們的不滿。後者在職務重新分配即將開始的情況下似乎具有相當大的力量。安子文（時任中共中央組織部常務副部長——作者）起草了一份新的政治局成員名單，據說劉少奇並不知道這個名單，該名單削弱了軍隊領導人的影響，並過多地突出了白區工作者。這就給高崗以行動的機會。從軍事幹部的設置這一方面來看，安子文的主要錯誤是，他的名單中包括了他在白區的同事薄一波，卻將傑出的軍事領袖林彪置於名單之外。由於劉少奇對革命事業的諸多貢獻，幹部們能夠承認他為第二號領導人物，但撇開中國人民解放軍的頭面人物而讓彭真和薄一波進入政治局，這就引起了他們的不滿。

帶著這一問題，在夏季休假中，高崗直奔南方，為實現他的目標搜尋更多的追隨者。他已經穩獲他自己控制的東北地區和饒漱石主管的華東地區。他打算取得除彭真、薄一波控制的華北地區以外的其他五個大行政區的支持。當與人交談時，他總要聲明他有毛澤東的應允，這一點再加上由安子文起草的名單所引起的不滿，確實發揮了作用。負責中南地區的林彪和負責西北地方的彭德懷都表示同意高崗關於重新建立黨政組織、重新分配領導職務的意見，儘管很明顯他們只是參與到這個程度。

但是，高崗的遊說並非處處奏效，他在西南地區鄧小平那裡便碰了釘子。面對個頭不高但個性極強的鄧小平，高崗格外下功夫，除了「我有毛澤東的應允」這一殺手鐧外，他還要在理論上說得頭頭是道。他說：黨的歷史上有「二元論」，黨的六屆七中全會通過的關於若干歷史問題的決議要修改，決議中關於劉少奇是黨的正確路線在白區工作中的代表的提法不對頭，需要重新做出結論。毛澤東代表紅區，劉少奇代表白區，現在黨和國家領導機關的權力掌握在「白區的黨」的人們手裡，應當徹底改組。現在是白區幹部要篡奪黨了！……

但是老練的鄧小平回答說：「劉少奇同志在黨內的地位是歷史形成的，從總的方面講，劉少奇同志是好的，改變這樣一種歷史形成的地位不適當。」在後來召開的中共七屆四中全會上，鄧小平針對高崗對劉少奇的攻擊還作過長篇發言，他反擊說道：「我們常常聞到這樣一些味道，例如有的人把某些人或者把他自己誇大到與實際情況極不相稱的地步，不願意受檢查，不願意受批評，自以為是，聽不進別人的意見，批評與自我批評的空氣稀薄，不注意集體領導，不注意團結，對犯錯誤的同志不是採取治病救人的態度，不大照顧別的地區、別的部門等等。尤其嚴重的是有些同志不注意維護中央的威信，對中央領導同志的批評有些已經發展到黨組織所不能容許的程度。毛澤東同志提倡對黨的任何負責同志（毛澤東同志經常說，包括他自己在內）的批評，但是這種批評必須根據黨的原則在一定場合下進行，或者向他本人提出。這樣的批評是應該的，不可少的。中央的主要負責同志過去經常講到這一點，他們是歡迎別人批評的。但是不能允許這樣的言論發展到黨的組織所不能允許的程度。我們常常遇到，某些同志對中央幾個主要負責同志的不正確的言論，常常是不經過組織、不合乎組織原則的。全國財經會議以來，對少奇同志的言論較多，有些是很不適當的。我認為少奇同志在這次會議上的自我批評是實事求是的，是恰當的。而我所聽到的一些傳說，就不大像是批評，有些是與事實不相符合的，或得是誇大其詞的，有的簡直是一些流言蜚語，無稽之談。」許多年以後，鄧小平還更透徹地講過這件事，他說：「毛澤東同志在一九五三年底提出中央分一線、二線之後，高崗活動得非常積極。他首先得到林彪的支持，才敢放手這麼搞。那時東北是他自己，中南有林彪，華東是饒漱石。對西南，他用拉攏的辦法，正式和我談判，說劉少奇同志不成熟，要爭取我和他一起拱倒劉少奇同志。……高崗也找陳雲同志談判，他說：『搞幾個副主席，你一個，我一個。』這樣一來，陳雲同志和我才覺得問題嚴重，立即向毛澤東同志反映，引起他的注意。」

鄧小平是何時找毛澤東反映問題的？都反映了哪些問題？具體是怎麼談的？這些至今都未知其詳。但有兩點估計可以說大致不差：一是時間至晚也應在一九五三年十月二十三日以前，因為毛澤東在這一天已經有了針對高崗問題的批評性講話；二是所反映的高崗問題還涉及到其他方面，比如令毛澤東非常敏感和反感的高崗與蘇聯的「結盟」問題，否則以毛澤東與高崗的深切關係，不可能在那麼短的時間裡一下改變態度。

關於高崗與蘇聯的關係究竟屬於什麼性質？至今尚無定論，還是一個謎。費正清教授的看法是：

> 高崗試圖與蘇聯方面建立良好的關係，以便維持自己的地位。作為東北地區的領導，他自然同蘇聯派來的人員有著密切的工作關系，但這些關係的擴展使他進入誤區。他明顯地同蘇聯駐東北的領事人員和因公事從莫斯科到此的柯西金建立了較緊密的聯繫。在同這些人的談話中，高崗將劉少奇和周恩來同他自己作了對比，把他們說成反蘇分子。後來，他在政治上遭到挫敗後，這些被揭露出的關係便成為反對他的依據之一。人們認為這些關係不正常……因為中國共產黨的領導人們極為信奉民族獨立，而在這一點上，毛澤東的民族獨立感比任何人都要強。

高崗的政治圖謀成功與否，毛澤東的表態決定一切。費正清教授繼續寫道：

> 當陳雲和鄧小平（顯然並未互相通氣）分別使毛澤東注意到高崗的所作所為時，事情的發展出現了轉折。不論那年年初毛澤東和高崗進行私人談話時有何意圖，他現在對高崗的「地下活動」已極為不滿。這一事件在十二月召開的政治局會議上達到了高潮。

其實，毛澤東的態度早在這次政治局會議之前兩個多月就已很明朗。他在一九五三年十月二十三日審閱劉少奇在全國組織工作會議領導小組會上的講話稿時，就意味深長地說：現在是全黨團結起來認真執行黨在過渡時期總路線的時侯，我們要將一個落後的農業國，改變為一個工業國，我們要對現存的農業、手工業和資本主義工商業實行社會主義的改造，我們要在大約十五年左右的時間內基本上完成這個偉大的任務，我們的組織工作就要好好地為這個總路線服務，我相信同志們是高興並是能夠擔負這個任務的。……中級幹部北方人多，高級幹部南方人多，是歷史形成的。這是因為，在早期南方革命運動發展較為普遍，後來革命運動轉到北方來了。現在，不管南方幹部、北方幹部，中級幹部、高級幹部，都不要有「圈圈」，要消滅「圈圈」。大家都要重視黨的團結，消除山頭。

這番話是給高崗等人敲警鐘的。但高崗首先就不聽招呼。於是才使十二月政治局會議上「出現了高潮」。對此，大陸學者林蘊暉這樣記載說：

> 一九五三年十二月二十四日，中央政治局舉行會議揭露了高崗的問題。毛澤東在會上指出，高崗他們在「颳一種風，燒一種火」，叫做「颳陰風，點鬼火」，「其目的就是要颳倒陽風，滅掉陽火，打倒一批人」。據此，毛澤東

提出了關於增強黨的團結的建議。中央政治局一致同意這個建議，決定起草關於增強黨的團結的決議。當日，毛澤東帶著一個憲法起草小組南下杭州。一九五四年一月三日，毛澤東在杭州會見蘇聯部長會議副主席提沃西安和駐華大使尤金時，在談話中暗示了高崗錯誤的反黨性質。據當時擔任翻譯的師哲回憶，毛澤東說：「我們黨內，或許也是國內要出亂子了。自然，我今天說的只是一種可能性，將來情況如何變化，還要等等看，這個亂子的性質用一句話來說，就是有人要打倒我，我們中國歷史上曾出現過秦滅六國，秦滅了楚。秦就是他們陝西（說著，毛澤東用手指了指師哲），楚就是湖南（說著，毛澤東又用手指著自己）。這是歷史上的事實，那麼現在怎麼樣？還要等等看。」

而美國人費正清教授的記載是這樣的：

在會上，毛澤東提出他要去休假。依照慣例，在他休假期間由劉少奇主管工作。在他得知高崗的政治陰謀之前，他就已打算休一次假，因為第一，他身體健康狀況不佳；第二，他需要集中精力考慮制定新的國家憲法；第三，他的一個兒子在朝鮮戰爭中喪生，這使他很抑鬱。但在政治局會議上，他引出了高崗。高崗建議不應將領導權交給劉少奇，而應輪流主持中央工作。同時他還暗示他想成為黨的副主席或總書記或總理。這一次毛澤東嚴厲地批評了他，而在上一次財經會議上毛並未如此。毛澤東的嚴厲批評、他的休假計畫以及委託劉少奇籌備將於一九五四年二月召開的強調黨的團結的中央全會，這些措施有力地摧毀了高崗和饒漱石的謀劃。

事態的巨大轉折，一定使高崗有些發懵：怎麼會變成這樣？他還有些不息心，於是寫急信給毛澤東，要求去杭州面見毛澤東。但毛澤東此時已拿定主意，反而致電劉少奇，電稱：

楊尚昆同志到此，收到所需文件，並收到高崗同志一信。高崗同志在信裡說完全擁護和贊成關於增強黨的團結的決議草案，並說他犯了錯誤，擬在四中全會上作自我批評，想於會前來這裡和我商量這件事。我認為全會開會在即，高崗同志不宜來此，他所要商量的問題，請你和恩來同志或再加小平同志和他商量就可以了。關於四中全會的開會方針，除文件表示者外，對任何同志的自我批評均表歡迎，但應盡可能避免對任何同志展開批評，以便等候犯錯誤同志的覺悟。這後一點我在一月七日致你和書記處各同志的信中已說到了。如你們同意這個方針，就請你們據此和到會同志事先商談，並和高崗同志商談他所要商談的問題。尚昆留此幾天即回北京。此電請送高崗同志一閱，我就不另覆信了。

至此，高崗徹底絕望。在一九五四年二月中共七屆四中全會召開期間，他服毒自殺未遂。這次全會通過的題為《增強黨的團結的決議》，力圖以溫和的態度對待高、饒問題，只是不點名地批評了他們。但是高崗和饒漱石堅決不承認錯誤，不作檢討。為此，中央書記處在二月中旬分別召開了關於高崗問題和饒漱石問題的兩個座談會。經毛澤東修改批准，周恩來在高崗問題座談會上作總結發言說：「在長期的革命鬥爭中，高崗雖有其正確的有功於革命的一面，因而博得了黨的信任，但他的個人主義思想（突出地表現於當順利時驕傲自滿，狂妄跋扈，而在不如意時，則患得患失，洩氣動搖）和私生活的腐化欲長期沒有得到糾正和制止，並且在全國勝利後更大大發展了，這就是他的黑暗的一面。」「高崗在最近時期的反黨行為，就是他的黑暗面發展的必然結果」。這就完全判處了高崗的政治死刑。

對於這樣的宣判，高崗和饒石依然不服，拒絕接受裁決。一九五四年八月十七日，高崗再次服毒，自殺身亡。饒漱石雖然沒有以死相抗，但也仍然不承認有錯。事情到了今年，也就是一九五五年，在有潘漢年參加的這次非例行的中共代表大會上，終於最後產生了《關於高崗、饒漱石反黨聯盟的決議》，結論說：高崗、饒漱石反黨活動的特點「就是他們始終沒有在任何黨的組織或任何黨的會議上或公眾中公開提出任何反對黨中央的綱領，他們的唯一綱領就是以陰謀手段奪取黨和國家的最高權力」。遂決議開除高崗、饒漱石的黨籍。會議期間，一些曾受過高、饒影響或是和高、饒有過某些牽連的人，都先後在會上紛紛作表態發言，自我檢討，交代和揭發一些問題。對此，毛澤東在會上予以肯定和鼓勵；但他還進一步強調說：凡是受過高崗、饒漱石影響並且有某些牽連的人，都應該主動把問題向中央講清楚；會上沒有來得及講的，或者不想在會上講的，會後還可以再想一想，寫成材料，現在把問題講清楚，我們一律採取歡迎的態度。

這就是高、饒事件的大致情況。

三月三十一日晚上，也就是這次黨代會閉幕的當天晚上，潘漢年曾來到夏衍的房間，一副心事重重的樣子。依夏衍的猜想，老朋友肯定是聽了毛澤東的講話有了思想包袱，因為會議印發的有關饒漱石的罪狀中，有一條涉及到上海市的公安工作，而作為分管政法工作的上海市常務副市長，老朋友一定覺得自己也有不可推卸的責任，應當向中央講清楚。夏衍這樣一猜想，於是就勸潘漢年說：「這有什麼大不了的？你根本就不沾人家高饒的邊，當年饒漱石在淮南整你，這事誰不知道？你有什麼講不清的？就算揚帆被捕，他這個公安局長與你分管副市長有些淵源，可揚帆問題也跟高饒問題不是一回事呀？……你倒是發的什麼呆！」

潘漢年搖搖頭，歎歎氣，還是有口難言的樣子：「老夏，你不知道，我心裡有一件事沒向組織講清楚……」

夏衍還是不以為然，說：「呵，你能有多大的事？說來聽聽。」

潘漢年苦笑一聲：「說給你聽，你能替我解決倒好了，只怕是給誰也說不清爽的呀！」說到此處，他的神色頓時淒苦凝重，像有天大的重負在心。

夏衍也看出事情的非同一般，便不好再強逼老朋友說出什麼，出主意道：「漢年，你不是一向跟陳老總很講得來嗎？他是團長，見中央領導也容易，你何不去找他談談？」

潘漢年漫應了一聲，說：「是嘛？我也是這麼想……」

至於潘漢年是否去找過陳毅市長，談了些什麼，夏衍就不得而知了。昨天下午朋友聚會，晚上會餐，他倒很想問問老朋友去找過陳老總沒有，但人多嘴雜，又都說的是輕鬆話題，而且漢年新理了髮，刮了臉，容光煥發，心情不錯，他也就沒張這個嘴。後來他因另有約會提早離席，當晚就再也沒見到漢年……可這才分開幾個鐘點呀，一個堂堂大市長怎麼就一下子失蹤了呢？夏衍為此想了一夜，也想不出個所以然來。才大清早不到七點鐘，他就再也等不及了，抓起電話就要吳祖光，心想也許漢年昨夜留宿他家沒回來。

聽說潘漢年失蹤，吳祖光、新鳳霞夫婦大驚失色！

昨天下午，他們夫婦二人正要去北京飯店拜訪潘漢年和夏衍，恰遇詩人艾青進門，於是三人同行，進了北京飯店三〇一房間。幾位老朋友相見，頓時熱鬧起來，海闊天空一番閒聊，轉眼幾個鐘頭就過去了。這時吳祖光宣佈，晚飯由他們夫婦請客，但不是去吃大飯店，而去吃小館，是一家叫作康樂餐廳的小小的家庭飯館。這反倒吊起了大家的胃口。小飯館在東單新開路，果然十分雅靜，飯菜又齊全又合意。大家圍坐一席，共是七個人：他們夫婦、潘漢年、艾青、夏衍和他的女兒沈寧以及女秘書李子雲。不多一會兒，夏衍因為有事先走了，留下六個人吃到最後。不到八點鐘，潘漢年提出要回飯店去，說是要給上海家裡打個長途電話。於是大家也就散席，因為沈寧正在北京上大學，回學校已經來不及了，而李子雲昨天才從上海來，還沒在北京飯店安排好住處，就都跟著吳祖光夫婦回家過夜。只有艾青一人跑去趕公共汽車了。

回到家裡，吳祖光還對妻子說：「老潘一向愛熱鬧，今天怎麼急著要走？」

新鳳霞說：「沒聽他說要打長途嗎？我看老潘對妻子可好吶。」

吳祖光搖搖頭說：「不對，好像他有什麼心事似的，你沒發現他一晚上話也很少嗎？這可不是他的性格。」

不過說歸說，誰也沒把它當回事。吳祖光急著趕寫一個電影劇本開頭部分的解說詞，說完也就鑽進書房，一幹就是好幾個鐘頭，要不是急促的電話鈴聲驚醒他，他還不知道天亮了呢。

「祖光，漢年在你那兒吧？」夏衍劈頭就是這麼一句，聲音裡充滿驚慌不安。「什麼，漢年在我這兒？」吳祖光一下沒醒過神。「老夏，怎麼回事？你問漢年在我這兒嗎？沒有呀。」

「這可糟了！」夏衍脫口叫道。「祖光，漢年失蹤了，這裡一夜沒找見他。你們昨天幾點散的？」

吳祖光立刻心慌意亂，握電話的手都抖開了：「這，這不會吧。我們不到八點就散了，漢年說他要回飯店休息，還想給董慧打個電話，就走了呀，沒聽說他要上別的地方去呀。」

電話那邊沉寂了半天之後，聽見夏衍歎口氣說：「這可就怪了！」隨即放下了電話。

吳祖光卻還手握電話發愣。這時，新鳳霞、沈寧和李子雲都聞聲跑過來，瞪著眼睛問究竟出了什麼事？

吳祖光放下電話，一屁股坐在椅子上說：「壞了，漢年失蹤了……」

西元一九五五年四月三日潘漢年的秘密被捕，不但使他成為北京飯店有史以來頭一個神秘失蹤的房客，而且從此成為震驚中外的「潘漢年、揚帆反革命集團案」的首犯。這一案現在被世人公認為「共和國第一冤案」！

兇險的新年除夕夜

「共和國第一冤案」的第二號案主揚帆秘密失蹤，要比潘漢年早上四個多月，是一九五四年的十二月三十一日，星期五。這一年，揚帆四十三歲。

這天從早晨起，揚帆家裡就充滿了準備過元旦的忙碌氣氛，出門買菜的買菜，在家收拾衛生的收拾衛生，六個孩子大的叫小的鬧歡聲笑語熱火朝天……這在上海市公安局長揚帆家裡絕對是難得一見的場景，多少年來，公安局長哪能在家裡過年？別說過年，連星期天都很少能回來，說句開玩笑的話，問他六個孩子怎麼生出來長大的，揚帆一準都說不明白。所以今年能在家裡過個好新年，實在是機緣湊巧千載難逢了。

前不久，揚帆剛從蘇聯著名的海濱旅遊勝地巴爾維哈療養回來。他提前返國，這有三個原因：一是黨內發生了「高、饒反黨聯盟」事件，組織上叫他回來參加「運動」；二是他揚帆本人也真是想家了；三是在蘇聯療養期間，他碰到了那個實在不該碰到的江青，叫他心裡發怵，叫他心裡從此蒙上一種不祥的陰影，叫他不敢再待下去了。

回到上海，揚帆竟獲得了一份少有的閒暇，因為組織上一直沒有正式通知他去上班，可能是照顧他再休養一段日子的意思吧。這樣，他不在其位不謀其政，那千頭萬緒的公安局長事務就還壓不到頭上來。雖說最近已經把他列為「高饒」一案的重點審查對象，也曾把他叫到公安局大會上批了批所謂「右」的問題，但他心裡有底：我認識個饒漱石不假，可他當年差點沒把我給整死！這層過節誰不知道？我還怕說不明白嗎？我早就盼著他垮臺哩！就算我這幾年當公安局長有點「右」，那也是工作上的問題，是我自己個人的問題，跟「高饒」反黨是不搭界的……有了這一種心態，所以那「運動」在揚帆身上也沒什麼份量，反而有一種輕鬆痛快的感覺。他早早地就對妻子李瓊說：「好了，今年我給你來個大還願，咱們全家團圓，好好過個元旦吧。可你得答應我，我是要開酒戒的呀。」揚帆好酒是有名的，自從得了腦瘤，不得不忍痛割愛。

揚帆的妻子李瓊還很年輕，今年才三十歲出頭。她是江蘇海門人，十七歲來到上海做工，三年後就加入了中國共產黨，二十三歲參加新四軍，二十五歲與時任新四軍第三師保衛部長的揚帆結婚，現在是上海市公安局政保一處副協理員。結婚七、八年來，在她的記憶中，丈夫還沒有在家裡過過一個元旦，總是忙呀忙呀，有忙不完的案子。剛把公安局的工作忙得有點頭緒，卻晴天一聲霹靂，腦袋裡長出一顆瘤子來！李瓊當時就昏厥過去，醒來後不禁痛哭失聲：我家揚帆怎麼這樣命苦呢？怎麼啥樣的倒楣事都要落在他頭上呢？前些年在淮南挨自己人的整，坐自己人的牢，這才平安了沒幾天，卻又得下這麼一個要命的病！要長在我的腦袋裡多好呀……也許是吉人自有天相，現在總算大難不死，逢凶化吉，這可真是天大的喜事呀！所以只要愛人好好地活在自己的眼目前，他想幹什麼都成，別說喝酒，就要天上的星星，我李瓊也給他摘下來。一大早，她就上了早市，魚呀，肉呀，菜呀，淨挑好的買，酒自然更不用說了，丈夫最愛喝的封缸酒，她一下就來它三瓶。她要和丈夫孩子們痛痛快快地過個大新年。

晚飯時分，一大桌豐盛的菜肴散發出誘人的香氣。孩子們早就饞涎欲滴，躍躍欲試。揚帆好不容易攔擋住小傢伙們，說：「老姑姑不來，誰也不許動。去請老姑姑來。」孩子們的姑姑、揚帆的老姐姐，剛從常熟老家來，要住一陣子，一方面看看病，一方面幫助李瓊料理一些家務。算上揚帆父母，十口之家，家務活夠多的了。不一會兒，孩子們從廚房簇擁著姑姑過來上了桌，李瓊也跟著出來了，一家人就算齊了。

揚帆看著難得湊在一起的全家老小，內心一陣親情湧動，這位在公安保衛戰線叱吒風雲、飽經憂患的鐵漢不禁眼圈發紅。他先給自己的父母雙親敬酒，說：「二老在上！你們跟著我們福沒享到，操心不小，我代表李瓊和孩子們給二老道歉了。」揚帆的父親石立公，號冠卿，是個老詩人兼書法家，在老家常熟縣虞山鎮很有些名氣。性喜飲酒，不但幹完自己的杯中酒，還替老伴包了元，然後才慢悠悠地說：「只要一家老小平安，其他什麼都別說了。」揚帆再給老姐姐斟滿一杯酒，恭恭敬敬送過去說：「姐！你也要跟上我們受累了，看這老的老小的小，夠你忙活的。你可先要好好看看病，養好身子喲。」

老姐姐接過酒，淺淺地抿一口，立時嗆得咳嗽起來，模樣挺古怪，逗得孩子們一齊笑起來。

揚帆趕緊說：「你快吃菜，你快吃菜。這是咱們常熟老家的封缸酒，不要緊的呀。」

李瓊說：「哪兒呀，這是九江的陳年封缸酒。」

揚帆一看商標急了說：「不是說好買我們老家的嗎？」

李瓊說：「沒貨呀，我可跑了不少地方，都買不到。這也是封缸酒，還不一樣喝？」

老父親忙給兒媳打圓場：「你懂什麼？九江陳年封缸比丹陽封缸都好，咱們常熟的封缸更不在話下。」

揚帆不敢吭聲了。六歲的大女兒曉雲卻插上來問：「爸爸，什麼是封缸酒？」

揚帆只好作答：「封缸酒是用糯米做的，咱們老家的糯米……嚇，跟你說不清的。」

你說不清我再問：「爸爸，為什麼要喝酒？」

揚帆樂了，說：「為了高興。」

曉雲說：「那我也要喝。」

幾個孩子學著樣兒都來了：「我也要喝。」

揚帆高興得哈哈大笑，說：「好，咱們全家都喝，喝它個一醉方休。」

李瓊難得見到丈夫如此開心，胸中溢滿甜蜜，愛嗔地說：「莫非連我也要喝醉嗎？」

揚帆說：「你第一個應該喝醉。」

李瓊說：「那為什麼？」

揚帆信口開河：「你想呀，平時我難得在家，你敢醉嗎？你是難得一醉。所以今天趁我在家，你還不趕緊醉上一回？我這人多災多難，說不定那會兒就又……」李瓊一把捂住揚帆的嘴：「不許你胡說八道。來，我敬你一杯。」

揚帆愛憐地看著妻子給自己慢慢斟酒，想到她平日裡一面工作，一面還要操持這個人口眾多的家庭，真太難為她了，她可正當女人一生的黃金季節呀！……揚帆又動了他作為一個詩人的似水柔情，慨然說：「李瓊，你得給我倒滿三大杯！」

孩子們為爸爸要連飲三大杯而歡呼雀躍起來。

正當揚帆舉酒欲飲時，屋角小桌上的電話機鈴聲大作。

李瓊過去接住電話，回來說：「許部長找你。」

揚帆放下酒杯，向孩子們扮了個鬼臉，過來接電話。電話裡說：「老楊嗎，我是老許。想請你來開個會，馬上來。我已經派車去接你了。」不等發問，對方就斷了電話。

李瓊心裡掠過一陣不安：「什麼會，還不等人吃完飯呀。」

揚帆說：「這還奇怪？常事呀。準有急事。好吧，飯就先免了，你的這三杯酒非同一般，我當然是一定要喝的。」說罷，他連乾三杯，夾一塊雞肉放在嘴裡，一面唔哩唔啦地給老姐姐和孩子們道歉，一面拎起公事包就朝門外走去。

他哪裡知道，此一去，雖說不上黃泉路，進的也是牢獄門！若要夫妻家人團聚時，那在漫漫二十七年之後了。

對於作為上司和同行的許建國來說，秘密誘捕揚帆都是一件精神上備受折磨的事，然而上命難違呀，即便心裡充滿疑慮和不平，又有什麼用？

一九五二年初，中央在上海組建華東公安部，把在天津任市委常委、副市長兼公安局長的許建國調來當部長，副部長有揚帆和梁國斌等。大家一起工作已經將近三年，互相誰不知道誰呀？現在倒好，要部長把自己的副部長兼上海市公安局長親手拘捕，而且還要耍耍手腕，來個秘密拘捕，太不光明正大了。這叫一向對人坦蕩真誠的湖北漢子許建國非常為難和痛苦，方才一聽電話裡揚帆那充滿熱情、毫無戒心的聲音，許建國的心頭一陣酸楚，又一陣愧疚，狠狠地罵自己說：「姓許的，你怎麼能幹這種缺德事！想當初關在長沙陸軍監獄，敵人把刀架在脖子上，自己不是都沒說違心話、沒幹違心事嗎？……」

許建國原名杜理卿，湖北黃陂人，十三歲輟學離家，流落到安源煤礦做工，後來進入劉少奇興辦的礦工夜校學文化，走上了革命道路。一九二二年入黨，參加了安源煤礦的三次大罷工，後來又轉移到湘潭一帶搞農運工作。不久被叛徒出賣，關進長沙陸軍監獄。他在獄中堅持鬥爭，英勇不屈，直到兩年後紅三軍團攻陷長沙，才被營救出獄。從此，他參加了紅軍，以才幹和戰功而不斷擢升，先後擔任紅三軍團一師特派員、保衛局偵察部部長、紅八軍團政治保衛分局局長等職。紅軍長征途中，他被調到國家保衛局任職。最燦爛的一頁個人歷史寫在一九三六年，「西安事變」中，他化名杜智文，跟隨周恩來到西安，擔任了張學良將軍所部警衛團的秘書長兼軍警督察處上校科長，協助友軍清查特嫌，維護治安，卓有成效。中共代表團撤離西安後，許建國擔任十八集團軍駐雲陽辦事處主任，負責抗日民族統一戰線的聯絡工作和情報工作。後來回到延安，在中央社會部任保衛部部長。一九三九年，他率中央社會部考察組赴華北敵後進行考察，後來留在華北任中共中央晉察冀分局社會部部長，直到中共中央華北局成立，他被任命為華北局常委、社會部部長兼公安部部長。天津解放後，他又調任天津市委常委兼公安局局長，直到一九五二年一月調入上海工作。許建國富有才幹，作風嚴謹，生活簡樸，尤其可貴的是敢於堅持真理，在錯誤路線下也敢於保護遭受迫害的同志。他在晉察冀分局保衛部部長任內，就大膽糾正冤假錯案，把打成「日本特務」的一大批幹部解救出來，成為抗日鬥爭的中堅力量。這裡不妨再說一段後話。許建國的這種品質、作風和精神，一直貫穿他的一生。一九五七年反右時，他不斷給手下人講：「給人家戴上右派帽子，就等於政治上把人槍斃了。一定要慎重！」「政法幹部手中握有生殺予奪的權柄，決不允許草率辦案。」「四人幫」當政時期，有次他在回答建國初期關於一封調查江青三〇年代歷史問題的匿名信時，張春橋惡狠狠地質問道：「這件事我怎麼不知道？」在場的人無敢應聲者。唯有許建國大聲說道：「你當時是市委宣傳部的一個副部長，不知道的事多了。」竟頂得張春橋作聲不得。自然，像他這樣的人，「十年動亂」中是難逃一劫的，終於被關進秦城監獄，迫害致死。不過就是到死，許建國也是一條光明磊落的硬漢，臨終一句話是：「歷史將宣判我無罪！」……把話說回來，此時要身不由已地對揚帆下手，像許建國這樣的性格，那絕對是違心之舉。在等著把揚帆押來的這段空隙裡，他不禁把中央公安部的那封密電看了又看，徒勞地想從中得出一點合乎自己內心邏輯的推斷來：揚帆怎麼了？他跟饒漱石真的還有另一層關係？他還會有什麼罪嗎？他真的有罪嗎？……

揚帆一上汽車就覺得情況有異，因為汽車沒向公安局所在地開去，而是繞到一處公安局領導們經常聚會研究大案要案的花園洋房，平時他來這裡是不用車接的。另外，洋房四周佈滿崗哨也是從來沒有的事……這都叫揚帆頓生疑竇，心想，今天氣氛不對呀，出了什麼事兒？……正犯疑惑，就見從樓門裡走出兩個板著面孔的熟人，一個是華東公安部的另一位副部長梁國斌，一個是上海市公安局副局長馬敬錚。這都是每天見面、一起共事多年的老朋友了，今天怎麼全像換了個人似的叫人覺得陌生。

「你來了，許部長在樓上等著。」兩人不打招呼，也不等揚帆打招呼，就這麼冷淡地說。

「二位這是……」揚帆本想開句玩笑說「二位這是唱那齣戲呀」，卻見對方已然轉身進了樓門，只好把下面的話嚥進肚子裡，剎時不覺渾身一陣發冷，十一年前的一幕情景頓現眼前……那是一九四三年十月的一天。揚帆正在新四軍第三師任保衛部長兼調研室主任，也是忽然接到要他去軍部開會的緊急通知。他問黃克誠師長開什麼會。黃師長說他也不知道。於是他立刻騎馬離開駐地鹽阜，一路快馬加鞭直奔天長縣新四軍軍部。一進軍部大門，就見時任中共中央華中局書記兼新四軍政委的饒漱石，也是扳著一幅面孔站在那裡，冷冰冰地劈頭就說：「你來了，給我把槍繳出來。你被捕了！」平生第一次的冤獄之災就這麼降臨在他的頭上。……揚帆禁不住想道：「一樣的通知開會，一樣的冷面孔，難道說今天又要重演當年這一幕了？我揚帆又會遭受一次牢獄之災嗎？……他這麼一面滿腹狐疑地想著，一面也就跟著向樓裡走去。

二樓會客室裡一片沉寂，只有華東公安部部長許建國手裡的一封電報被摩挲得微微作響，這位平日裡就不苟言笑的老公安，此時臉色更是凝重如鐵。他示意讓進來的兩位副部長坐下，就又默默地摩挲起那封電報來。

一見許建國手裡的這封電報，揚帆馬上敏感地意識到，它與今天出現的種種反常事態有關，與自己的未來命運有關，它一定包藏著來自高層的神秘而可怕的某種裁決！揚帆的心一下抽緊了，他一言不發地坐下來，兩眼直視著那封電報，等待宣判似地沉默著。

服務人員進來送茶水。被坐在靠門邊的梁國斌擋回去，並隨手關緊了門。

「老楊，叫你來不是要開會。」許建國終於開了口，但他的目光卻不向著談話者，聲音發乾發澀，「中央公安部發來一封電報。」

揚帆本想說：「我知道不是開會，也知道你手裡這封電報不會是好事。老許，你別為難，別怕我受不了，你就說吧。」可他卻張不開嘴，依然沉默著。

許建國艱難地轉動頸脖掃了揚帆一眼，又順下眼皮開始專心地摩挲起電報，良久，才舔舔嘴唇說：「四十三年，你在淮南被拘留審查，饒漱石後來是怎麼放你出來的？」

一聽是這件事，揚帆心裡反倒平靜下來，說：「許部長，這件事還需要我再從新說起嗎？早在四十四年就由組織做了結論，前些天我在揭批『高饒反黨聯盟』的大會上又做了詳盡發言，當年給我平反冤獄的是潘漢年潘副市長，跟饒漱石有何相干？倒正是他把我打入冤獄的呀。這件事誰不清楚？你們也是一清二楚的呀，許部長、梁副部長。」

許建國和梁國斌對望一眼，兩人牙疼似地吸了吸氣。

靜默了一會，許建國才又扳正臉以公事公辦的口吻說道：「揚帆，我們應該相信組織。電報是由部裡發來的，要你立刻到北京把問題弄清楚。」說著把手裡的電報揚了揚，表示自己言而有據，決非個人行為。

「還要弄清楚什麼！」生性剛烈的揚帆不禁怒吼起來，但他隨即就冷靜下來，克制住自己的情緒，心想這是上頭的意思，怎麼能向這兩位同事發火呢？他低沉而緩和地說：「對不起，許部長，梁副部長。既然是部裡的意思，我當然只有服從。不知什麼時侯動身？」

梁國斌說：「後天的車票。」

揚帆說：「那好，我先回去拿幾件衣服。」

梁國斌說：「老楊，不用了，我派人回你家去取。」

「怎麼，我這就算逮捕了嗎，許部長？」揚帆痛苦地呻喚一聲，定睛看著許建國的臉。

許建國面色鐵青，咬得腮幫子一鼓一鼓：「揚帆，你就聽從組織安排吧！」

蓋上十八層被子，揚帆也想不到一九五四年的除夕夜會這樣度過，在一間指定的房間裡，由一個指定的人看守著，以一名「欽點」的囚犯的身份，去迎接一九五五年的第一個黎明。新年伊始，惡運當頭，往後的前途兇險萬分、難以逆料喲。

但是，揚帆生性豁達，心想既然在劫難逃，那就面對現實吧，明天要取我項上人頭，我今天該咋還得咋呀。於是，他笑著對看守他的人說：「老馬，你看，我從中午到現在快半夜了，肚子裡可只有三杯老酒一塊雞肉，餓得很呀。就是明天拉出去槍斃，也得先叫吃一頓飽飯吧。」

老馬說：「你呀，還有心思開玩笑。」老馬叫馬敬錚，是上海市公安局副局長，與揚帆是老搭檔也是老朋友。派他來看守揚帆，也算是一種優待吧。「說說看，想吃點什麼？」

揚帆說：「吃什麼由你定，喝什麼得由我，給我來一瓶封缸酒。」

馬敬錚說：「還有心思喝呀，想借酒澆愁？」

揚帆說：「我有什麼愁？我一不為消愁，二不為解憂，只為過癮助興。老伙計你想想，我現在不喝，只怕此去北京凶多吉少，估計就再也難得這杯中之物了。」一句話說得馬敬錚心酸，連忙掉頭出去安排了。

不一會兒，有人送來酒菜和飯。

揚帆嘴裡又念念有詞道：「『大官人，不必多賜，只此十分夠了。』」

馬敬錚不知揚帆念的是《水滸傳》裡的詞兒，說：「老楊，你快別瞎說了，還管不住那張惹禍的嘴嗎？」

揚帆笑了，說：「這是好漢林沖的話，說給柴進聽的，跟政治無關。怎麼樣，我來給你背這一段吧？」

「有心思背你就背唄。」馬敬錚平日就最喜歡聽揚帆說古論今。

揚帆給馬敬錚和自己斟好了酒，碰杯喝乾，來了興致，隨口講道：「書上是這麼寫的，那『柴進便喚莊客，叫將酒來。不移時，只見數個莊客托出一盤肉，一盤餅，溫一壺酒……柴進見了道，村夫不知高下，教頭到此，如何恁地輕意？快將進去。先把果盒酒來，隨即殺羊相待，快去整治。林沖起身謝道，大官人，不必多賜，只此十分夠了。柴進道，休如此說。難得教頭到此，豈可輕慢。莊客不敢違命，先捧出果盒酒來。柴進起身，一面手執三杯。』你看看，林沖真好運氣，碰到了捨得拿出好酒的柴進。」

馬敬錚的情緒也受到感染，快活地說：「我這酒也不錯呀，來，我也給你手執三杯，學一回柴大官人。」

揚帆笑道：「這才像個樣兒。」便一連飲乾馬敬錚的三杯酒。

馬敬錚看著揚帆的豪爽勁兒，看得出神，然後嘆服地說：「你呀你呀，我真服了你。大難臨頭，你真就一點不愁不憂？」

揚帆呼出一口酒氣，沉吟片刻說：「『人生不滿百，常懷千歲憂。』是人誰能無憂愁呢？老父、老母、一妻六子……哎，對了，老馬，我的行李收拾好了嗎？」馬敬錚說：「早就取來了，在梁局長那兒放著，明天再看吧。」

揚帆關切地問道：「派誰上我家去的？沒聽他是怎樣對我家人說的嗎？」

馬敬錚說：「警衛處長去的。我問過他了，他安頓得很好，說是你要去北京參加一個緊急會議，要準備些衣物之類。看來全家老小未受驚動，你放心。」

「哼，好一個緊急會議。警衛處長一去，李瓊一看就明白是怎麼回事了。」揚帆搖搖頭冷笑一聲，「誰也別想瞞過李瓊的。」

馬敬錚點點頭，說：「是瞞不過她。我見她那包裡打滿了四季衣服，她是料定你出事了，這一走決不會很快回來的。」

揚帆猛地抄起酒瓶，咕咚咕咚就是兩大口，背出一句古詩道：「悲歡聚散一杯酒，南北東西萬里程。」還要再去灌酒，被馬敬錚將酒瓶劈手奪下。

揚帆雙手搓了一把臉，眼圈發紅地說：「老馬呀，我最放心不下的，就是我這一大家子人，老的老，小的小，病的病，李瓊可怎麼招架？這要去上一年半載的，還不把她累垮呀。」

馬敬錚寬解地說：「老楊，別想得太多。不會那麼久的，就那些事兒，說清楚就回來了嘛。再說，上海這邊還有我呢，你還信不過我嗎？……快別喝了，吃些飯吧。」

「我他媽真沒出息！」揚帆罵了自己一句，一口氣喝乾瓶裡的剩酒，說：「好了，不喝了，咱們吃飯。」酒足飯飽，揚帆再沒多話，洗臉刷牙，倒頭便睡。

馬敬錚叮嚀道：「老楊，別再胡思亂想，好好睡上一覺吧。」

不料揚帆卻說：「那你得答應我，明天上午咱們打羽毛球。」

馬敬錚嘴上漫應著，心裡卻想：「揚帆呀揚帆，你還想著打羽毛球，你今天晚上能睡得著覺就算不錯了。」

誰知躺下不到五分鐘，揚帆就呼呼大睡，扯起了又長又響的鼾聲。倒是馬敬錚自己卻輾轉難眠，一夜熬煎。

一九五五年元月二日，上海老百姓還都沉浸在新年歡樂中，他們對國家高層的政治內幕和雲譎波詭照例渾然無知，那麼，他們對自己城市的公安局長、堂堂中共八級高幹揚帆今天的遭遇和心情，當然也就無須關心了。

揚帆要在馬敬錚的「陪同」下，乘午後一點鐘的十四次特快列車前往北京。

揚帆的臉陰沉著，心也陰沉著。喜愛的羽毛球沒能打成，那要求被上級領導斷然拒絕了，沒有說明理由，當然也用不著說明理由；飯是按頓都有，但酒是不讓再喝了；臨走前提出要給愛人李瓊和家人打個電話，也被置之不理……「哎呀，我真又成了囚犯！」揚帆這才清醒地意識到自己現在的處境。

開午飯時，對著還算豐盛的送別飯，揚帆低頭猛吃，一句話也不說。

馬敬錚卻一點兒不想吃，他同情地望著老朋友，總想說點什麼安慰話，可惜又不知從何說起，最後還是不得要領地問道；「老楊，慢點吃。想什麼呢？」

揚帆還是不說話，只是個吃。

「老楊！別悶著頭吃，你得說話呀。想什麼呢？我在問你吶。」

「我在想酒，你有嗎？」揚帆畢竟是個性情外向的人，心裡再不痛快，也很難一直憋著，何況他想，又為啥要叫朋友跟著不痛快呢？所以他現出爽朗的本性說。

馬敬錚是個老實人，只有老實地說：「酒，我確實給你搞不來。要不……我再問一下許部長？」

揚帆笑了，說：「你呀，真是個老實疙瘩。我是跟你開個玩笑，你倒當真了。」他往吃空的飯碗裡倒滿開水，也給馬敬錚來了一份，然後說：「這就是好酒，來，咱們乾上三大碗。」

馬敬錚說：「行，我陪你。老楊，你就受些委屈吧，對不起。」好像喝不上酒是他的錯似的。說著端起大碗就要喝。

揚帆望著忠厚的朋友動了感情，說：「你先放下，我還有話。老馬，難得這幾天你陪著我受累，又沒和家人過上年，還要再上北京奔波一番。我得謝謝你呀。這樣吧，你不是老愛聽我背古詩嗎？我給你背一段白居易的〈勸酒〉歌怎麼樣？」

馬敬錚咧嘴一笑：「那還有啥不行。」

揚帆略一凝神，開口念道：

勸君一盞君莫辭，勸君兩盞君莫疑，勸君三盞君始知：

面上今日老昨日，心中醉時勝醒時。

天地迢迢日長久，白免赤烏相趨走。

身後堆金到北斗，不如生前一樽酒。

君不見春明門外天欲明，喧喧歌哭半死生，

遊人駐馬出不得，白輦紫車爭路行。

歸去來兮頭已白，……

念到這一句時，揚帆不禁帶出悲音，他怕掃興，急忙將後一句「典錢將欲沽酒吃」咽了回去，端起飯碗說：「好了，背完了，我先喝。」說著咕咚咕咚一氣將水喝乾，抹抹嘴連呼：「好酒！好酒！」

馬敬錚再老實，也看得出朋友神情的變化，心裡一陣酸楚，說：「老楊，等你說清楚回來，我請你在大飯店喝酒，地方由你挑，咱們喝它個一醉方休。」

揚帆閉目搖頭不語。

馬敬錚急了說：「怎麼，怕我請不起？不給我面子？」

揚帆繼續搖頭，說；「不是。是我要戒酒了。」

馬敬錚自然不信：「你能戒酒？」

揚帆半天不答，卻又低聲吟起詩來，是陶淵明的〈止酒〉：

平生不止酒，止酒情無喜。
暮止不安寢，晨止不能起。
日日欲止之，營衛止不理。
徒知止不樂，未知止利己。
始覺止為善，今朝真止矣。
從此一止去，將止扶桑涘。
清顏止宿容，奚止千萬祀。

馬敬錚再也忍不住自己的眼淚了，連忙背過臉去。

這頓飯吃完沒多久，他們二人已經置身在開往北京的十四次特快列車上了。揚帆的一雙眼睛毫無顧忌地在擠滿月臺的人群中掃視著，希望能看到妻子李瓊和其他親人的身影，可是直到列車開動，也未能如願，最後一點希望終於從他眼神中消失得乾乾淨淨。他只好在心裡默默說：「放心吧，我很快就會回來的，我很快就會回來的……」

四十四歲的壯年揚帆還是太天真了！他那曾想到，這一去卻要入獄二十五年！當他苦海餘生再回到上海時，已經是垂垂老矣的白髮老翁了。

驚弓之鳥難逃網羅

據文光先生統計，在「潘、楊冤案」中受株連者多達九百多人，其中被捕者八百多人，受到其他處理的一百多人，這還不算雖未立案但已然遭到不公正待遇的受害者，如果連這也加起來，此案受株連者多達一千多人，完全可以躋身於中國歷史上株連最廣的著名冤案之列。

關於株連對象，文光先生是這樣分類的：一種是解放前在潘、楊領導下從事地下隱蔽鬥爭的革命幹部；一種是解放後立功贖罪的來自敵特陣營的人員；一種是潘、楊的親屬、戰友、朋友、老上級和老部下等。文光先生擇其要者列出有：劉人壽、董慧、譚崇安、袁錕田、王征明、田雲樵、錢明、李滌非、蔡秉賢、汪錦元、孟述先、周之友、潘錫年、潘可西、王堯山、于伶、趙先、華克之、朱素文等。

文光先生在這裡實在應該再點出一個「要犯」的名字來，因為此人雖說在「潘、楊冤案」中算不得特別顯要，但其蒙冤受辱而導致一生毀滅的悲慘命運，卻有著特殊而深刻的研究價值。

這個人就是關露！

一九五五年六月十五日，上午一上班，就有中華人民共和國公安部的兩名便衣人員來到文化部電影局，身上裝著一張印章血紅的逮捕證。那上面的被捕人姓名一欄裡，毫不含糊地寫著「關露」二字。

單位領導吃驚地張大嘴巴說；「她剛剛隔離審查放出來，不是與胡風沒有什麼牽連嗎？」公安人員把眼一瞪：「什麼胡風！」

單位領導更吃驚了：「莫非她還有另外的案子？」

公安人員有些不耐煩起來：「那還用問！商量一下怎麼抓吧，她人眼下在不在單位？」

單位領導不敢多事了，說：「在，在。你們說怎麼辦吧。」

公安人員問：「她家還有些什麼人？」

單位領導答：「什麼人也沒有，一個孤身患病的女同志。」

公安人員立即提醒說：「什麼同志？她可不是同志！她有什麼病？」

單位領導有點不敢隨便張口了，好一會才字字斟酌地說：「病……我們也說不好，反正隔離審查期間……似乎是感冒吧。」

這裡提到的隔離審查，那是為著前不久另外一樁轟動全國的大案——所謂的「胡風反革命集團」案。它的大致情形如何？又何以牽連到關露？應該略作介紹。

新中國成立不到五年，居然一氣搞出三樁驚天動地的曠古大案，這倒有點出乎一般國人之所料，它們是：「高崗、饒漱石反黨聯盟」案、「胡風反革命集團」案、「潘漢年、揚帆反黨集團」案。這三樁巨案雖說性質不同，但產生的時代大背景一致，都共同反映出當時黨內外、尤其是上層政治鬥爭的一種白熱化狀態，事實上有著某種內在的千絲萬縷的關連。關於「高崗、饒漱石反黨聯盟」一案，我們已有交代。那麼「胡風反革命集團」案又是怎麼一回事呢？自然先得從案主胡風說起。

胡風，一九〇二年生於湖北蘄春縣中窯村，原名張光人。十一歲開蒙上學，十五歲從名師讀「經館」，十七歲考入蘄州官立高等小學堂，十九歲考入武昌啟黃中學，二十一歲考入東南大學附中高中班，二十三歲考入北京大學預科（這裡順便提及，同年考入這個預科班的還有王實味，令人難以置信的是，這一對小班同學日後居然都成為中國現當代史上兩起千古奇冤的案主，純屬巧合乎？王實味事請參閱拙著《誰殺了王實味》一書。——作者）。早在上初中前，他已接受了

「五四運動」的洗禮，參加了新文學運動，身為湖北地方一小小中學生，而竟連續在北京的《晨報副刊》上發表文章，先有〈改進湖北教育之討論〉的政論文，後有〈送一封信〉的散文，也算一鳴驚人。一九二九年，二十七歲的胡風赴日留學，入慶應大學英文科。一九三二年參加日本反戰同盟和日本共產黨，在中國留學生中組織「新興文化研究會」，隨後即因組織左翼抗日團體被日本政府驅逐回國。一九三三年七月，出任「左聯」宣傳部長，不久又接替茅盾任『左聯』行政書記。一九三四年九月，因為有人誣他是南京派來的「內奸」，而當時「左聯」的黨團書記周揚未做深入調查便信以為真，胡風一氣之下辭職不幹，離開了「左聯」的領導崗位，開始職業作家的生活，並進一步追隨在文化巨人魯迅先生的身邊，成為魯迅先生的忠實學生和得力助手。同時，受到黨中央特科負責人周恩來的信任，被委派為黨中央與魯迅先生之間的聯絡人。一九三五年元旦，第一次以「胡風」的筆名在當時最有影響的刊物《文學》上發表了〈林語堂論〉而轟動一時，從此終其一生便以「胡風」為名。據說林語堂看到這篇文章後對人說，這是魯迅先生用一個新化名在批評他。而魯迅先生聞聽後則笑著說：「要是我寫，不會寫得那麼長！」接著，胡風又發表了〈張天翼論〉。兩論一鳴驚人，可以說奠定了他在中國文壇作為文藝評論家的地位。一九三六年初，出版《文藝筆談》，隨後出版《文學與生活》、翻譯小說集《山靈》、新詩集《野花與箭》等，無可爭議地取得了文學批評家、理論家、翻譯家和詩人的稱號，成為以魯迅為代表的革命文學陣線裡一員實力雄厚的驍將。

一九三六年元旦，在魯迅先生的全力支持下，胡風創辦了《海燕》雜誌。魯迅先生不但為之親題刊名，而且一下就交出〈「題定未」草〉、〈文人比較學〉、〈大小奇蹟〉三篇雜文，和一篇歷史小說〈出關〉。在創刊號上，發表作品的著名人物還有瞿秋白、蕭軍、蕭紅、羅烽等，從而使頭版的兩千冊刊物當天就在上海搶購一空。

一九三七年十月十六日，胡風主辦的《七月》雜誌在漢口漢潤里四十二號正式出版。全部經費由董必武領導的八路軍駐武漢辦事處資助，以胡風的老友、時在八路軍辦事處工作的熊子民為發行人。創刊不久的《七月》便聲威大震，被文藝界公認為是「在許多作家放下筆與許多文學刊物紛紛停刊的情況下」，「在最艱苦的處境凜然屹立」，辦得「好到不能說什麼壞話」，「送出了一批非常好的作家」的雜誌。的確，在《七月》周圍，逐漸形成了以艾青、田間、曹白、東平等人為代表的一大批優秀詩人，成為一個被稱作「七月詩派」的不容忽視的作家群。當代著名評論家林賢治於此評論道：胡風和他的《七月》，「於艱難困苦之中，扶助了大批年輕的戰士，並伴同他們一起在現實主義的道路上前行。後來，被劃入胡風「集團」中的一群，正是為《七月》所凝集的一群。這是陌生的一群，他們唯在貢獻於人民的解放事業這一共同的文學理想中彼此相認，而又分散於全國各地的默默的一群。胡風在他所主編的雜誌中並沒有放置任何足以蠱惑人心的口號和綱領，唯以自己的人格，工作的熱忱，現實主義的理想傾向，和體現了這一切的整個刊物的戰鬥風采感召了他們。事實證明，自新文學運動以來，在所有可以稱之為流派者中間，『七月派』是最具實力的一群。」

一九四五年元旦，胡風主編的新刊物《希望》在重慶出版，那是武漢的《七月》被國民黨政府扼殺以後，在周恩來鼎力支持下，經過近一年時間的艱難掙扎方才創辦成功的。《希望》的編輯方針與《七月》一脈相承，可以說就是《七月》的續刊。所變化的只是，作家群有了更新和擴大，湧現出一大批以阿壟、路翎、綠原、舒蕪為中堅力量的年青作家。在《希望》創刊號上，胡風推出了舒蕪的文章〈論主觀〉，當即在由共產黨領導下的重慶文化界掀起軒然大波，也給胡風埋下了終生受害的禍根。很快，茅盾、邵荃麟、喬冠華、林默涵、黃藥眠等人，對〈論主觀〉大加批評，而且由批舒蕪很快轉向批胡風，認為他是直接對抗毛澤東發動的反對主觀主義的整風運動，與〈在延安文藝座談會上的講話〉唱對臺戲。胡風想不通，認為是文藝界的宗派主義作怪，仍然堅持自己提倡的作家要有「主觀戰鬥精神」。無形之中，胡風與香港和重慶的左翼文藝界的矛盾，逐漸由文藝思想的分歧演變成個人感情上的分裂。主流派對胡風文藝思想的批判，也逐漸由互相平等批評演變成不允許胡風反批評的大批判。

一九四九年四月，全國第一次文代會期間，胡風在事先一無所知、而且編委會組成人選業已擬好的情況下，被任命為《文藝報》主編。胡風當即加以拒絕，並要求與周恩來面談。周恩來一直沒有出面，而由胡喬木約見胡風，讓他在人民文學出版社總編、文藝報負責人和中央文化研究所任教這三個職務中選定一項。胡風再次全面拒絕，從而失去在中國文藝界的立足之地。

一九五〇年三月十四日，周揚在文化部禮堂向京津文藝幹部作報告，點名批評「七月派」作家阿壠的兩篇文章，並第一次提出所謂胡風「小集團」問題。不久，在《文藝報》第六十期，以讀者來信形式表明：「我迫切地要求對於胡風這些錯誤的文藝理論進行批判！」據說，這樣的讀者來信收到很多。很顯然，這是很有來頭的一種政治姿態。

一九五二年五月二十五日，迫於政治壓力的舒蕪改變態度，在《長江日報》發表〈重新學習「在延安文藝座談會上的講話」〉一文，表白自己經過學習，已然認識到所寫〈論主觀〉是一篇宣揚資產階級唯心論的大毒草。這一變化頓使一直為舒蕪及其〈論主觀〉進行辯護的胡風極為被動和尷尬。

一九五二年九月二十五日，舒蕪在《文藝報》發表〈致路翎的公開信〉，主動全面地揭發批判「以胡風為首的小集團」的言論、思想、活動和作品。一場批判胡風的急風暴雨即將到來。多虧周恩來在這關鍵時刻站出來說：「要對胡風同志進行同志式的批評，不要先存一個誰對誰錯的定見，而要心平氣和地好好與胡風同志交換意見。」這才迫使一些人不得不把準備召開的公開批判會，改為由文聯和作協黨組擴大會召開的「胡風文藝思想討論會」。這樣的討論會開了四次，但效果不良。因為主持會議者感興趣的是胡風的「個人英雄主義」、「宗派主義」、「文藝上的小集團」、「文藝理論上的片面性絕對性」等帶有反黨反毛澤東思想傾向的重大問題，而胡風卻或者予以否認，或者避而不談，或者進行解釋，尤其對什麼「存心反黨」極為反感。所以，周恩來所期望的「交換意見」的目的並未達到。

一九五三年一月三十日，林默涵在《文藝報》第二期發表衝鋒陷陣的長文：〈胡風的反馬克思主義的文藝思想〉。二月十五日，何其芳緊隨其後，在《文藝報》第三期發表〈現實主久的路，還是反現實主義的路〉。對於這兩篇文章的觀點，胡風表示絕難接受。林默涵代表組織找胡風談話，要他寫一封向黨表態的信。胡風拒絕說：「我要認真地進行檢查，現在寫一封簡單的表態信是很困難的。」

一九五四年七月二十二日，胡風向國務院教委主任習仲勳面呈一份長達二十七萬字的報告：〈關於解放以來的文藝實踐情況的報告〉，即世人通稱的「三十萬言書」，請他轉呈中共中央委員會。從而惹下通天大禍。

一九五四年十二月八日，手眼通天的周揚在全國文聯、作協主席團擴大聯席會議上，作了題為〈我們必須戰鬥〉的發言。這是批判胡風的綱領性宣言。

一九五五年一月十七日，毛澤東決定將胡風的「三十萬言書」的第三、四部分，即〈關於幾個理論性問題的說明材料〉和〈作為參考的建議〉，以〈胡風對文藝問題的意見〉為題，公開發表，讓大家展開討論。

就在這重要關頭，舒蕪主動向有關領導人物交出胡風寫給自己的一百多封私人信件，即刻被呈送毛澤東。他本人又於五月十三日在中共中央機關報《人民日報》上，發表了題為〈關於胡風反黨集團的一些材料〉的文章。這篇明顯的授意文章一舉改變了矛盾的性質，胡風的問題，已然是反共、反人民、反革命、反社會主義的罪行了。

一九五五年五月十七日，中央公安部對胡風及其夫人梅志女士實施逮捕，並進行抄家，將所有信件、文稿、報刊、書籍等一切文字東西全部查繳。

一九五五年五月十八日，毛澤東以給《人民日報》寫按語的方式，親筆寫道：「對於像胡風分子這樣一種偽裝擁護共產黨而實際反對共產黨，偽裝擁護人民而實際反對人民，偽裝擁護革命而實際反對革命的人，我們應該提高警惕，不要被他們永遠欺騙下去。像胡風或類似胡風的這種號稱的偽裝的分子當然是少數，但是危害卻是極大，他們可以鑽進我們的黨內、軍內、國家機關內、文化機關內……做出許多壞事來。如果不提高警惕，不把他們的問題弄清楚，不把他們的破壞活動加以制止，……將給我們的革命事業以嚴重的損害。」

一星期後，《人民日報》公佈〈關於胡風反黨集團的第二批材料〉，發表了解放以後胡風寫給「他的反動集團的人們」的六十八封「密信」。毛澤東就此再發《人民日報》編者按：「在這些信裡，胡風惡毒地污蔑中國共產黨，污衊黨的文藝方針，污衊黨的負責同志，咒罵文藝界的黨員作家和黨外作家；在這些信裡，胡風指揮他的反動集團的人們進行反共、反人民的罪惡活動，秘密地有計劃地組織他們向著中國共產黨和黨所領導的文藝戰線猖狂進攻；在這些信裡，胡風唆使他的黨羽們打進共產黨內，打進革命團體內建立據點，擴充『實力』，探聽情況和盜竊黨催文件。」

到了六月份，毛澤東繼續大發「按語」。其一為：「胡風所謂『輿論一律』，是指不許反革命分子發表反革命意見。這是確實的，我們的制度就不許一切反革命分子有言論自由，而只許人民內部有這種自由，……在人民與反革命之間的矛盾，則是人民在工人階級和共產黨領導之下對於反革命的專政。在這裡，不是用的民主的方法，而是用的專政即獨裁的方法，即只許他們規規矩矩，不許他們亂說亂動。這裡不但輿論一律，而且法律也一律。」其二為：「『宗派』，我們的祖宗叫『朋黨』……幹這種事情的人們，為了達到他們的政治目的，往往說別人有宗派，有宗派的人是不正派的，而自己則是正派的，正派的人是沒有宗派的。……為了掃蕩起見，他們就『拋出』了不少的東西，這樣一來，胡風這批人就引人注意了。許多人認真一查，查出了他們是不大不小的集團。過去說是『小集團』，不對了，他們的人很不少。過去說一批單純的文化人，不對了，他們的人鑽進了政治、軍事、經濟、文化、教育各個部門裡。過去說他們好像是一批明火執仗的革命黨，不對了，他們的人大都是有嚴重問題的。他們的基本隊伍，或是帝國主義國民黨的特務，或是托洛茨基分子，或是反動軍官，或是共產黨的叛徒，由這些人作骨幹組成了一個暗藏在革命陣營內的反革命派別，一個地下的獨立王國。這個反革命派別和獨立王國，是以推翻中華人民共和國和恢復帝國主義國民黨的統治為任務的。」

最高當權者毛澤東這一系列嚴厲無比的「按語」，直將「胡風反革命集團」鑄成鐵案。被定為「胡風分子」的共七十八人，絕大多數都鋃鐺入獄。一個清查、揭發、批判胡風分子及其追隨者、同情者的運動在全國普遍展開，株連之風度捲一切。

這就是「胡風反革命集團」案的大致情形。

那麼，關露又是怎樣被牽連進去的呢？這要追溯到二十多年前她在「左聯」的一段經歷。前文書中交代，關露於一九三二年加入「左聯」，一九三三年曾在「左聯」的創作委員會工作。當時「左聯」下設兩個委員會，一個創作委員會，由黨團書記丁玲兼管，一個理論委員會，負責人正是胡風。這就是麻煩：既然你關露早在二十多年前就與胡風是同事，難道就沒有問題？所以不隔離審查一下是不行的。

還沒有人考察過「隔離審查」出自何種法典，源自哪朝哪代；恐怕是我們現代中國的一種新創造吧。你說它把人當罪犯吧，卻沒有將你關進國家的正式監獄；可你說它把人當人吧，卻又照樣把你的人身自由剝奪得精光，與真正的罪犯絕對相差無幾。對這種殘害人們身心的「隔離審查」，關露早在一九四五年就領教過它的厲害了。

事過將近十年，在清江的首次「隔離審查」的慘痛記憶剛剛淡化，新的災難接踵而至，就是幾個月前因為「胡風分子」嫌疑而對關露進行的第二次「隔離審查」，又折騰了好幾個月，差點又把精神分裂症給整復發了。正在風頭上，這次可沒有什麼人來解救她，只是後來感冒加重實在挺不下去了，才讓她回到家裡養病。這不，病還沒好，公安部的人又追上門來，就是本章第二節出現的情景。

兩次橫飛而來的「隔離審查」，已使關露成為驚弓之鳥。所以，當她被叫到公安部人員面前時，便立即渾身發抖，目光驚恐地直往後縮，嘴裡下意識地發問道：「是不是又要隔離審查我？是不是又要隔離審查我？……我還有什麼罪？我還有什麼罪？……」

公安人員冷冷地說：「你就是關露吧。跟我們走一趟。」

「上哪兒去？」關露不敢看威嚴的公安人員，可憐巴巴地望著機關領導，「他們……這是……」

機關領導一如木雕泥塑。

公安部人員攤開逮捕證，用更加冷峻嚴正的聲音宣佈道：「快簽字！」

當關露一絲不苟地在逮捕證上簽字的時侯，還不曾料到這一回可不是「隔離審查」，而是為一樁新的滔天重案，要去蹲共和國的大獄！

第十五章 自己人的監獄

功德林的悔恨

明末清初時節，在北京德勝門外下關之北有一座養濟院，它的前身是一座名叫功德林的佛家廟宇。這個充滿慈善意味的名稱，對於專以「賑饑濟貧」為能事的養濟院來說，倒是再合適不過了。過了兩百多年，清光緒年間，有位著名的法律大臣沈家本要進行司法改革，給皇上奏了一本，題名為《奏實行改良監獄宜注意四事折》。充滿改革衝動的光緒皇帝當即批准，並立刻在全國實行。光緒二十八年，也就是西元一九〇二年，北京地方當局為了落實皇命，關閉了功德林養濟院，在此基礎上改建成一所文明監獄——順天府習藝所。不幾年清朝覆滅，民國肇立，改朝換代。順天府習藝所也在民國二年（西元一九一三年）隨之改為宛平監獄，次年又改為京師第二監獄，規模擴大到共有監房十七間，採用雙扇面及十字暨丁字結構建成，除一間病監外，其餘十六間以天、地、元、黃、宇、宙、洪、荒、日、月、盈、昃、辰、宿、列、張十六個字為監名，總共可容納犯人一千多名。設有典獄長一人，看守長三人，候補看守長五人，還有教誨師、醫生、辦事員各一人。犯人勞動作業有窯科、木科、柳條科、紡織科、鐵科、農作和畜牧等十七種之多。又過了將近半個世紀，再次改朝換代，中華人民共和國成立。但功德林作為監獄並沒有隨著改變，而完整地保留下來並有所修建，歸中華人民共和國公安部管轄。到一九五五年時，它已具有五十三年歷史了。功德林，功德林！從作為普救眾生的慈善機構，到「憑藉國家強制力為後盾，拘束、限制人身自由」的監獄，這可真是天地之差呀！

對於功德林監獄的歷史沿革，潘漢年當然一無所知；此時，他甚至不知道自己已經身陷囹圄，或者更準確點說，他壓根兒就不相信自己會被關進監獄，自己人的監獄！所以當獄方人員對他說：「你就住在這裡。牆上貼有注意事項，希望你能遵守。你身上有小刀、鑰匙之類的金屬器具嗎？請交出來。……」並隨手咣的一聲帶上門加上鎖之後，他茫茫然無視無聽，頭腦裡一片空白，完全不知道身在何處……半個多小時前，自己不是在北京飯店三〇一房間剛洗過澡，給上海的妻子董慧打過電話嗎？一個多小時前，不是剛與吳祖光、新鳳霞夫婦、艾青等幾個老朋友在東單康樂餐廳歡聚過嗎？昨天，實在難以推卻沈鈞儒老先生的再三約請，在專程來接的胡愈之的陪同下，不是剛去沈家赴過盛宴嗎？半個多月前，自己作為上海代表團的一員，隨陳毅等同志赴京參加黨的全國代表大會，會上不是親耳聆聽過毛主席的重要講話嗎？再以前不是……可眼下，這是怎麼回事？我這是在哪兒呀？怎麼是這樣一間陌生的、叫人有點透不出氣來的、不像樣子的房間？

其實，在功德林監獄，這是一間最像樣子的單人牢房了：面積大約有十五平方米左右，雪白的牆壁和天花板，深色的地毯，一張單人沙發床，一套全新的被褥床單，一張小寫字臺，一把軟面座椅，一套衛生設備，一盞明亮的電燈，暖氣片散發著並不亞於北京飯店的融融暖意……對於一個失去自由的囚犯來說，真乃天堂一般，還要奢求什麼呢？

問題是：我潘漢年不是囚犯，是的，決不是囚犯！……雖然，我知道我生性複雜而矛盾，一生過錯不少，其中有個最大的過錯非常嚴重，那就是私會汪精衛，連我自己都恨它，不能原諒它，多少年來為它感到無限悔恨，成了一塊抹不平、剜不掉、連血連肉的心病。而且，我也知道這個過錯難以隱瞞長久，遲早總要暴露，越是晚一天清算，就越要付出慘重的代價。說心裡話，我早就盼著暴露它、清算它的這一天，願意為此接受黨和人民的裁決和處罰，願意竭盡後半生的全部心血，以十倍百倍的貢獻去彌補對革命事業造成的損失……可是，可是，再嚴重也輪不著蹲監獄吧？難道說這個過錯是彌天大罪嗎？難道不能聽我對此作一番必要的解釋嗎？你們這樣以突然襲擊的方式誘捕我，毛主席知道嗎？……

潘漢年不知道，他認為的這個過錯，在高層權力中心處於政治勃起的超常狀態下，會被放大和扭曲到什麼程度！這個從政的詩人，更想不到宣判他政治死刑的人正是毛主席！

潘漢年如今身陷囹圄，最悔恨的，還是為什麼沒能把私會汪精衛一事早些告訴毛主席。

或許也是潘漢年合該倒楣！

想當初，淮南根據地並不安寧，饒漱石和陳毅正打得厲害，或者更確切些說，是饒漱石把陳毅打得厲害。饒漱石，這位號稱「小毛澤東」的政治野心家，當時一心想把新四軍代軍長陳毅徹底趕走，由他集黨、政、軍三權於一身，搞出個一統天下來。怎樣才能將陳毅排斥掉呢？自然莫過於抓他頭上的「小辮子」，饒漱石深諳「打人要打臉，揭人要揭短」的歪道惡招，他知道陳毅頭上正好留著「小辮子」。一九二九年六月二十二日，在江西龍岩城公民小學，中國共產黨紅四軍第七次代表大會召開了，大會由政治部主任陳毅主持。代表們圍繞井崗山鬥爭以來各方面的問題進行爭論。會議否定了毛澤東提出的必須反對不要根據地建設的流寇思想和必須堅持黨的集權制領導原則。決議說：「流寇思想與反流寇思想的鬥爭，也不是事實。」決議還把「集權制領導原則」視為「形成家長制度的傾向」。由於幾個主要問題未能分清是非，大家的思想未能統一。大會改選紅四軍前委，毛澤東未能當選，而陳毅被選為前委書記。這就是歷史上所謂的「陳毅反毛主席」案。這也就是饒漱石眼中能致陳毅於死地的「小辮子」。在饒漱石看來，真是天助他也，因為不遲不早，就在他決定向陳毅動手之時，中共中央所在地延安發生了「搶救失足者運動」，淮南根據地已經接到照樣實施的命令，這是多好的整人機會！於是，身為根據地一把手的饒漱石當仁不讓，立即以「反對毛主席」為突破口，誣告陳毅一貫反對、排斥政治委員和黨委書記，企圖取而代之，歷來如此，云云，並開會策劃對陳毅軍長進行批鬥。

饒漱石的作法，叫一切正直正派的人看不慣，其中包括潘漢年。

陳毅是四川樂至人，早在一九一九年就去法國勤工儉學，並加入了中國社會主義青年團。二十二歲入黨，二十七歲就同朱德一起率領南昌起義保留下來的部隊和湘南起義的農軍上井崗山，與毛澤東率領的部隊勝利會師。歷任中國工農紅軍第四軍政治部主任、軍委書記，在建設井崗山革命根據地和發展工農紅軍的鬥爭中，做出了重大貢獻。在中央革命根據地時，曾任江西軍區司令員兼政治委員。一九三四年中央紅軍長征後，他留在江西蘇區，在極端艱苦的條件下，堅持了三年游擊戰爭，支援了紅軍北上抗日。抗日戰爭一開始，他先任新四軍一支隊司令員，皖南事變後就任新四軍代理軍長至今，一直模範地執行黨的抗日民族統一戰線的政策、策略和毛澤東同志關於抗日游擊戰爭的一整套戰略戰術。他為人直爽豪邁，光明磊落，對自己歷史上反對毛澤東反錯了一事毫不隱晦，勇於承擔責任。所以，他的革命功績和高尚人格，贏得了普遍讚揚，在人們心目中享有很高的威望。

潘漢年早在來淮南根據地以前，就非常崇敬陳毅，除了上述原因外還有一條，就是陳毅也寫得一手好詩，儒將氣度，文采風流，讓同為詩人的潘漢年更是欽佩不已。因而，在饒漱石排斥打擊陳毅之初，潘漢年就有明確的態度，來到淮南根據地後，他即寫了一首詩〈贈陳毅〉，曰：「韜略經綸晉謝風，雄師十萬過江東。庚嶺三年驚賊膽，王橋一戰定華中。」

對潘漢年的這種表現，饒漱石豈能不記恨在心？早把他視為異己了。

而潘漢年自己也心裡清楚，饒漱石只要有機會，是不會給自己好果子吃的。他從上海回來後，之所以向饒漱石只彙報有關「清鄉『和』掃蕩」的準確資訊，而對被挾持私會汪精衛一事隱瞞不題，主要原因很可能就是怕讓饒漱石抓到打擊報復的機會。何況這時根據地的整風運動已風起雲湧，更何況很快又發生了令人震驚的終將潘漢年自己也捲了進去的「揚帆事件」。

這年的十月，身為新四軍第三師保衛部長的揚帆，在新四軍軍部和華中局所在地黃花塘被捕，罪名是：有人在延安揭發，說揚帆早在南京國民黨立戲劇專科學校時已參加「CC派」。「揚帆事件」由饒漱石親自過問，大肆鋪陳，將淮南根據地的整風運動搞得讓人膽戰心驚。在這種情況下，潘漢年無疑更不敢講出內心的秘密了。

這一拖可就晚了、壞了、慘了……終於導致出意想不到的嚴重後果：鋃鐺入獄，成為自己曾親手參與創建的共和國的罪犯，成為與一大批國民黨戰犯為伍的人民公敵。這……委實太可怕了。

決定把潘漢年抓起來，這確實是毛澤東的意志。

「高崗、饒漱石反黨聯盟」的刺激，「胡風反革命集團」的刺激，使毛澤東對黨內的忠誠和新生的共和國的安寧越來越放心不下。這位常常具有超前思考和勇於行動的政治巨人，是容忍不下任何他自己感覺到的背叛和挑戰的，他對付這一切的手段往往寧肯殘酷無情，因為對敵人的仁慈就等於對人民的犯罪。他決定召開這次非例行的中共全國代表大會，主要就是想徹底解決高崗問題，並給全黨敲響警鐘，所以，他在大會上才發表了那篇口氣嚴厲的嚇壞了潘漢年的重要講話。潘漢年由此心事重重，在大會閉幕的當天晚上去找好友夏衍，卻又欲言又止。夏衍那時還不知道老朋友有一塊什麼樣的心病，誤以為是怕受饒漱石的牽連，勸潘漢年去見一見代表團長陳毅。這一節，我們在前文書中已有交代。

潘漢年是四月一日晚上去見陳毅的。一聽說曾經私會過汪精衛，向來氣魄很大的陳毅將軍也不禁倒吸一口冷氣，極為震驚地叫道：「老弟，你真好大膽子呀！你怎麼……怎麼現在才說喲。」

「我……」潘漢年一時語塞，坐在那裡呆若木雞。

陳毅見狀，有意緩和一下氣氛，說：「當然，現在說也還不晚。到底怎麼回事呀，你給我詳細說一下。」

潘漢年便將自己的一塊心病向陳毅和盤托出，最後又拿出一份寫好的文字材料，一份自我檢查材料，交給陳毅說：「事情的全部經過就是這樣，請組織上審查，這些材料，我想請你轉交給毛主席。你看……」

「這沒得問題，」陳毅一口答應下來，並慷慨地表示：「再說，當時淮南那樣的情況，我也有責任向主席說明，替你解釋清楚。你潘漢年是夠朋友的，是不是？」說罷哈哈一笑。

潘漢年心裡感到輕鬆一些，說：「那就謝謝陳市長了。」

陳毅說：「你先不要言謝，謝個啥子嘛。我明天就去見主席，還不知道是啥子情況哩。……這一陣子主席的心情很不好，出了這麼多事……你這個機會也很不好呀。漢年，我說你得有個思想準備，這事你恐怕是要吃黨紀處分的。」

潘漢年說：「這沒問題，只要不開除黨籍，什麼處分都行。」

陳毅沉思地嚅動幾下嘴唇想說什麼，但沒有說出來，最後表示：「好，我明天就去中南海。」

四月二日，陳毅赴中南海面見毛澤東。局面比原先預料的要壞得多。

毛澤東強壓怒火聽完陳毅的話，不等他替潘漢年解釋半句，便提起紅筆在潘漢年的材料上批道：「此人從此不可信用」八個大字，隨即將這些看也沒看的東西推過一邊。

面對盛怒之中的毛澤東，陳毅不敢輕易開口，只好靜觀事變。

毛澤東鐵青著臉，狠狠地吸著煙，心裡不知翻騰著怎樣的狂潮，偶爾發出斷斷續續的自語聲：「……此人在延安找過我……隱瞞了十二年……中央是為他發過電報的……」

毛澤東發怒是理所當然的。因為早在十年前，他就接到過饒漱石的專門報告，指控潘漢年在敵佔區和淮南根據地的種種「問題」，其中也提到根據國民黨方面的消息，說潘漢年曾經會見過汪精衛云云。對此，他是斷然否定的，並於一九四五年二月二十三日給饒漱石發去一封親批的電報，由劉少奇和康生共同署名，電報全文如下：

饒：

（一）漢年一九三九年自延安出去時，中社部曾要他設法爭取和利用李士群在敵偽特務機關內為我方做情報工作。香港淪陷漢年到滬後，潘曾經過袁殊關係與李士群在上海會面一次，進行過爭取工作。此事在事先事後潘均電告了延安中社部，而且當時上海黨負責同志劉曉也知道的。以後潘由滬撤至華中時，華中局決定派遣他到南京與李第二次會面，此事你們都曉得。至於敵偽及國民黨各特務機關說漢年到南京與日方談判並見過汪精衛等，完全是造謠污衊。在利用李士群的過程中，漢年也決無可懷疑之處，相反的還得到了許多成績。這類工作今後還要放手去做，此次漢年來延安，毛主席向他解釋清楚。

（二）劉曉、漢年由滬撤退至華中時，確係利用李士群、徐漢光（即劉毅）的關係作過掩護，當劉曉到延安後即向中央講了敵後交通工作常常利用敵偽關係，許多華中幹部由彰德至集總，也是如此。

（三）國民黨中統局經常製造謠言說延安派李富春、華中派潘漢年到南京與敵偽勾結，又常造謠說漢年已被華中局扣押，極盡造謠挑撥之技，望告情報系統的同志千萬勿聽信此種謠言致中敵人奸計。

這就是說，毛澤東對潘漢年的忠誠是信得過的，是打了包票的，是不許任何人去懷疑的，也就等於說他對他自己的判斷正確是堅信不疑的。可是突然之間，陳毅的嘴戳破了這一切。任何人一下跌入這種十分尷尬的局面能不震怒嗎？更何況是一黨的最高領袖！

陳毅當然吃不透毛澤東的心思，也不知道這些話的確切意思，只好繼續保持沉默，等待著這位當年的同事、如今的最高領袖的最後裁決。

決定潘漢年命運的時刻終於到了。只聽毛澤東說：「立即逮捕審查！」

夜深沉。人難眠。

如果說夜的威懾全憑黑暗和寂靜，那麼潘漢年最怕它的還是後者——無邊無際的、無頭無尾的、莫測深淺的、粘稠沉重的寂靜。多少年來，這種寂靜之夜對於潘漢年來說是非常陌生的，他習慣的是上海、香港等大都市的繁華之夜，喧囂、明亮、熱烈……因而眼下倍覺難捺其苦。要說起來，童年也曾有過故鄉陸平村的寂靜之夜，可那時也有生母巫大寶的撫摸和催眠曲；十二年前在淮南根據地也曾度過上百個寂靜之夜，可那時是一副自由身，吟詠作詩，曲盡曼妙，其樂也融融。可如今……身陷牢獄之中，命在不測之數，燈下孤影，寂寞無限，繞室徬徨，何以消此長夜？

潘漢年忽然覺得有些冷，他沒有過慣北方的春夜，再說也許倒是因為心冷的緣故。他手頭還沒有多餘的衣服禦寒，於是只好上了床，用厚實寬大的棉被把自己包起來。這樣是暖和多了，可立即又覺得肚子餓了，晚上那頓飯，只顧和朋友們說話了，並沒有吃什麼正經東西，如今五、六個鐘點過去，如何能不餓？要知道會……說什麼也該多吃一些呀，那麼多愛吃的菜，祖光和鳳霞也真會點菜……太可惜了，真後悔呀。

此刻，叫潘漢年後悔的光是這一頓飯嗎？不是，遠遠不是。叫他最最後悔的還是那塊心病，在此後兩次見到毛主席時，自己怎麼就沒勇氣向他說出來呢？

潘漢年清清楚楚記得，自己是在一九四四年十一月被中共中央指定為出席即將召開的「七大」代表，於十二月攜妻子董慧北上赴會，第二年一月二十九日抵達革命聖地延安，並被安排住在許多中央領導人居住的楊家嶺。不久後的一天，自己鼓足了勇氣去見毛主席，下決心把所有的一切都向他和盤托出，徹底去掉心病，做一個問心無愧的「七大」代表。

毛主席正在窯洞裡批閱文件，見自己進來，很熱情地離座相迎，緊緊地握手，並十分破例地給自己倒了一杯酒。這樣的禮遇反叫自己感到格外不安和拘謹，連抬頭看一眼毛主席的勇氣都沒有了。毛主席說：「漢年同志，你辛苦了。我們快十年沒見面了吧？」他的記性可真好。自己是一九三六年第一次見到毛主席的，算來可不快十年了嘛。那是在當時的中共中央所在地保安城，八月十日，張聞天同志主持中共中央政治局會議，通知自己列席參加。會上，自己彙報了共產國際對建立抗日統一戰線問題的指示和中共駐共產國際代表團的意見，以及自己在莫斯科、香港、南京與國民黨代表聯絡、會談的情況。他看見毛主席聽得很認真，四十出頭年紀，腦門寬闊，目光炯炯，令人一見難忘。當時，完全出於一種自然的感情迸發，自己在彙報發言中曾就四中全會對毛主席的錯誤態度提出批評，認為毛主席是全中國、以至全世界群眾信服的革命領袖，他有很好的很豐富的實踐經驗，在國際上都是少有的。這確實是自己在國外一年多時間裡的親身感受。會後自己即奉命去西安接觸張學良將軍。當月二十五日，毛主席親自給自己拍來一封電報，指示說「同南京進行具體的進一步的談判，以期在短期內成立統一戰線，這是我們進行整個統一戰線的重心」，並要自己在7天之後返回保安「接受新的方針」。正是從這時開始，覺得自己的心與毛主席真正連在了一起。將近十年後的今天，兩人第一次單獨相見，多麼難得！假如自己沒有那塊心病就太好了，可是……眼下面對謙虛熱情的毛主席，自己又該從何說起？

這時，毛主席又說：「漢年同志，聽說前幾天你對城市工作問題提出了很好的意見，還有什麼意見和想法，都要大膽提出來。你是不是還有些什麼顧慮呢？比方怕有人說你在敵佔區怎麼怎麼啦，在淮南又怎麼怎麼啦，還有什麼在南京見過汪精衛啦……種種流言蜚語。這個嘛，我也聽到不少呢，可我是不信的。中央也是不信的。這都是敵人製造的謠言，我們如果信了，豈不上他們的當？所以，你不要再想這些事了，安心開好我們的『七大』，這次會是很重要的。……你是不是還有些顧慮呢？」

「我……」記得當時自己難以張口，怎麼張口呢？什麼話才能對得起他的誠懇和信任呢？說我潘漢年根本不值得信任，我真的私會過大漢奸汪精衛……這一下又怎麼說得清呢？這也跟現在的氣氛太不協調了吧？這會叫他傷心的呀；再說，這會永遠失去他的信任的，直到今天，才知道能得到毛主席的信任是多麼重要和寶貴！……「不說出這個秘密又怎麼樣？」這個念頭一經冒出，連自己當時都覺得很吃驚，又吃驚卻又很有吸引力，是呀，不說出來會怎麼樣？毛主席不是都覺得沒有什麼嗎？他不是說了，中央對我也是信任的呀；而最重要的是，自己在這件事上也真的是問心無愧，沒幹傷害黨和革命的虧心事，頂多是一個大失誤，一個嚴重錯誤，以後會說得清的，會有合適的機會的，那時一定會說得清清楚楚的……這次就不說了吧。自己就是這樣錯過了一次難得的機會，現在想起真後悔，真該死！接下來是緊緊張張的「七大」，之後是緊緊張張的貫徹落實「七大」精神，再之後，自己就隨著高崗、張聞天、李富春、凱豐、王鶴壽等東北局的領導人奔赴東北地區了，從此也就永遠失去向毛主席當面說清楚的機會了。

不對，後來還有過一次機會的，是的，那是六年前的五月十二日，自己和夏衍、許滌新三人奉召從香港急急趕回北京，在香山雙清別墅受到毛主席的接見。這次機會又是怎樣錯過的呢？記得當時自己給毛主席彙報香港工作情況，他聽得津津有味，不時插些非常風趣的話，說上海即將解放，叫你們去接管它是多麼重要，你們一定要協助陳毅同志管好上海，讓國內外敵人都看看，我們共產黨人照樣可以搞好大城市……總之他的情緒好極了。自己總不能冷不丁插上自己的事吧？再說在座多人，也不是說話的地方。……那當天晚上怎麼不說呢？大家不是都留宿在香山了嗎？為什麼不要求單獨接見呢？毛主席是會答應接見的，一定會的。是怕影響毛主席的休息嗎？是怕破壞方才會見的成果嗎？是覺得那事又過去了好多年沒必要再提起嗎？還是因為那最重要的一條，怕永遠失去毛主席的信任？……或許這些原因都有一點點，反正又丟掉一次說清楚的好機會。從此一拖……不知不覺就拖到了現在，竟拖過了十二年之久，心病未除，終於釀成今日巨禍。……真後悔死了！

不知什麼時侯，寒意又襲上身來，而先前的飢餓感早就不知蹤影。潘漢年將身上的棉被收收緊，很想睡上一會兒。可抬眼看去，窗戶已露出一絲晨曦。他的第一個監獄之夜就要到頭了。他不由得想：明天會怎麼樣呢？難道這真是一場大災難的開頭嗎？一失足成千古恨這句老話，難道也真會在我潘漢年身上應驗嗎？多少年的這塊心病，真要致我於死地而毀掉一生清名嗎？

此時此刻，還沒有誰能回答他。

男兒淚

那天，從上海開出的十四次特快列車一到北京，揚帆就立刻失去了人身自由，被軟禁在椿樹胡同一所四合院裡。他的預感沒有錯：什麼進京開會？分明是自己要出事了！但是，要出什麼樣的事，這倒一時想不明白。自從「高饒反黨集團」被挖出後，上海方面在清算饒漱石的問題時，揭發他在擔任華東局書記期間，曾批准上海市公安局錄用過八十五名投誠過來的叛徒、特務，即「情報委員會」那檔子事。為此，將在家休養的揚帆叫到會上追究過，叫他說清楚與饒漱石的關係，並批判他「右」的問題。揚帆在會上實事求是地就所提問題作了說明，就個別缺點和失誤也進行了自我批評。當時，坐鎮上海的中央主管部門的主要負責同志會上也公開表態說：「揚帆問題性質是工作錯誤問題。」尤其陳毅同志更是態度鮮明，他說：「情報委員會」和「逆用台」問題，要根據隱蔽戰線的特點和規律，實事求是地加以分析，「不能簡單地對待」！至於揚帆與饒漱石的關係，饒漱石一直整揚帆，能有什麼牽連?!……所以，進京如果是為這個問題，那太好說清楚了。除此而外，我揚帆還會有什麼問題呢？

第二天，公安部副部長徐子榮來到椿樹胡同看揚帆，他壓低聲音提出了一個問題：新四軍發給延安那份反映一位同志三〇年代在上海情況的電報，是你起草的嗎？揚帆如實回答。徐子榮聽後囑咐說：「不要擴散，到此為止，沒有公安部的命令，不能寫和說這方面的材料。」

揚帆在椿樹胡同軟禁了一個星期，又轉到左家街一個大院裡，這裡的房子要比椿樹胡同好些，伙食也不錯，貪杯的揚帆還時常能喝上點小酒。可惜好景不長，到了四月十二日，情況大變，揚帆再次被轉移出來，正式送進了阜成門監獄，這次不再是軟禁，而是成了一名正兒八經的囚徒。這時他還不知道，同時在北京被捕的還有潘漢年同志。

對於揚帆來說，這已經是第二次坐自己人的監獄了，頭一次是十二年前在黃花塘，被饒漱石下令逮捕關押起來的。他絕對沒有想到十二年後還會惡夢重溫，更沒有想到兩次入獄的深層原因都與那封電報有關。黃花塘冤獄中，表面上看，追究他的是南京劇專的「特務」問題，實際上那是一次來自延安的政治報復，幕後操縱人便是康生和江青，當時沒有直接提出「電報問題」，那是因為時機還不成熟。如今，經過巴爾維哈再次淬火的報復之劍劈頭就要斬下來了。當然，頭幾招還不急著取你要害，先在幾個次要部位打打你的銳氣。於是，第一次提審揚帆，所問還是那個南京劇專的「特務」問題。

一提這件事，揚帆不禁悲憤難言，十二年前已經平反結論了的問題，怎麼能再度翻起？可是面對審訊官員的冷漠和僵硬，你又有什麼辦法？只好又將十二年前的「口供」一一重複，再講出來、寫出來……這一講一寫就是三個月。

七月中旬。獄中氣氛忽然緊張起來，提審揚帆的次數急劇增加，有時一天要提審兩次，而追究的目標也轉在了潘漢年身上，焦點是「情報委員會」、「逆用台」和「上海二六轟炸」等問題，其目的很明確，就是要將上海「二六」被炸的原因扯在「情報委員會」和「逆用台」頭上，最後再扯到「潘、揚反革命集團」頭上，列為他們的一條滔天大罪。對此，揚帆奮起抗爭，不光是為自己，還為情同師友的潘漢年，更為人間正義與真理。他指斥誣陷者的無知可笑說：上海的電廠、水廠原本就是國民黨政府修建的，它們的方位還需要我們這些「內奸」提供嗎?!他替自己大聲抗辯說：「我是忠誠的共產黨員，不是內奸；我是把生死置之度外的革命者，不是反革命！」他更為潘漢年大聲疾呼：「他是黨的優秀幹部，一九二五年入黨，長期擔任重要工作，出生入死，智勇兼備。這樣的『內奸』你們哪裡去找?!」審問者氣急敗壞地大叫：「你不要胡說八道！」而揚帆則理直氣壯地宣告道：「我是說真話。歷史會證明我們是無辜的！」

圖窮匕首現。真正致命的殺招最後亮出。

這天的審判席上，出現了一張神秘的新面孔，自稱是位監管幹部。他故作無所謂地說：「今天，還想問你另外一件事。」

揚帆警覺地問他什麼事。

來人不厭其煩地交代了半天所謂「老實坦白，爭取早日結案」之類的政策之後，壓低聲音地問道：「揚帆，你當過項英的秘書嗎？」

揚帆說：「當過。」

來人又問：「那你為什麼在自傳中說，在新四軍中做軍法和保衛工作？」

揚帆如實說：「我從上海到皖南新四軍總部是一九三九年初，先在教導隊文化隊作指導員和黨支部書記，不久任直屬隊調查科長，實際上就是保衛科，後來該科並進軍法處，稱二科，四科是情報科，我同時兼任這兩個科的科長，任務是負責新四軍總部與國民黨統治區地下黨的聯繫，考慮到對外工作的方便，故用秘書名義。」

來人直逼主題：「那時侯你曾起草過一封電報？」

揚帆心裡一驚，恍然悟出對方用意，巴爾維哈的不祥預感應驗了，來者不善啊！他反問道：「怎樣的一封電報呢？我經手的電文太多了。」

來人不再掩飾：「就是一九三九年發往延安的那封電報，項英簽發的，是你起草的嗎？誰叫你起草的？發電時還有誰知道？這件事你還告訴過什麼人？快交代出來。」

揚帆想了想說：「這件事不能擴散，沒有公安部的命令不能說。」

來人惱怒地問：「誰說的？」

揚帆為了摸清來龍去脈，一針見血地說道：「是公安部副部長徐子榮交代的，這是為了保護江青同志，對吧？」

來人見底牌已露，不好再問下去，便說了一句威嚇的話走了。

監獄長這才告訴揚帆，來人是「康辦」（康生辦公室」）的人。

一聽康生插手這件事，揚帆不禁怒火中燒，因為潘漢年和自己的好多事，包括建立「情報委員會」和「逆用台」的情況，康生明明都是知道的，現在卻要當成「罪狀」來整人，也太過無恥和險惡了！

這時，監獄長帶著一個大信封走進牢房，說「康辦」傳下話來，叫揚帆將有關「電報」的所有情況都寫出來，裝在這個大信封裡交上去。

揚帆還想借徐部長的名頭擋一擋。

監獄長好心地勸說：康生是分管政法的政治局委員，別說徐子榮擋不住，連公安部長羅瑞卿也得聽人家的。事情反正已經發生了，是什麼樣子就怎樣寫吧。別忘了自己現在的犯人身份。

一提「犯人身份」，揚帆就心如刀割，不禁想起前不久的一件事，有個被自己親手判刑的國民黨罪犯，居然用手拍拍自己的肩膀奚落說：「揚局長，我是國民黨員，你是共產黨的公安局長，如今卻落得與我一樣下場，在這裡又見面了，想不到，想不到呀。」當時，揚帆血往上沖，真想狠狠揍他一頓。回到牢裡，他撲在床上大哭了一場。誰說男兒有淚不輕彈，那是不到傷心處啊！

然而，夜靜時分細細一想，人家說的也是事實，並未有什麼差錯，再說落到如今這般地步，與人家又有何干？那得全怨自己。可自己又錯在哪裡呢？他不禁陷入了深深的思考……

半夜裡，揚帆被惡夢驚醒，他夢見自己的二老雙親同時死去，自己哭得滿臉是淚。醒來一摸臉，淚水尚且未乾，覺是再也睡不成了，一股強烈的思親之情湧上心頭……自己這一走，年近八十的父親母親、六個孩子、還有妻子李瓊，這一大家子人可怎麼生活呢？他們知道我的情況嗎？記得那天在北京車站與馬敬錚分手時，自己乘機將一個寫好的字條塞在他手裡，讓他轉交給家人，應該早就收到了吧？記得那上面寫道：「瓊，一路平安到達北京，請放心！珍重！揚帆。一月三日。」現在想起來，寫得太簡略了，當時怎麼就沒有多寫些東西呢？可是反過來又一想，那時又能多寫些什麼呢？誰能想到一進首都北京就變成階下囚，受審、交代、寫材料……這些別說當時想不到，就是能想到敢告訴家裡人嗎？不，不能告訴，天大的災難得自己一個人扛著，絕不能讓一家老小再跟著擔驚受怕活遭罪了。

第二天九點多鐘，一夜沒睡好覺的揚帆正在打盹，監獄長忽然跑來說：「羅部長要見你。」

揚帆知道，這是公安部長羅瑞卿來了，他這是第二次來，半年前在左家街軟禁時，羅部長過來看過他一次。這次來是什麼目的呢？揚帆一時猜不透。

昨天下午，四星將軍羅瑞卿剛從外地回到北京，一進辦公室，留守秘書就彙報說，康生同志親自來過兩次電話，很不高興，責問潘、揚一案為什麼進展緩慢、辦事不力？並要求羅瑞卿本人親自過問那封「編造謠言、中傷江青同志」的電報，將所有「內幕」追查清楚。對於這位分管政法工作的政治局委員康生的指令，羅瑞卿當然不敢違抗，但他自有自己的一套章法，先向周恩來總理請示一下再說。於是，便有了今天的阜成門監獄之行。

關於羅、揚第二次會面，據張重天先生記載，說在羅瑞卿將會客室的門關嚴之後，有過下面一場對話：

羅：「你在莫斯科療養期間都碰到過誰？」

揚：「蔡暢同志來療養院看過我。」

羅：「不，還有。」

揚：「江青同志也在那裡療養，我陪蔡暢同志看過她。」

羅：「你過去熟悉她？」

揚：「瞭解她，但沒有與她一起工作過。」

羅：「那一九三九年你在新四軍軍部發往延安的電報，那上面的材料是怎麼弄來的？」

揚：「我在上海從事地下工作時，聽到的彙報，看到的材料。」

羅：「有根據嗎？」

揚：「不但有根據，不少見證人還在上海，他們都活著。」

羅：「要是沒有人肯為你作證呢？」

揚：「這……」

羅：「揚帆啊揚帆，你真迂腐。你白白幹了這麼多年的公安工作。你想，誰肯為一個階下囚作證，而去得罪毛主席身邊的人？……揚帆啊，你要做好思想準備，事情還遠非這些。」

揚：「我不怕。當年藍蘋的問題，上海報紙、雜誌上黑字白紙都留著證據。」

羅：「你指的是上海《電聲》雜誌？」

揚：「這僅是其中一種。我讀過上面登的與她同居過的唐納的絕命書，那是寫給她的。」

羅：「你怎麼證明他們同居過？」

揚：「唐納在絕命書和對朋友的訴說中都說了，藍蘋本人在《聯華畫報》上發表過公開信，也承認有這回事。」

羅：「那關於她被捕的材料是怎麼回事？」

揚：「這是當時劇團地下黨負責人親口對我講的。」

羅：「有沒有留下書面材料？」

揚：「我怎麼知道十多年後會有這場冤獄？」

羅：「揚帆，這是一件棘手的案子，你要做好充分的思想準備呀！」

揚：「你是公安部長，你要為民作主呀。」

羅：「公安部長算什麼？我出個漏子，就會和你一樣，一夜之間烏紗帽就吹掉了！」

當天夜裡，揚帆難以入睡，躺在獄床上思緒萬千……十二年前在黃花塘蒙受冤屈，尚有潘漢年同志奮力搭救得以昭雪，難道這次再遭不白之冤，竟連國家堂堂公安部長都束手無策了嗎？就因為一封實事求是的電報，莫非就罪在不赦，永無出頭之日了嗎？……想到這裡，他忽然想起了救命恩人潘漢年，他現在哪裡？跟我一樣在坐自己人的監獄嗎？

追究入虎穴者

「潘漢年，過堂！」

這聲音聽起來有點陌生而古怪，決不像先前來傳訊的那兩位法警，再說怎麼會用「過堂」這種老字眼兒？潘漢年正在納悶，就見門咚的一聲被踹開，進來兩個長著鳥嘴、穿著古代皀隸服裝的公差。其中一個喊：「跟我們走一趟！」接著一邊一個地架起潘漢年就走。潘漢年想掙扎，卻一點勁兒也沒有，只好任其強暴。

一路高低不平的急行，約半個時辰，來到一條大江邊，只見對岸一座大山，上建崇樓傑閣，氣勢十分宏偉。過得江來，已然來在其間，但見有天子殿、靈霄殿、二仙樓、奈何橋、望鄉台、報恩殿、五雲洞……等去處，最後進了一座大雄寶殿。潘漢年心想，這不是四川豐都鬼城嗎？怎麼到了這裡？正自驚疑間，就聽上頭有人大聲威嚴地命令說：「抬起頭來！」

潘漢年舉目觀瞧，寶座上是一位形貌奇特的老者，根本不是已經審過他多次的那位中年幹部，長著一張馬嘴，臉色青中帶綠，像剛削下來的瓜皮，兩隻小圓眼睛精光灼灼，旁邊蹲臥著一隻身軀龐大如巨熊、滿身披著青色長毛的獨角羊，自有一副赫赫威儀。這位尊神，一般人也許不認識，但是潘漢年認識，這不是監獄之神皋陶嗎？他生於曲阜，原是堯帝手下的大法官，與作農師的后稷、作樂官的夔、作司徒的舜、作司馬的契等，都同為一代賢臣。古書上說他「決獄明白，察於人情」，一旦遇到疑難案件，便會有身邊那隻叫作「獬豸」的獨角羊出面幫助，具體辦法就是以那隻獨角去頂人，頂上的就是罪犯，不頂的便是無罪之人。故而皋陶以鐵面無私、善於斷冤辨誣著稱，被尊為獄神。想到這裡，潘漢年反倒放下心來，且等等看如何發落自己。

皋陶目視潘漢年良久，緩緩開口道：「這個，可是你寫的？」說著叫人遞下一張紙來。

潘漢年接過一看，不是別的，卻是自己早年寫過的一篇小說，篇名叫作〈苦哇鳥的故事〉。這是何意？

臯陶顯然看出潘漢年的疑惑，臉上掛著胸有成竹的淺笑說：「好哇，替苦哇鳥鳴冤叫屈。你快老實招來，誰是苦哇鳥？」

潘漢年解釋說：「苦哇鳥不是一個人，是我們故鄉的一種鳥。相傳古時侯，有一對夫妻只有個獨生子，非常愛惜，早早地就為他領養下一個童養媳。不料童養媳過門不久，他們的兒子便死掉了。於是他們認為這個童養媳是掃帚星，剋死了他們的兒子，開始折磨她，又打又罵，不給吃飽飯。有一天，這個小女子實在餓得不行了，就上廚房偷一碗冷飯吃。卻正被婆婆發現，一頓毒打過後，還把她悶裝在一個大缸裡不見天日。等再揭開缸蓋時，這個被冤殺的童養媳已然化作一隻苦哇鳥沖天而飛，每天夜裡發出「苦哇，苦哇」的喊冤聲。」

臯陶不無譏諷地說：「怎麼樣，這說的還不是人嗎？」

潘漢年說：「說的雖是人……可這畢竟是一個民間傳說，是一種純屬幻想的東西呀，苦哇鳥……」

臯陶冷笑道：「你潘漢年果然能言善辯。但你能騙過別人，豈能騙過我去！快快從實招來，這苦哇鳥究竟指誰？」

潘漢年覺得又好氣又好笑，心想臯陶怎麼也是一個糊塗蛋呢？就說：「臯陶老先生，你聽我說，這苦哇鳥的確是隻可憐的鳥兒，並不是一個人，我寫它也不是要借指一個什麼人……這是真話。」

「什麼真話！」誰知臯陶勃然作色道：「還敢狡辯！我可以提醒你，這苦哇鳥是不是指的惲逸群？」

「什麼惲逸群？」潘漢年一聽，更覺得荒唐可笑，這是哪跟哪呀！遂抗聲大叫道：「根本扯不上的事兒。我告許你，〈苦哇鳥的故事〉寫於民國十四年，也就是一九二五年，那是我送表妹姚瑩去北京，為打發後天即將與她離別的愁緒而作。此時，我還不知道世界上有惲逸群其人，而我第一次見到逸群同志是在十多年後的一九三八年，怎麼可能把他與苦哇鳥扯到一起呢？」

臯陶一拍驚堂木：「呔！大膽潘漢年，惲逸群已然招認，你還要狡辯嗎？」

潘漢年哪裡肯信這話，說：「沒有影的事，逸群決不會瞎編。」

皋陶厲聲問道：「你敢與他當堂對質嗎？」

潘漢年說：「怎麼不敢！」

皋陶發令說：「帶惲逸群上堂。」

不一會兒，閃進一個披枷帶鎖的中年漢子，眉心凹陷，招風耳，翹嘴巴，身形瘦弱，頭髮散亂，穿一件破舊長袍，果然正是多年不見的惲逸群。潘漢年急不可耐地發問，你惲逸群為什麼要把苦哇鳥的事往自己頭上拉？

不料惲逸群卻看也不看潘漢年一眼，開口說道：「你寫〈苦哇鳥的故事〉，不是寫我還能是誰？你就招認吧。」

「你……逸群同志，你……」潘漢年氣得語塞，不知該說什麼了。

皋陶大聲嘿嘿冷笑，說：「潘漢年，你還有何話說？」

潘漢年把脖子一梗繼續抗辯：「不對，惲逸群說的不對。決不是這麼回事。」

皋陶把臉一沉：「看來不叫獬豸頂你一角是不行的了。——獬豸，進擊！」話音剛落，那壯碩如巨熊的獨角羊即吼叫一聲，閃電般朝潘漢年撲來。

潘漢年大叫一聲「冤殺我也」，一下驚醒過來，卻原來是南柯一夢，張眼一看，哪裡有什麼獄神皋陶和獨角羊，只有一束月光斜照床頭……細想夢中情景，不覺十分好笑，看來這幾天思慮惲逸群的事太多了，才幻化出怪夢顛倒。

進了監獄，成了罪犯，就少不了接受審訊。對此，潘漢年已經有了精神準備。但他沒有想到的是，幾次審訊下來，觸及的全是惲逸群的事：惲逸群究竟是個什麼身份的人？他一九三三年寫過《三十自述》，這是叛黨聲明，你知道嗎？你跟他是何時、怎麼認識的？你為什麼要介紹他參加我黨的中央特科？他是怎麼進入日本特務機關「岩井公館」的？你們是怎麼勾結起來為日偽情報部門效力的？他在上海與一個姓王的嚮導女同居近一年，是受你的指派嗎？這個「毛毛嚮導社」的年輕嚮導女是個日本女間諜你知道嗎？……潘漢年不解，審訊自己為什麼要首先拿惲逸群開刀？這位幾十年為革命出生入死的老共產黨員一生命運坎坷，飽經憂患，災難重重，解放前深受國民黨和日偽政權的牢獄之苦且不說，就在解放後，先是一九五一年在所謂「漏登事件」中被撤職查辦，接著是在一九五二年的「三反運動」中，受饒漱石、張春橋陷害，被打成所謂「大老虎」而開除黨籍，由我黨的高級領導幹部貶為一名普通工作人員，目下他已然年過半百，體弱多病，在北京一家出版社謀生糊口……難道這還不夠淒慘嗎？還要揪住他不放嗎？難道說……他又因我而受牽連，要再遭一場天大的橫禍嗎？……這些天每想及此，潘漢年心裡就不是滋味，面對要他寫交代材料的白紙，真覺筆頭有千斤之重，不知該從何寫起……

當年，惲逸群奉派打進日特機關「岩井公館」（詳情見本書第十一章），一幹就是好幾年，而且幹得相當出色。一個愛國者和革命者，頂著漢奸之名，辦著漢奸報紙，用漢奸的口氣寫文章，這是一種多麼殘酷的精神折磨，一種多麼嚴峻的政治考驗。惲逸群經受住了這種折磨與考驗，他把自己打扮成一個很入時的漢奸文人模樣，化名「惲介生」，每天神氣活現地出現在「岩井公館」裡。作為上海編譯社社長、《新中國報》主筆，他幹得十分賣力，不久即在《新中國報》之外，又推出《新中國週報》、《新中國手冊》、《新中國叢書》，以及一種介於早報和晚報之間的午報《小報》，哄得岩井英一很滿意。但即便在辦這樣的漢奸報刊中，他也不忘抗日宣傳，以化名和曲筆寫出大量文章，最有影響的如〈蔣著《中國之命運》的批判〉、〈中國之反省〉，以及許多歷史人物論等。另外，他還利用職權之便，不斷為新聞界和文化界進步人士解決工作和經濟困難，尤其對青年人更是不遺餘力地進行關照和救助。這期間最為人稱道的，莫過於他秘密策劃保存全套《申報》這件事了。《申報》創辦於一八七二年四月三十日，最早的老闆是英國商人美查。一九〇九年由中國買辦席裕福收買。辛亥革命後由進步民主人士史量才先生接辦，在「九一八事變」和「一二八事變」後進步傾向更加明顯。這份有了七十多年歷史的《申報》，無疑是我國現代史的一部百科全書，有極高的歷史價值和學術價值。但是，它被日本人接管後，面臨著種種危機：珍藏在報館內「琴侶閣」的宋、元、明歷代珍本古籍，有被劫奪之虞；還有一套存檔的全份《申報》，也處境不妙。為此，原《申報》總經理馬蔭良和編輯孫恩霖找到惲逸群，希望能求到解救辦法。終於經過惲逸群的精心策劃，做通了徐家匯天主堂主管藏書樓的司鐸徐宗澤的工作，同意將本堂的一份《申報》取出來，查明短缺和破損的份額，再由孫恩霖將這一部分《申報》從日本人的眼皮底下陸續偷出來補齊，湊成一套完整的《申報》。這事經過大家近兩年的冒險努力終於如願以償。如今廣為傳世的全套《申報》影印本，其母本便是這麼保存下來的。惲逸群在「岩井公館」內的情報生涯，直到一九四四年被變節者舉報而遭到日本憲兵的逮捕為止。那是秋涼時節，惲逸群被押解到蘇州日本憲兵隊思想班，受盡了酷刑折磨，多次昏死，遍體鱗傷。但他堅不吐實，採取裝聾賣傻、避重就輕的策略，始終沒有暴露「岩井公館」內有個中共情報網這一重大機密。據當事人許多年以後回憶，惲逸群等革命志士用鮮血和生命保護下來的這個活躍在敵人心臟的情報網，為革命提供了許多意義重大的戰略情報。計有：一九三九年英法企圖犧牲中國對日妥協的遠東慕尼克陰謀；一九四一年德國即將向蘇聯發動突然襲擊的情報；德蘇戰爭爆發後，日本動向是南進而非北進，以及日、美談判的內幕情形……等等。為此，毛澤東在「七大」上對敵後情報工作予以充分肯定並大加表揚。

現在，面對這些已經載入史冊的事實，怎麼能去更改和歪曲呢？怎麼能把一個為革命事業而深入虎穴、不惜忍辱負重當漢奸、受盡煉獄之苦而又功勞卓著的惲逸群誣為「內奸」呢？平白無故地往他頭上潑「與日本女間諜同居」這樣的污水呢？……惲逸群有他的弱點，有他的失誤，有他的錯處。比如，作為一個負有特殊使命的情報人員，他確實不該輕易對那位「毛毛嚮導社」的嚮導女王小姐的悲慘遭遇表示同情，更不該由同情而愛戀、而同居、而釀成一場家庭風波。但這件事並沒有給革命事業本身造成任何損失，更扯不上與日本女間諜如何如何，完全是惲逸群本人生活中一件不大檢點的小過失而已，比起他幾十年的革命經歷和功績來，這實在算不得什麼呀！對一個人的功過是非要慎之又慎呀！……不能胡寫，不能瞎交代，不能為了自己好過關而對惲逸群同志不負責任，何況造成他的不幸，自己有直接責任，不能昧良心呀！……

在功德林監獄的森森深夜，被一場惡夢驚醒的潘漢年，再也沒有睡意，替惲逸群的不幸命運悲歎著、擔憂著。「我對皋陶反覆說，他不是苦哇鳥，苦哇鳥也不是說他。可他還不是苦哇鳥嗎？那麼誰是苦哇鳥呢？還有沒有比逸群兄更不幸的人呢？」他不禁又想起方才夢中情景，思緒由此激蕩開去……

猛地，他想到了關露！

鐵杵磨成針的現代續篇

潘漢年絕對沒有想到，關露也關在功德林監獄，而且離他的牢房並不太遠。

關露的監禁環境就要差多了，倒也是一個單間，但屋子裡卻只有一張光禿禿的硬板床，其餘別無長物。對此，孩童一般純真的關露並未在意，她想：這是黨又要審查考驗我了，作為黨員，我要像前兩次一樣正確對待，為了革命利益，我應該忍受任何暫時的委屈；我相信，經過這次新的考驗，黨就會更加信任我的！

然而，當第一次過堂時，她就被「新的考驗」震懵了。

審判者問：「你在敵偽時期都幹過什麼？快交代！」

關露答：「敵偽時期？黨派我打進日偽特務機關做地下工作，潘漢年同志可以證明。」

審判者得意地冷笑：「潘漢年是個大特務！就是要你交代與潘漢年之間的黑關係！」

「潘漢年是大特務？」關露只覺頭「嗡」的一聲，眼前發黑，差點昏了過去。面對這意想不到的巨大打擊，她那未曾根治的精神分裂症再次復發，人一下子變了個樣兒，從椅子上跳起來大喊大笑：「潘漢年是大特務，哈哈，潘漢年是大特務，哈哈哈……」回到牢裡，也安靜不下來，嘴裡總在語無倫次地咕嘟著什麼，處在幻覺狀態：「你是誰？你是誰呀？劉少文？對，你就是劉少文，重慶來電報了？……對，我就是關露，我向組織保證，不管誰說我是漢奸，我永不辯護，永不辯護！……我受誰的領導？受潘漢年的領導？不，不！他是大特務，我不能受他的領導呀……」

關露是個最愛整潔的人，甚至有點潔癖，如今雖說已是快五十歲的人，但平時仍然衣著講究，風度不減當年。可入獄犯病以後，幾天之間就變得蓬頭垢面，衣衫不整，鞋也不穿，襪也不穿，目光癡呆可怕，神情憔悴不堪，而且老要喝水，沒有水就大喊大叫：「我要喝水，我要喝水，我要喝水……」

提審無法進行下去。監獄當局只好將關露送進醫院。病情略有好轉，再關進牢裡繼續提審。但是，審訊還是很難進行下去，最後沒有辦法，審判者只好叫她坐在牢裡寫交代材料。

看見紙和筆，關露真的安靜了下來，她把鞋和衣服當作板凳坐，把床當作書桌，不吃不喝地寫了起來，一筆一劃特別認真，字寫得特別工整，嘴裡還念念有聲……她寫自己的童年和青春，寫「左聯」，寫看到七十六號特工總部拷打地下黨員是多麼殘忍可怕……總之由著一個精神病患者的特有思路，什麼都寫。據說關露這一段寫的交代材料，足足有四十多萬字，比她的《蘋果園》要長得多。

大約兩年之後的一九五七年三月二十七日，不知是因為關露的病情，還是她真的交代清楚了所有「問題」，居然被釋放出獄了。這一點，她倒比她的難兄難弟潘漢年、揚帆要「幸運」得多。

關露則感動地認為：這一定是黨審查清楚了我，我也經受住了黨的又一次考驗。為此，她幸福地笑了，笑得直掉眼淚兒。

然而，黨就不再「考驗」她了嗎？

一九六七年七月一日，關露正在新的工作單位商務印書館慶祝黨的四十六歲生日，忽然來了幾個氣勢洶洶的大漢，出示一份逮捕證，說：「關露，你被捕了！簽字！」這場面與十二年前在電影局的如出一轍。

關露大喊問：「你們是哪兒的？」

答：「少廢話！公安部的！快簽字！」

關露不敢再問，俯首簽字，看見逮捕證上有「中央三部」幾個字。「中央三部」？這是個什麼地方呢？

說來可歎，關露一生只有在這種時候才能坐上自己人的小汽車。

小汽車出了北京城，向北一陣急駛，大約過了有個把小時的樣子，來在一處不高的山腳下。從山下到半山腰，築有高高的圍牆，圍牆裡面有座樓房，這樓房很特別，遠遠望去，只有幾排小洞洞，大概就是「窗子」。這就是新建的高級監獄——秦城監獄。

關露這次的待遇有所提高：單間裡多了個小小的衛生間。

關露不禁自言自語地說：「大約是黨又要審查我了。一定會審查清楚的，我很快就可以出去的。」於是，她就十分安然地住了進來。

不過，無產階級文化大革命的鐵拳卻沒能叫她安然下來。

關露第二次入獄不久，秦城監獄就實行了軍管。這些帶槍的人並未受過專業訓練，根本不懂監獄管理那一套東西，只懂得「進監獄的都是反革命，對反革命就要打倒在地再踏上一隻腳」！於是，飯食便只有窩窩頭和鹹菜了；兩個月放風一次，每次只許一個人進入小院，從囚室通往院子的途中，都有軍管人員站崗監視，如臨大敵；人格侮辱、精神折磨和體罰毆打也成了家常便飯。有一次放風，關露的鞋不合腳摔倒了，監管者不但不幫扶，而是上來就用腳踩她的手，邊踩邊罵「你這個反革命」！那是穿著大頭皮鞋的腳啊，踩得關露疼徹心肝。關露大聲辯白：「我不是反革命。」大頭皮鞋說：「你不是反革命怎麼會在這裡頭！」有一次洗腳，不小心把水灑了一點在地上，看守就用大把的鑰匙串朝關露的臉上打。有一次，看守看見關露的床上鋪著褥子，隨即就拿手裡的理髮推子掄過來打她，因為他們規定白天床上不能鋪褥子……

士可殺不可侮。這些帶有侮辱人格性質的體罰，與其說叫關露不堪皮肉之苦，不如說造成的心靈傷害更難忍受。此地的黨組織怎麼能這樣審查我？她百思不得其解，內心一下變得陰暗而痛苦，想到自己從小追求進步，嚮往革命，幾十年來沒有說過一句對黨不好的話，沒有做過一件對不起黨的事，如今已經是五十歲的半老婦女了，孤身一人，無家無業，甚至連個丈夫孩子都沒有……這些人怎麼一點都不理解我呢？我這大半生算怎麼回事呀？想到悲傷處，一向堅強的她忽然想到了自殺，活著還有什麼意義呢？恰巧這天颳大風，吹打了窗玻璃。於是關露就檢了一塊玻璃片藏了起來，當夜即切腕自殺。然而想死也不容易，她沒能自殺成功，反而被認為是對抗改造，關進了禁閉室。

據吳基民的版本說，禁閉室的牆上不知何人寫著這麼一句話：「死是容易的，活卻需要信念。」強烈地震撼了關露，使她從一種絕望的情緒中回過神來，從小小窗戶看出去，院子裡的花圃鮮花盛開，濃郁的花香充溢在清新的空氣中，令人聞之陶醉；花圃的上面是成排的樹冠，茂密的綠葉在微風中沙沙作響；看不見身形的鳥兒在樹葉間歡快地歌唱，得意極了時便三五成群地飛向別枝，或者直上藍天白雲；高高的藍天是那樣純淨如洗，朵朵白雲悠悠飄蕩，又是那樣的不為物喜、不為人悲……這一幅大自然的自由畫面，真叫關露的一顆詩人心為之讚美和歡唱，外面的世界多麼好，自由的價值多麼可貴，高貴的人對此怎麼能輕言放棄呢？為了自由，為了革命，坐牢算什麼？毆打歧視算什麼？一次又一次的審查算什麼？即使個人為此蒙受一點暫時的冤屈和犧牲又算什麼？……想至此，關露的革命豪情再次漲滿了胸懷。

於是，最感人的一幕情景出現了：鐵杵磨成針的歷史故事有了現代續篇。

發下來的女囚衣太過寬肥，穿起來既不利於活動，也不美觀。對一向愛美愛整潔的關露來說，穿著不美最難忍受。但是，想請人家給改一改那是沒門，自己動手改倒是有能力，卻連最起碼的針線都沒有。獄友梁淑德（梁也是因「潘、揚」案被捕入獄的，有一段時間她們同住一間牢房）無奈地說：「算了吧，就這麼湊合著穿。」關露則認為不能湊合，她充滿希望和信心地說：「總會有辦法，辦法都是人想出來的。」

有一天放風，有心的關露忽然發現地上有一根鐵釘，趁看守們一不留神，她就將它收藏起來，回到牢裡，她像得了寶貝似的拿給梁淑德看。

梁淑德沒往深處想：「一根生銹的鐵釘，它能幹什麼？」

關露神秘地一笑說：「拿它作針呀。」

梁淑德也笑了：「這麼粗的針呀。」

關露把鐵釘在空中來回推了推說：「磨吧。你忘了那句老話，只要功夫深，鐵杵也能磨成繡花針。」

梁淑德說：「我的天！那是傳說故事，你倒當真了。就這根鐵釘，就算你能磨成，那到猴年馬月了！」關露不為所動：「你就看著吧，只要功夫深，準能成。」

從此，磨針便成了關露每日不輟的功課，她用手捏著鐵釘磨，累了就改用腳去蹬著磨，就這麼日復一日地磨，白天黑夜地磨，磨呀磨呀，將近兩百個日日夜夜過去了……終於，生銹的鐵釘變亮了，變細了，變成了一根明晃晃的針！

針鼻怎麼辦？關露也能想出絕招，她將自己的眼鏡盒拆開，取出小彈簧，拉直成鋼絲，再將鋼絲磨尖，用來穿孔，又經過長久的鑽呀鑽呀，鑽出了穿針引線的針鼻。

針有了，線從哪裡來？照樣難不倒關露，她將毛巾拆成紗再拈成線。

看到這些來之不易的針與線，梁淑德簡直不敢相信它們是真的，太匪夷所思了呀！她感動得直流眼淚兒，緊緊抱住關露說不出話。

這樣的針，關露一共磨了兩根，送給了梁淑德一根。她們就用這樣的針和線改作囚衣，縫縫補補，在扼殺人格的牢獄之中，自強不屈地美化自己的形象，張揚自己的個性，維護自己的尊嚴。

據關露的妹妹胡繡鳳回憶說：關露「出獄後將這根針拿給我看，其精巧程度，雖不及市面上所賣的針，但是比起我們所看到的原始人的骨針要高明得多了，我看著這根針驚歎不已，真佩服她能有這種毅力和才智來對付獄中生活。可惜這根針在她翻修香山房屋時遺失。以後樑淑德釋放出來後到北京見到姐姐時，將另一根針還給她作紀念……不知她逝世後，這根針保存下來了沒有。」

現代革命史展覽中看不到這根針，絕對是一種深深的歷史性缺失和遺憾！

請注意，關露作為一個詩人和作家，獄中磨針僅僅是她為改變基本生存條件所作的努力之一，更偉大的貢獻還在於，她用濃熱的心血寫出了大量的獄中詩文，因為當時無法訴諸文字，她都一一默記於心，出獄之後才整理成篇的。這一節，我們將在後面的專章裡詳細記述。

預審期之最

何為預審？現代法學詞典說：在法院開庭審判前對刑事案件的預備性審理，就叫作預審。預審有三種情況：一是偵察階段以後，決定是否起訴的預審；一是提起公訴以後，決定是否交付審判的預審；一是偵察階段中對刑事被告人的審訊活動。至於預審期應該多長，並沒有嚴格規定。不過，一般的預審期都不會拖得很長。

然而事情總有意外。潘漢年的預審期長達八年，揚帆的預審期就更邪乎了，竟拖了十年之久！說他們創下了預審期之最或許不差。

法學常識告訴我們，在中國，除人民檢察院自行偵察的案件外，預審均由公安機關負責。在被告人被拘留（不包括行政拘留）、逮捕到偵查終結期間進行，其任務是通過訊問被告人和收集證據，查明案件的全部事實真相。

從表面上看，潘、揚一案的預審大致是這麼進行的，由公安部出面捕人、審訊，以便查明有關事實真相；但是實際上並非如此，真正意義上的預審是由國家領導人直接掌握的，也就是說，是隨著國家領導人根據整個國家政治大局的需要而進行的，預審的或鬆或緊、或快或慢、或大張旗鼓或低調處理，都要聽偉大領袖的一聲令下。這也就是預審期如此之長的真正奧妙。

首先，逮捕是秘密進行的誘捕，尤其是對潘漢年，因為毛主席給執行逮捕任務的公安部長羅瑞卿有交代。所以，潘漢年被捕的消息只能嚴格限制在極小的範圍之中，對外一律嚴加保密，保密到什麼程度呢？黨代會結束後，上海代表們在回程的火車上，由市委第一書記柯慶施親自出面，要求他們統一口徑為：有人要問潘漢年上哪兒去了，就說他出國去了，絕對不准說別的，誰違犯紀律處分誰！同時進行的另一個保密措施就是，將最知情的潘漢年的警衛相其珍就地「隔離」，一直到三個多月後「預審」需要大張旗鼓進行時才放回上海。更有意思的是，按照憲法規定，逮捕人大代表要首先經過全國人大或人大常委會批准，也就是說，人大批准逮捕其代表潘漢年說什麼也應該在「預審」之前，可事實是，早在人大履行自己法定權力的前四天，它的代表潘漢年已經鋃鐺入獄而提前進入預審期了。「預審」了三個多月後，到一九五五年七月十七日這一天，中央人民廣播電臺通過人大委員長彭真在第十九次會議上的工作報告，才將逮捕潘漢年的消息公之於眾：「潘漢年、胡風兩代表因為已經發現他們有進行反革命行動的證據，常務委員會第九次會議上和第十六次會議上根據最高人民檢察院張鼎丞檢察長的請求，依照憲法第三十七條的規定，已先後批准將他們逮捕審判。」更可怕的是，本案需要預審的內容和需要查清的事實真相已與整個國家的生死存亡聯繫在一起，在一份題為《關於展開鬥爭肅清暗藏的反革命分子的指示》的中共中央文件中，明確寫道：「隨著我國社會主義事業的進展，階級鬥爭必然尖銳化和複雜化，高崗、饒漱石事件，潘漢年、揚帆事件，胡風事件，就是這種階級鬥爭狀況的反映。這些事件表明，帝國主義、蔣介石匪幫和資產階級中的反動分子，還在採取各式各樣的鬥爭方式，加緊進行他們反革命的陰謀破壞活動。」請問，這樣的「天案」如何去查清事實真相？這樣的「預審任務」又如何能很快完成？

預審期拖得越長，被告拘押時間自然就越長，身心所遭受的損害就越大，尤其像潘漢年、揚帆這樣蒙受不白之冤的革命者，其受害程度就更為慘重了。

對潘漢年來說，從堂堂上海市常務副市長和享有相當特權的黨的高級幹部，一下淪為階下囚，物質待遇水準自然是一落千丈，不過肉體痛苦還算要小得多，最大的傷害是尊嚴喪盡、人格受辱和精神折磨。可以想見，沒完沒了的提審，沒完沒了的寫交代材料，沒完沒了的訓話，沒完沒了的喝斥、威逼、挖苦、嘲諷、捉弄……這是一種怎樣的煉獄！

就說那次關於「投降國民黨問題」的審問，真把潘漢年折騰得快要瘋了。當時，潘漢年好意提醒審問者說，這個問題已經講清了，而且有組織結論。

但年輕氣盛的審問者卻勃然大怒，勒令「罪犯」必須重新老實交代「一九三六年是如何投降國民黨的！」，並且大聲斷喝道：「把頭抬起來！」

面對這種無理與蠻橫，潘漢年又能怎麼樣？只好滿含屈辱的淚水，再從頭講起二十年前的往事：怎樣作為中共談判代表與國民黨駐蘇武官鄧文儀舉行會談，談判之後，又怎樣奉派回國找陳立夫會面，談話內容是根據黨中央《八一宣言》和其他有關通電的精神，來宣傳我黨的和談方針與條件。

審問者顯然對這些不感興趣，再次斷喝道：「交代你與陳立夫拉個人關係的事！」

潘漢年實在地說：「談判桌上是要講原則的，當然談判之餘為了營造合適的氣氛，雙方說一些聯絡感情的輕鬆話題，也是必要的，但絕對沒有涉及黨的機密，也沒有超越工作範圍。」

審問者咆哮起來：「你胡說！你狡辯！」

潘漢年耐心地說：「陳立夫雖然在臺灣無法對證，但當年談判的檔案資料中央都保存著，可以找來查證的，事實會證明我是按照黨中央的談判方針行事的。」

審問者大聲諷刺道：「莫非你這個老反革命還是有功之臣？別作夢啦！」

潘漢年強壓怒火說：「是非功過自有後人評說。」

審問者拍案跳腳怒吼起來：「潘漢年！你到現在還不老實？你不僅投降國民黨，還投降了日本特務機關和汪精衛，你是貨真價實的大特務、大內奸！坦白從寬，抗拒從嚴，何去何從，你自己選擇，負隅頑抗，死路一條！」

這樣的審問又何止一次兩次。

可惜的是，潘漢年在獄中沒有寫下日記，或者寫過但沒能保全下來，否則的話，他會向世人展示出多麼珍貴的獄中紀實啊！

比起潘漢年，揚帆在「預審」期間所遭受的傷害要慘痛得多，不光在精神方面飽受折磨，還吃盡了皮肉之苦。多少年後他憤怒地控訴道：「從我切身遭受到的而言，打罵是家常便飯。有一次放風時，無緣無故地乘我正在走路，向我背上猛擊一掌，並高喊：『快走！』我本來虛弱無力，經這樣一擊猛衝出去，跌在防空溝裡，久久不能爬起，還遭到惡罵說：『裝死！』一次找我談話，因我的回答不能滿足他們的要求，就用穿了皮鞋的腳，在我腿骨上猛踢。惡罵更是沒有完，常常打開獄號門上的小門，他們對著門罵我：『你是個老反革命，不好好交代沒有好下場！』等等。體罰也是他們的拿手戲。我在獄中曾患心絞痛病，為了堅持活下來能看到自己沉冤得到昭雪，我設法鍛練身體。那時獄中有們朋友送我一本《氣功療法》，我每天不間斷地做靜坐式的氣功鍛練，給他們發現了不讓我做，我偏做，他們就用吵鬧來干擾我，我火了就和他們大聲地吵，結果說我聲音太大，違犯監規，罰站四個小時。吃飯、喝水、吃菜處處刁難，變相體罰，比如喝水一天應該有三碗，他們卻只給我三個半碗。我要他們補足，他們卻把小門打開，把冷水大量潑過來，對著我和床，潑得一塌糊塗，還冷笑說：『你不是要水嗎？』平時洗臉刷牙的用水，水籠頭在牢房裡面，開關在房門外面，由他們掌握開關，他們故意開得很小，只有一滴滴下來，只得耐心等著，他們乘我等著的時侯，就突然把水開足，弄得我滿身滿臉都是水，他們在外面就得意地狂笑，以此取樂。剋扣飯菜也是常事，規定每餐兩個饅頭，有時只給一個，還說：『你如不滿意，一個也不要吃！』……嚴冬臘月只有一身很薄的棉衣褲，沒有帽子，穿著薄棉衣光著頭到寒風凜冽的室外去放風……無論白天黑夜，常常無故的敲門搗亂，我問他們有什麼事，他們就一溜跑了。監房內有兩只電燈，一只亮，一只較暗，在睡覺時故意把亮的一只打開，叫你無法入睡，他們叫你日訛詐心驚膽顫，不得安寧。監房裡只有一隻床，既無桌子，也無板凳，要寫材料，讓你爬在床上寫。更使我難忘的是，我害眼病，整整一夜疼痛難熬，再三要求，不讓看病，到第二天這只眼睛就瞎了，就是我現在完全失明的右眼……」

潘、揚二人漫長預審期的結束，分別是在一九六三年和一九六五年，結束的原因，與其說是查清了案件的全部事實真相，不如說主要得益于毛主席的一次重要講話。一九六二年，中共中央召開了著名的「七千人大會」。毛主席在大會上無比寬仁地說：「有個潘漢年，此人當過上海市副市長，過去秘密投降了國民黨，是一個「西西派」人物，現在關在監獄裡頭，但我們沒有殺他。像潘漢年這樣的人，只要殺一個，殺戒一開，類似的人都得殺。」

有了毛主席的指示，定案結論也就有了，於是，一九六三年一月，「預審」結束，潘漢年被正式移送中華人民共和國最高人民法院進行審判，一切都已安排就緒，審判只是一個過場，念念起訴書而已。宣判結果是：判處潘漢年有期徒刑十五年，剝奪政治權利終身。在長達一千多頁的《刑事判決書》中，潘漢年有大罪者三：一，在一九三六年的國共合作談判中，「秘密投降了國民黨，充當了國民黨特務。」二，「在抗日戰爭期間，秘密投靠了日本特務機關，當了日本特務，並與大漢奸汪精衛進行勾結。」三，「在上海解放後，掩護以胡均鶴為首的大批中統潛伏特務和反革命分子，並供給盤據在臺灣的敵人情報」，「致使敵機在一九五〇年春天對上海進行了連續轟炸」。

揚帆的「預審」結束比潘漢年晚兩年，是一九六五年，但這只是時間問題，在毛主席講話那一段相對寬鬆的政治大局勢下，揚帆同樣能沐浴到陽光的溫暖。他的判決結果是：有期徒刑十六年，剝奪政治權利終身。

然而，潘、揚的預審期真的結束了嗎？從他們不久後（一九六七年夏天）再次以相同罪名被逮捕的事實看，預審期還遠遠沒有結束。對他們的最後宣判是一九七五年。這年三月，判處潘漢年無期徒刑（此判決結果其實早在一九七〇年就已作出，只是由於受「林彪事件」影響而拖後五年執行）；八月，宣佈對揚帆「維持原判」。這就是說，潘漢年和揚帆的預審期實際上長達二十五年之久。

猜猜看，夠不夠一條世界預審期之最？

第十六章　揪心的情與愛

有妻董慧

長夜漫漫最思親；更何況獄中之夜，悲苦淒涼，形單影隻，思親之情哪裡就能禁得住！多情重義如潘漢年者，自然難逃這一苦海。

如今對於潘漢年來說，全部相思之苦集於一人，便是愛妻董慧。但他根本想不到，所愛所思之人就跟他同關在一個監獄裡，直線距離可謂近在咫尺。潘漢年若是知情，不知又是一番怎樣滋味。

前文書中提到過潘、董聯姻一事，現在應該詳細道來。

董慧要比潘漢年小上十二歲，於一九一八年生在香港一個大富之家，其父董仲維是著名的企業家，香港道亨銀行行長，曾擔任香港商會會長多年，社會聲望頗隆。但是，富裕的家境並沒有阻止女兒去參加無產者的革命，一九三七年六月，十八歲的董慧從廣州培道中學一畢業，即毅然束裝北上，報考北平的大學，以便尋求新生活。剛到北平不久，「七七」事變發生，猛烈爆發的抗日烽火果然給勇敢的香港姑娘以歷史性的際遇：她隨著平津流亡學生跑到西安，考上了西北聯合大學，因為不滿當時西安惡劣的政治環境，嚮往延安的革命生活，主動找到八路軍駐西安辦事處，要求報考延安的抗日大學。經過考試，她被錄取，於一九三七年十一月進入抗大學習。由於要求上進，學習刻苦，表現突出，入學不到三個月即加入了共產黨。一九三八年七月，分到馬列學院學習。正是在這裡，她第一次看見了潘漢年。

潘漢年是這年八月奉命回到延安的，九月下旬至十一月上旬，以地區負責人的身份參加了中共六屆六中全會，會後留在新成立的中央社會部工作，任副部長（部長是康生，另一位副部長是李克農）。這次在延安，他的心情特別好，在一系列重要的公開的活動中頻頻露面，比如出席中國青年記者協會延安分會的成立大會，並講了話；比如《新中華報》改組為中共中央機關報時，應邀出席新聞界、學術界人士參加的座談會，並作了重要發言；比如還參加了延安各界人士紀念「三一一八」慘案大會，推選出來的主席團成員有毛澤東、張聞天、陳雲、李富春等重要人物共十一人，而潘漢年也有幸名列其中；再比如要經常受邀去一些中央直屬部門作報告，這更是家常便飯……正是有一次赴馬列學院去作報告，這才給董慧創造了認識未來夫君的機會。當然，說認識還談不上，只是董慧認準了作報告者是潘漢年，而潘漢年對董慧則尚未留意，聽講的女同志多了，江青也坐在下面聽報告呢。

有情人終成眷屬；但總得有那麼一個相識相知的天賜良機。潘、董二人的天賜良機是何時出現的呢？春天，一個萬物催發的春天。

一九三九年春，已經分配在中共中央辦公廳工作的董慧又接受了新任務，由於她在香港的特殊家庭社會背景，組織上決定派她赴港進行地下工作，行前要在社會部舉辦的培訓班進行學習。培訓班設在棗園。授課的老師中就有情報專家潘漢年。當年他三十三歲，丰姿俊雅，博學多才，地位顯赫，聲名鵲起，一種男性成熟之美光華耀眼，充滿魅力，吸引著無數革命女青年的目光。董慧當然也不例外，從小多情善感的她不禁怦然心動。

培訓班人數有限，女性學員更不會太多。潘漢年再不留意，也不能不將溫婉可人的董慧看在眼裡，記在心頭，講課聽課之中，難免四目交流，問惑解疑之間，定有言語來往……二人何時心有靈犀一點通，這也就在不可考之例了。

一九三九年秋天，潘漢年由延安到香港，一方面是治療眼病，一方面兼顧那裡的統戰和情報工作。正是這次在香港居留期間，他與董慧（此時也回到了香港）之間的關係急轉直下，於上下級之外再加一層戀人關係。從此，一個漫長而曲折的愛情故事就算開了頭。

從董慧的受教育情況、革命經歷、青春年華、以及討人喜歡的性格來說，她當然是潘漢年心中最理想的人生伴侶，現在又朝夕相處，為著一個共同的革命目標努力奮鬥，日近日親，感情日增，能夠結為夫婦自然是雙方的共同心願。然而，問題並不簡單，他們中間夾著一個許文玉。

這幾年，許文玉再也沒機會跟著丈夫到處走走了，她定居在上海，守著一個合法卻缺少丈夫的家，他們又未能生下一男半女，只好一個人孤零零地生活著，做些憧憬夫婦團聚的美夢。多虧有位堂姐夫凌文津常過來照看一下，總算不至於寂寞得要死。此時她還不知道，自己已經成了潘漢年和董慧之間一個最難辦的障礙。

說難辦，是潘漢年難辦，他出於革命的、傳統的、良心的和性格上的種種原因，總沒有勇氣與許文玉一刀兩斷，既對這位母親一手包辦的妻子愛不起來，又對一個與自己共同生活了十多年的農村女子恨不到哪兒去，也許再加上工作忙，這離婚一事便長久地拖了下來。以前拖著可以，但現在就不成了，現在有了個董慧，兩人愛得又是如此深切而熾熱，這可怎麼辦？

為此，潘漢年深陷苦惱之中。

一九四二年，潘漢年撤回到淮南根據地，而董慧則留在上海堅持工作。剛剛分別不久，潘漢年就相思難忍，作〈五月寄慧〉詩一首：

處處烽煙離恨天，孤燈獨坐覺春寒。
山光館內當年夢，何日重逢續舊緣。

董慧已成「舊緣」，可見許文玉早就是緣外之人了。為了早點見到心上人董慧，潘漢年安排自己的交通員何犖冒險將董慧從上海接來淮南小聚，一起住了半個月時間。雖說略解相思之苦，然而小聚之後是更大的離愁別恨。就在送走董慧的第二天，潘漢年又作詩一首，題目就叫〈別後〉，詩曰：

別後貪杯且抑情，醉鄉豈可能浮生。
星殘月落天將曉，燭盡樽空淚有痕。
脈脈相思難入夢，淒淒久別最傷神。
恩怨滿腹懶分說，不必千言苦字真。

有人解「恩怨滿腹懶分說」句，認為是二十六歲的董慧對不能光明正大地結合而滿懷怨氣，確有一定道理。但是，一個「懶」字，加上下句一個「苦」字，又怎麼能不牽連到許文玉呢？正所謂「剪不斷，理還亂。」

一九四四年十一月，中共中央致電華中局，指定潘漢年參加黨的第七次全國代表大會，大會預定第二年春天在延安召開，要他即刻秘密離開淮南奔赴延安。行前，他真想去上海一趟，將這一喜訊告訴董慧，但這是有違紀律的。只好從淮南直接出發，按組織要求乘津浦線先赴北平，再由晉察冀根據地派交通員送他去延安。不料事出意外，潘漢年在北平一家小旅館住了十多天，卻怎麼也跟交通員接不上關係，為防不測，他當即立斷，先回上海通過自己的電臺與中央聯繫。這個意外變故，卻給一對戀人帶來一次意外的幸福，潘、董再次相會上海，度過了短暫而分外甜蜜的一段時日。一九四五年元旦一過，他們雙方獲准奔赴延安，由華中局另行派人護送。由上海秘密出發，走徐州、開封，經彰德進入太行地區，再沿同蒲鐵路到晉西北根據地，過黃河最後到達革命聖地延安，歷時一個多月。這也不啻是他們一次提前舉辦的、別開生面的蜜月旅行。

對於中國共產黨來說，「七大」是歷來最盛大最圓滿的一次全會，是一次團結的大會，勝利的大會，它制定了黨奪取抗戰勝利的政治路線，決定了黨在抗戰勝利後的中心任務和鬥爭策略，修改了黨的章程，選舉了黨的新領導機關。但是對於潘漢年來說，這次大會給他帶來了某種失望和傷害，出於種種顧忌，性格軟弱的他竟主動要求取消自己擔任新一屆中央委員侯選人的提名，失去了進入中共最高權力機構的機遇。接下來，不是中央委員的他，不得不離開中央社會部的核心領導崗位，有人推舉他為中國解放區人民代表會議籌委會常務委員兼秘書長，心灰意冷的他予以謝絕，甘願當一個「不管部部長」。

「閒散」了大約兩個多月後，潘漢年與高崗、張聞天、李富春、凱豐、王鶴壽等一批高級幹部被派往東北，分工負責東北局的情報工作。不久，董慧也趕來瀋陽，以家庭主婦的身份出現在潘漢年身邊，以便掩護他開展工作。對董慧來說，這是一次做妻子的大預演，她幹得相當在心，認認真真地居家過日子，完全不是一個富商女兒的作派。這讓潘漢年甚感慰藉。

可惜這段「夫妻」生活很短，又發生了新的變動。國民黨政府已經還都南京，這樣國共兩黨的和平談判也就只好由重慶移到南京。作為中共代表團首腦的周恩來，提議將潘漢年調來南京工作。於是，潘漢年和董慧奉命南下，在南京梅園新村十七號中共代表團辦事處見到了周恩來和廖承志等人，大家相談甚歡。不久，根據周恩來的親自安排，潘漢年和董慧於一九四六年六月赴上海工作，就住在馬思南路一〇七號一座花園洋房裡，這裡原來是中共代表團上海辦事處的駐地，當時對外掛的牌子是「周公館」。

又過了短短的三個多月，一九四六年十月三十日，潘漢年再次奉命轉移，回到香港從事情報工作，給他這個「不管部部長」的任務是：加強在香港的情報活動，對各民主黨派在香港的上層人士進行統戰工作，參加香港地方黨的有關工作方針、政策的研討和情況彙報等工作。一九四七年一月，中共中央決定調整國統區黨組織，成立中共中央南方局香港分局，潘漢年被任命為分局成員，主要負責同民主黨派和其他愛國人士的聯繫，開展統戰工作。

至此，潘漢年奔波不定的「不管部部長」的日子總算告一段落，與董慧名實不符的夫妻生活也意外地得到了結。轉機是這樣發生的：孤居上海多年的許文玉正當壯年，再也耐不住寂寞，又聽說了潘漢年與董慧太多的桃色新聞，於是徹底絕望，毅然投入長年關照自己的堂姐夫的懷抱，多年未曾生育的她竟懷孕產子，是一個令人喜愛的男嬰。正是這個可愛的男嬰兒，給潘漢年和董慧的婚事大開了綠燈，他們可以放心大膽地結合了。一九四七年，四十一歲的潘漢年和二十九歲的董慧終於在香港舉辦了自己的婚禮，正式結為夫婦。

這裡順便提及有關許文玉的一段後話。據說，在後來所有揭發「反革命分子」潘漢年的材料中，說公道話的只有許文玉一人，她說：「老潘做了這許多年革命工作，做錯些事也是難免的，哪裡能算反革命？他做情報工作本來容易得罪人。共產黨樣樣都好，只是反面無情，沒有調查清楚，便大張旗鼓不惜犧牲人，雖多年老同志也不在乎。」潘漢年聽到此話不知將作何感想？

潘漢年和董慧結婚以後，因為都忙於工作，四處奔波，也沒能建立一個安定溫暖的家，一直到一九五二年，潘漢年當了上海市副市長，這才在武康路的一座花園式小洋房裡安頓下來。這裡獨門獨院，花木扶疏，環境非常幽雅，室內的陳設也比較考究。在這裡，他們夫婦過了整整三年正常而且溫馨的家庭生活，直到一九五五年春天牢獄之災從天而降。

潘漢年是四月三日在北京被捕的，一個多月後的五月十九日，董慧也遭逮捕，跟潘漢年關在一個監獄裡。但潘漢年對此一無所知，還在牽腸掛肚地想著董慧，想著上海那個叫人難以割捨的小窩，自己就這麼糊裡糊塗地關在北京監獄裡，董慧她知道嗎？說好很快就要回到上海見面的，現在卻逾期不歸，董慧她會著急成什麼樣兒？要知有如此結果，當時還不如帶上愛妻一起進京，臨別也能有幾句像樣的交代話語呀……他覺得太對不起董慧了，她十多年沒名沒分地跟著自己東奔西顛，擔驚受怕，吃苦受累，好不容易剛作了堂堂正正的妻子，剛有了一個享受家庭之樂的小窩，頃刻間卻天塌地陷，面臨著滅頂之災。她的命運怎麼這樣坎坷？每當想到這裡，潘漢年心裡便充滿愧疚之情，作為詩人的他，就只好通過一首首的詩來抒懷寄情。

潘漢年的這類詩作不少，摘錄如下：

〈七絕〉

年年飄泊本無家，寄寓香江登半山。
一角紅樓應猶在，朝霞何日並肩看。

明月出山高，獨立虹橋。
水流依舊浪輕搖。低首形單孤影動。魂斷今宵。
更鼓數聲遙，夜塵風蕭。隔江人靜漁燈飄。
客裡深情無處覓，往事難消。
〈無題〉

千里馳書一片心，巫山遙隔白雲深。
朝思暮念夜成夢，月黯花愁空斷魂。
縱死不辭稱所愛，此生何時復相親。
天搖地動倒流水，但願冬寒化異春。
〈給董慧〉

縱然廢棄在人間，塑膠原材豈等閒。
千里相思知何處，幾年隔絕夢巫山。
黃昏人影伶仃瘦，夜半鐵窗風雪寒。
又是一年終歲暮，難忘往事走延安。
〈歲暮念妻〉

相逢底事成因緣，一十五年情更綿。
驀地咫風斷比翼，何時明月得重圓。

〈無題〉

患難相遇共相倚，恩愛情深亦太癡。
一十五年緣當盡，下場如此只天知。

〈念妻續一首〉

妻隨夫命貫古今，可憐「三八」待時新。
累汝遭羞蒙奇辱，為人受過分外明。
咫尺天涯難一晤，締緣海角誤三生。
余身衰朽毋勞念，爾正壯年求益精。

〈念妻二首〉

不知生死第五年，總活人間亦可憐。
莫謂夫妻不到老，三生不只訂良緣。

我讀長安大道詩，可憐還在獄中時。
長年未解君何意，莫待空閱兩鬢絲。
〈懷妻〉

臘暮歲終風雪天，並肩上路走三邊。
年年此日空懷念，風雪夜長愁不眠。
〈年終思慧〉

寫得最晚的一首獄中詩〈給董慧〉，大約是在一九七六年，前文書中已經引用過，但因為它的特殊重要性，不妨在此重錄一遍。

相愛成遺恨，奈何了此生。
憐君猶少艾，為我困悉城。
昨日同生死，今朝半殘身。
但求息怨恨，勉力覺新人。
道路分明在，火裡鑄忠魂。
抗敵隱地下，十載爾同行。
北上延安路，朝夕共苦辛。
南旋千萬里，俏然居海濱。

六年留上海，解放更相親。
倘有千般罪，當有風先聞。
堪歎莫須有，一脈貫古今。
沉冤二十載，欣聞四害平。
翹首望雲天，何日見清明？

那麼，詩中的董慧又怎麼樣呢？這位出身富家的千金小姐卻也一副傲骨渾身膽，是一位忠於愛情的女中豪傑！自從身陷囹圄，從一九五五年到一九六二年，在長達七年的無數次審訊中，她堅貞不屈，從不出賣原則和人格，忍受百般折磨千般凌辱，奮力替夫君和自己抗辯以討回公道與清白。可憐細皮嫩肉的她已雙手長滿老繭，一頭濃密美麗的烏髮也過早變得花白，才四十多歲的人啊！七年後，因為實在審不出她直接「危害革命」的罪狀，只好以「參與潘漢年內奸活動」，「罪行輕、態度好」為由，對她格外開恩，「免於追究刑事責任」，予以釋放；但不准回到社會，只能在監獄家屬區內安排居住。這時侯，有人不失時機地「勸她」與潘漢年離婚，說這樣就可以恢復黨籍並且分配工作云云。董慧的回答是漠然一笑。她後來對朋友講：我那時連生命都等閒視之，何論榮華富貴！

在一九六二年那個比較寬鬆的環境裡，像她這樣的家庭背景（董家在香港是統戰對象），是可以申請回香港居留的。但倔強而又高傲的董慧連想都沒想，決心在監區一住到底，不等到自己丈夫平反出獄絕不離開！

潘漢年有妻董慧，董慧如此，足可慰平生矣！

夢中情人與苦難妻子

令人奇怪的是，同樣是詩人、而且是更為激情的詩人揚帆，在共和國的監獄裡度過二十多年光陰，居然未寫出一首

「獄中詩」，是寫了未曾行世，還是根本就沒有寫，這實在是一個謎。我們現在所能見到他的「獄中詩」，全是一九四三年在新四軍根據地，他第一次被關進自己人監獄時寫的。莫非那時他已經寫盡了身陷冤獄的感受？果真如此的話，就很有必要將他那時的「獄中詩」錄其精華，以存後世。

未向敵前流熱血，卻從陣內負奇冤。
書生不合時宜甚，錮處朝朝勝學禪。

智能千慮難無失，鬼域全將假亂真。
自古知人原未易，蓋棺寧足論平生。

頑顱早為丹心許，姓字難憑血口吞。
笑問窗前天一角，徒勞機鈎果何人。

頻年折獄臨淵慎，枉縱常隨一念差。
今日竟蒙三字罪，萬千雄辯付懷沙。

漫漫長夜艱難度，十萬軍中飲血存。
最是傷心臨曙日，無情暗室鎖忠魂。

〈蒙冤九絕句選六首〉

鏗鏘笑爾空傳響，拙劣全無一竅通。
未作神槍寒敵膽，卻依敝履吻囚蹤。
不分曲直心腸冷，故作低昂體態窮。
世事有朝功罪杳，淒涼看汝啖西風。
〈鐵鐐〉

黃山舊恨怕重提，千古奇冤付雪泥。
斗室孤囚情淡漠，半窗冷月夢依稀。
當年愧未隨先烈，今日難乎為子遺。
百戰英魂猶在否，白揚衰草夜淒其。

寂寞三年長切齒，鐵窗遙祭倍淒清。
獨夫已病千人指，孽子難灰萬劫心。
肆虐山河天地怒，含沙案牘鬼神驚。
明朝剩得餘生在，直搗黃龍掃血腥。
〈獄中度皖變三周年〉

鐵窗風雨冷窺人，笑我頻年意未伸。
縱酒高歌徒自苦，讀書學劍了無成。

有心殉道頭顱在，未免鍾情孽障深。
整日捕蛇蛇螫手，悲凝雙睫憤燃身。

飛來構陷成奇獄，執法居然作楚囚。
知己有人死何憾，問心無愧志難酬。
狂生磊落垂終古，塵夢纏綿憶舊遊。
風雨蕭條寒入骨，一聲長嘯語還休。
〈風雨書懷〉

少學吟詩長治戎，今日繫獄作愁儂。
毫端瀉出千重碧，窾裡珍藏一點紅。
欲比屈原非楚土，常懷李白愧唐風。
書生潦倒嚶嚶泣，不與英雄叱吒同。
〈閑吟〉

大笑三聲出獄門，偶然回首也銷魂。
人生遊戲何時了，天道離奇自古聞。
噩夢初醒翻似失，沉冤既解莫須溫。
傾囊悄覓千杯醉，無賴年華日又昏。

十月淒涼三字獄，幾番翹首俟今朝。
功成面壁疏狂滅，人出熔爐意氣豪。
殉道有心時未至，避讒乏術讞應銷。
忠奸定論千年事，珍重霜蹄試路遙。
〈出獄〉

黃花塘十個多月的冤獄生活，成全了揚帆上百首詩，這裡限於篇幅，不能盡錄為憾。有些詩的名句真是捨去可惜，比如：「雞鴨成群誰放鶴，牛羊滿野我為囚。」「眼花常誤人禽辨，口孽幾遭玉石焚。」「夢裡誤將鐐作鐙，綠茵十里馬蹄香。」「橫眉仇世俗，掩淚說風流。瘦骨撐天破，狂歌撼地愁。」「花受容顏累，春隨錦繡終。閒雲無一著，千古任西東。」「天闊鷹隨翼，風微鵲戲枝。蒼松千歲傲，榮辱了無知。」……

值得注意的是，在這大量的獄中詩中，還有不少思親憶友之作，讀來亦叫人驚心動容。比如：

垂髫語盡伶仃苦，才過中年又守貧。
有婿終身悲厄運，生兒一意逞孤行。
千斤負重心神瘁，萬里音疏涕淚零。
壯志未成無反顧，夢魂偶憶慟難禁。
〈憶母〉

五更怕記甲申年，彷彿慈顏泣帳前。
少不安貧尋夢出，癡甘逐恨抱冤眠。
侈談濟世親垂斃，未見成功豆自煎。
六秩衰齡風樹迫，歸來拱木欲參天。

〈歲次甲申母度花甲獄中驚夢慟不成詞〉

肝腸錦繡身寥落，苦愛情寒到白頭。
飽閱滄桑無限意，久耽詩酒未知愁。
妻啼女怨撚髭笑，國破家亡擊缶謳。
記否天涯存獨子，拋親不為覓封侯。

〈憶父〉

在揚帆的憶友詩中，最多最動人的就數寫給女友薇的了，這裡錄下〈憶薇〉和〈苦憶薇〉兩首：

漫雲古井波瀾寂，一縷癡情只自知。
臨別悲歌寒砭骨，傾心笑語月明墀。
黃昏有約憑高望，倩影無依入夢遲。
珍惜青春毋念我，征人馬革寄相思。

夜寒轉側難成寐，苦戀佳人天一方。
荊棘長途憐綺夢，風塵倦客寄餘狂。
五年雁失情千里，幾度鴻飛淚十行。
莫怨負心臨別語，別來生死未相忘。

詩中的薇是揚帆最初苦戀的女子。關於她的詳情，筆者未作考察，從現有的一些零星資料看，她大約是位上海姑娘，在演藝界做事，至少在上海有一個比較像樣的家庭，因為揚帆曾記述說：「在上海，我告訴過薇我的生日，她的家庭曾請我喝過酒。」一九三九年，上海各界組成一個龐大的慰問團，以慰問國民黨第三戰區的名義，專程赴皖南慰問新四軍（詳情參看本書第七章）。作為慰問團主要負責人之一的揚帆，自然勢在必行，但心中就是割捨不下女友薇，行前有過這樣的事：「前天清晨，我從沙發上爬起來，走進你房裡告別，你睡得那樣甜，我不敢驚擾你，我怕面臨別離的一瞬，悄悄地竟自走了。在弄堂口碰到一個賣花女，我買了一把康乃馨，又悄悄地返回你的床前，把花插在瓶裡，拋了一個吻，向你祝福，依舊悄悄地走了。」（摘自〈揚帆給薇的第一封信〉）途中，揚帆收到薇姑娘寄來的玉照一幀，激動得賦詩為念：

一聲晚角山營寂，倩影飛來伴我孤。
隻手相招知汝意，歸期負約記還無。
〈軍次得薇寄近影〉

不久又收到薇姑娘的一筆匯款，興奮得沽酒買醉，成詩曰：

寒宵獨耐軍中味，感汝郵來買酒錢。
怕向人前憐舊夢，個人沉醉個人眠。

〈接薇匯款沽酒獨醉〉

這位多情的薇姑娘除了寄錢和照片之外，還寫了七封信以寄相思。作為回報，揚帆在整個皖南行中，一共給薇姑娘寫過長長的十封信，可惜前九封都未能發出，只有最後一封信及時發了出去，卻是絕交書。內容如下：

薇：

我們分別已經三個月了，我現在來給你寫這第十封同時也是第一封信。在這以前，我給你寫過九封長信，敘述著我別後的心境，但是我都沒有寄出，其原因，我想你是不難猜到的。何必再去擾亂你的寧靜呢？我們已經這樣分手了。

你寄出的第一到第七號信，已經由朋友轉到了。我在十天前才有固定的住址，所以你的這些信，昨天才看到。久久得不到我的消息，難怪你會焦急。

我現在很平安，很健康，也很快樂。這三個多月中，我確實經歷過不少的風波，事情已經過去，也不用再說它了吧。

你近況尚好，甚慰。你說，你差不多每天在就寢之前總要讀一遍我的臨別贈言，結果是在淚眼模糊中入夢。親愛了，請你燒了它吧！不要再讓它騙取你的眼淚，不要再讓它刺痛你的心。它是可詛咒的！

……

我不否認我對你的愛情是真摯的。我相信你也確實愛著我。然而你的豪奢，我的清苦；你的悠閒，我的勞碌；你那優美的靈魂和你那庸俗的環境，是何等的不調和……在這種形勢下，我們就只有停止我們友誼的發展，才是正道。我就是本著這種自覺，決心趁這次到內地來的機會離開了你。

……

薇，請你忘記我！我也不再給你寫信了。

這是一個偉大的時代，它在劇烈地變化著。讓我們也跟著變吧。親愛的，你也能變嗎？如果那奇蹟似的日子到來，我們還幸而有見面的機會，不管我們彼此都變成了什麼樣子，讓我們像兩個老朋友一樣，點一點頭，握一握手，或者相視而笑。

……

這是最初的也是最後的一封信。薇，讓我再叫你一聲親愛的！親愛的，我為你祝福！我虔誠地為你祝福！

你的老鷹

揚帆的絕交信是發出了，但是，一向看重感情的他，卻怎麼能將多年的戀情一刀宰斷？內心又如何能將薇姑娘一下忘掉？即便在蒙冤入獄、生死未卜的牢房裡，他又為這位薇姑娘寫過多少相思文章？「五年前的中秋夜在上海，和薇一起過的，夜半酒酣，作兆豐公園之遊。」「無論如何，我苦憶著薇……她有美麗的靈魂。」「剛離開母親的幾年，時常夢見母親；離開薇以後，又有兩三年不時和薇在夢中相見。」「我苦憶著薇，然而我又怕想起她的名字，沒有人限制我，我自己也講不出什麼理由，然而我就是這樣。」……一直到黃花塘冤獄平反，揚帆已經官復原職，他還沒能忘掉薇姑娘，千方百計打聽她的下落，希望她能來解放區投奔革命。這一切努力都歸於失敗之後，他才完全死心，準備在愛情世界另謀出路。

揚帆這才有幸遇到現在的妻子李瓊。

他們的結合，正如前文書中所講，是沒有多少浪漫蒂克的，即使二人不乏浪漫情懷，在那種動盪緊張的戰時環境中也顧不上盡情揮灑，都有自己的一份革命工作，都想將自己的本職做好，還能有多少時間和精力留給小家庭？再者說了，那時能建起個像樣兒的小家庭嗎？他們跟潘漢年、董慧一樣，是在解放上海以後，方才有了一個穩定安寧的小窩。可這時他們已經結婚近十年，擁有大小六個孩子，外加奉養兩個老人和一個長年患病的揚帆的姐姐，全家十一口人，這是一副多麼沉重的家庭重擔！

最苦的可就數李瓊了。一方面，她要上班，要盡上海市公安局政保一處副協理員的應盡職責；同時另一方面，她要全面挑起家庭重擔。因為自己的丈夫身居要職，公務繁忙，責任重大，不能叫他在家庭問題上有絲毫的分心。作為十五級的行政幹部，每月只有工資一百二十九元；丈夫是行政八級，工資是要高些，但加起來要養活一個十一口之家，那也是夠緊巴的了。不過，經過精打細算，這日子還是能過得去。然而揚帆一出事，這可就塌了天！

對李瓊來說，揚帆被捕猶如晴天霹靂，一時間她腦子裡一片空白，不知道發生了什麼事，看著七十多歲的公公婆婆，看著臥病在床的老姐姐，看著大小一排溜、最小的才六個月大的六個孩子，她的心都要碎了！這往後的日子可怎麼過！

此時，多虧了揚帆的那個小紙條，就是悄悄讓馬敬錚帶回來的那封寫在香煙盒紙頭上的短信，就是那短短一句話：「瓊，一路平安到達北京，請放心！珍重！揚帆。」他們夫妻從結婚到現在，幾乎沒有分離過，所以互相之間也用不著鴻雁傳書，這封不尋常的短札可以說是他們之間的第一封信，儘管短得不能再短，李瓊卻視它為稀世珍寶，她將它捂在胸前哭得像個淚人兒……哭累了，也哭清醒了，知道丈夫那「珍重」二字不尋常，對自己寄託著多麼大的希望和期盼！她在心裡告誡自己一定要堅強，一定要經得起任何意料不到的打擊，要給老人們以百倍的溫暖，要給孩子們以百倍的呵護，要給自己的丈夫爭氣、爭氣、再爭氣！

首先襲來的打擊是揚帆父親的遽逝。這位一生不求聞達、唯以詩酒自娛的老書生，怎麼也接受不了兒子失蹤這個事實，他毫不遮羞地一任老淚汪汪，與兒媳婦反覆進行著這樣的對話：

老人：「你說說，蘊華究竟上哪兒去了？」

李瓊：「他去北京開會，不是給您老人家說過了嗎？」

老人：「開會？開什麼會？你不要騙我了，蘊華他失蹤了呀！」

李瓊：「他不是有信嗎？您也看過了。」

老人：「那也叫信！蘊華他肯定出事了，我怕是再也見不到他了呀……」

之後，老人嘴裡發出嗚咽之聲，顫巍巍地默然走開，倚著大門邊，一遍遍地吟歌〈登金陵鳳凰台〉：「鳳凰臺上鳳凰遊，鳳去台空江自流。吳宮花草埋幽徑，晉代衣冠成古丘。三山半落青天外，二水中分白鷺洲。總為浮雲能蔽日，長安不見使人愁。」……三個月後，老人就是含淚哼著這首李白的詩閉眼的，臨死前說過一句話，還是「蘊華失蹤了！……」

李瓊安葬了死者，安慰好活著的老小，又將全家搬到一所能省錢的小住所，然後擦乾眼淚就去上班。剛進辦公室，有人就通知說：「李瓊，局裡決定叫你去住黨校，把工作移交一下，快去報到。」

李瓊馬上意識到：什麼上黨校，這是要隔離審查我。對此，她一點不害怕，而且是早有準備；只是沒有想到會來得這麼不是時侯，父親新喪，大女兒曉雲剛入學，小坤還不能斷奶，新搬的家還沒有收拾妥當……這些情況領導不是都明明知道嗎？要不要跟他們說說明白？可是轉念一想，局裡有局裡的難處，他們是奉命辦事也沒有辦法，又何心難為他們？於是，她把牙一咬，強忍著眼淚不讓它們流出來，說：「好，我馬上交代工作。」果然，她一進黨校就失去了自由，只能

「提高認識，端正態度」、「劃清界限，檢舉揭發」、「徹底交代，不許隱瞞」，只能回答「你最近見過董慧嗎？怎樣訂的攻守同盟？」「揚帆都給你說過些什麼事情」……最後給她的審查結論是：「李瓊的主要問題是揚帆反革命集團的嫌疑份子，目前因揚案沒有結束，故她本人的交代無法調查落實，作出結論。原有的疑點，沒有獲得肯定與否定，因此對李瓊是嫌疑份子仍然成立。目前作懸案處理，繼續加強教育，解除顧慮，進行交代，繼續審查。」從此，李瓊成了內控審查對象，這一當就是整整二十九年。

當時，李瓊對這樣的結論自然是一無所知，變得越來越堅強的她，臨離開黨校前跑去要結論，「你們得有個說法。」黨校校長面有難色：「結論就不必了吧，你回單位上班，我們給你開介紹信不就行了。」

李瓊毫不退讓：「不，組織上審查我這麼長時間，什麼問題，總得有個結論，不然我怎麼回單位？」她這麼緊咬不放，主要是想探聽一點關於丈夫的資訊，揚帆現在何處，一切情況又怎麼樣，這是她最上心的事情。

黨校校長沒辦法再推託，只好實話實說：「李瓊，不是我們要審查你，我們也是奉命辦事，是你們公安部門要你的材料。」

李瓊又找到公安局領導，而且急中生智，假借要與揚帆離婚為由，追問他的下落。這位老局長人不錯，忙勸李瓊不要離婚，小心地透風說：「老揚先是為『高饒問題』去北京的，以後出了什麼『潘揚反革命集團』，尤其是潘市長逮捕後，案情就更加保密了。他如今在北京什麼地方關著，咱們確實不知道，不過生活上估計不會受多太委屈。」

李瓊進一步提出要上北京探監。

老局長好心規勸說：「先不要吧，去了也見不著人。董慧是上北京了，到處託人打聽潘市長的消息，不是也沒有結果嗎？你先別急，眼下是要把老人孩子招呼好，別叫老揚有後顧之憂。」

不管怎麼樣，丈夫的消息總算知道了一點，這叫李瓊分外高興。誰知剛剛放下點心，家裡又出了天大的禍事：最小的兒子坤兒竟然一病夭亡！小傢伙生不逢時，剛出生幾個月，爸爸就戴罪進京，一去難返；可憐母親一個人，在重重政治和精神壓力之下，靠著每月一百多元錢，養活著大小十口人，別說給小兒子買藥買營養品，一日三餐有飯吃就很不錯了；於是本來就體弱多病的坤兒，三天兩頭發燒感冒，最後轉為肺炎，病情日見沉重……

那天，正在上班的李瓊聽說坤兒病重，發瘋似地跑回家，只見小小人兒牙關緊咬，臉色發青，一雙小手緊緊攥著，已經哭不出聲來。李瓊抱起孩子就往醫院跑，經過搶救，病情有所好轉，孩子也睜開了眼睛，向媽媽說他想吃橘子。關於吃橘子的這個細節，張重天先生有過催人淚下的記載，照錄如下：

> 橘子，孩子的一句話提醒了她，這不是小坤的第一次要求了。是的，她家裡的六個孩子都喜歡吃橘子，尤其小坤最愛，分橘子他要挑大的，吃橘子可以了吃飯。上兩次發病時，就吵著要吃橘子。李瓊當時想，如今經濟困難，一斤橘子就是全家一天的菜金；再說一斤橘子，每個孩子還分不到一個，欲買又不想了。所以病中小坤提出要吃橘子，她都是哄著說「下一次買」。現在孩子病重得這樣，精神好了些，口渴，想吃橘子，這並不是過分的要求，應該滿足他……笑笑說：「小坤，媽媽去買橘子你吃，你好好睡著，噢。」小坤點點頭。李瓊把小坤的棉被塞塞好，拎起一個小包，這時孩子從被窩裡伸出一雙滾燙的小手，抓住李瓊叫道：「媽媽，你不要走！我害怕。」李瓊感到有點突兀，忙問：「小坤，別害怕，你哪裡不舒服？對媽媽說。」孩子沒有說，只是搖著頭，兩隻小眼睛的眼眶裡悄悄流出了眼淚。……李瓊對病房裡另一位孩子的母親打好招呼，提著小包向外走去，她急匆匆地走到街上，買了一斤橘子，又買了兩個包子，重又快步走回醫院急診室。當她剛剛跨進急診室時，一個意想不到的場面發生了：病房裡充滿著緊張的氣氛，一群人正圍著小坤的病床。她湊近一看，醫生、護士正在為小坤進行搶救。小坤此時臉孔雪白，雙眼緊閉，牙關緊咬，顯然，他已經不省人事了。「小坤！小坤！」李瓊大驚失色，手裡的橘子、包子連同小包都掉落地上，不顧一切地撲了上去，緊緊抓住孩子已經冰涼的小手：「小坤！媽媽給你買回橘子了，橘子來了，孩子！」但是，孩子再也沒有睜開眼睛……

事後才知道，孩子是因為誤診才過早地死去，太可惜了！居然連一張照片都沒有留在這個世界上。揚帆後來知道這件事時，不禁痛哭失聲。真是禍不單行啊！就在揚帆走後短短三年時間裡，四位親人先後去世：最早是老父親石冠卿，接著是長期臥病的老姐姐，然後是死不瞑目的老母親，最痛心是年僅四歲的小坤兒。李瓊當時悲憤地詛咒說：「蒼天呀，你為什麼這樣的不公平！」

是的，李瓊真是一位苦難妻子，她所要承受的身心折磨還遠遠沒有結束。

有花無果

獄中的關露，夜裡常常失眠，賴以打發漫漫長夜者，唯有對往事無盡的回憶。有天夜裡，她忽然想起一首詩，詩題就叫〈別了，戀人〉，其中的每一句都記得清清楚楚，就如剛剛吟出的一般，但是，它是何時所寫或者是寫給何人的呢？卻怎麼也想不起來。

在關露的詩作中，確乎有這麼一首〈別了，戀人〉：

淚滴，
繁星，
夜的海洋。
話別時侯的嘴唇，
你說，
別了啊，戀人！

……

千百樣的別離情景，
使得你悲咽，
在悲咽中前進。
為了你的生存，
回顧不了那剛從你的臂裡
消失了的微溫；
回顧不了那
秋晨的眼睛，
玫瑰的臉頰，
那酥暖的胸膛，
嫣然一笑的面影。
在一切不回顧的當中你去了，
去遠了！
到如今，
再也不能看見你的背影，
你的一切都不留存，
留下的只是那封信……

這首詩，是關露初戀的見證，也是她初戀的輓歌。她對這束愛情之花是那麼傾注深心和熱情，它卻匆匆開過，落英委地，無果而終。

關露初戀的白馬王子名叫沈志遠，又名沈華生，是一位早在一九二五年就加入共產黨的青年革命家，二十四歲受上海黨組織的派遣，赴莫斯科入中山大學學習，主攻政治經濟學、辯證唯物主義、社會發展史、西方革命史、中國革命問題等多種課目，修業期滿後再入莫斯科中國問題研究所做研究生，並以優異成績畢業。他除了具備深厚的馬列主義理論外，還精通俄、英、德等數國語言，在共產國際東方部中文書刊編譯處工作時，參與翻譯出版《列寧全集》六卷集中文版的工作。一九三一年底，滿腹經綸的沈志遠回到上海，很快成為李劍華、胡繡楓夫婦的座上客。

李劍華當時是上海法學院暨復旦大學的教授。上海「一二八」事件後，他和妻子胡繡楓把家從安吉里搬到薩坡賽路劉道衡家，不久在西愛咸斯路慎成里租到一處住宅。這是一所老式石庫門房子，弄堂有三個出口，一個通西愛咸斯路，一個通甘世東路，一個經過永安別業通拉都路，這樣的地形對開展地下「社聯」工作非常有利。李家當時只有四口人，但平常卻要做出十個人左右的飯，因為作為「社聯」的一個活動據點，這裡常客不斷，像何思敬、吳覺光、周新民、張定夫、史一乘、錢嘯秋、張琴撫、祝伯英、陳同生、羅錦屏，還有後來的沈志遠等，經常聚在這裡邊談工作邊吃飯。當時，關露住在拉都路一所租來的公寓房裡，離妹妹家不遠，所以也時常過來會面。她就是在這兒最早見到沈志遠的。

那是一天晚上，關露來到妹妹家時，這裡已經高朋滿座，正在聽一個年輕人發表什麼高論。從背影看，此人修長挺拔，偉岸瀟灑，一打照面，更是相貌英俊，氣質不凡。關露只覺一股從未有過的熱流貫通全身，臉兒立刻漲得通紅，心裡噗通噗通直跳。經妹夫李劍華介紹，她就這麼認識了沈志遠。

這次見面以後，又在李家會過幾次，二人兩情相悅，便熱烈地戀愛起來，麥琪路一家俄國人開的小咖啡館成了他們談情說愛的固定去處。在這裡，他們有說不的話題：談詩，中國的，外國的；談詩人，普希金、葉賽甯、馬雅可夫斯基；談革命，談前程，談世界、社會、家庭、人生……。明月之夜，他們也相依相偎地走過街頭，絮絮細語，情意綿綿。有次他們來到畢勳路新落成的普希金銅像前，關露再也按捺不住一腔激越的詩人之情，即興為她的戀人背起普希金的那首名詩：

我的聲音你聽起來既親切又鬱悒，
在昏黑的深夜打破了四周的幽寂，
床邊的蠟燭照亮了淒清的長夜。
我的詩句像溪水般淙淙地流瀉，
它傾訴著對你的愛情、情深意長。
黑暗中你的眼睛對著我發亮，
我聽到你低低的聲音，
親愛的朋友，
我愛你，我是你的……

一九三二年，關露與沈志遠同居了。此時，沈志遠擔任了中央文委委員兼，中共江蘇省文委委員，還擔任「社聯」常委，參加編輯《研究》雜誌，忙得團團轉。關露也忙，公開職業是歐亞航空公司的英文翻譯，實際上主要精力仍放在「左聯」。緊張而危險的革命現實生活，不能不把一對熱戀者從愛情的彩雲間拉回來。一九三三年十一月，十九路軍將領蔣光鼐、蔡廷鍇發動了有名的反蔣「閩變」。蔣介石又氣又恨，在上海大肆搜捕抗日愛國人士，白色恐怖非常嚴重。此時，關露正忙著為聶紺弩主編的《中華日報》文藝副刊組稿，而聶紺弩的住處已被國民黨特務盯上了，關露也在抓捕之列。胡繡楓接到組織通知後，連忙跑去告知姐姐，叫她火速離開上海避避風。事出緊急，關露也顧不得等沈志遠回來，收拾起一個簡單的行裝，遠走長沙劉道衡先生家暫住，臨走給沈志遠留了一封短信說明一切。這一走就是三個多月。

第二年春天，關露剛回到上海，一對情人尚未好好團聚，沈志遠方面又出事了：他的胞弟突然被捕，一下就牽連到他，按照組織意見必須迅速離開上海到鄉下去。也許是關露上次不辭而別傷害了他，也許是這次胞弟的變故嚇著了他，總之他的情緒低落，沉默無語，臨到關露送他上火車時，才掏出一封預先寫好的信遞給關露。敏感的關露早已預感到，這是一封不吉祥的絕情信。火車開走了，所愛的人消失了，一場原本那麼熾熱的愛情熄滅了，關露的心都要碎了……回到住處，她一任痛心的淚兒流淌，寫下了開頭那首淒婉傷感的詩。

這就是關露第一次有花無果的愛情。

關露莫非還有第二次有花無果的愛情嗎？真的是有，而且下場比第一次還要慘。

這便是她與王炳南。

先介紹一下王炳南。一九〇八年，他出生在陝西乾縣，十八歲就參加了共產黨，二十歲獨當一面，在楊虎城的十七路軍做地下工作，深得楊虎城信任，先資助他赴日深造，緊接著又送他去德國留學。在德國期間，他曾任德共華語組書記、旅歐華僑反帝同盟主席等職，並與德國女子王安娜結成異國夫妻。一九三六年，王炳南二十九歲，奉命回國繼續在楊虎城的西北軍做事，公開身份是楊虎城將軍的秘書。他在隨後發生的「西安事變」中起到了特殊作用，並由此結識周恩來，從而終其一生都在周恩來的領導下工作。周恩來曾這樣感慨地說：「炳南不但是我的左右手，他還是我的耳朵和嘴巴呢！」一九三八年初，中共代表團在武漢成立國際宣傳委員會，王炳南負責對外宣傳工作。期間認識了不少國際友人，比如斯諾、斯特朗、愛潑斯坦、史沫特萊等，著名的白求恩、柯棣華醫療隊進入延安，都是王炳南一手安排的。一九三九年一月，中共中央在重慶成立南方局，王炳南先後擔任所屬對外宣傳組和外事組的組長，尤其在擔任外事組長期間，他與各國駐重慶大使館、軍事機構、各國記者建立了良好的聯繫，打破了國民黨一黨辦外交的獨霸局面，爭取外界對中共的理解和同情，並直接促成了美國軍事視察組赴延安進行實地考察。據說這是第一個進入中共轄區的美國官方代表團。一九四五年八月日本戰敗投降，毛澤東飛赴重慶與蔣介石舉行和平談判，王炳南是毛澤東的秘書之一。《雙十協議》簽字後，王炳南奉命前往美國大使館，告知美方中共歡迎杜魯門總統的「一二・一五」聲明，歡迎總統特使馬歇爾訪華。一九四六年一月，由周恩來、張治中和馬歇爾組成的三人委員會成立，共商解決國內軍事問題的具體辦法。王炳南則直接協助周恩來參加三方會談。國民黨政府還都南京後，中共代表團也在南京成立，代表團發言人即為王炳南。一九四七年，中共中央在延安成立外事組，這是中共中央的第一個正式外事機構，主任由周恩來兼任，王炳南則擔任副主任，直到一九四九年中華人民共和國誕生。至於王炳南在建國之後的幾度輝煌，後文再作交代。

從上述內容可以看出，王炳南確實是一個年輕有為的外交人才，連住在延安窯洞裡的毛澤東都大聲稱讚說：「你就是我們的『王外長』！」他成為諸多女性關注的人物也就不奇怪了。

關露是何時認識王炳南的？大約的時間是在抗戰初期，但詳情如何已不可細考。據王炳南在將近半個世紀後回憶說：「一九三六年西安事變後，黨派我到上海工作。關露和王安娜很接近，和我們家常有來往。我經常在報紙、雜誌上讀到她的作品，還讀了她寫的中篇小說《新舊時代》。一九三八年我離開上海到武漢，後來又到重慶，我們在上海的家就交給了關露，很長的時間裡她一直住在那兒。有一個時期由於兩個地區通訊不便，我們之間一度失去了聯繫。後來她介紹一對青年夫婦到重慶來找我，才知道她由於黨的工作需要，深入敵營。但外界不瞭解她的真實情況，因為她到東京去開過會，上海有些小報罵她是「漢奸文人」，這對她的精神壓力很大。」

從王炳南的回憶看，關露與王炳南相識最早也當在一九三七年初，到一九三八年王炳南離開上海為止，他們總共相處也不過一年多時間。但是，他們無疑相處得很不一般，不然的話，關露不會變成王家的常客；王家離開上海之時，也不會將房子託付給關露照看，並讓關露住在那裡；也不會在分別之後還保持經常性聯繫，由於因故「一度失去了聯繫」而大有遺憾之意。有一份資料說，到一九四〇年左右，「關露與王炳南已經通信一年多了」。相信這種通信不光只為探討抗日大事吧？

宗道一先生撰文說：「在中國外交界，很多人都知道這位資深外交家（王炳南）曾有過一位患難與共十餘年的德國夫人王安娜。令人遺憾的是，王炳南和王安娜在異國孕育出來的愛情走到了盡頭。十餘年來的情情愛愛恩恩怨怨，徹底畫上了無可奈何的句號。抗戰勝利後，王安娜隨宋慶齡先生回到上海，王炳南暫留重慶。這是一次真正的分手。就在王安娜與王炳南分手的時侯，又一位不平凡的女性走進了王炳南的情感世界。她就是……關露女士。」

各種情況都表明，在關露和王炳南之間，愛情之花已經綻放，就等著結出美麗的果實了。

前面講過，抗戰勝利後，國民黨當局將關露視作「漢奸」要加以懲處，黨組織及時地保護了她。連日理萬機的周恩來都沒有忘記關照此事，曾建議有關部門將關露轉移到新四軍去。作為與關露已經兩情相許的王炳南，自然更是在心在意，他專門找到將赴上海工作的老朋友夏衍，請他務必親自設法把關露安全護送到蘇北解放區。當關露安全抵達新四軍總部所在地，被安排到浙東縱隊文教處工作，並給遠在重慶的王炳南發出平安電報時，據說接報後的王炳南「欣喜若狂」，然後不管工作多忙，一封封的情書便雪片也似地飛往蘇北，終於使「關露塵封十年如冬眠般的情感世界漸漸蘇醒，如春回大地，陽光明媚。」反過來，關露「那些訴說衷腸的滾燙的詩句打動著王炳南的心。」此時，正好開闢了一條由南京直飛新四軍所在地的航班。王炳南聞之大喜，心想這真是天公作美，著意搭橋呀！遂決定立刻飛到關露身邊相聚，以解將近八年的相思之苦。但是，當他興沖沖地跑到梅園新村向周恩來請假時，一瓢冰水迎頭潑下！

平日裡兄長般待他的周恩來，聽他詳細講完自己與關露的全部戀情和結婚打算後，眉頭竟越皺越緊，臉色也陰沉得可怕，居然沒有表態。幾天後才嚴肅地對他說：「炳南同志！關露是個好同志，但是由於她的一段特殊經歷，在社會上已經留下不好的名聲……你長期從事黨的外事工作，如果你們兩人結合，恐怕會在社會上帶來不好的影響，這對我們開展工作很不利。」頓時，王炳南呆若木雞，只覺心中像讓用刀捅了一下，但又麻木得一點不覺得疼……他想對周恩來說，這樣對待關露不公平，她打入敵人內部是黨派去的呀，她是有功勞的，您不是也曾那樣地關心她、說她是個好同志嗎？我們為什麼就不能結合呢？……可是他卻傻了似的一句話也說不出來。

當天晚上，他就寫信把南京發生的一切告訴了關露。

原本就像個孩子似的關露，正以滿腔喜悅等待著王炳南的到來，誰知等來的卻是一個晴天霹靂！她的精神一下就垮了！而且這件事情本身又是一個大引信，立刻叫當時的極左思潮來了整人的勁頭：好你個關露，沒有問題怎麼會不讓你與王炳南結婚？既然組織上不讓你們結婚，你肯定就是有問題！於是立即成了重點審查對象，於是要進行「隔離審查」，於是「你要老老實實交代所有問題」！

關露就是在這樣的內外折磨下患了精神分裂症。

關露一生中這兩次有花無果的苦澀愛情，叫她心灰意冷，叫她絕望，叫她對人類這種最基本的幸福再也不存任何幻想，從此感情的大門緊緊關閉，努力以革命理想和革命工作來充填精神空間，彌合那一顆破碎的心。如今同在牢獄，潘漢年尚有他的董慧可以思念，揚帆也有他的薇和李瓊記在心頭，唯有關露往事不堪回首，只能將一腔詩意寫給黨、祖國、領袖、甚至獄中的水管、靜夜、沉雲和夕陽：

愛共產黨，
我就愛真理，
真理是共產黨的母親；
共產黨的創始人結識了真理，
宣言方才草定。
如果說，
共產黨是我偉大的母親，
真理就是我的祖母，
聖潔名門的子孫，
誰能夠將我汙損？

被真理的莊嚴所指導的
我的言行，
不能不端正；
被黨的光輝所照耀著的
我的生命，
沒有半點灰塵！

〈告訴黨〉

壯志千秋，登高眺遠，春染山頭。看歡耕大地，翻身駿馬；溢洋湖沼，正義宏流。雁蕩無邊，松青無際，萬象矜驕幸自由！憎奴役，恨隨風柳絮，逐勢飄浮！
盛朝文武繁遊，為綠化江山錦繡稠；正祖國年芳，花紅葉茂，林園春曉，雨露方道。榜掛功臣，旗彰模範，青塚常埋萬戶侯！冬去也，望蓬萊仙景，疾駛飛舟。

〈祖國〉，調寄「沁園春」，學步毛主席〈沁園春・長沙〉原韻

黨的眼睛比太陽還要亮，
黨的光輝比太陽還要多。
我要獻給黨的，
是花樣的生命；
黨對我的賜予，

是生命的花朵！

〈我和黨〉

鐵門緊鎖冬無盡，雪壓堅貞一片心。
鋼管無情持正義，為人申訴到天明，

〈水管〉，

「牢房中水管壞了，如犯人哭泣，
難以入睡，吟成此詩。」

銜泥精衛猶填海，紙筆無情辯罪難。
賈誼諫書湘水恨，屈原憂國楚江寒。
忠心不怕讕言陷，真理依有領袖賢。
自有詩文昭史冊，悲窗豈疾不平冤。

〈夜聞〉

雲沉日落雁聲哀，疑有驚風暴雨來。
換得江山春色好，丹心不怯斷頭臺！

〈雲沉〉

罪衣幽室夕陽遲，玉潔金真只自知。

錦繡江山誰是主？戰場愁徹馬聲嘶。

〈感慨〉

從與王炳南灑淚分手以後，一直到死，關露再也沒有寫過愛情詩，這對於一個天生感情充沛而洋溢的女詩人來說，不亦悲乎？

第十七章 英雄末路

化名墓碑

一九八三年四月十四日以前，在湖南長沙市南郊金盆嶺墓地西側半山腰，人們會看到這麼一通墓碑，上寫：「七七一六五二蕭淑安之墓一九七七年四月十四日病故妻董慧立」。

這是一個化名墓碑。墓主不是別人，正是大名鼎鼎的潘漢年。

應該說明的是，「蕭淑安」這個化名並非潘漢年死後倉促所起，它是早有來歷，少說也有三十多年的歷史。它的第一次出現，是在一九三九年九月下旬某天的上午，地點是「孤島時期」的上海。這天，座落在上海租界華山路愚園路口靜安寺西側的百樂門飯店，走來一位西裝革履、氣度不凡的年輕住客，要了一套豪華型大套間，登記的名字便是「蕭淑安」。接待員肯定想不到，面前這位「闊佬」不是別人，正是共產黨情報巨頭之一的潘漢年。此前，他以中共中央社會部副部長的身份，在香港成功組建了華南情報局，如今又奉命組建上海的情報工作網，帶著妻子董慧和另外兩名情報員劉人壽、黃景荷等人從香港來到上海，準備在「孤島」大顯身手。他當時怎麼會想出「蕭淑安」這樣一個化名，看來只有他本人知道；但他也無論如何想不到，這個化名幾十年後會出現在他自己的墓碑上！

化名墓碑的出現，是一段浸透血淚的故事。

潘漢年從一九五五年四月三日被捕，關押在功德林監獄，一直關了五年天氣。這是一段不堪回首的痛苦日子，無窮無盡的提審和書寫「罪狀」，使原本一個叱吒風雲的人物變得煩燥、孤獨、苦悶、沉默不語而神情困頓，似乎完全變了一個樣。當時的監管科長後來對人說：每一次見到他，他都好像在凝神靜思著什麼，雖然並不是癡呆，但卻似有此狀。這種狀態一直持續到一九六〇年三月，這時公安部新建的秦城監獄落成，潘漢年隨著許多犯人從功德林遷至新獄。這裡的設備要先進一些，還有供單人放風的小院子，再說京城遠郊的清新空氣也叫人舒服得多。更令人鼓舞的是，全國的政治環境也大為寬鬆起來，毛澤東主席在對反右派鬥爭、大躍進、反右傾和三年自然災害做了科學反思之後，制定了著名的「調整、鞏固、充實、提高」的方針，為一些「右派分子」摘帽，給一些「右傾分子」甄別，同時在文教科技和公檢法系統做了適當的政策調整……總之黨的陽光雨露普天而降。自然，潘漢年也能沾光沐露，具體說是在一九六二年的春天。這年的元月三十日，毛澤東在著名的「七千人大會」上說：「有個潘漢年，此人當過上海市副市長，過去秘密投降了國民黨，是一個CC派人物，現在關在監獄裡頭，但我們沒有殺他。像潘漢年這樣的人，只要殺一個，殺戒一開，類似的人都得殺。」

中國的事情歷來如此，只要最高領導人物說了話，什麼問題都好辦了。既然毛主席說可殺可不殺，公安部便要立即將這一精神體現在工作上，他們在處理報告中一方面強調潘漢年的「嚴重罪行」，但同時又強調他的「罪行」都是歷史問題，且是自己主動交代的，認罪態度也好，關押期間表現也好，所以可以考慮從寬處理，云云。

毛澤東主席當即表態認可這一處理意見。隨即最高人民法院開庭審理此案，作出刑事判決說：「判處被告人潘漢年有期徒刑十五年，並剝奪政治權利終身……服刑期滿後交由公安機關管制。」

接著，最高人民法院下達《執行書》，內稱潘漢年從一九五五年四月三日被捕起，到一九六三年一月九日法院正式判決止，已經關押了七年九個月零六天的時間，以此折抵刑期，規定其開釋日期為一九七〇年四月三日。

再接著，最高人民法院又下達了《刑事裁定書》，內稱潘漢年在羈押期間能夠認罪服法，遵守監規，確有悔改表現，按羈押一日折抵刑期一日計算，現在服刑已經超過刑期二分之一以上，特裁定在押犯潘漢年予以假釋，交公安部管制。

公安部呢，貫徹毛主席的指示精神更不含糊，假釋出獄時，由公安部副部長徐子榮親自出面，將潘漢年從秦城監獄安排到北京南郊的團河勞改農場，專門提供一座小樓居住，並接來妻子董慧以使夫婦團圓，每月發生活費兩百元，不必參加體力勞動，可以寫些回憶錄什麼的，也可以進城去探親訪友……總之這是一段難得的幸運時光。

一位深愛著潘漢年的熱血朋友唐瑜，對潘漢年夫婦在團河農場的情況有過下面這樣的記述：「時當一九六三年初夏，在東安市場的北門口，突然看到了一個陌生而有熟悉的面影——董慧。我們雙手緊握，眼眶內的淚花模糊了現實與夢境，也代替了傾訴不盡的語言。她告訴我，潘『釋放』了，現在住在京郊一個農場的『小別墅』，那裡可以種花，可以釣魚，時常可以釣到大鯽魚。潘被允許到市內探親訪友，但他怕帶累人家，所以一直沒有進過城。我約他們每個星期都可以來我家。我說：『什麼影響、帶累，反正就是這樣；潘那頂帽子我戴起來不像樣，自由主義的帽子比較便宜，送一頂還可以湊合。』」

這期間與潘漢年夫婦有過來往的另一位朋友師毅的夫人張麗敏也回憶說：「大約在一九六五年至六六年初，他們夫婦（指潘漢年、董慧夫婦——筆者）每月兩次來我家度週末，男人們自己去談古論今，我和董大姐就被一位朋友戲稱為『女人堆』了。」「阿董舉著手讓我看（她的老繭），說：『他們現在讓我工作了。』她的表情是愉快的。又說：『我每月拿六十元生活費，不老不少，身體沒有病，不勞而獲是可恥的。農場的活當然要下地勞動，棉花地秋收後遺留下的枯枝要拔掉。我的工作是累一些，可是比閒待著強多了。』漢年同志插話：『她一直渴望要求工作，現在正專心研究種棉花了，還採集了不少標本，勞動可以醫治內心的創傷，我也同意她去幹。』」

很可惜，這種富有人情味的、富有人間煙火味的生活，對潘漢年夫婦來說是太短暫太短暫了，才一眨眼的功夫，就消失得無影無蹤，代之而來的是更加殘酷可怕的鐵窗生涯和重重苦難，而且一直到死再也沒能解脫出來。

一九六六年春夏之交，「文化大革命」的超級風暴席捲全國，一切被造反派視之為反動的東西都在橫掃之列。潘漢年自然在劫難逃，他早有預感似的，要妻子董慧提前向幾位朋友做了告別。唐瑜回憶說：「一九六七年六月中旬，阿董忽然來了，神色淡漠。她說他們要搬到小溫泉去住了。說完，留下給我和師毅的小孩兩盒餅乾，就匆匆走了。」師毅的夫人張麗敏回憶說：「我們最後一次見面是在一九六六年夏天一個烏雲密佈的日子，大家都感到將要發生酷烈的風暴了。臨別時互道珍重。我幫大姐（指董慧——筆者）提著東西送他們到車站，車來了，漢年同志緊握著我的手囑咐：『要注意師毅的身體。』……」一九六七年六月，董大姐托唐瑜同志轉給我一包東西：兩斤糖果、一罐餅乾。在糖果包裡夾著一張紙條，是大姐的筆跡：『你家的事（指師毅已被造反派整死——筆者）我已知道了。我們後天就要搬到小溫泉去住了，讓我們再給孩子們買一次糖果吧！希望他們健康長大。我們今生恐不能再相見了！』看了這字條，我不禁潸然淚下。以後我們就再也沒有得到漢年夫婦的消息了。」

上面兩次提到「小溫泉」，這是一個什麼地方？潘漢年夫婦又為什麼要搬到那裡去住呢？「小溫泉」不是什麼好地方，那是人們對秦城監獄的代稱，可能在它的旁邊有一處不大的溫泉吧？所以去那裡也不是潘漢年夫婦要去，是「紅色風暴」將他們捲將進去的。具體來說，就是紅極一時的「中央文革小組」指示造反派將潘漢年重新投進監獄的。令人啼笑皆非的是，當年主辦潘漢年一案的公安部長羅瑞卿、徐子榮們，這次也成了階下囚，成了包庇潘漢年的同案犯了。

不過，對「中央文革小組」來說，再抓潘漢年也有一個難題，這就是此案是經過毛澤東本人親自批示處理過的，有點投鼠忌器，出了問題誰敢負責？於是，便出現了一份無人簽名的沒頭沒尾的拘捕指令：「請謝富治同志再把揚帆、饒漱石、潘漢年抓起來。」「四人幫」倒臺後終於查出，這個指令是陳伯達的筆跡。但陳伯達在一九八一年三月二十四日這樣說：「關於揚帆、饒漱石和潘漢年再抓起來此事，我完全忘記是在什麼場合寫的，總之一定是開會時受命寫的。此事我任何印象都沒有留下來。筆跡是我的。」

重回秦城監獄，潘漢年此時六十一歲，董慧四十九歲，都不再是頭次入監時的青壯年了。而且一入獄不久，這裡就實行了軍管，原先的專業管理人員則進了「學習班」。這對潘漢年這樣的「犯人」來說，無異於雪上加霜。因為這些根本不懂監獄管理的軍人們，左得要命，只知道折磨人、污辱人，而且這些折磨和污辱是無緣無故的、無休無止的、無時無刻的，只要他們願意，半夜三更也會敲開牢門進行糾纏。他們開口閉口都罵清一色的詞：「反黨分子」、「反革命分子」，若有人反駁一下，拳腳相向之中又是清一色的罵：「不是反革命、反黨分子，為什麼把你關在這裡？想出去？沒門！」至於伙食則已近非人待遇，只有窩窩頭和鹹菜了。

有位與潘漢年身份差不多的老革命，後來回憶他在秦城監獄的這段經歷時寫道：「我被關在一間小屋子裡，門窗緊閉，屋內悶熱，溫度高達四十度以上。他們打開電風扇，只對著他們自己吹，把我置於牆角，並面牆站立，不准動。這樣持續了二十多天，我的兩腿兩腳紅腫，血液下沉淤積，血管膨脹以至壞死，腳面裂開血口，然後化膿。但惡狼般的嚎叫仍不絕於耳，既不讓休息，也不讓就醫……日夜突擊，輪番威逼，不斷地提一些不著邊際的問題，盲目地催逼、加壓、謾罵、毆打……」

完全可以想像到，潘漢年所受的折磨，比之於這位獄友肯定是有過之而無不及，只不過人們永遠聽不到他的血淚控訴罷了。

潘漢年再度入獄不到半年，身體就完全垮了下來，情況之糟有監獄當局的一份檔案材料為證，它的題目叫作〈關於反革命犯潘漢年病情報告〉：「今年七月發現潘犯肝臟腫大，曾先後經復興醫院和中國醫學科學院日壇醫院（即腫瘤醫院）門診近兩個月的檢查，已初步診斷為肝癌。根據同位素的掃描也認為肝癌可能性大。此例因發生部位不適於外科手術，目前也沒有特殊有效的抗癌治療。根據醫生意見，目前對癌症無特殊治療，發現癌症後，一般來說，這種病人壽命是不會長的。因此，建議審訊部門抓緊時間審訊為宜。至於潘犯伙食問題，在七月住復興醫院時，某某同志曾電話通知說，某部長指示每月可按十五元標準吃。今後該犯的伙食是否繼續按病號伙食待遇，請批示。」

接到報告的主管部門的頭頭，又給當時的公安部長謝富治寫信請示說：「關於反革命分子潘漢年的病情，經腫瘤醫院複查，臨床確診為肝癌，同位素掃描結果為肝癌的可能性很大。這種病，目前沒有確為有效的藥物，只能進行一般治療。為此，除已建議潘漢年專案組抓緊審訊外，經部辦公會議研究，已對潘犯增加一些營養，使其多活一些時間，以利搞清潘犯的問題和挖出更多潘所知道的材料。妥否，請批示。」

堂堂國家副總理兼公安部長謝富治不敢自專，提筆寫道：「送汪東興、戚本禹同志一閱。」

主管中央專案組的汪東興再批道：「請公安部審定，看本禹同志如何？請批。」炙手可熱而曇花一現的戚本禹底氣不足，只在自己的名字上畫了個圓圈後，呈送給「紅都女皇」江青。江青把頭一點，於是拍板定案，加緊了對潘漢年的審訊工作。

於是，便有了如下一份報告「輝煌戰果」的精彩記錄：「遵照江青同志和小組同志對大叛徒、大內奸潘漢年『要加緊審訊』的指示，自去年十月以來，我們突擊審訊了潘犯四十七次……經過幾個月的連續作戰，基本上弄清了潘犯在解放前叛變黨以及叛黨後的反革命內奸活動。……」

根據確實的記載，隨著專案組的「連續作戰」，對潘漢年進行疲勞轟炸式的審訊多達上百次，逼他寫的認罪材料則數以萬字計。年老體弱，身患重病，人格上受盡侮辱，心理上飽經摧殘，精神上孤苦無依，物質上極度貧乏……年逾花甲的潘漢年陷入了空前的大災難，當年的大英雄徹底步入生命的絕境。最後的時刻不遠了！

潘漢年和董慧夫婦的最後歲月，是在一個名叫洣江勞改茶場的地方度過的，時間是從一九七五年五月二十七日至一九七九年二月二十四日。

一九七五年五月二十七日，中華人民共和國公安部秦城監獄給湖南省公安廳開具這樣一道公文：「根據中央決定，將潘漢年放在你省勞改單位勞動。此致敬禮。」也就在這一天，公安部十五局所屬專案組、秦城監獄、湖南省公安廳勞改單位三方面的派出人員，懷揣著上述那道再不能簡單的公文要件上路了，被他們押解著的自然就是要從北京「放」到湖南去的潘漢年夫婦了。此時的潘漢年已經永遠被開除黨籍、身背無期徒刑和再也無望醫好的多種病痛；而妻子董慧呢，再關八年監獄後仍是「維持原判不追究刑事責任」，可這十一個字的結論是一九六二年就給她做出的！如今，她也花白了頭髮，跌斷了左腿，並一度患上了精神分裂症，又要隨丈夫南下做「楚囚」了。

洣江茶場屬於湖南省茶陵縣，地處羅霄山脈中段的湘贛交界處。一九七五年五月的最後一天，茶場軍管小組接到省軍管會的電話通知：有兩名犯人要送到茶場監督改造，要求他們的住所不要設在其他犯人的監區內。軍代表接到通知，立即召開專門會議研究落實，幾個幹部轉遍整個場部，才在距家屬區不遠的基建木工房後面找到兩間房子，叫來木工犯人突擊幹活，安上門窗，做了簡單的維修。

潘漢年夫婦來到茶場的情景，鄧俊生先生這樣記述道：「幾天後的一個下午，兩輛沾滿塵土的卡車和吉普車開進了這個偏僻的地方。先下來一位三十多歲的軍官和幾名持槍的戰士。坐在卡車上行李、箱子、書籍之間的犯人，身上和臉上已都是土色了。新到的兩名犯人中，男犯身材較高，背有點彎，神情呆板，已年近七十歲。他一邊拍打著身上的土，一邊慢慢地站了起來，從車上向下爬。當一個留場就業的職工把他扶下車後，他臉上沒露出任何表情，倒是那個女犯很有禮貌地表示感謝。女犯頭髮花白，也近六十歲了，戴著一副深度近視鏡，不時用手撥著頭髮。也許是坐車時間太長，長途山路的顛簸，老年男犯在地上站不住，向後退了兩步，坐在了地上，女犯趕忙走到他身邊，著急地問他哪兒不舒服。男犯不說話，低著頭擺擺手。從兩個人的衣著、面容、氣質和動作上看，這是兩個有身份的文化人。」「押車來的軍官嚴肅地對他們說：『今後你們就住在這裡，不要隨便和人交談，嚴守紀律，定期寫思想彙報。有什麼事向場中幹部提出來。』」

潘漢年夫婦就這樣開始了茶場生涯。但他倆都不會做飯，米飯不是夾生就是燒糊，買回魚不懂得拾掇就放在鍋裡煮，腥得無法下嚥，只好用餅乾充飢。這樣沒過多久就病倒了。軍管會嚇壞了，因為上頭有交代說潘漢年是重要罪犯，監管期間絕對不能死掉！於是又緊急開會研究，並請示上級批准，給潘漢年夫婦選派了一名「政治堅定、立場可靠、能和階級敵人劃清界限」的女同志專門做飯，這才解決了他們的吃飯問題。

解決了生活問題，但誰又能醫治他們的心病呢？政治上的壓力，精神上的苦悶，病痛的折磨，兩個孤獨的老人又怎能長久承受？不到一年天氣，潘漢年夫婦終於雙雙病倒了。鄧俊生先生記述說：「一九七六年一月份一連幾天，沒有看到潘漢年出來。木工班長說：『老潘大概是病了，我去看看他。』他用麻袋裝滿了刨花和碎木塊，走進了小院就喊：『老潘，老潘，怎麼不去裝刨花了，燒什麼呢？我給你們送來了。』進屋後看到這對老夫婦都躺在床上，冷屋涼灶，潘漢年不停地咳嗽著。董慧嗚咽著說：『做飯的人要劃清界限，好幾天不來了。』原來周總理逝世，潘非常悲痛，滿面淚痕地說：『十年了，今天批這，明天批那，批成什麼樣子了？周總理也成了批判對象！我們參加革命就為了這個嗎？五年前陳老總走了，現在周公又離開了我們，我的問題更無人說清了。蒼天，你睜眼看看吧！』做飯的人正參加批林批孔批周公的運動，聽潘漢年說這種話，走了就不來了。」

一九七七年二月二十四日，潘漢年的病體再也撐不下去了，病情日益惡化，於三月二十四日被救護車送到長沙急救。臨上救護車時，他忍痛含悲地對愛妻董慧說：「我會回來的，你放心！」這一去卻再也難得回來了。

在長沙，潘漢年住在湖南醫學院第二附屬醫院（原湘雅醫院）十四病室一一〇床。用什麼名字入住呢？也不知冥冥之中誰在啟示他，他脫口說出「蕭淑安」三個字，也許那一瞬間，他忽然想起當年住進上海百樂門飯店的情景吧。

最要命的病在肝部。經儀器掃描確診為「多腫肝」，已不可救藥。其病情惡化至死的過程如下：

三月二十九日，體溫下降，今日問婆婆（指董慧——筆者）在哪裡，擔心她沒人招呼，陪護人員進行解說。

四月六日，病情加重，進食即吐，全身浮腫，眼睛睜不開，提出要見愛人。

四月八日，使用凍乾血漿兩百CC。

四月九日，輸血五百CC，以後經常處於神智不清狀態。

四月十四日下午，董慧被送到病房看望潘漢年，見面後兩人情緒很激動，兩人均哭。董慧對潘漢年說：「你安心休息，要有信心，要安靜。」分別時到門口，還對他講這些話。

四月十四日十九時四十五分，潘漢年逝世。

潘漢年遺體火化後，骨灰埋在長沙南郊金盆嶺墓地，妻子董慧親手為丈夫立起一座化名墓碑——蕭淑安之墓，即如本節文章開頭所寫。

大約兩年後的一九七九年二月二十四日，潘漢年之妻董慧於孤寂中死去，死在茶場醫院，骨灰也保存在茶場。董慧親屬提出取走骨灰與潘漢年合葬，未獲有關當局同意。董慧連化名墓碑的待遇也享受不上。

尋找瘋丈夫

揚帆的運氣還不如潘漢年，六〇年代初政治環境相對寬鬆、潘漢年得以在團河農場略作喘息那會兒，揚帆卻依然關在陰森森的監獄裡苦苦熬煎，當然情況也多少有些改變，就是提審和寫交代材料的負擔減免了一點，似乎有關當局已然將他忘了。

真的忘了嗎？這完全是錯覺。當「文革風暴」將潘漢年重新捲入十八層地獄時，揚帆更是在劫難逃。有個人始終「惦記」著他。

這天在釣魚臺國賓館，江青傳來了副總理兼公安部長謝富治，對他說：「還有一件事，就是潘漢年、揚帆那個案子，要與你這個公安部長商量一下。」

謝富治頓時緊張起來：「江青同志，您有什麼吩咐，請儘管說。」

坐在一邊的康生這時說：「江青同志的意思，潘、揚一案能否改判一下。」

謝富治知道這是個燙手山藥，遲疑了一下說：「康老，改判的事可能要找最高人民法院吧？」

江青暴跳起來：「好你個謝富治！現在什麼時侯，還要按老套子辦事呀？什麼檢察院、法院！如今大權不都在你公安部嗎？」

謝富治連忙轉彎：「是，是這樣。不過康老最有經驗，請康老作指示，我一定具體辦好。」

康生自然已經胸有成竹：「按江青同志的指示，查清潘漢年的下落，然後找個機會，把他重新收監。那個揚帆，也不能叫他平安出獄，一定要想辦法加判。」

就這樣，在江青和康生的親自「關照」下，揚帆的牢獄之災便無限期地延續下來了，而且所受待遇也分外「優厚」起來，殘酷的肉體折磨成了家常便飯。張重天先生記述了其中一次的詳細情形：「揚帆吃完早餐——一碗小米粥、一個玉米窩窩頭和一小碟鹹菜，就被兩個穿著眼下最時髦的軍上衣的年輕人拉出單人牢房。他被拉進一間熟悉的小屋時，才用害病的眼睛看到了上次審訊他的那個小胖子。揚帆心裡明白了，今天又是審訊。沒等揚帆想完，那胖子開口了，這回他不像上次那樣臉上堆著笑，而是拉長了臉，甕聲甕氣地問道：『揚帆，聽說你鬧眼病好多天了？』揚帆懶得回話，只是點了點頭。『什麼病？』揚帆還是沒有說話，他只是搖了搖頭。……『揚帆，我在問你，聽到了沒有？』揚帆還是簡單地點點頭。胖子的本性完全暴露了，撩起衣袖就給揚帆一個巴掌，一邊打一邊罵道：『他媽的！你以為老子信佛，手腳是吃素的？……今天我問你話，你一句句回答，要是再對抗，可別怪我對你不客氣！』……『說，你一九三九年是怎麼接受潛伏任務，打進新四軍內部的？』揚帆說：『沒有的事，叫我怎麼回答？』胖子這時揚了揚手中的大信封袋，神秘而又帶威脅地說：『我們已經掌握了大量的材料，只看你說不說了。』揚帆沒有回答。胖子憋不住了，又高聲吼道：『快說，老實交代！』揚帆依然沉默。胖子見揚帆很不合作，伸出手，又朝無辜的揚帆一個巴掌。頓時，揚帆眼睛裡金星直冒，口角流出了鮮血。……胖子又說話了：『揚帆，你放清楚點，你不說，我們只要有證據，便可以定案。』揚帆說：『那就請便。』胖子發火了，罵道：『你這個老東西！來，讓他清醒清醒！』話剛說完，旁邊的一個打手把早已準備好的一桶涼水朝揚帆潑了過去。揚帆打了一個寒噤，身子一晃倒下去了。陰曆十一月的北京，已是寒風凜冽……揚帆前幾天發過燒，身子異常虛弱，給這突然的一擊，他跌倒了，昏過去了，渾身顫抖著……」

在這樣一次次非人的折磨中，揚帆的身體越來越不行了，又發作了急性青光眼，雙目突然失明，腦神經由此也大受刺激，變得狂躁不安，抓住視窗的鐵欄杆大吼大叫：「來人啊！還我眼睛！還我光明！還我自由！……」監獄長聞訊趕來了，刑警們趕來了，想制止揚帆的行為。但是已經不可能了，剛烈成性的揚帆瘋了！張重天先生記述道：「在平谷縣黑黑的牢房裡，揚帆已經衣冠不整，精神失常。他得了支氣管炎、風濕性關節炎和感應性精神分裂症，成天躺在那張木板床上喃喃自語，哼哼唧唧。他已經不能伏在桌子上寫材料、看馬列著作了，一隻眼睛患青光眼完全失明，另一隻眼睛因視神經萎縮而近乎失明。但是一有空，便拿著紙和筆在亂劃。別人問他寫什麼？他說給周總理寫信。的確，在每張紙上，他都寫著又粗又大的毛筆字：『敬愛的周總理，我叫揚帆，是上海市公安局……』」

揚帆就是在這種情況下，被遣送到湖北省荊門縣沙洋勞改農場的，時間與潘漢年夫婦發配去湖南大致相當，也是一九七五年五月份。

揚帆來到沙洋勞改農場，被分配在果園大隊。這裡的領導很近人情，看到來者那副淒慘樣子，不但不為難他，還為他從外面請來一位老農，專門照看他的生活。這位質樸的李姓老農，可不像潘漢年身邊那位時刻不忘劃清階級界限的女人，他視揚帆如落難的兄弟，不僅生活上處處關照，精神上更是安慰、開導、鼓勁。這樣以來，揚帆的身體日漸好轉，精神分裂症也好多了，眼睛的視力也有些恢復，能夠正常的學習和思考了。

然而，好景不長。揚帆生性剛烈，對身負冤屈始終不服，精神狀態剛恢復正常，他就開始寫上訴狀，白天寫，晚上也寫，只要有空就接著寫，有時整個晚上都不睡覺，終於寫好一封長長的上訴書，直接寄給了周總理。他把天大的希望都寄託在這份上訴書上了。

俗話講，希望最大，失望也取大。揚帆自從寄出這份上訴書，就眼巴巴地等著回音，他掐著指頭計算日子，一天，二天，三天，一個星期，一個月，兩個月……整個夏天都過去了，他卻什麼也沒有等到。這是一種多大的刺激啊！他那再也經受不住任何打擊的腦神經又開始錯亂了，一會兒喃喃自語說：「總理太忙，總理太忙……」一會兒又驚疑地大叫：「郵局給我搞丟了，郵局給我搞丟了……」於是，他又開始伏案寫信了，一封又一封地寫，一天又一天地寫，不吃飯，不睡覺，發瘋似地寫個沒完沒了。李老農勸他沒有用；果園大隊的指導員勸他也沒有用；農場領導勸他還是沒有用；誰來勸他都沒有用！越勸他，他的勁頭反而越大，寫得越起勁，寫啊寫啊……終於有一天，他兩眼發黑，一頭栽倒在地。經過搶救雖然醒了過來，但從此卻瘋顛起來，一個人跑出去，跳著，叫著，唱著，手舞足蹈著，給藥不吃，給飯不吃，大冷天穿著一件單衣到處瘋跑，跌倒了爬起來再跑，渾身上下跌得青一塊紫一塊，臉上手上劃拉出一道道血口子……他喊出的話叫人驚嚇不已：「江青，我來了，我找你算帳來了！」「你這個叛徒，你自首變節，給蔣介石祝壽，反而誣陷別人，你太豈有此理！」……在人們眼裡，他完全變成一個華子良式的「瘋老頭」了。

對於揚帆的瘋顛，遠在上海的妻子李瓊自然一無所知，她甚至不知道丈夫多年來身在何處、是死是活，再說她自己也被關「牛棚」，完全失去了人身自由。一直到打倒「四人幫」兩年後的一九七八年，她才通過給時任中共中央組織部長的胡耀邦同志寫信，輾轉打聽到丈夫的下落。當她得知丈夫還活在人間，不禁掩面而泣……

一九七八年，李瓊帶著兒子忠平上路了，他們直奔湖北荊門沙洋，要去接回失散了二十多年的丈夫和父親。他們的會面將是一種怎樣的情景呢？張重天先生有著詳盡而可貴的記錄：

李瓊與揚忠平跟著場部領導，通過一排樹木夾道的林蔭路，轉過兩個彎，便到了一排類似當地農家的平屋前。在一間亮著微弱燈光的瓦房前，場部領導站住了，他指指屋子說：「就在這裡。」然後，他用手輕輕地叩了叩門，接著門開了，走出一個頭髮半白的乾瘦的老頭。

老頭操著地道的湖北口音，恭敬地向場部領導說：「來了。」

場部領導一邊帶著李瓊、忠平進屋，一邊輕聲向他們介紹說：「這就是照顧揚帆的老李。」

李瓊點了點頭，還沒待她說話，場部領導指了指裡屋又問道：「他睡了？」

原來這屋子有裡外兩間，外面一間放著碗櫥、臉盆、方桌，是起居間；一張小木床上放著簡單的被子和草席，看來這也是老李的臥室。不用說，裡邊一間是揚帆的臥室了。

這時，老李說：「通訊員來通知時，他剛睡，我怕他發脾氣，沒敢叫醒他。」

場部領導想了一想，用徵詢口氣問李瓊道：「要不要叫醒他？」

說實話，按李瓊急切的心情，她想叫醒他。但是，又一想，她在這裡還要住幾天，何必打破這可憐人的美夢？便說：「不必叫醒他，先看看吧。」

場部領導點點頭，便對老李道：「把裡屋門打開，先看看。」

老李遵命把門「伊呀」一聲打開了，還沒待打開電燈，床上的揚帆說話了：「是誰呀？」

……

「是我，揚帆。」場部領導見他從床上撐起身來，便道。

這時，屋裡支光很小的電燈亮了，在微弱的燈光下，李瓊看到了揚帆。啊，要是在路上遇見，她絕不會認識他了，他確實老多了，他頭髮花白，臉色灰黃，兩隻眼睛都深深地凹了下去。他伸出乾枯的手在床上抖抖索索地摸索著，動作遲緩，面無表情，腰微僂著。顯然視力很差，幾次摸衣服沒有摸到。他只穿著一件薄薄的汗衫，這麼冷的天，他渾身發抖。他與李瓊印象中的揚帆判若兩人，當年英俊朝氣、一頭烏髮、走路挺著腰的揚帆哪裡去了？看到這，李瓊不覺一陣心酸。

「躺下去，躺下去。」場部領導勸他。

揚帆並沒有躺下，他乾脆鑽出黑洞洞的被窩，用抖抖索索的手在床上摸索著，終於摸到了那件厚厚的棉襖，披在身上。老李幫他扣上扣子。

「就這麼穿棉衣，沒有衛生衫和毛衣？」李瓊止不住地流下眼淚，一邊用手絹抹著淚珠，一邊問道。

「誰？這是誰？」沒待老李回答，揚帆敏感地問。

「老揚，我來了！」李瓊迎上去，扶著他。

揚帆愣住了，停了半晌，才問：「你是誰？」

李瓊坐在床沿上，一邊給他拉正棉襖領子，一邊說：「我是李瓊，從上海專程趕來看你，老揚！」

「你是李……」，揚帆像觸電似地把手迅速縮了回來，像受驚的小鳥一樣，撲楞著從床上跳了起來，並且大聲嚷嚷道：「我不認識你，你給我走開！」

場部領導說話了：「揚帆，你安靜些。她是你妻子李瓊，還有你兒子揚忠平。」

這時李瓊忍住悲痛，也說：「是啊，我是李瓊，你的妻子；還有老四忠平，你走時才四歲，現在已經二十八歲了。」

揚帆這時平靜了些，他在聽，又像在思索。

李瓊轉過身來對忠平說：「孩子，快叫爸爸！」

「爸爸！」忠平含淚叫道。

怎知忠平一聲羞怯的「爸爸」，反使揚帆激動起來，他一邊歇斯底里地狂叫：「我沒有妻子！也沒有兒子！你們是江青派來的特務！」一邊穿著短褲從床上跳下來，激動地揮舞著雙手。

場部領導和老李連忙拉住了他，但他還是不能安靜，完全失去了理智，大吵大鬧，活像一頭不肯馴服的猛獅。

李瓊傷心地失聲痛哭起來……

夫妻、父子分離二十多年，有幸重逢卻難以相認，這是一幕多麼叫人心酸的人生悲劇！

場部領導被眼前這幕悲劇深深打動，決心想方設法打破僵局，叫他們夫妻相認、父子團聚，就建議最好能有一張過去全家人在一起的老照片，叫揚帆看看，或許能啟動他的情感閘門。但李瓊苦笑一聲說，我們在行軍途中結婚，解放後又各忙各的工作，哪有照相的機會和想法！

場部領導又建議說，要不你們一家坐在一起敘敘家常，回憶一些全家人相處的往事，或許能溫暖他的心。李瓊說，這倒可以試試。然而試的結果也不成功。李瓊苦口婆心地說了一大套，從一九五四年除夕出事開始回憶，講到六個孩子最大的曉雲當時才六歲，小兒子小坤才三個月，如今曉雲、老三小朝和老四忠平都在甘肅、淮北插隊，還有小蘇、小舜在上海上學，父親、母親都已去世，小兒子小坤也不幸夭折……可不管李瓊怎麼講，揚帆都無動於衷，他認定「你們都是江青派來的特務，要瞭解這點情況還不容易？」

揚部領導急了，取出李瓊帶來的介紹信說：「揚帆你看，這是上海公安局的介紹信，這鮮紅的大印還有假嗎？」

揚帆固執地說：「這介紹信分明是假的，我們上海市公安局開出的介紹信，從來都是用毛筆寫的，哪有這種列印的？」

能想到的辦法都試過了，也是難以打破揚帆內心的堅冰。這樣的結果叫李瓊母子心如刀割，卻又無可奈何，最後決定再向上級領導機關求助，看能否將揚帆接回上海就醫。臨走前，揚部領導特意準備了一桌飯，叫他們一家坐在一起吃點喝點，看能否使揚帆動心。結果，這最後的努力也照樣白費。揚帆倒是如約參加了飯局，表現得很平靜，也吃得蠻有滋味，不料吃完飯他卻站起身來，一本正經地發表演說道：「我奉揚部命令，給你們送行，陪吃這頓飯的。我與你倆素不相識，以後不要再來了！好，再見。」說罷揚長而去。看著他蒼老孤單的背影，李瓊母子不禁抱頭痛哭起來。

美麗的自殺

「楓妹、劍華：你們都好吧？非常想念你們。我是上月二十六日出來的，本想即刻給你們寫信，因為失去了你們的通訊址，前天看見伊湄，才知道你們的貴門牌。我行為正派，歷史清白，對黨忠誠，已被公安部徹底查清。一切都平安無事。只是現在得了全身的關節炎，甚至發展到咽喉……。起初我情緒不好，很氣公安部抓錯了我，很感到受了委屈（因為我在被宣佈出獄之前，一直都不知道我被抓是因為潘漢年的關係）。現在我想通了，一個共產黨員是沒有委屈的，如果有，那就該把委屈化作仇恨，對敵人和敵人思想的仇恨……」

以上是關露一九五七年四月六日寫給妹妹和妹夫的信。從信中的語氣可以看出，關露心情相當不錯，這種輕鬆愉悅的情緒一直延續了很長時間，她在第二年即一九五八年二月二十七日寫給外甥女李康將的信中，依然興致勃勃地說道：「我這幾年來的事（指被捕坐監的事——筆者）你大概已經知道了吧？我現在情緒很好，黨信任我，我沒有包袱，沒有任何思想顧慮，再不怕有什麼歷史問題引起黨的懷疑。有個偶然的機會被黨徹底審查一番也是好的，也是一次考驗，一次鍛練，一次教育！我感到我現在比過去堅強，某些地方提高了，我更加熱愛我們這偉大的黨！」

這一年，關露已經快五十歲了，可聽聽她說的這些完全發自內心的話，誰又能相信她已達知天命之年？這是一個再天真純潔不過的小女孩啊！且讓我們不要用隨後即至的更為殘酷可怕的苦難驚嚇她，且叫她依然相信自己「已被公安部徹底查清」，「再不怕有什麼歷史問題引起黨的懷疑」了，且讓她度過自己生命中非常難得的幾天正常人的日子吧。

從功德林監獄出來的關露，住在西四羊市大街甲七十一號中央電影局的宿舍裡。此時，她原先所供職的中央電影局劇本創作所已然解散，昔日的同事也各自東西，沒什麼認識的人了。但這「人去樓空」的現實絲毫也沒有影響關露的火熱情懷，因為此時的她正憋足了勁，要寫一部構思已久的長篇小說《黨的好女兒劉麗姍》。

劉麗姍是劉道衡先生的女兒，也是關露的好朋友。「一二八」事變後，劉道衡到長沙、衡陽一帶從事秘密工作，將劉麗姍留在上海，進智仁女中學習。那時侯，她幾乎每天都要上關露那兒跑一趟，是個很有個性的革命女青年。抗日戰爭爆發後，劉麗姍隻身前往延安投奔革命，後來在山西五臺山根據地參加了八路軍，作戰非常勇敢。一九四二年，日本鬼子發動大掃蕩，將劉麗姍等人圍困在靈邱縣女兒溝，最後不幸被浮。她寧死不願被敵人帶到太原，被日軍用刺刀活活捅死。

這件事極大地震撼了關露，使她下決心要將劉麗姍的事蹟寫成書，多年來由於種種原因未能如願，如今有了自由身，她覺得是實現這一夙願的時侯了。為此，她謝絕了妹妹一家邀她去上海養病的約請，專門採訪了劉麗姍的妹妹劉靜姍，甚至還不顧體弱多病，扛著行李捲深入到偏僻的山西省靈邱縣女兒溝體驗生活，為了能靜心寫作，她不惜花掉兩年坐牢所得的補發工資，在香山腳下買了幾間房子，關起門來寫作。經過八年多嘔心瀝血的筆耕，四易其稿，到一九六六年初，終於完成了長篇小說《黨的好女兒劉麗姍》的初稿，約有三十多萬字。

說到關露在香山買房子，還有一些情況要交代。她出獄後不久，就在中央電影局辦了退休手續。為了找個有利於寫作的環境，便與著名畫家司徒喬、馮伊湄夫婦去香山一帶看房子，最後看上香山臥佛寺東宮二號一套房子。這套房子分主房和幾間附屬的房子，司徒喬買了主房，關露則買了附屬房。共有四間小房，經過整修，一間作書房，一間作客廳，一間作臥室，還有一間作洗漱間。有了新的住處，關露就把自己的所有關係都轉到香山地區，還一度擔任了街道上的黨支部書記。一九六三年十一月，全身心投入創作的關露，覺得還是回到文藝口對自己的寫作有利，於是經過一再申請，被組織上安排到商務印書館工作。好在這裡有她的老同學、老戰友鍾潛九，大家在一塊也好說說話兒。

頗有名氣的工作單位，安靜幽雅的住處，心愛的文學創作，同學朋友的聚首歡談……當關露剛剛享受到這種人世間美好而又普通的正常生活時，惡魔般的命運之神又不放過她了，將更加深重的災難向她頭上壓去。一九六七年七月一日，黨的生日這一天，關露再次被公開逮捕，投進了秦城監獄。獄中境遇，在前文書中已有交代，這裡不再重複。

入獄後的關露音訊全無，這可急壞了她的妹妹胡繡鳳。一九七二年，剛剛被造反派「解放」的胡繡鳳急急趕到北京，想打聽一下姐姐的下落。費盡周折，一直到三年後的一九七五年四月的一天，她才在公安部所屬的復興醫院見到了劫後餘生的姐姐關露，初見面她幾乎不敢相認，又是整整八年的鐵窗生涯，能將一個本來身體就不好的人折磨成什麼樣子，那是一般人所想像不到的。她的老朋友錫金，後來見到出獄的關露時，這樣描述說：她「變得很沉默，不大愛講話，已經白髮蒼蒼，好像對許多事情都很冷漠，反應也較遲鈍，好像換了一個人似的。」

關露第二次出獄的時間是一九七五年五月二十五日，人雖然出來了，但並沒有作任何政治結論，因為「潘、揚」一案還遠沒有結束。

關露儘管身體不好，但自己並不在意，她所操心的只有一件事，那就是趕快找見八年前被抄走的手稿《黨的好女兒劉麗姍》。當時逮捕她時，三十萬字的手稿被抄走，她心裡比什麼都急，在獄中也是念念不忘，那是她視作生命一樣的東西。現在出獄了，她頭一件事就是找公安部，索要自己的手稿。不知往公安部跑了多少回，終於在一大堆抄家物資中找到了，可惜只有下半部，而上半部卻再也找不回來了。倒楣的是，當她返回香山途中，放在車子後背箱裡的手稿也丟了，可能是一路顛簸顛開了後背箱，裝稿子的皮包，關露怎麼能接受這樣的事實？她當時就暈過去了。

沒有政治結論的精神壓力，丟失珍貴手稿的打擊，孤苦伶仃的單身生活，整個拖垮了老年關露，而一九八〇年五月一日突發的腦血拴，則是命運對她的最後一擊，她再也無法從床上下來了！

為了進城治病，住在香山是太不方便了。這事終於驚動了老朋友王炳南，他如今身居要職，仍堂堂中華人民共和國外交部副部長，總算沒忘舊情，與另一位有影響的朋友、中國社會科學院副院長梅益聯手出面，敦促文化部能在城裡給關露安排一個住處。文化部領導還算可以，很快在朝內大街二〇三號文化部大院裡給騰出一間小房子。這是一間只有十平方米左右的筒子樓宿舍，很老舊了，是解放前美國人所辦華文學校的女生宿舍。這間房子在一層，雖然朝東朝北都有窗戶，但光線也很暗，西牆緊挨著一個公共廁所，長期受潮，牆皮早就脫落了。王增如先生這樣記述道：「我陪丁玲坐上作協派來的小車，丁玲吩咐去朝內文化部的一棟宿舍。……我扶丁玲走下車，才看到這是一座很舊的紅磚樓房，大約有五、六層，樓外面人聲嘈雜，樓道裡光線昏暗，貫穿東西一條長走廊，南北朝向大約有十幾個房間。我隨丁玲朝一層緊東頭走去，一路上要不時邁過各個房間門前的各種雜物，生怕碰倒人家的笤帚簸箕。最後丁玲停在最裡面背陰的一間屋門前，輕輕敲響了房門。……這是一間大約十二、三平米的房子，靠東牆窗下擺放的兩張折疊床佔據了大半空間，四周堆放的舊書報雜物幾乎把房間擁塞得無落腳之地。床上攤著舊白布被罩的棉被，像是哪個招待所的行李。關露床邊有一張油漆脫落的二屜桌，桌上有一個鐵網眼套的暖壺，已看不出原色。屋內唯一的一把舊木椅，此時正放在關露的床前，臨時替代作臉盆架。地面是坑窪不平的土地。」

那麼，住在這裡的關露，過的是一種什麼樣的日子呢？蕭陽先生有著詳盡的記載：「我推開樓下那間小屋的門，一個我不認識的臉色蒼白的老人躺在床上。『您好，關露同志，我來看看您，請告訴我，我能幫助您做一些什麼嗎？』也許是我的樸素衣著和誠懇語氣贏得了她的信任，她的憔悴的臉上露出微笑，指著床邊的椅子叫我坐下。……在我的過問下，我立即辭退了那個欺負她的保姆，為她找來一個性情溫和老實可靠的年輕的保姆小金（金正英——筆者）。……現在最大的苦惱是喪失了記憶力，過去的許多事情都記不起來了，而且不能執筆寫字，她全身疼痛，查不出原因，也無法治療。我和小金用輪椅把她推到協和醫院，掛了號，做了種種檢查，還是查不出原因，只得又把她推回來。有人說按摩也許管用。我輾轉托人找到了首都醫學科學院的康大夫，康大夫答應盡義務來給她按摩。……他認為，關露的病痛主要是心理性的，而不是生理性的，原因是她太孤獨了……」

是的，康大夫沒有看錯，關露是太孤獨了，獻身革命的一生，到頭來沒有家庭，沒有孩子，老病雙至，形影相弔，活著有什麼指望？指望事業嗎？多年來心血澆出的手稿已然丟失永難找回，再說也完全喪失了寫作的能力；指望愛情嗎？又指望誰去？她曾托人去求王炳南，希望對方能來看看她，可對方認為「過去的事情已經時過境遷，無意再繼續保持過去的感情了，他希望關露能理智地對待過去的感情，面對現實，從痛苦中自拔」。也是，一個公務繁忙的黨的高級領導幹部，哪裡有時間陪一個氣息奄奄的普通病人聊天呢？能在百忙之中為你的住房奔波一陣子，那已經相當出色了！

事實上，陪關露度過人生最後時光的是一位早年的女友，名叫陳慧芝，儘管兩人的性格並不特別投緣，但總算有人對關露實施了某種「終極關懷」，也使她那美麗的自殺有了可靠的見證人。

關露死後數年，陳慧芝曾給女作家丁言昭寫過一封信，其中寫道：「我和關露在一起的時間也只有半年多一點，在這段時間裡除了星期日回到我大女兒家，其餘的時間大部分都在她身邊。……大夫對她提出三條，一條是生活制度，一條是飲食，另一條也是最主要的一條是鍛煉。除了在室內外活動，經常提醒她起來坐坐，靠靠……但還是躺著的時間多。她有時和朋友們說，你們不知道我以前是右邊疼，現在左邊也疼了，全身都疼，像刀子割肉一樣的疼，我的病不會好了，我只希望我的病厲害時，你們不要救我，你們救我那就太殘酷了。……她喜歡娃娃，我們買了一個娃娃放在她床裡邊，蓋上一層布，保姆還替娃娃做了一件背心、一條短褲，她很高興，替娃娃蓋蓋被單，有時抱起來看看。……每天她精神好時，一邊說我一邊記錄，她經常回憶童年和青年時期的一些往事，還斷斷續續講了一些她在秦城監獄那段生活，以及她從事地下工作時的情況……因為只有一間不大的房子鋪了三張床（她、保姆和我），中間就沒有什麼空間了，所以我替她寫回憶錄都是靠在床上寫的。她每次看到這種情況，心裡都很不安，希望能多一間房。我幫她寫過幾次申請，但房子一直未能解決。」

不能解決就不解決吧。一九八二年十二月五日，關露決定給偉大的黨再作最後一次貢獻：徹底騰出這間十多平方米的老房間。這是個極為平常的星期日，陳慧芝照例回大女兒家團聚去了。一大早，關露平靜地對保姆金正英說，今天我有一位老朋友（她自然不會說這位老朋友的名字叫死神）來訪，放你一天假，去會會老鄉什麼的吧。渾然不覺的小金走後，關露即艱難地手書一張字條，上寫：「我和朋友去找氣功大夫，下午回來。關露。五日。」將它隨手貼在大門外面。之後，她就緊緊關上了大門。誰都知道她是一個愛整潔的人，一生都這樣，臨死也毫沒改變，她整理好了床鋪，又整理好了自己，再整理好那個布娃娃，然後從容地躺下來，從容地打開藥瓶，從容地將安眠藥放進嘴裡，一粒，兩粒，三粒……最後，她從容地抱緊那個布娃娃，就像母親抱緊自己親生的孩子，靜靜地撫摸著，靜靜地閉上了眼睛……

關露，她完成了當代一幅多麼美麗的生命畫卷！

第十八章　平反與追憶

活著並且享受著

活著看到自己平反，並且享受著自由人的世俗幸福，這在潘、揚、關三個殉道者中，只有揚帆做到了，從這個意義上講，也只能從這個意義上講，揚帆是一個多麼幸運的人啊！

這多虧了他的妻子李瓊。

前文書中講道，李瓊千里尋夫，好不容易在沙洋農場找到失散了二十多年的丈夫，卻落了個夫妻相見不相識！李瓊只好暫先告別，另想辦法。什麼辦法？找大官上訴去！如今已經打倒了「四人幫」，為什麼不能找大人物申訴冤屈？於是，她在返程中路經武漢，便先去找湖北省的一把手陳丕顯。不巧的是，陳丕顯上北京開會去了。留守秘書不但接下了李瓊的上訴書，還熱情將他們母子請到自己家中設宴招待。這叫李瓊大為感動，同時也增加了她為夫伸冤的勇氣。回到上海後，李瓊不但去找上海市委有關部門的領導，還直接向中央組織部、國家公安部的領導人寫信。她在給中央組織部長胡耀邦的信中，除了申訴冤情外，還明確提出要求，能讓揚帆離開沙洋農場回上海治病，她認為那裡沒有精神病專科醫院，若不及時轉地治療，揚帆的生命將很危險，絕不能叫潘漢年的悲劇在揚帆身上重演了。

李瓊的努力沒有白費。剛剛批判了「兩個凡是」的中共中央，新近制定出「解放思想，開動腦筋，實事求是，團結一致向前看」的大政方針。這在揚帆身上也得到了具體的體現。一九七八年十二月中旬，中共中央組織部以電報形式通知上海市委組織部：中央同意揚帆回上海治療！隨後不到二十天，在湖北省委書記陳丕顯的親自過問下，一架安－二十四型專機載著揚帆飛回了上海。離開上海整整二十五年之後、飽受鐵窗之苦整整二十五年之後、妻離子散整整二十五年之後，劫後餘生的揚帆終於回到上海。這真是一場千古奇夢啊！

揚帆是回來了，但冤案尚未徹底平反。李瓊又馬不停蹄地奔波開了。好在「驚蟄」已過，「凍土」為開，花木生長已指日可待。一九八〇年四月，公安部專案組的兩位特使阿爾斯郎和李炳鈞，專程從北京來到上海宣告：經公安部複查，最高人民法院撤銷一九六五年八月三十日的判決，宣佈揚帆無罪！這兩位專案人員還對李瓊和全家人說：「我們複查了老揚的問題，花了一年多時間，看了全部材料，作了全面調查，得出一個結論：老揚是好樣的！他在二十五年監獄的壓力下，從沒有胡說過一句！這一點，你們，也包括我們，都應該很好學習的。」

一九八三年八月二十二日，公安部正式發出《對揚帆同志問題的複查結論》：揚帆一案「一九八〇年四月經公安部複查，原定內奸、反革命罪，沒有事實根據，均已否定，做了平反結論。但平反不徹底，給揚帆同志留下了『工作中有錯誤』的尾巴。現遵照《中共中央關於為潘漢年同志平反昭雪、恢復名譽的通知》，根據複查事實，對揚帆同志的問題重新結論如下：揚帆同志長期從事保衛工作，對黨是忠誠的，對革命事業有貢獻。解放後在上海市公安局任職期間，出色地完成了黨賦予的各項公安保衛工作，在打擊敵人、保護人民方面作出了顯著成績。過去認定揚帆同志是內奸、反革命分子，包庇重用大批特務反革命分子，使用敵特電臺供給臺灣敵人情報，引起敵機轟炸上海等問題，均不是事實，應予否定。一九五五年後，對揚帆的隔離、逮捕、判刑都是錯誤的。揚帆同志蒙冤二十多年，應予平反，恢復名譽，清除影響。」

出獄後的揚帆，經一位中央負責同志的親自過問，他一家被安置在上海市康平路一幢寬敞的住所。他經過精神病院和華山醫院兩年多的悉心治療，身體恢復很快，精神正常，全家人團聚在一起，享受著人世間最尋常而又最難得的天倫之樂。

一九八六年秋天，揚帆與妻子李瓊來到美麗的西子湖邊療養，住在中國空軍杭州療養院十二號小樓。在這裡，他們有緣遇到軍旅作家張重天先生。交談之下，張作家深為揚帆一生的傳奇經歷所打動，遂筆耕三載，寫成一部奇書《共和國第一冤案》，由時任公安部長的王芳先生作序，發行問世，第一次印刷便是五萬多冊。筆者在寫作本書時，從中多有受益，順便在此衷心致謝。

屈指算來，揚帆老人於今已有九十歲高齡，不知尚健在否？

尚未走遠的靈魂在傾聽

西元一九八二年三月二十三日，中共中央組織部和中華人民共和國文化部的幾位領導人物，意外地來到朝內大街二〇三號那間筒子樓宿舍，來到他們要找的那個人面前，他們被眼前的情景驚呆了。昏暗的散發著濕濁氣味的房間裡，一張破損不堪的硬木床上，和衣躺著一個已然瘦得皮包骨頭的老年婦女，披頭散髮，面容憔悴，氣息奄奄，一雙失神的眼睛死死地盯著天花板，細瘦的手臂像折斷的枯枝一樣搭拉在床沿下……這就是他們要找的人兒關露嗎？這幾位領導者不禁悲從中來，潸然淚下……

後來，其中一位摸出一份公文，酸楚地宣讀道：「經查：關露同志原在上海做文化工作。三九年秋開始為黨做情報工作，四二年春由組織派到日本大使館和海軍情報部聯合主辦的《女聲》雜誌社工作，搜集日本情報。關露同志歷史已經查清，不存在漢奸問題。『文革』中對其拘留審查是錯誤的，應予徹底平反，恢復名譽……」

淚水慢慢地從關露的眼角汩汩淌下，證明她還活著，聽到了給自己的平反決定，她想說點什麼，可是張了好半天嘴，終於什麼也沒能說出來。不過我們完全可以想到，天真純潔如孩童的關露一定會說：「我更加熱愛我們這偉大的黨！」

這天之後又過了半年多，也就是當年十二月五日，關露完成了自己美麗的自殺。她也算幸運，能在生前知道自己得到自由，儘管不能像揚帆那樣來享受一下這種蟲兒鳥兒都能享受到的自由。

不過，關露的靈魂沒有走遠，她在用心傾聽身後的動靜。

她都聽到了什麼呢？

就在她死後第十一天，一九八二年十二月十六日，文化部在北京八寶山革命公墓為她舉辦了骨灰安放儀式，沒有人致詞，二十多位為她送行的人擠在一間很小的廳子裡，默默地朝著她的遺像和骨灰盒行禮致哀。整個儀式不到五分鐘就結束了。

過了兩天，一九八二年十二月十八日，文化部和中國作家協會又聯合為她召開了一次「悼念關露座談會」，參加的人有四十多位，主要有周揚、丁玲、陳明、艾青、夏衍、梅益、姜椿芳、周巍峙、馮牧、楊沫、嚴辰、王亞平、柳倩等。還有一個最想不到、但也許是關露最盼望的與會者是王炳南。

到會的朋友差不多都發了言。講得最動情的是丁玲，其精華部分是：「她的死是一面鏡子，照出我的渺小和自私。我和她是同時代的人，在同一個時代的浪潮中滾了一輩子。我是一個作家，應該懂得她的思想情緒。她是一個善良的人，甚至有點傻，總是犧牲自己。她的心靈負了傷，孑然一身，沒有親人，她是很寂寞的。她需要感情，需要溫暖。我是一個共產黨員，應該愛護別人。我是一個作家，應該能體會別人的思想感情。但是我沒有做到。總覺得自己老了，跑不動了，管不了了，沒有能對她盡到責任。知道人家需要一點感情，一點溫暖，我卻沒有給予她。我覺得問心有愧，在感情上欠了她的債。偶爾有人去看她一下，她非常高興，感到她在這個世界不是多餘的，還有人關心她。這麼多年來，她的性格在重重壓力下扭曲了，使她什麼都怕。我去看她，見她的居住條件很困難。我替她和作家協會聯繫，把她在香山的房子換到作家協會新蓋的高級知識份子宿舍樓去，她不敢去，怕別人把她當『包袱』，怕搬到作家協會宿舍以後文化部不再管她，怕上醫院看病的時侯要不到汽車，怕得罪了什麼人……我們的社會主義國家應該充滿陽光，但是陽光照不到她身上！……」

也許關露那未曾走遠的靈魂最想傾聽的還是王炳南吧。這次王炳南洗盡官場「鉛華」，講話的口氣和內容，完全像生活中一個與死者有過非常關係的老朋友。他說：「一九三六年西安事變後，黨派我到上海去工作。關露和王安娜（即王炳南的前德國妻子——筆者）很接近，和我們家常有來往。我經常在報紙、雜誌上讀到她的作品，還讀了她寫的中篇小說《新舊時代》。一九三八年我離開上海到武漢，後來又到重慶，我們在上海的家就交給了關露，很長的時間裡她一直住在那兒。有一個時期由於兩個地區通訊不便，我們之間一度失去了聯繫。後來她介紹一對青年夫婦到重慶來找我，才知道她由於黨的工作需要，深入敵營。但外界不瞭解她的真實情況。因為她到東京去開過會，上海有些小報罵她『漢奸文人』，這對她精神壓力很大。我認為，讓一個已經馳名的左翼作家去當『文化漢奸』，在群眾中造成不好的影響，現在看來這樣的安排是不妥當的。我和她恢復聯繫以後，繼續通信。抗日戰爭勝利以後，重慶工委決定夏衍回上海。我對夏衍說，關露背著漢奸的名義，在上海站不住腳，要夏衍到上海去以後做妥善安置。一九四六年我們到了南京，接電報說關露已經到了淮陰新四軍中。那時每星期有一次班機到淮陰，我曾想搭乘飛機到淮陰去看她。領導上臨時決定不讓我去，說因為她名聲不好，最好少來往。後來我黨和國民黨談判，我參加談判，我們從西柏坡遷到香山，有一天，關露來找我，這才瞭解了她的詳細情況。她是一個忠誠的戰士，為黨做了許多工作。我原來以為解放以後她的處境一定會好轉的。有一段時間沒有得到她的消息。我在外交部工作時，收到她送給我的中篇小說《蘋果園》，知道她在辛勤寫作。但以後她兩次被投進監獄，這是對她精神上很大的打擊。最後一次我去看她，她因腦血拴症住在城裡的機關宿舍裡治病，住室狹窄，生活條件很不好。聽到她的死訊，使我感到震驚。她是一位好同志，應該受到表揚。她一生為黨做的工作，值得我們紀念。」

老年王炳南畢竟拋卻了許多政治顧忌，話裡話外多少帶著某種指責和抱怨。有些話關露聽了也許不以為然，比如什麼「是不妥當的」，比如什麼「領導上臨時決定」之類，要知道這都是革命的需要、黨的安排啊！而且我關露曾經對黨發誓說：「我不辯護」啊！

不過，對關露說來，王炳南的一席真情實話，就是她最好的安魂曲。

豐滿的追憶

可憐潘漢年，有生之日未能聽到平反決定的宣讀聲，至於曲折複雜的平反過程，他更是泉下難知了。

潘漢年和董慧恩愛一場，卻未能留下一男半女，這不能不說是人生一大憾事。原先在情報戰線忘我奮鬥的時侯，對此還沒有多深的感覺，一旦當了上海市副市長，住進高大寬敞的花園洋房，立即感到膝下無子的寂寞，不免冷清得叫人難過。尤其是董慧，母性天然，更覺得應該有所補救，也曾從熟人那裡物色到一個她很喜歡的孩子，想抱養過來。潘漢年自然也非常高興。但可惜最後沒有如願，因為那孩子的母親身居北京，捨不得將孩子遠送上海。後來滅頂之災臨頭，這事就更無從談起了。

中國人講究「無後為大」。潘漢年夫婦一對革命者，當然不以為然，但在他們死後，因為沒有子女替他們出頭鳴冤告狀，平反一事也多少受點影響。多虧還有胞弟潘錫年和侄兒潘可西代為張羅，所以在十一屆三中全會以後，為潘漢年平反昭雪一事便提到高層領導的議事日程上。

推動平反進程的當然還有潘漢年的朋友們。早在一九七八年，李一氓就仿李商隱詩體發表著名的〈無〉詩如下：

電閃雷鳴五十年，空彈瑤瑟韻難成。
湘靈已自無消息，何處更尋倩女魂。

據作者本人解詩：第一句指一九二六年潘漢年參加革命到一九七七年逝世，那是轟轟烈烈五十年；第二句指工作雖有成績但到頭來卻一切成空；第三句指屈死湖南也不為世人所知；第四句指潘漢年的妻子董慧也早已冤死。

潘漢年的另一位老朋友于伶，也發表詩作悼念亡魂，詩題為〈聞耗〉：

風華一代憶潘公，又道湘靈上碧空。
從此荊溪魂與夢，蜜桃枉自陸陵紅。

作者有注說：「一九七九年四屆文代會中，偶步西苑路邊，遇一同志低語：漢年、董慧死於湘南勞改地洣水。我木然，不知如何走回住地國務院一招的了。」

李一氓、于伶等人都不是尋常角色，他們的詩文自然長著大翅膀，傳到各種耳朵裡，起到意想不到的作用。

最先受到驚動的是陳雲，時任手握大權的中共中央紀委書記。他是潘漢年的老上級，關係非同一般，這一層內情前文書中早有交代。陳雲於一九八一年初，親自調閱了有關潘漢年一案的所有檔案資料，然後一面向當時中央主要領導胡耀邦、鄧小平、李先念等寫信，提議對「潘、揚」案進行複查，一面向熟知潘漢年的政府官員廖承志、劉曉等人發出要求，要他們挺身出來說話，積極提供歷史上的真實情況，組織知情人寫證明材料，幫助中央進行複查。

率先表態的是廖承志。在一次重要的中央工作會議上，他情緒激動地說：如果潘漢年真是暗藏的「內奸」，他和我在香港共事多年，那裡的黨組織和情報系統能不遭受敵人的破壞嗎？他深入日偽情報機構工作，那是經過黨中央和毛主席同意的呀。此事有人一九四六年在延安時當面問過康生，康生也是做了肯定答覆的。

劉曉也不含糊，站出來說：潘漢年知道上海、香港、廣東等地的地下黨組織情況，但這些地方的黨組織並未受到破壞；他又認識劉寧一、沙文漢、王堯山等許多地下黨的領導人和情報系統的骨幹人物，但這些同志並沒有受到任何損失。他怎麼會是「內奸」？

胡立教更是迫不及待地說：當年我在華中主管地下電臺和通訊。而潘漢年熟知我們的通訊機密，但敵偽方面費盡心機也未能摸清我們的這些機密，他們會要潘漢年這樣的「內奸」嗎？

天時、地利、人和，三者恰到好處地結合起來，什麼事情都好辦了。一九八二年八月二十三日，中共中央根據中紀委的複查報告，認定將潘漢年打成「國民黨特務」、「日本特務」和「內奸」，完全是顛倒歷史是非的誣陷不實之詞，遂發出《關於為潘漢年同志平反昭雪、恢復名譽的通知》。《通知》對潘漢年的一生做出了高度評價：「潘漢年同志幾十年的革命實踐充分證明，他是一個堅定的馬克思主義者，卓越的無產階級革命戰士，久經考驗的優秀共產黨員，在政治上對黨忠誠，為黨和人民的事業做出了重要貢獻。」

一九八二年九月七日，中華人民共和國最高人民法院緊跟照辦，發出新的《刑事判決書》，宣佈撤銷原判，宣告潘漢年無罪！

接下來的事情可就熱鬧多了，待筆者一一道來。

首先，潘漢年夫婦的骨灰移葬問題要解決好。根據中共中央的決定，他們的骨灰一定得安放在北京八寶山公墓。於是，中共中央組織部將這一光榮任務交給了上海方面。上海市委派專人會同湖南省委的派出人員，預先將原來草草安葬在長沙金盆嶺墓地的「蕭淑安」的骨灰罎子起出，送到湖南省革命陵園大廳，將骨灰從不成體統的罎子裡取出，移放在正兒八經的骨灰盒裡；同時再將夫人董慧的骨灰盒從洙江茶場取出，也送到湖南省革命陵園大廳，與潘漢年的骨灰盒並排放好。然後，於一九八三年四月十四日潘漢年逝世六周年這一天，將二人的骨灰盒隆重送上一節由長沙直達北京的火車專列，在大批重要人物的相送下，開往首都。到車站送行的主要人物計有：中共湖南省委第一書記毛致用、湖南省長孫國治、省委常委兼組織部長黃道奇、湖南省文聯主席康濯、副主席蔣燕、湖南大學校長朱凡、以及省委各部委的負責人等。隨車護送骨灰到北京的人物計有：中共上海市委組織部副部長高揚、上海市紀委（籌）副組長王子陽、上海市委統戰部顧問劉人壽、全國電影家協會副主席兼上海市文聯黨組成員于伶、以及潘漢年的胞弟、胞妹、侄兒等。

一九八三年四月十五日上午，北京車站舉行了迎接潘漢年夫婦骨灰的專門儀式，在場人物計有：中共中央政治局委員廖承志、中共中央書記處書記陳丕顯、中央紀律檢查委員會常務書記王鶴壽、中央組織部副部長白治民、以及周揚、夏衍、李一氓、陽翰笙等。當人們將一面鮮紅的中國共產黨黨旗覆蓋在潘漢年和董慧的骨灰盒上時，迎接儀式達到高潮。然後，將骨灰盒護送至八寶山革命公墓安放，潘漢年的骨灰盒安放在副一室西八十八號，董慧的骨灰盒安放在東院二室一五八號。

接下來是有組織的、大規模的悼念追憶活動。當初，揭批潘漢年是經過全國人代會通過的，所有國家媒體都大量公開報導過，影響遍及國內外。而現在中共中央的平反文件只下發到縣團級，遠遠不能消除影響。有鑑於此，大權在握的陳雲親自安排，由夏衍親自捉筆，撰寫了長達七千多字的紀念文章，指定在《人民日報》重要位置發表。緊接著，許多全國性的大報大刊也不肯落後，發表了大批追憶潘漢年的文章和詩詞。後來這些文字結集成書的有《潘漢年在上海》、《回憶潘漢年》、《零落成泥香如故》等。

最後，隨著這種豐滿追憶的延伸擴大，以及相關檔案資料的披露於世，潘漢年越來越成為人們心目中的一個傳奇人物，有關他的專著如雨後春筍般應運而生：《潘漢年傳》、《潘漢年傳奇》、《潘漢年的情報生涯》、《潘漢年詩文選》……一直到大部頭的影視作品頻頻出現。

潘漢年的在天之靈，不知會對如此風光的哀榮作何感想？

據說：在潘漢年的老家江蘇宜興陸平村，曾專門設有一間以潘漢年和董慧的名字命名的兒童圖書室，裡邊陳列著潘漢年一位好友特別捐贈的圖書畫冊。這倒不失為紀念亡靈的一種好形式。

不知這個兒童圖書室至今尚在否？

史地傳記類　PC0319　目擊中國01

三個紅色殉道者
——潘漢年、揚帆、關露的悲劇人生

作　　者／周宗奇
主　　編／蔡登山
責任編輯／鄭伊庭
圖文排版／陳姿廷
封面設計／王嵩賀

發 行 人／宋政坤
法律顧問／毛國樑　律師
出版發行／秀威資訊科技股份有限公司
114台北市內湖區瑞光路76巷65號1樓
電話：+886-2-2796-3638　傳真：+886-2-2796-1377
http://www.showwe.com.tw
劃撥帳號／19563868　戶名：秀威資訊科技股份有限公司
讀者服務信箱：service@showwe.com.tw
展售門市／國家書店（松江門市）
104台北市中山區松江路209號1樓
電話：+886-2-2518-0207　傳真：+886-2-2518-0778
網路訂購／秀威網路書店：http://www.bodbooks.com.tw
國家網路書店：http://www.govbooks.com.tw

2013年6月BOD一版
定價：560元

國家圖書館出版品預行編目

三個紅色殉道者：潘漢年、揚帆、關露的悲劇人生 / 周宗奇著. -- 一版. -- 臺北市：秀威資訊科技, 2013.06

面； 公分. -- (史地傳記類)

BOD版

ISBN 978-986-89516-4-8(平裝)

1. 潘漢年 2. 揚帆 3. 關露 4. 傳記 5. 中國

782.887 102009451

讀者回函卡

感謝您購買本書，為提升服務品質，請填妥以下資料，將讀者回函卡直接寄回或傳真本公司，收到您的寶貴意見後，我們會收藏記錄及檢討，謝謝！如您需要了解本公司最新出版書目、購書優惠或企劃活動，歡迎您上網查詢或下載相關資料：http:// www.showwe.com.tw

您購買的書名：________________________________

出生日期：________年________月________日

學歷：□高中（含）以下　□大專　□研究所（含）以上

職業：□製造業　□金融業　□資訊業　□軍警　□傳播業　□自由業

□服務業　□公務員　□教職　□學生　□家管　□其它_____

購書地點：□網路書店　□實體書店　□書展　□郵購　□贈閱　□其他

您從何得知本書的消息？

□網路書店　□實體書店　□網路搜尋　□電子報　□書訊　□雜誌

□傳播媒體　□親友推薦　□網站推薦　□部落格　□其他__________

您對本書的評價：（請填代號　1.非常滿意　2.滿意　3.尚可　4.再改進）

封面設計____　版面編排____　內容____　文／譯筆____　價格____

讀完書後您覺得：

□很有收穫　□有收穫　□收穫不多　□沒收穫

對我們的建議：________________________________

____

____

____

請貼
郵票

11466
台北市內湖區瑞光路 76 巷 65 號 1 樓
秀威資訊科技股份有限公司 收
BOD 數位出版事業部

....

（請沿線對折寄回，謝謝！）

姓　名：________________　年齡：________　性別：□女　□男

郵遞區號：□□□□□

地　址：____

聯絡電話：(日) ________________ (夜) ________________

E-mail：____